سلسلة الكتاب الجامعي العربي

7

من الوسائل التعليمية إلــى

تكنولوجيا التعليم

((الجزءين : الأول والثاني))

2-1

تأليـــف :

أ . د / ماهــر إسماعيــل صبــري

أستاذ ورئيس قسم المناهج وطرق التدريس

مدير مركز التعليم المفتوح السابق جامعة بنها

الأستاذ بجامعة طيبة بالمدينة المنورة

من الوسائل التعليمية
إلى تكنولوجيا التعليم

- الكتــاب : من الوسائل التعليميـة إلى تكنولوجيا التعليم.

- المؤلـــف : أ. د / ماهر إسماعيل صبري محمد.

- الطبعــــة : مزيدة ومنقحة .

- تاريخ الإصدار: 2009م – 1430هـ .

- حقوق الطبـع : جميع الحقوق محفوظة.

- رقم الإيــداع :

- ردمك :

الناشــــر :

سلسلة الكتاب الجامعي العربي

جمهورية مصر العربية

هاتف : 0020133236633

محمول: 0565193829السعودية

رئيس تحرير السلسلة : أ . د / ماهر إسماعيل صبري

التوزيــــع بالمملكة العربية السعودية

مكتبة الشقري

الرياض : هاتف :   فاكس :

جدة : هاتف :   فاكس :

بسم اللـه الرحمن الرحيم

((سبحانك لا علم لنا إلا ما علمتنا إنك أنت العليم الحكيم))

(سورة البقرة : الآية 32)

إهداء

إلى كل معلم ومعلمة

إلى كل طالب وطالبة بجامعاتنا العربية

إلى كل باحث وباحثة في مجال التربية

إلى كل مهتم بتكنولوجيا التعليم

إلى كل قارئ بوطننا العربي

نهدي هذا الكتاب
(((الناشر)))

مقدمة :

لم يعد اعتماد أي نظام تعليمي علي وسـائل و تكنولوجيا التعليم درباً مـن الـترف يمكـن الاستغناء عنه ، بل أصبح ضرورة لضمان نجاح تلك النظم ، وجزءاً لا يتجزأ في بنية منظومتها.

ومع أن بداية الاعتماد علي الوسائل التعليمية في عمليتي التعليم والتعلم لها جـذور تاريخيـة قديمـة ، فإنهـا مـا لبثت أن تطورت تطوراً متلاحقـاً كبيراً في الآونـة الأخيرة في ظل عـصر التكنولوجيا المتقدمة وما أنتجته من أجهزة و آلات و مواد تعليميـة ، مـا لبثت أن أصبحت جـزءاً لا يتجزأ من منظومة التعليم الحديثة .

وقد مرت وسائل وتقنيات التعليم برحلة طويلة تطورت خلالها من مرحلة إلى أخرى حتى وصلت إلى أرقى مراحلها التي نشهدها اليوم في ظل ارتباطها بنظريـة الاتصال الحديثة ، واعتمادهـا على مدخل النظم وفي ظل تكاملها مع تكنولوجيا الاتصالات والمعلومـات بتطبيقاتها الحديثة حيـث أصبحت هذه الوسائل وتلك التقنيـات حلقـة في منظومـة متفاعلـة متكاملة تعرف اليـوم بمنظومـة تكنولوجيا التعليم.

وعلى ضفاف تلك الرحلة سارت صفحات هذا الكتاب ، لتوضح لكل معلـم ومعلمـة ، لكـل باحث وباحثة ، لكل طالب وطالبة ، بل لكل قارئ عربي مثقف مفهـوم الوسائل التعليميـة ، وكيـف تطورهذا المفهوم ليصل إلى مفهوم تكنولوجيا التعليم .

وفي هذا الإطار نعرض بين دفتي الكتاب ثلاثـة عـشر فـصلا في جـزءين ، الجزء الأول شـمل سبعة فصول : يتناول الفصل الأول منها مفهوم تكنولوجيا التعليم ومراحل تطوره.

ويتناول الفصل الثاني مفهوم الوسائل التعليمية والفارق بينه وبين تكنولوجيا التعليم ، كمـا يعرض لتصنيفات الوسائل التعليمية المختلفة.

ويعرض الفصل الثالث مفهوم الاتصال التعليمي وعناصره ونماذجه ومعوقاته .

ويتناول الفصل الرابع مدخل النظم والتصميم التعليمي موضحا مهارات التصميم التعليمي وأهم نماذجه .

ويعرض الفصل الخامس لمراكز مصادر التعلم الشاملة وأهميتها في العملية التعليمة .

بينما يعرض الفصل السادس مفهـوم المواد التعليمية وأهميتها وتـصنيفاتها ، مبينـا أنـواع المواد لتعليمية التي تعرض عرضا مباشرا .

في حين يتناول الفصل السابع والأخير بعض المواد التعليمية التي تعرض بـأجهزة العرض كالشرائح الشفافة ، والشفافيات ، والمواد السمعية والمواد الفيديوية ، وطرق إنتاج كل منها التقليدية والحديثة .

ويشمل الجزء الثاني من الكتاب ستة فصول : يتناول الفصل الثامن التعليم المفرد وأهـم نظمه واستراتيجياته.

ويتناول الفصل التاسع مـستحدثات تكنولوجيا التعليم ، حيـث يعرض لمفهومها وبعض نماذجها.

ويعرض الفصل العاشر البرامج التعليمية متعددة الوسائط المتفاعلة وإجراءات تـصميمها وإنتاجها.

ويتناول الفصل الحادي عشر الأجهـزة التعليميـة موضـحا مفهومها وموقعهـا في منظومـة تقنيات التعليم ، ومعايير استخدامها .

ويعرض الفصل الثاني عشر أهم نماذج الأجهزة التعليمية الشائعة موضحا كيفية استخدامها وصيانتها .

بينما يعرض الفصل الثالث عـشر والأخير لـبعض مجـالات تقنيـات المعلومـات وتطبيقاتها التعليمية.

وإذ أقدم هذا الكتاب بجزءيه في طبعته الجديدة بالكامل للمكتبـة العربيـة أسأل اللـه العلي القدير أن يكون هذا العمل خالصا لوجهه الكريم وأن يكون فيه النفع والفائدة .

كما آمل من القارئ العربي الكريم الصفح عـن أي تقصير غير مقصود ، ونرحب بأيـة مقترحات أو انتقادات بناءة تزيد جودة هذا الكتاب وتزيد فعاليته .

المؤلف

محتويات الكتاب

قائمة محتويات الكتاب

((الجـــــزء الثانـــــي))

****

الفصل الأول :

((مفهوم تقنيات التعليم))

- مفهوم تقنيات التعليم.
- تقنيات التعليم ومصطلحات أخرى.
- مفهوم الوسائل التعليمية.
- مفهوم تقنيات التربية.
- مفهوم تقنيات المعلومات.
- مفهوم التربية التكنولوجية.
- عناصر منظومة تقنيات التعليم.
- مكونات تكنولوجيا التعليم كمجال.
- دواعي الاهتمام بتقنيات التعليم.
- تقنيات التعليم ومستجدات التربية.

الفصل الأول :

((مفهوم تقنيات التعليم))

من القضايا المهمة التي ترتبط بالتربية في عالمنا العربي قضية "تحديد المصطلحات"، حيث يعاني الكثيرون من العاملين بميدان التعليم معاناة شديدة ، ويتخبطون تخبطاً واضحاً ، نتيجة عدم التحديد الدقيق لمعاني العديد من المصطلحات التربوية والتعليمية ، فكثيراً ما تختلف المعاني للمصطلح الواحد ، وكثيراً ما تستخدم مصطلحات مختلفة المعاني على نحو مترادف.

ولا أدل على ذلك من مصطلح تقنيات التعليم Instructional Technology ، هذا المصطلح الذي تباينت حوله المعاني ، بل التبست وتداخلت معه مصطلحات أخرى عديدة ، كمصطلحات : الوسائل التعليمية ووسائل الإيضاح ، والوسائل المعينة ، والوسائط التعليمية ، تلك المصطلحات التي تستخدم كمترادفات لمصطلح تقنيات التعليم ، على الرغم من اختلاف دلالتها ومعانيها.

والحقيقة أن إشكالية مصطلح تقنيات التعليم ، وغيره من المصطلحات المرادفة لا تزال قائمة منذ ظهور هذا المصطلح ، وحتى وقتنا هذا على الرغم من تنامي هذا المصطلح وتطوره إلى الحد الذي جعله يستقل عن مجال المناهج وطرق التدريس ليصبح مجالاً قائماً بذاته وتخصصاً في طليعة تخصصات العلوم التربوية.

والذي يدعو للتعجب ـ حقاً ـ ذلك الالتباس الواضح في المعنى الحقيقي لمفهوم تقنيات التعليم ، لدى عدد غير قليل من المتخصصين في التربية هؤلاء المتخصصون الذين لا يعرفون عن تقنيات التعليم سوى أنها وسائل تعليمية أو أجهزة وأدوات ومواد تعليمية. ويزداد الأمر عجباً عندما نرى بعضاً من الكتب والمراجع العربية في مجال التربية تخلط خلطاً سافراً بين مفهوم تقنيات التعليم وغيره من تلك المفاهيم.

ولفض الاشتباك بين مفهوم تقنيات التعليم ، وغيره من المصطلحات التي تتداخل معه ، ينبغي تعريف كل مصطلح منها ، لبيان مدى ارتباطه بتلك المصطلحات ، أو اختلافه عنها ، وفيما يلي نبذة عن كل من هذه المصطلحات.

- مفهوم تقنيات التعليم :

مصطلح تكنولوجيا التعليم في أصله مصطلح معّرب (أي تم تعريبه وإدخاله إلى اللغة العربية) ، مرادف هذا المصطلح في اللغة العربية هو "تقنيات التعليم".

بدأ ظهور هذا المصطلح ـ تقريباً ـ في النصف الأخير من القرن العشرين حيث كان ظهوره مواكباً للثورة التقنية العارمة التي شملت كافة نظم الحياة الإنسانية على كوكب الأرض ، وامتدت لتشمل النظم التعليمية ولما كانت تقنيات التعليم تمثل مجالاً من مجالات التقنية بوجه عام ، فإن تعريف مصطلح تقنيات التعليم على نحو دقيق ، لن يتضح من خلال تعريف مصطلح التقنية أو التكنولوجيا بمعناه العام.

وكلمة تكنولوجيا ـ عموماً ـ يونانية الأصل ، وهي مشتقة من مقطعين المقطع الأول : "تكنو***Techno***" بمعنى "حرفة أو صنعة" والمقطع الثاني "لوجي***Logy***"" بمعنى فن أو علم ، وتشير بعض الكتابات على أن المقطع الثاني من كلمة تكنولوجيا هو "لوجك ***Logic***" بمعنى "منطق"، وسواء كان هذا أو ذاك فإن الكلمة كاملة تعني "فن الحرفة" أو "علم الحرفة" أو "فن الصنعة" أو "علم الصنعة" أو "منطق الحرفة" (الصنعة).

ومن المعنى اللغوي لكلمة التكنولوجيا يتضح أنها ترتبط ارتباطاً وثيقاً بالعلم التطبيقي التقني ، والدليل على ذلك يتضح في أصل الكلمة باللغة الإنجليزية وهو ***Technique*** الذي يعني " تقنية " أو " تقانة " كما يتضح في إجماع العديد من التعريفات على أن كلمة تكنولوجيا تعني " الدراسة العلمية التطبيقية "، أو بعبارة أخرى هي "علم تطبيق المعرفة في الأغراض العملية بطريقة منظمة".

التقنية إذن هي تطبيق نظمي "منظم" لحقائق ومفاهيم ومبادئ وقوانين ونظريات العلم في الواقع الفعلي لأي مجال من مجالات الحياة الإنسانية . معنى هذا أن هناك مجالات عديدة للتقنية تختلف باختلاف مجالات الحياة الإنسانية ، فهناك التقنيات الطبية ، وهناك التقنيات الحيوية ، وهناك تقنيات الفضاء ، وتقنيات الحروب ، وتقنيات الاتصالات وتقنيات المعلومات ، وتقنيات الزراعة ، وتقنيات التصنيع ، وتقنيات المواصلات ، وتقنيات الطاقة ، وتقنيات التعليم... إلى غير ذلك من المجالات.

وإذا كان مصطلح التقنية (التكنولوجيا) بمعناه العلمي الدقيق لم يظهر إلا منذ سنوات معدودة ، فإن هذا لا يعني مطلقاً أنه مصطلح حديث بل هو مستحدث ، له جذور تاريخية قديمة، ترجع بداياتها إلى نشأة الإنسان على الأرض ، فهناك من يؤكد أن استخدام الإنسان للتقنية سابق على العلم ، وأن تفاعل هذا الإنسان مع ما أتيح له من معدات وآلات ومواد في بيئته بهدف تسخيرها لخدمته وحل مشكلاته، لأمر ثابت ومؤكد خلال جميع مراحل تطور الحياة الإنسانية على كوكب الأرض. وما هذا التفاعل بين الإنسان والآلة والمادة إلا ركيزة تنطلق منها التقنية بمعناها الحديث.

وعلى ضوء التعريف السابق لمصطلح التقنية بمعناه العام يمكن تعريف تقنيات التعليم بأنها "تطبيق نظمي لمبادئ ونظريات التعلم عمليا في الواقع الفعلي لميدان التعليم". بمعنى أنها "تفاعل منظم بين كل من العنصر البشري المشارك في عملية التعليم، والأجهزة والآلات والأدوات التعليمية، والمواد التعليمية، بهدف تحقيق الأهداف التعليمية، أو حل مشكلات التعليم".

معنى هذا أن تقنيات التعليم تستند إلى أساس نظري ، أي يتم توجيهها من خلال نظرية ، كما أنها تسير وفقاً لنظام محدد ، وأن عناصره تتفاعل في منظومة واحدة ، لكي تحقق في النهاية أهداف العملية التعليمية.

ويستخدم الكثيرون مصطلح التقنية في التعليم كمرادف لمصطلح تقنيات التعليم ، وهـم في ذلك لايرون فارقا بين المصطلحين .. والسؤال الآن هل يختلف مفهوم التقنيـة في التعليم عـن مفهوم تقنيات التعليم ؟ . الإجابـة قطعـا نعـم هنـاك فارق بين المفهومين ، فمفهوم التقنيـة في التعليم Technology in Instruction يشير إلـى " استخدام التطبيقات التقنيـة والاستفادة منها ، في إدارة وتنظيم العملية التعليمية بأية مؤسسة تعليمية"، فاستخدام الحاسب الآلي لعمل قاعدة بيانات عن الطلاب ، والعاملين بالمؤسسة التعليمية ، أو لتنظيم الجداول ورصد الدرجات الخاصة بالامتحانات بتلك المؤسسة ، أو حصر الأجهزة والمواد التعليمية بالمعامل ، وغير ذلك مـن الأعمال ، يطلق عليـه التقنية في التعليم.

التقنية في التعليم إذن هي استخدام مستحدثات التقنية المعاصرة وتطبيقاتها في المؤسسات التعليمية ، للإفادة منها في إدارة العمل بتلك المؤسسات على النحو المرغوب . وبهذا التعريف يتضح الفارق بين تقنيات التعليم والتقنية في التعليم.

● علاقة تقنيات التعليم ببعض المصطلحات الأخرى :

يتداخل مصطلح تقنيات التعليم مع العديد من المصطلحات الأخرى ، كالوسائل التعليمية ، وتقنيات التربية ، وتقنيات الاتصالات والمعلومات ، والتربية التقنيـة .. وغيرهـا . ومع أن العلاقـة بين تلك المصطلحات تبدو وطيدة فإن لكل منها مدلوله الذي يختلف بالضرورة عن المصطلحات الأخرى ، وبيان ذلك فيما يلي :

✴ مفهوم الوسائل التعليمية :

من أكثر المصطلحات تـداخلا مـع مصطلح تقنيـات التعليـم مصطلح الوسائل التعليميـة ، فالكثيرون لايجدون فارقا بين المصطلحين .

ومع أن مفهوم الوسائل التعليمية يمثل مرحلة تطورية مهدت لظهور مفهوم تقنيات التعليم فإن الفارق بين المفهومين واضحا فتعرف الوسائل التعليميـة Instructional Aids مـن زاويـة ضيقة بأنها : " الأجهـزة والأدوات

والمواد التعليمية التى يستخدمها المعلم داخل حجرة الدرس لتيسر له نقل الخبرات التعليمية إلى المتعلم بسهولة ووضوح". وبصورة أكثر شمولا تعرف الوسائل التعليمية بأنها : كل ما يستخدمه المعلم والمتعلم من أجهزة وأدوات ومواد وأية مصادر أخرى داخل حجرة الدرس ، وخارجها بهدف إكساب المتعلم خبرات تعليمية محددة بسهولة ، ويسر ، ووضوح مع الاقتصاد فى الوقت والجهد المبذول. وسوف يتم تناول مفهوم الوسائل التعليمية ومراحل تطوره بشيء من التفصيل على صفحات الفصل الثاني من هذا الكتاب.

✵ مفهوم تقنيات التربية :

يتداخل مفهوم تقنيات التعليم تداخلا كبيرا مع مفهوم تقنيات التربية ويأتي هذا التداخل الكبير بين المفهومين على قدر التداخل الكبير بين مصطلحي : ((التعليم)) و ((التربية)) ، فهناك عدد غير قليل في عالمنا العربي يرون أن التعليم هو التربية وأن التربية هي التعليم ، ومن ثم فهم يستخدمون كلا المصطلحين على نحو مترادف ، بل يعرفون كل منهما بالآخر ، ولعل السبب في ذلك يرجع إلى عدم تحري الدقة في ترجمة المصطلحات الأجنبية الدالة على تلك المصطلحات فكثيرا ما تترجم كلمة *Education* التي تعني تربية في كثير من الكتابات على أنها تعليم ، رغم وجود فارق بينها وبين كلمة تعليم *Instruction* .

وفي اللغة العربية نرى الفارق واضحا بين كلمتي : تربية ، وتعليم فالأصل اللغوي لكلمة تربية هو الفعل (ربى) ، والمضارع منه (يربى) بمعنى ينشئ ويهذب ويؤدب ، أما الأصل اللغوي لكلمة تعليم فهو الفعل " علم " والمضارع منة " يعلم " والمصدر هو تعليم . ويقال علم الفرد تعليما أي جعله يعرف ويدرك . ومصطلح التربية أعم وأشمل من مصطلح التعليم ، فالتعليم ما هو إلا أحد أهم أساليب التربية في أي مجتمع ، حيث يمثل الجانب النظامي الهادف الذي تتولاه مؤسسات التعليم (مدارس وجامعات) في هذا المجتمع وفقا لمناهج أو برامج تعليمية محددة . وبالقياس يرى البعض أن تقنيات التربية *Educational Technology* أعم وأشمل من تقنيات التعليم ، وأن الثانية جزءا من الأولى ، بل هي الجانب الإجرائي منها .

وتقنيات التربية مفهوم مركب يشترك فيه العنصر البشري بأفكاره وأساليبه مع الأجهزة والأدوات ، والمواد بإمكاناتها للعمل على تحليل القضايا والمشكلات المتصلة بجميع جوانب النمو الإنساني بهدف تربية تلك الجوانب وترقيتها . ويتحدد مصطلح تقنيات التربية بثلاثة أبعاد هي : بناء نظري ، ومجال عمل يتم من خلاله تطبيق النظرية ، ومهنة يقوم بها مجموعة من الممارسين .

ويختلف مصطلح تقنيات التربية عن مصطلح التقنية في التربية Technology in Education هذا المصطلح الذي يشير إلى استخدام تطبيقات التقنية الحديثة والمستحدثة في إدارة وتوجيه العمل بجميع المؤسسات ذات الطابع التربوي لخدمة غايات وأهداف تربوية محددة .

✳ مفهوم تقنيات الاتصالات والمعلومات :

يختلف مفهوم تقنيات التعليم عن مفهوم تقنيات الاتصال Communication Technology تلك التي تعرف بأنها : أحد أهم المجالات الحديثة للتكنولوجيا التي تركز على أحدث تقنيات إرسال واستقبال الرسائل المرئية ، والمسموعة ، والمكتوبة الخاصة بالمجال التربوي والتعليمي ، وغيره من المجالات ، والتي تتيح التفاعل الإيجابي بسهولة ويسر بين المرسل والمستقبل حول موضوع الرسالة . وقد أفادت تكنولوجيا الاتصال بشكل أساسي في نظم التعليم المفتوح ، والتعليم عن بعد ، ومن أهم مظاهر تقنيات الاتصال وأحدثها الدمج بينها وبين تقنيات المعلومات لمزيد من الجودة والفعالية في مجال تقنيات التعليم.

أما مفهوم تقنيات المعلومات Information Technology فيعرف بأنه : أحد أهم مجالات التكنولوجيا الحديثة الذي يركز على توظيف الإلكترونيات وغيرها من التقنيات الجديدة (حاسبات آلية ، ومحطات اتصال فضائية ، وألياف بصرية ، وتسجيلات فيديو ... الخ) لإحداث المعلومات وابتكارها من كل المجالات ، وخزنها واختبارها ونقلها وتوزيعها ، وذلك بأيسر الطرق وأسرعها .

ورغم الاختلاف في التعريف والمـدلول فـإن تقنيـات الاتصالات وتقنيات المعلومـات كانتا الأساس الأول الذي بنيت عليه طفرة تقنيات التعليم ومستحدثاتها المتلاحقة.

✵ مفهوم التربية التكنولوجية :

التربية التكنولوجية أو التربية التقنية أو تربية التقانة هي مفاهيم مترادفة تـشير إلى مجـال من مجـالات التربيـة ظهر كرد فعل مباشر للثورة التكنولوجيـة التـي شـملت كافة مجـالات الحيـاة بداية من النصف الثاني في القرن العشرين . وتركـز التربية التكنولوجية على إكساب الفـرد معلومـات ومهارات تمكنه من التعامل بكفاءة مع كل ما هو حـديث ومـستحدث مـن التطبيقـات التقنيـة ، بمـا يحقق له أقصى استفادة ممكنة منها ، ويقيه أضرارها الاجتماعية والصحية والأخلاقية . كما تركز أيضا علي بيان علاقة التقنية بالعلم والمجتمع ، والآثار المترتبة علـي التفاعـل بيـنهم والقضايا والمـشكلات التي نتجت عن هذا التفاعل . كما تتناول الحدود الأخلاقية للتقنية والقضايا الاجتماعية المترتبة عليها ، موضحة الوجه الآخر (المظلم) لتطبيقات تلك التقنية .

التربية التكنولوجية إذن يمكن تعريفها بأنها : عملية هادفة ومنظمة يتم مـن خلالهـا تزويـد الفرد بالقدر اللازم من الخبرات التكنولوجية (معارف مهارات ، اتجاهات ، سلوك ، أخلاقيات ...إلخ) التى تعمل على تنويره وتثقيفه تقنيا. معنى ذلك أن التربية التكنولوجية هـى السبيل إلى إعداد الفرد المتنور والمثقف تقنيا ، وبعبارة أخرى فإن التنـوير والتثقيـف التقنـي هـو الهـدف العـام والجوهرى للتربية التكنولوجية.(**ماهر اسماعيل صبري محب الرافعي ، 2000، ص 16**).

● عناصر منظومة تقنيات التعليم ومكونات المجال:

تشير الأدبيات إلى ثلاثة عناصر أساسية تتكون منها منظومـة تقنيـات التعلـيم هـي : العنـصر البشري ، والأجهزة التعليمية ، والمواد التعليمية ، يمثـل كـل منهـا أحـد أضـلاع مثلـث يعـرف بمثلـث تقنيات التعليم ، الموضح بالشكل (1). (يس عبدالرحمن قنديل ، 1998، ص105).

والملاحظ من الشكل أن العناصر الثلاثة الرئيسة لمنظـوم تكنولوجيـا التعليم، تـشمل بـدورها عناصر فرعية مثل :

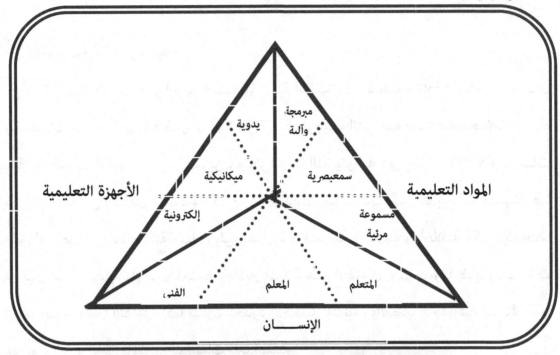

شكل (1) : عناصر منظومة تقنيات التعليم

1- العنصر الأول : العنصر البشري

ويمثل قاعدة المثلث ويشمل :

◄ المعلمين.

◄ المتعلمين باختلاف أعمارهم وفئاتهم.

◄ الفنيين (أخصائيي تكنولوجيا التعليم).

◄ الإداريين (أخصائيي إدارة النظم وإدارة الأفراد).

2- العنصر الثاني : الأجهزة التعليمية :

ويشمل :

◄ الأجهزة اليدوية البسيطة.

◄ الأجهزة الميكانيكية المعقدة.

◄ الأجهزة والمعدات الإلكترونية الحديثة.

3- العنصر الثالث : المواد التعليمية :

ويشمل :

◄ المواد التعليمية البسيطة المنتجة يدوياً.

◄ المواد التعليمية المعقدة المنتجة آلياً.

◄ المواد التعليمية المبرمجة المنتجة إلكترونياً.

كما تشير الأدبيات أيضا إلى أن تقنيات التعليم كمجال تتكون من عدة عناصر متشابكة ، ومكونات متداخلة ، تشمل إلى جانب الأفراد والأجهزة ، والمواد التعليمية عناصر أخرى مثل : الأساس النظري (النظرية التي توجهها) ، وأساليب العمل من تصميم وإنتاج وتقويم ، ونظم إدارة العمل والأفراد . وذلك على النحو الموضح بالشكل (2) :

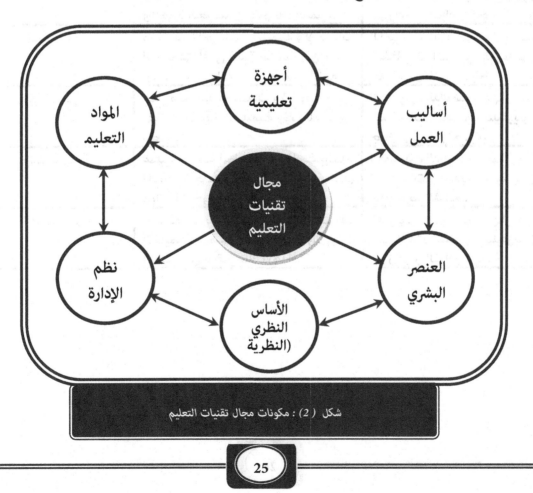

شكل (2) : مكونات مجال تقنيات التعليم

من الوسائل التعليمية إلى تكنولوجيا التعليم .. الجزء الأول

وبمزيد من التفصيلات يشير (فتح الباب عبد الحليم سيد وآخـرون 2000 ، ص ص 96-101) إلى ثمانية مكونات لتكنولوجيا التعليم كمجال يمكن إجمالها في الجدول (1) :

جدول *(1)* : مكونات تكنولوجيا التعليم كمجال

مكونات المجال	تعريف كل مجال	أمثلة لكل مجال
1- الأجهـــــزة	المعـدات والآلات والأدوات التـي تـستخدم لعرض المحتوى التعليمي المخزون في أوعيـة تخزين المواد التعليمية.	الكمبيوتر ، الداتا شـو جهـاز عـرض الـشفافيات الفيـديو ، التليفزيـون ، جهاز عرض الشرائح ..إلخ.
2- المـــــواد	أوعية تخزين المحتوى التعليمي المراد نقلـه للمتعلمـين ، والـذي قـد يتطلـب عرضـه استخدام أجهزة أو لايتطلب.	اسـطوانات الكمبيـوتر الـشفافيات التعليمية الشرائح الشفافة ، الصور أشرطة الراديو والفيديو..إلخ
3- الأفـــــراد	العنـصر البـشري المكلـف بتـصميم المـواد التعليمية ، وإنتاجها وعرضها ، واسـتقبالها ، والتفاعـل معهـا ، وتقويمهـا ، واسـتخدام الأجهزة ، وصيانتها ...إلخ.	المعلـم ، المـتعلم ، الفنـي أخـصائي التكنولوجيا المصمم ،
4- النظريـــــة	الأسس والمبادئ والفرضيات النظريـة التـي تفـسر عمليـة الـتعلم وتبـين دور المـواد والأجهزة التعليمية في دعم تلك العملية.	الكمبيوتر ، الداتا شـو جهـاز عـرض الـشفافيات الفيـديو ، التليفزيـون ، جهاز عرض الشرائح ..إلخ.
5- الاستراتيجيات	مجموعـة التحركـات التعليميـة والإجـراءات التي تحقق أقصى فائدة تعليمية مـن حـسن توظيف المواد والأجهزة التعليمية المتاحة.	الكمبيوتر ، الداتا شـو جهـاز عـرض الـشفافيات الفيـديو ، التليفزيـون ، جهاز عرض الشرائح ..إلخ.
6- التصميـــم	عمليـة تحديـد مواصـفات وخطـوات إنتـاج المواد أو الأجهزة التعليميـة وفقـا للمـستوى المطلوب.	الكمبيوتر ، الداتا شـو جهـاز عـرض الـشفافيات الفيـديو ، التليفزيـون ، جهاز عرض الشرائح ..إلخ.
7- الإنتـــــاج	عمليـة ترجمـة المواصـفات الخاصـة بإنتـاج المـواد والأجهـزة إلى منـتج تعليمـي فعـلي بمواصفات جودة محددة.	الكمبيوتر ، الداتا شـو جهـاز عـرض الـشفافيات الفيـديو ، التليفزيـون ، جهاز عرض الشرائح ..إلخ.
8- التقويـــم	عمليـة تحديـد مـدى تحقـق الأهـداف التعليميـة ، ومـدى قـدرة المـواد والأجهـزة التعليمية في تحقيق تلك الأهداف.	الكمبيوتر ، الداتا شـو جهـاز عـرض الـشفافيات الفيـديو ، التليفزيـون ، جهاز عرض الشرائح ..إلخ.

والحقيقة التي يجب تأكيدها في هذا المقام أن العنصر البشري هو أهم عناصر ومكونات منظومة تكنولوجيا التعليم ، لكن به وحده لا تكتمل تلك المنظومة. وفي هذا الإطار يمكن استخلاص المؤشرات المهمة التالية :

- منظومة تكنولوجيا التعليم ذاتها هي نتاج العقل البشري ، وموجهة أساساً لتربية وتنمية البشر ، وتنفيذها يعتمد – حتماً - على البشر.
- الأجهزة التعليمية هي من إبداع العقل البشري ، يستخدمها المعلم والمتعلم بهدف إكساب المتعلم خبرات تعليمية محددة ، وذلك وفقاً لنظام عمل وأسلوب إدارة محدد ، استناداً لأساس نظري واضح. حتى أن صيانة تلك الأجهزة وإصلاحها والحفاظ على كفاءتها في العمل مسئولية العنصر البشري ممثلاً في الفنيين والأخصائيين.
- المواد التعليمية ينتجها أفراد منطلقون من أساس نظري ، ومتبعون أساليب عمل محددة ، وخاضعون لنظم إدارية واضحة ، ومعتمدون على خبرتهم اليدوية ، أو على أجهزة إنتاج المواد التعليمية ، وفي الوقت ذاته يستخدمها أفراد (المعلمون) لخدمة أفراد آخرين (المتعلمين).
- النظرية التي توجه منظومة تكنولوجيا التعليم هي أيضاً نتاج العقل البشري ، حيث تم الوصول لتلك النظرية من خلال أسلوب عمل معين ونظم إدارية محددة ، وبالاعتماد على أجهزة ومواد تعليمية معينة. وقد يعتمد على تلك النظرية أفراد آخرون، فيلتزمون بما تفرضه تلك النظرية من أساليب عمل، ونظم إدارة، وبما تحتاجه من أجهزة ومواد تعليمية.
- نظم الإدارة هي أيضاً نتاج عقول أفراد ، تحدد قواعد تسيير وترشيد العمل لأفراد آخرين ، استناداً لأساس نظري محدد ، ووفقاً لأسلوب أو نظام إداري واضح ، بهدف توظيف الأجهزة والمواد التعليمية على أفضل نحو لخدمة الأهداف التعليمية. وقد يتطلب اتباع نظام إداري معين الاعتماد على أجهزة أو مواد تعليمية.

◄ أساليب العمل هي خطط وإجراءات تفصيلية يضعها بعض الأفراد ، لييسر على أفراد آخرين اتباعها لتحقيق أهداف محددة ، معتمدين على أساس نظري ، ونظام إداري متقن ، لضمان أقصى استفادة من الأجهزة والمواد التعليمية في تحقيق الأهداف التعليمية. وقد تتطلب بعض أساليب العمل الاعتماد على أجهزة ومواد تعليمية.

● دواعي الاهتمام بتقنيات التعليم ووظائفها:

يرى البعض أن الاهتمام بتقنيات التعليم والأخذ بها يعد ضرورة حتمية لامناص عنها ، بينما يرى البعض الآخر أن تقنيات التعليم ربما تعد نوعا من الترف التعليمي الذي يمكن الاستغناء عنه ، ولكل وجهة نظر منهما مبرراته وأسانيده . ويؤكد كاتب هذه السطور أن التقنية آتية لامحالة فهي اقتحامية تفرض نفسها على كل مناشط الحياة ومنها المجال التعليمي فهناك أنماط كثيرة من التعليم والتعلم لم تكن متاحة من قبل ظهرت مواكبة لتكنولوجيا التعليم ، فلم يكن للتعليم عن بعد والتعليم الإلكتروني وغيرها من قائمة بمعزل عن التكنولوجيا وتطبيقاتها. ومجمل القول فإن هناك عدة دواعي ومبررات تحتم ضرورة الاهتمام بتقنيات التعليم وتطبيقاتها في العملية التعليمية بيانها فيما يلي :

1- مواكبة النظام العالمى الجديد :

إن مواكبة النظام العالمى الجديد الذى بات العالم فى ظله كقرية صغيرة يمكن لأى فرد أن يجوب أرجائها عبر قنوات الاتصال الحديثة تمثل مبرراً قوياً وداعياً من دواعى الاهتمام بتقنيات التعليم في أي نظام تعليمي الأمر الذي يتيح للمتعلمين الانخراط فى هذا النظام. كما أن طبيعة النظام العالمى الجديد تجعل من الصعب وضع حدود وقيود بين المجتمعات ، وتجعل الغلبة والتفوق لمجتمع على آخر بقدر ما يمتلكه من سبل التقدم العلمى والتكنولوجي في جميع مناشط الحياة بما فيها نظم التعليم ، ومن ثم فإن السبيل الوحيد لأفراد مجتمعاتنا العربية هو ضرورة الاهتمام بالتكنولوجيا عموما وتكنولوجيا التعليم على وجه الخصوص لكي يكون لهم موقعاً على خريطة ذلك النظام العالمى الجديد.

وينادي النظام العالمي الجديد بتطبيق معايير الجودة والاعتماد في كل المجالات بما فيها مجال التعليم ، حيث يعد الاهتمام بتكنولوجيا التعليم أحد أهم معايير الجودة والاعتماد لأية مؤسسة تعليمية.

2- مسايرة لغة التكنولوجيا :

إن اللغة السائدة في عصرنا الحالي هي لغة التكنولوجيا ، ولا مكان لأي مجتمع أو أي فرد يفتقد مقومات تلك اللغة ، وما من سبيل لاكتساب مفردات لغة التكنولوجيا وفهم رموزها ومدلولاتها إلا من خلال نظم تعليمية تهتم بتكنولوجيا التعليم بالمستوى المطلوب .

3- تسارع عجلة التكنولوجيا :

إن عجلة التقدم التكنولوجي تسير بسرعة مذهلة تصل إلى حد الطفرة أحياناً ، وإلى حد الثورة غالباً ، وعلى أفراد المجتمعات مواكبة هذا التسارع وملاحقته ، وهذا مبرر من أهم مبررات الاهتمام بتكنولوجيا التعليم وضرورة الأخذ بها في جميع نظمنا التعليمية .

4- تراكمية التكنولوجيا :

من المنطقي أنه كلما تسارعت عجلة التكنولوجيا ، كلما زادت معها الاكتشافات والابتكارات التكنولوجية ، ومن ثم تتضاعف هذه الاكتشافات وتلك الابتكارات أضعافاً كثيرة خلال فترات زمنية وجيزة ، الأمر الذي يؤدي إلى بناء تراكمي كبير للتكنولوجيا ، ولا يمكن للفرد العادي أن يلم بجوانب وعناصر هذا البناء ، وأن يعرف مراحل تطوره ما لم تكن نظم تعليمه تهتم بتكنولوجيا التعليم وتطبيقاتها المتنوعة بالمستوى المطلوب .

5- إنسانية التكنولوجيا :

التكنولوجيا منشط إنساني بالدرجة الأولى ، فحاجة الإنسان هي التي تدفعه للاختراع ، ومن ثم الوصول إلى تطبيقات تكنولوجية تفيده وتفيد غيره من البشر في مراحل حياتهم وإعمارهم لهذا الكون. وهذا يعني أن التكنولوجيا أنشطة يقوم بها الإنسان وهي في الوقت ذاته موجهة لخدمة هذا الإنسان وحل مشكلاته ، وزيادة رفاهيته.

وعلى ذلك فإن الطبيعة الإنسانية للتكنولوجيا تدعو كافة النظم التعليمية للاهتمام بتكنولوجيا التعليم كأحد أهم مجالات التكنولوجيا بصفة عامة.

6- اجتماعية التكنولوجيا :

التكنولوجيا لا تعمل بعيداً عن المجتمع ، بل لا يمكن عزلها عن تطلعات واحتياجات ومعايير وقيم وأخلاقيات وأعراف المجتمع فمن المفترض أن التكنولوجيا تلبي حاجات المجتمع فتساعد على رفاهية أفراده لكي يحيون حياة كريمة ، وإذا كانت التكنولوجيا منشط إنساني فهي بالضرورة منشط اجتماعي يتيح لأفراد المجتمع أعلى درجات التفاعل الاجتماعي ، ومن ثم تحقيق النفع والفائدة لمجتمعاتهم. وفي المقابل حينما يكون منطلق التكنولوجيا هو التركيز على رغبات وحاجات مجتمع ما ، فإن ذلك - بالقطع - لا يمكن دون الانطلاق من رغبات وحاجات وخصائص أفراد هذا المجتمع. وإذا كان المجتمع بكل فئاته ومؤسساته يقدم كل أشكال الدعم لعلماء وخبراء التقنية للوصول إلى مزيد من التطبيقات التكنولوجية ، فإن هؤلاء العلماء والخبراء بالتالي لا يحتفظون بكشوفهم واختراعاتهم التقنية لأنفسهم ، بل يوجهونها لخدمة كافة أفراد المجتمع ، من أجل ذلك لابد لنظم التعليم بأي مجتمع من الاهتمام بتكنولوجيا التعليم بالمستوى الذي يحقق أقصى استفادة لأفراد ذلك المجتمع .

7- اقتحامية التكنولوجيا :

للتكنولوجيا طبيعة اقتحامية ، فهي تقتحم المجتمعات اقتحاماً ليس بالضرورة في إجراءاتها ، ومراكز ومؤسسات ممارستها لكن في نتائجها فالتكنولوجيا مثلاً تفرض نفسها على كل المجتمعات سواء كانت هذه المجتمعات في حاجة إليها ، أو لم تكن في حاجة إليها ، ويرجع سبب ذلك إلى أن تلك التكنولوجيا تقدم للمستهلك تطبيقات تحقق له المزيد من الخدمات ، مما ينعكس عليه بمزيد من الرفاهية ، وبالتالي فهو في سعي مستمر لاقتناء ما يستجد منها رغبة منه في بلوغ أقصى درجات الرفاهية.

ومجمل القول فإن التكنولوجيا تقتحم حياة الإنسان اقتحاماً شاء ذلك أو لم يـشأ ، لـذا فإن الأمر يحتم ضرورة اهتمام النظم التعليمية الموجهـة لهـذا الإنسـان بالتكنولوجيا عمومـا وتكنولوجيا التعليم على وجه الخصوص بالمستوى الذى يكفى لتوافقه وانسجامه مع مجريات هذا العصر.

8- تفاقم بعض مشكلات التعليم :

تعاني بعض المجتمعات من تفاقم بعض المـشكلات في نظمها التعليميـة كـنقص المعلمين الأكفاء في بعض التخصصات ، وارتفاع كثافة المتعلمين في الفصول الدراسية ، ومشكلة الفروق الفرديـة فيما بينهم ، وانخفاض مستوى الكفاءة التعليمية ، الأمر الذي يستلزم إيجاد حلـول لتلـك المـشكلات ، ومن ثم يدعو تلك النظم التعليميـة بالاهتمام بتكنولوجيا التعليم وتطبيقاتهـا للمساعدة في حل مشكلاتها.

9- الرغبة في التطوير المستمر للمنظومة التعليمية :

من أهم مبررات الاهتمام بتكنولوجيا التعليم رغبـة القائمين علـى نظم التعليم في التطـوير المستمر لتلك النظم بكافة عناصرها ومكوناتها فاستحداث طرق وأساليب جديـدة للتعليم والـتعلم كالتعلم الذاتي ، والتعلم عن بعد ، والتعلم الإلكتروني .. إلخ يستلزم تطوير المعلـم والمـتعلم وخبرات التعليم والتعلم وكذلك البيئة التعليمية تكنولوجيا بالمستوى الذي يتيح لتلك العنـاصر التنـاغم فيمـا بينها لتحقيق أهداف المنظومة.

10- تأصيل التربية التكنولوجية لأفراد المجتمع :

من المبررات التي تدعو مؤسسات التعليم للاهتمام بتكنولوجيا التعليم أيضا الرغبة في تأصيل أسس التربية التكنولوجية لدى أفراد المجتمع ، وتعريف هؤلاء الأفراد بحـدود التكنولوجيا ومزايـاها وعيوبها وحـدودها الأخلاقيـة التـي لايجـب تجاوزهـا ، ومـن ثم تعريف المتعلمين بكـل حـديث ومـستحدث مـن التطبيقـات التكنولوجيـة ، واستخدامات كـل منهـا الإيجابية وتـشجيعهم عليهـا ، والاستخدامات السلبية وتحذيرهم منها.

وعلى ضوء تلك الدواعي والمبررات يمكن إيجاز وظائف تكنولوجيا التعليم في أنها :

◄ تساعد في مواكبة المؤسسات التعليمية للنظام العالمي الجديد.

◄ تسهم في رفع مستوى جودة النظم التعليمية.

◄ تؤدي إلى تطوير كفاءة المعلم وتطوير مستوى أدائه.

◄ تدعم خبرات التعليم والتعلم في المناهج التعليمية .

◄ تزيد إيجابية المتعلم في المواقف التعليمية.

◄ تزيد فهم المعلم لإجراءات التدريس واستراتيجياته.

◄ تدعم طرق واستراتيجيات جديدة للتعليم والتعلم.

◄ تربط بين الجانب النظري والجانب التطبيقي .

◄ تسهم في حل بعض مشكلات النظم التعليمية.

◄ تزيد فرص التعليم المستمر والتعليم غير النظامي.

◄ تفتح آفاق التعليم لمن فاتتهم فرص التعليم النظامي.

◄ تتيح التعامل بفعالية مع الأعداد الكبيرة من المتعلمين.

◄ تضفي متعة وتشويقا على العملية التعليمية.

◄ تزيد من مستوى التفاعل بين المعلم والمتعلم وخبرات التعليم والتعلم.

◄ تسهم في تنمية الاتجاهات الإيجابية نحو التكنولوجيا والمشتغلين بها.

◄ تسهم في تحقيق الرفاهية في عمليتي التعليم والتعلم.

◄ تساعد في تأصيل المفهوم المنظومي للتعليم.

◄ تتيح للعنصر البشري التدرب على اكتساب مهارات التصميم والإنتاج والتقويم .

● دور تقنيات التعليم في التكيف مع مستجدات التربية:

من المعلوم أن التربية تتغير بتغير الزمان والمكان ، ومن ثم تأتي التربية كل يوم بجديد ، وكـل جديـد في التربيـة يسـتلزم التكيـف لاسـتيعابه ومواجهته ، وقـد قامـت تكنولوجيـا التعليم بـدور مهـم في التكيـف مـع متغيـرات التربيـة عـلى مـر العصور ، فحـين كـان الـتعلم يفسـر بأنه ارتباط شرطي بين مثير واستجابة قدمت تكنولوجيا التعليم مبدأ دافعية المتعلم كشرط لحدوث

التعلم . وحين كان التعلم يفسر كاشتراط إجرائي بين مثير واستجابة قدمت تكنولوجيا التعليم التعلم البرنامجي والآلات التعليمية كتطبيق مباشر على ذلك . وحين كان التعلم يفسر وفقا للنظرية السلوكية قدمت تكنولوجيا التعليم العديد من فنيات واستراتيجيات إكساب أنماط السلوك المرغوب وتعديل أنماط السلوك غير المرغوب . وحين كان يفسر التعلم وفقا للنظرية البنائية قدمت تكنولوجيا التعليم العديد من استراتيجيات ونماذج التعلم البنائي التي تتيح للمتعلم بناء خبراته بنفسه على ضوء مالديه من خبرات سابقة ، وتتيح له تعديل ما بحوزته من خبرات سابقة خاطئة على ضوء ماااكتسبه من خبرات لاحقة .... وهكذا .

وحين كانت التربية تركز على المعلومات كهدف لها قدمت تكنولوجيا التعليم آنذاك طرق للتعليم والتعلم التلقيني التي تسمح بنقل واستقبال أكبر قدر ممكن من المعلومات بين المعلم والمتعلم . وحين كانت التربية تركز على عمليات البحث وتعليم المتعلم كيف يتعلم قدمت تكنولوجيا التعليم طرقا للتعليم والتعلم التي تركز على إيجابية المتعلم كحل المشكلات والتعلم بالاكتشاف والطريقة المعملية والتعلم الذاتي وغيرها . وحين بدأت التربية تأخذ بنظرية الاتصال قدمت تكنولوجيا التعليم العديد من نماذج الاتصال التعليمي التي تحقق أقصى تفاعل بين المرسل والمستقبل حول الرسالة التعليمية . وحين لاح في أفق التربية ملامح التطوير الإلكتروني قدمت تكنولوجيا التعليم أنماطا عديدة للتعليم والتعلم كالوسائط التعليمية المتعددة ، والفيديو التفاعلي والوسائط الفائقة والتعليم الإلكتروني ، والفصول الافتراضية .. إلخ. وهكذا فإن كل تغيير يحدث في مجال التربية تسعى تكنولوجيا التعليم للتكيف معه .

****

الفصل الثاني :
((الوسائل التعليمية وتصنيفاتها))

- مفهوم الوسائل التعليمية.
- التطور التاريخي للوسائل التعليمية.
- الوسائل التعليمية والوسائط التعليمية.
- تقنيات التعليم والوسائل التعليمية.
- تصنيفات الوسائل التعليمية.
- معايير اختيار الوسائل التعليمية.
- معايير استخدام الوسائل التعليمية.
- أهمية استخدام الوسائل التعليمية.
- معوقات استخدام الوسائل التعليمية.

الفصل الثاني :

((الوسائل التعليمية مفهومها وتصنيفاتها))

نظرا لأهمية دور الوسائل التعليمية في تحقيق الأهداف التعليمية فقد أفرد لها المؤلف فصلا كاملا عرض فيه مفهوم الوسائل التعليمية ومراحل تطور هذا المفهوم ، مقارنا بينه وبين مفهوم تقنيات التعليم الذي سبق تناوله في الفصل الأول ، وكذلك تصنيفات الوسائل التعليمية ومعايير اختيارها واستخدامها ، واهميتها في العملية التعليمية ، وأهم معوقات استخدامها ، وبيان ذلك تفصيلا فيما يلي :

أولا : مفهوم الوسائل التعليمية:

من أكثر المصطلحات تداخلاً مع مصطلح تكنولوجيا التعليم مصطلح "الوسائل التعليمية Instructional Aids "، فالكثيرون لا يفرقون بين هذين المصطلحين.

ومع أن الوسائل التعليمية تمثل مرحلة تطورية أدت إلى ظهور تكنولوجيا التعليم ، فإن هناك فارقاً واضحاً بينهما ، يتضح هذا الفارق من خلال تعريف مفهوم الوسائل التعليمية ، وتحديد مراحل تطورها.

ولتعريف مفهوم الوسائل التعليمية على نحو دقيق ينبغي أولاً التعرف على مسمياتها السابقة ، والمراحل التطورية التي أدت على شيوع استخدام مسمى الوسائل التعليمية.

● التطور التاريخي لمفهوم الوسائل التعليمية:

تكاد تجمع الكتابات والمراجع التي تناولت تاريخ مصطلح الوسائل التعليمية بأن هذا المصطلح مر بمراحل تطورية عديدة أطلق عليه خلالها مسميات أخرى عديدة ، اختلفت تلك المسميات مرة باختلاف الدور الذي تؤديه في العملية التعليمية ، ومرة أخرى باختلاف الحواس المستخدمة في إدراكها. من أهم هذه المراحل ما يلي:

1- مرحلة التسمية على ضوء الحواس التي تخاطبها :

ومن أكثر المسميات التي أطلقت على الوسائل التعليمية في هذه المرحلة ما يلي :

أ- الوسائل البصرية **Visual Aids**:

وهي كل ما يستخدمه المعلم من أدوات ومواد تعليمية تخاطب حاسة البصر في المتعلم، وتيسر عليه فهم محتوى المواد الدراسية. ويطلق عليها البعض اسم " التعليم البصري ***Visual Instruction*** ".

ب- الوسائل السمعية **Audio Aids**:

وهي الأدوات والمواد التعليمية التي يستخدمها المعلم مخاطباً بها حاسة السمع لدى المتعلم لإكسابه خبرات تعليمية مسموعة. ويعرف ذلك "بالتعليم السمعي ***Audio Instruction***".

ج- الوسائل السمعبصرية **Audio Visual Aids** :

وتعرف أيضاً بالوسائل السمعية البصرية، وهي كل ما يستخدمه المعلم من أدوات وأجهزة ومواد تعليمية لإكساب المتعلم خبرات تعليمية عن طريق حاستي السمع والإبصار. ويعرف ذلك بالتعليم السمعي البصري (السمعبصري) ***AudioVisual Instruction*** . وتعتمد هذه التسمية على حقيقة مؤداها أن الوسائل التعليمية التي تخاطب أكثر من حاسة واحدة في نفس الوقت تكون أكثر فعالية في نقل الخبرات التعليمية إلى المتعلم.

وقد يتساءل البعض : ما الأصل في هذه التسميات؟ ولماذا اقتصرت هذه التسميات على حاستي السمع والإبصار فقط ، من دون ا لحواس الأخرى؟

وللإجابة على هذين السؤالين نقول إن حواس الإنسان هي نوافذ عقله التي يطل بها على الحياة ، ومن ثم فهو يتعامل من خلالها مع كل ما يصادفه من خبرات ، أي أنها قنواته لعمليتي التعليم والتعلم ، فكلما تعددت

هذه القنوات ، وكلما اشتركت أكثر من حاسة ، كان مردود تعليم الفرد وتعلمه أكثر من المعارف والخبرات . وهذا ما يجيب عنه السؤال الأول.

وقد أثبتت البحوث والدراسات أن هناك تفاوتاً في نسبة تعلم الفرد عن طريق حواسه ، تتراوح هذه النسبة بين (75%) للتعلم عن طريق حاسة البصر، و(13%) عن طريق السمع ، و(6%) عن طريق اللمس ، و(3%) لكل من التذوق والشم ، وهذه النسب تقريبية وليست قاطعة ، لكنها تدل على أن أعلى نسبة تعلم تتم عن طريق حاستي : البصر والسمع ، وهذا ما يجيب عن السؤال الثاني.

2- مرحلة التسمية على ضوء دورها في التدريس :

هناك بعض التسميات التي أطلقت على الوسائل التعليمية استناداً إلى دورها في عملية التدريس ، من أكثر هذه التسميات شيوعاً ما يلي :

أ- معينات التدريس Teaching Aids :

ويطلق عليها أيضاً معينات التعليم أو الوسائل المعينة أو المعينات السمعية البصرية ، وهي كل ما يستعين به المعلم من أجهزة ومواد تعليمية وغيرها لنقل الخبرات التعليمية للمتعلم بسهولة ويسر . والأصل في هذه التسمية يرجع إلى دور هذه الوسائل في إعانة ومساعدة المعلم على تنفيذ عملية التدريس، على نحو ييسرها له ، ويقلل نسبياً من الجهد المبذول.

ب- وسائل الإيضاح Illustration Aids :

كثيراً ما يصادف المعلم خلال شرحه لدرس معين بعض الأفكار والمفاهيم المجردة ، ومن ثم فهو يجد صعوبة كبيرة في شرحها ، وعلى الجانب الآخر يجد المتعلم صعوبة أكبر في فهمها ، وهنا يتحتم على المعلم استخدام بعض الأدوات والمواد التعليمية التي تساعده في شرح الأفكار المجردة بالشكل الذي يوضحها وييسر فهمها للمتعلم ، وهذه ما تعرف بوسائل الإيضاح .

إذن الأصل في هذه التسمية يرجع إلى دور الوسائل في شرح وإيضاح الأفكار النظرية التي يصعب على المعلم شرحها بشكل لفظي ويزداد الأمر صعوبة على المتعلم في استيعابها.

وما من شك في أن تسمية الوسائل التعليمية بمعينات التدريس أو وسائل الإيضاح يقلص دورها ، ويجعل أهميتها محدودة ، فالمعلم اللبق المتمكن الذي يجيد فن الحديث ، والتأثير على المتعلم من خلال ألفاظه المنطوقة ليس بحاجة لمعينات تدريس أو وسائل إيضاح ، الأمر الذي يشير إلى إمكانية الاستغناء عنها ، وهذا غير صحيح حيث يتنافى مع كون الوسائل التعليمية جزءاً لا يتجزأ من أي منهج تعليمي.

3- مرحلة التسمية على ضوء ارتباطها بعمليتي التعليم والتعلم :

في هذه المرحلة نرى أن مسميات الوسائل التعليمية قد خرجت بها من نطاقها المحدود خلال المرحلتين السابقتين ، حيث انتقلت بها من

إطار علاقتها الضيقة بالحواس ، والتدريس إلى علاقتها الأكثر اتساعاً بعمليتي التعليم والتعلم ، ومن أكثر مسميات هذه المرحلة شيوعاً ما يلي :

أ- الوسائل التعليمية Instructional Aids:

تشير هذه التسمية إلى ربط الوسائل بعملية التعليم بشتى صوره وأشكاله ، وهناك تعريفات كثيرة لمصطلح الوسائل التعليمية ، يمكن أن نوجزها في تعريفين: التعريف الأول يُعرِّف الوسائل التعليمية بأنها "الأجهزة والأدوات والمواد التعليمية التي يستخدمها المعلم داخل حجرة الدراسة ، لتيسر له نقل الخبرات التعليمية إلى المتعلم بسهولة ووضوح" والملاحظ أن هذا التعريف محدود وضيق؛ لأنه قصر الوسائل التعليمية على الأجهزة والأدوات والمواد فقط ، وهذا غير صحيح فهناك وسائل تعليمية أخرى كالرحلات مثلاً، لا تدخل في نطاق الأدوات والمواد التعليمية. كما أن هذا التعريف قصر الوسائل التعليمية على ما يستخدمه المعلم داخل حجرة الدراسة فقط ، وهذا أيضاً غير صحيح ، لأن هناك وسائل تعليمية أخرى كالمعارض والمتاحف مثلاً تستخدم خارج جدران حجرة الدراسة.

هنا كان لابد من البحث عن تعريف آخر أكثر شمولاً واتساعاً للوسائل التعليمية من هذا التعريف الأول ، فكان التعريف الثاني الذي يرى أن الوسائل التعليمية هي " كل ما يستخدمه المعلم من أجهزة وأدوات ومواد وغيرها ، داخل حجرة الدراسة أو خارجها، لنقل خبرات تعليمية محددة إلى المتعلم بسهولة ويسر ووضوح ، مع الاقتصاد في الوقت والجهد المبذول" وبهذا التعريف تخرج الوسائل التعليمية على نطاق أوسع لا يتحدد بالأجهزة والمواد فقط ، بل يتعداها لما غير ذلك من الوسائل الأخرى ، كما يتعدى أيضاً نطاق حجرات الدراسة ، ونطاق أسوار المؤسسات التعليمية ، ليشمل الوسائل الأخرى التي قد يعتمد عليها المعلم في تعليمه للمتعلم خارج هذه الحجرات وتلك المؤسسات.

والوسائل التعليمية بهذا التعريف تختلف اختلافاً كبيراً عن تقنيات التعليم التي سبق تعريفها ، لكن هذا الاختلاف لا ينفي العلاقة الوثيقة بينهما ، فالوسائل التعليمية تمثل جزءاً من منظومة تقنيات التعليم وأحد

عناصرها ، وعليه يكون مصطلح تقنيات التعليم أكثر عمومية وشمولاً من مصطلح الوسائل التعليمية بكافة مسمياتها.

وترتبط الوسائل التعليمية ارتباطاً وثيقاً بثلاثة محاور أساسية هي : المعلم الذي يستخدمها ، والمتعلم الذي تعود عليه الفائدة منها ، والموقف التعليمي الذي تثريه وتزيد من فعاليته ، ومن ثم تسهم في تحقيق أهدافه. وعليه فإن الوسيلة التعليمية الجيدة ليست معينة أو إيضاحية فحسب ، بل هي جزء من المنهج التعليمي ، ومحور للنشاط التعليمي ، وعنصر أساسي من عناصر العملية التعليمية.

وإذا كان من الشائع تعريف الوسائل التعليمية بأنها أجهزة أو أدوات ، أو مواد تعليمية ، فلا ينبغي أن يقر في أذهاننا أنهما مترادفتان فالأجهزة والأدوات والمواد التعليمية "هي التي يتم من خلالها نقل محتوى الوسائل التعليمية " ولبيان ذلك نسوق بعض الأمثلة:

◄ المثال الأول : إذا قام معلم العلوم بتجربة عرض أمام تلاميذه لتحقيق قانون أوم عملياً ، واستخدم لذلك أجهزة : أميتر، وفولتميتر، ومقاومة متغيرة (ريوستات) ، وأسلاك توصيل ، فالوسيلة التعليمية هنا هي "العرض العملي"، وليست أجهزة القياس الكهربية أو الأسلاك المستخدمة للتوصيل فهذه هي الأدوات والمواد التي تم من خلالها تنفيذ الوسيلة التعليمية.

◄ المثال الثاني : إذا قام معلم اللغة العربية أو معلم التربية الإسلامية بعرض تسجيل صوتي يوضح كيفية قراءة أبيات الشعر الجاهلي بدقة ، أو تسجيل صوتي يبين قواعد تلاوة القرآن الكريم، فإن الأجهزة والأدوات المستخدمة هي : شريط أو اسطوانة مسجل عليها المادة التعليمية وجهاز لاعب أشرطة الراديو كاسيت ، أو أجهزة حاكي الأسطوانات. وتكون الوسيلة التعليمية هنا هي "عرض التسجيلات الصوتية".

◄ المثال الثالث : إذا قام معلم الدراسات الاجتماعية بعرض شريط فيديو تعليمي يتناول أحداثاً تاريخية معينة أو يتناول الخصائص الجغرافية لإقليم معين، فإن الأجهزة والأدوات المستخدمة هي جهاز الفيديو وجهاز التليفزيون، وشريط الفيديو المسجل عليه المادة التعليمية ، أما الوسيلة التعليمي هنا فهي "عرض فيلم تعليمي".

وهكذا يتضح أن الأدوات والمواد التعليمية ليست هي الوسائل التعليمية بحد ذاتها ، لكنها تستخدم لنقل محتوى تلك الوسائل أو لتنفيذها.

ب- الوسائل التعلمية Learning Aids:

وترتبط هذه التسمية بعملية التعلم Learning ، والتي لا يشترط أن تتم من خلال عملية تعليم أو تدريس مقصود، بل يمكن أن تتم بطريقة ذاتية حيث يمكن للمتعلم تعلم العديد من الخبرات بنفسه، دون الاستعانة أو الاعتماد على المعلم.

وعلى ذلك نرى أن الفارق بين الوسائل التعليمية والوسائل التعلمية ليس فارقاً في التعريف، لكنه فارق فيمن يستخدم تلك الوسائل فإن استخدمها المعلم لنقل محتوى تعليمي معين للمتعلم كانت وسائل تعليمية وإن استخدمها المتعلم لاكتساب خبرات جديدة بنفسه دون الاعتماد على المعلم صارت وسائل تعلمية.

والوسائل التعلمية وفقاً لذلك هي " كل ما يستخدمه المتعلم من أجهزة وأدوات ومواد تعلمية ، وغيرها داخل أسوار المؤسسة التعليمية أو خارجها بهدف اكتسابه لمزيد من الخبرات والمعارف بطريقة ذاتية".

ج- الوسائل التعليمية التعلمية :

نظراً لارتباط عملية التعلم بعملية التعليم ، ونظراً لأن الوسيلة الواحدة يمكن أن يستخدمها المعلم والمتعلم في آن واحد، أي يمكن أن تكون تعليمية وتعلمية في الموقف الواحد، فكان لابد من دمج التسميتين في مصطلح واحد ، هو الوسائل التعليمية التعلمية.

ويمكن تعريف الوسائل التعليمية التعلمية بأنها "مجموعة متكاملة من المواد والأدوات والأجهزة التعليمية التي يستخدمها المعلم أو المتعلم لنقل محتوى معرفي ، أو الوصول إليه، داخل غرفة الدراسة أو خارجها بهدف تحسين عمليتي التعليم والتعلم".

وعلى نحو أكثر تعميماً يمكن أن نُعرِّف الوسائل التعليمية التعلمية بأنها : " كل ما يستخدمه المعلم والمتعلم من أجهزة وأدوات ومواد تعليمية

وغيرها داخل حجرة الدرس وخارجها لنقل خبرات محددة أو الوصول إليها، بشكل يزيد من فعاليـة وتحسين عمليتي التعليم والتعلم".

ويتوقف نجاح الوسائل التعليمية التعلمية، وتحقيق دورها في عمليتي التعليـم والتعلـم على قدرة المعلم في استخدامها بشكل وظيفي من خلال خطة مدروسة تستهدف ما يلي : **(بشير عبـد الرحيم الكلوب ، 1988 ص80).**

◄ تقديم أساس مادي للإدراك الحسي ، والتقليل من اللفظية ، فالوسائل تخاطب حواس الإنسان ومداركه، مما يؤدي إلى فهمه للمحتوى العلمي وليس حفظه، الأمر الذي يجعل التعلم أبقى أثراً.

◄ إثارة المتعلم وتشويقه ، حيث إن الاستعانة بوسائل تعليمية تعلمية يعد نوعاً من تنويع المثيرات في مواقف التعليم والتعلم، مما يزيد من حفز المتعلم وتشويقه للمشاركة في المزيد من التعلم، والاستمرار فيه.

◄ تقديم خبرات واقعية ترتبط بمجالات الحياة اليومية للمتعلم ، فاستخدام العروض العمليـة والدراسات المعملية حول موضوع الكهرباء مثلاً يكسب الفرد قدرة ومهارة تمكنـه من التعامـل معها بأمان، وإصلاح بعض الأعطال البسيطة في توصيلاتها بالمنزل . والتعليم العملي حول رعايـة المنزل يكسب قدرة ومهارة على ممارسة تلك الوظيفة في الحياة اليومية وهكذا فإنه كلمـا كانـت عمليتا التعليم والتعلم تتمان من خلال وسائل عملية زاد مردودهما على سلوك الفرد الإيجابـي في حياته العملية.

◄ تنمية استمرارية التفكير ، ونمو المعاني ، وزيادة الخبرات العملية التي يصعب على المتعلم اكتسابها بدون تلك الوسائل.

4- مرحلة التسمية على ضوء علاقتها بعملية الاتصال :

في هذه المرحلة ارتبطت تسمية الوسائل التعليمية بعملية "الاتصال Communication" حيـث بدأ الاهتمام بجوهر العملية التعليمية باعتبارها اتصال بـين عناصر الموقـف التعليمـي وهـي : المعلـم ، والمـتعلم والمنهج والوسائل ، حيـث يقابـل كـل عنـصر منهـا عنصراً مـن عناصر الاتصال بمعناه العام ، فالمعلم يقابل المرسل ، والمتعلم يقابل المستقبل ، والمنهـج

يقابل الرسالة أما الوسائل التعليمية فتقابل قنوات الاتصال . وسوف يرد الحديث تفصيلاً عن تلك العناصر في الفصل القادم.

وكان أهم اسم للوسائل التعليمية في هذه المرحلة هو "وسائل الاتصال التعليمي" التي تعرف بأنها " القنوات التي يتم من خلالها نقل الرسائل التعليمية من المعلم إلى المتعلم وبالعكس ، لتحقيق أهداف تعليمية محددة".

ويتوقف اختيار قنوات الاتصال التعليمي هذه على عدة عوامل هي : الأهداف التعليمية وطبيعتها ، والأهداف السلوكية التي يحددها المعلم وخصائص المتعلمين من حيث العمر الزمني والعقلي لهم ، والفروق الفردية بينهم ، والإمكانات المتاحة من موارد بشرية ومادية ، وكذلك الظروف البيئية التي يتم فيها الاتصال التعليمي.

ومع أن تسمية "وسائل الاتصال التعليمي" جعلت من الوسائل التعليمية جزءاً متمماً لعملية الاتصال ، فإنها قصرت تلك الوسائل على كونها فقط قنوات لحمل الرسائل من المرسل إلى المستقبل ، وهذه دائرة ضيقة للوسائل التعليمية.

ثانيا : الوسائل التعليمية والوسائط التعليمية :

من أكثر المصطلحات تداخلاً من مصطلحي : الوسائل التعليمية وتكنولوجيا التعليم ، مصطلح " الوسائط التعليمية Instructional Multi-Media " أو ما يطلق عليه " الوسائط المتعددة " أو "الوسائط التعليمية المتعددة".

والحقيقة أن هذا المصطلح يأخذ موقفاً وسطاً بين الوسائل التعليمية من جهة ، وتكنولوجيا التعليم من الجهة الأخرى ، فالوسائط التعليمية المتعددة مرحلة تطورية للوسائل التعليمية بمفهومها التقليدي وفي نفس الوقت خطوة سابقة مهدت لتكنولوجيا التعليم.

ومن أهم المبررات التي دعت لظهور مفهوم الوسائط التعليمية المتعددة ما يلي : (رشدي لبيب ، فايز مراد ، فيصل هاشم ، 1983، ص ص4 ، 5).

- ظهور المبدأ القائل بأن التعلم الجيد لا يتم إلا من خلال نشاط ذاتي يقوم به المتعلم ، لكي يكتسب المعرفة والمهارات والخبرات الأخرى بنفسه ، عن طريق تفاعله مع مصادر الحياة الطبيعية منها والصناعية.

- تنوع وتعدد الأهداف التربوية والتعليمية ، بالقدر الذي جعل المعلم والكتاب المدرسي لا يقدران وحدهما على تحقيقها.

- ظهور العديد من الوسائل التي يمكن لها أن تحقق بعض الأهداف التعليمية بدرجة لا تقل - إن لم تزد - عن درجة تحقيق المعلم أو الكتاب المدرسي مثل الدوائر التليفزيونية المغلقة ، والآلات التعليمية لكن ذلك لا يعني التقليل من أهمية المعلم والكتاب في العملية التعليمية.

- تفاقم المشكلات التي يعاني منها التعليم في العصر الحالي مثل : زيادة الكثافة الطلابية ، والفروق الفردية بين المتعلمين، ومن ثم نقص فرص التفاعل بين المعلم والمتعلم ، الأمر الذي يتطلب البحث عن وسائط للتعلم تخفف من حدة هذه المشكلات.

- ظهور مبدأ " التعلم الذاتي *Self-Instruction*" كضرورة يتطلبها حق كل إنسان في التعلم بصرف النظر عن حدود المكان والزمان، كما تتطلبها مواجهة التطور السريع في المعرفة وأساليب الحياة والإنتاج الأمر الذي يستدعى إيجاد وسائط غير تقليدية لعمليتي التعليم والتعلم.

هنا كان من الضروري ظهور مفهوم الوسائط التعليمية للارتقاء بدور الوسائل التعليمية من مجرد معينات لعمل المعلم، لتدخل في منظومة واحدة ضمن خطة الدراسة ، وتعمل بشكل دينامي متكامل مع عناصر الموقف التعليمي.

ونظراً لأن الأصل في الوسائط التعليمية هو التعدد والتنوع في الموقف التعليمي الواحد ، ونظراً لأنها جزء في منظومة التدريس ، فإن التخطيط لاستخدامها في مواقف التعليم والتعلم لا يتم إلا من خلال نظام متكامل يطلق عليه نظام الوسائط المتعددة *Multi Media System*.

ويمتاز نظام الوسائط المتعددة عن الوسائل التعليمية بمفهومها المعتاد بأنه : يعدّد وينّوع الوسائل بشكل متكامل ، ويجعل من الكتاب

المدرسي دليلاً يوجه المتعلم لمصادر تعليمية أخرى ، كما أنه يجعل من المعلم وسيطاً تعليمياً متكاملاً مع وسائط أخرى يُعينها ويستعين بها.

وهكذا يختلف مفهوم الوسائط التعليمية المتعددة عن مفهوم الوسائل التعليمية ، لكنه يقترب كثيراً من مفهوم تكنولوجيا التعليم ، حيث يعتمدان على مدخل النظم ، وتفاعل عناصر النظام فيما بينها.

ثالثا : مقارنة تقنيات التعليم بالوسائل التعليمية :

سبقت الإشارة على صفحات الفصل الأول من هذا الكتاب إلى مفهوم تقنيات التعليم ، حيث تبين مدى الفارق بينه وبين مفهوم الوسائل التعليمية . ولمزيد من الإيضاح يعرض الجدول (2) مقارنة بين المفهومين : (مندور عبد السلام ، 2004م ، ص ص 168-170).

رابعا : تصنيفات الوسائل التعليمية :

هناك العديد من تصنيفات الوسائل التعليمية التي تختلف باختلاف الأساس الذي يتم التصنيف وفقا له ، ومن أهم هذه التصنيفات ما يلي :

● تصنيف الوسائل التعليمية على ضوء الحواس :

تصنف الوسائل التعليمية على ضوء الحواس المجردة التي يستخدمها المتعلم في التعامل مع الوسيلة وإدراك مضمونها إلى :

1- وسائل سمعية: Audio Aids

وتشمل جميع الوسائل التعليمية التي تعتمد على الأصوات والألفاظ في عروضها ، وتعتمد على حاسة السمع في استقبالها ومن أمثلتها: اللغة المسموعة و البرامج التعليمية الإذاعية ، والإذاعة المدرسية والتسجيلات الصوتية التعليمية على أشرطة الكاسيت واسطوانات الليزر وكذلك معامل الصوتيات الخاصة بدراسة اللغات.

وهذا النوع من الوسائل التعليمية لا يصلح – مطلقاً – مع فئات المتعلمين من ذوي الإعاقة السمعية (الصم – وضعاف السمع).

2- وسائل بصرية : Visual Aids

وتشمل جميع الوسائل التعليمية التي تعتمد على الرموز البصرية في عرضها، وعلى حاسة الإبصار في استقبالها والتعامل معها.

جدول (2) : مقارنة مجدولة بين تقنيات التعليم والوسائل التعليمية

وجه المقارنة		الوسائل التعليمية	تقنيات التعليم
1-	المفهوم	الأجهزة والأدوات والمواد التي يستخدمها المعلم أو المتعلم لتبسيط عملية التدريس وعملية التعلم .	منظومة قائمة على دمج المواد التعليمية مع الأجهزة التعليمية لتنفيذ عملية التدريس وحل مشكلات الموقف التعليمي تحقيقا لمخرجات تعليمية محددة.
2-	الخصائص	مكون من مكونات المنهج تستخدم لجميع مراحل التعليم ومختلف المستويات العقلية وهي ليست بديلا عن المعلم ، كما أنها ليست للترفيه، لها جذور تاريخية قديمة .	منظومة متكاملة تتفاعل فيها الأجهزة والمواد والعنصر البشري ، تقوم على علم ونظرية وتصميم تعليمي ، تمثل تطبيقا نظميا لمبادئ ونظريات التعلم في الواقع الفعلي للعملية التعليمة. وهي مفهوم حديث نسبيا بدأ من منتصف القرن العشرين على وجه التقريب.
3-	الاهتمامات	تهتم بمعالجة اللفظية ، وتجعل الخبرات التعليمية ابقى أثرا وتساعد في تجاوز الخبرات لعاملي الزمان والمكان.	تهتم بمدخل النظم ، وتطبيق نتائج النظريات العلمية لخدمة التعليم ، كما أنها تجعل المواقف التعليمية أكثر واقعية وتحقق نتائج فعالة بشكل اقتصادي.
4-	المكونات	تشمل : أدوات ترميز الرسالة كالكلمات والصور والرسوم، وحوامل الرسالة المطبوعات والشرائح والشفافيات ، ونواقل الرسالة كأجهزة العرض وأدوات العرض. وهي منظومة فرعية صغرى من منظومة تقنيات التعليم.	تشمل : الأجهزة ، والمواد والأفراد ، والاستراتيجيات التعليمية ، والتقويم والتصميم، والإنتاج والأسس النظرية.
5-	الموقع في العملية التعليمية	لاتمثل جزءا من إجراءات العملية التعليمية ، لكنها من معينات التعليم التي يظن البعض أنه يمكن الاستغناء عنها .	تمثل جزءا أصيلا من مدخلات وعمليات ومخرجات منظومة التعليم، ومنظومة التدريس ، ومنظومة المنهج تخطيطا وتنفيذا وتقويما.

ويدخل في نطاق هذا النوع كثير من الوسائل مثل : الصور والرسوم ، والخرائط ، واللوحات ، والنماذج ، والمجسمات ، والعينات والأفلام التعليمية الصامتة الثابتة والمتحركة ، والشرائح المجهرية والشرائح المصورة والشفافية ، واللوحات الإلكترونية ، واللوحات الوبرية واللوحات المغناطيسية ، والمعارض والمتاحف.. وغيرها.

وإذا كان هذا النوع من الوسائل التعليمية لا يصلح مطلقاً مع فئات المتعلمين من ذوي الإعاقة البصرية (المكفوفين وضعاف البصر) ، فإنه يظل أكثر الأنواع فعالية مع فئات المتعلمين العاديين والمعاقين سمعياً والذين يعتمدون بشكل أساسي في تعلمهم على حاسة البصر.

3- وسائل سمعية بصرية (سمعبصرية) : **Audio – Visual Aids**

وتشمل جميع الوسائل التعليمية التي تعتمد في عرضها على : الرموز اللفظية ، والرموز البصرية معاً ، وتعتمد في استقبالها والتعامل معها على حاستي السمع والبصر معاً. ومن أمثلة هذا النوع : التليفزيون التعليمي والدوائر التليفزيونية المغلقة ، والأفلام الناطقة الثابتة والمتحركة ، وغيرها.

ويزداد هذا النوع من الوسائل أهمية في العملية التعليمية، حيث يخاطب حاستي السمع والبصر معاً اللتين تمثلان محور اتصال الفرد ببيئته المحيطة، ومن ثم مصدر اكتسابه لمعظم الخبرات.

كما أن الوسائل التعليمية من هذا النوع تصلح في تعليم جميع فئات المتعلمين : الأسوياء ، والمعاقين سمعياً ، والمعاقين بصرياً ، اللهم إلا فئة قليلة من هؤلاء المتعلمين، هم المعاقون سمعياً وبصرياً في نفس الوقت. لكن استخدام تلك الوسائل في تعليم فئات المعاقين سمعياً يجعل منها وسائل بصرية فقط في حين تكون وسائل سمعية فقط عند استخدامها مع فئات المعاقين بصرياً. وسواء كان هذا أو ذاك فإن استخدامها بصفة عامة مع فئات المعاقين يتطلب إدخال تعديلات خاصة تراعي نوع الإعاقة وتزيد من فعالية تلك الوسائل.

4- وسائل تعتمد على الشم : **Smelling Aids**

وهي تلك الوسائل التعليمية التي يعتمد إرسال مضمونها على انبعاث روائح مميزة ، وتعتمد في استقبال هذا المضمون على حاسة الشم.

غير أن هذا النوع من الوسائل يكون محدود الاستخدام ، ولا يصلح لمواقف عديدة ، بالإضافة إلى تشابه العديد من الروائح الطيبة والكريهة.

ومن أمثلة تلك الوسائل : العروض التوضيحية والتجارب العملية التي تهدف إلى تمييز الروائح ، أو تصنيف المواد على حسب ما ينبعث منها من رائحة ، أو التعرف على تلك المواد من رائحتها ، مثلما يفعل معلم العلوم عندما يجري عروضاً أو تجارب لتمييز بعض المواد الكيماوية وفقاً لرائحتها ، أو للتعرف على تلك المواد من رائحتها كرائحة النشادر النفاذة ورائحة غاز كبريتيد الهيدروجين التي تشبه رائحة البيض الفاسد.

والذي ينبغي أن نؤكد عليه في هذا المقام أن مثل هذه الوسائل محفوفة بالخطر ، أي أنها قد تُعَّرض المتعلم لأخطار كبيرة ، فالكثير من المواد الكيماوية مثلاً تنبعث منها أبخرة وروائح ضارة ، لذا يجب على المعلم والمتعلم توخي الحذر عند الاعتماد على مثل هذه الوسائل.

5- وسائل تعتمد على اللمس : **Touch Aids**

وهي تلك الوسائل التعليمية التي تعتمد في استقبال مضمونها على حاسة اللمس ، كالعروض التوضيحية والتجارب العملية البسيطة التي تستهدف التعرف على المواد أو التفرقة بينها من خلال ملمسها ، فالتفرقة بين الحار والبارد ، والرطب واليابس والخشن والناعم يكون من خلال اللمس مثلما يفعل المعلم للتفرقة بين ملمسي ملح الطعام ، وبيكربونات الصوديوم (البودرة) ، أو للتفرقة بين أنواع القماش المصنوع من الصوف والحرير ، أو للتفرقة بين بعض الحيوانات على ضوء ملمس فرائها.

وهذا النوع أيضاً من الوسائل التعليمية محدود الاستخدام فهو لا يصلح مع كثير من الموضوعات التعليمية ، وهو أيضاً محفوف ببعض المخاطر ، عندما يلمس الفرد بعض المواد شديدة السخونة ، أو المواد الكاوية والحارقة ، أو غير ذلك من المواد التي يؤدي لمسها مباشرة إلى التعرض للأخطار.

6- وسائل تعتمد على التذوق : **Taste Aids**

وهي تلك الوسائل التعليمية التي تعتمد في استقبال مضمونها على حاسة التذوق، وتحمل رموزاً تصل إلى المخ من خلال اللسان، ويمكن من

خلال التفرقة بين المواد وفقاً لطعمها ، ومن أمثلة تلك الوسائل العروض التوضيحية والتجارب العملية التي تستهدف التعرف على المواد أو التفرقة بينها من خلال طعمها ، فالتفرقة بين الحلو والمالح ، والقابض واللاذع والمر والحار يكون من خلال الطعم ، مثلما يفعل معلم العلوم من تجارب للتفرقة بين مياه البحار ومياه الأنهار ، أو بين ملح الطعام والسكر ، أو بين المواد الحمضية والمواد القلوية ، أو مثلما تفعل معلمة الطهي عندما تضبط مقدار الملح والبهارات الحارة في الأكل من خلال تذوقه.

وإلى جانب أن هذا النوع من الوسائل محدود الاستخدام ، فهو لا يناسب جميع الموضوعات في جميع المواد ، فإنه أيضاً يتسم بقدر من الخطورة خصوصاً عند تذوق مواد مجهولة خطرة ، أو مواد كيماوية كاوية أو حارقة أو سامة أو آكلة ، لذا يجب توخي الحذر عند الاعتماد على مثل هذه الوسائل.

وتكتفي معظم الآراء التي صنفت الوسائل التعليمية وفقاً للحواس بالثلاثة أنواع الأولى فقط (السمعية – البصرية – السمعبصرية) ، في حين تهمل الأنواع الثلاثة الأخرى ، ذلك أن النسبة العظمى من تعلم الفرد يكون عن طريق حاستي السمع والبصر ، وفي هذا الإطار يشير سبنسر (*Spencer, 1991, p.116*) إلى أن الفرد يتعلم : (1%) عن طريق التذوق و(1.5) عن طريق اللمس ، و(3.5%) عن طريق الشم ، و(11%) عن طريق السمع و(83%) عن طريق الرؤية (الإبصار).

والحقيقة التي نخلص إليها في هذا المقام أن الوسائل التعليمية تزيد فعاليتها في عمليتي التعليم والتعلم كلما خاطبت أكثر من حاسة لدى المتعلم في نفس الوقت ، حيث يؤدي ذلك إلى بقاء أثر التعلم ، ويؤكد ذلك "سبنسر" الذي أشار إلى أن الفرد يتذكر : (10%) مما يقرأ ، و (20%) مما يسمع، و (30%) مما يرى ، و (50%) مما يرى ويسمع في نفس الوقت و (70%) مما يقول من الكلام ، و (90%) مما يقوله عما يفعل.

● تصنيف الوسائل التعليمية على ضوء عدد المستفيدين :

صنف البعض الوسائل التعليمية على ضوء عدد المتعلمين الذين يستفيدون منها في نفس الوقت إلى ثلاثة أنواع هي :

1- وسائل فردية : Individual (Personal) Aids

وهي تلك الوسائل التعليمية التي لا يمكن استخدامها لأكثر مـن متـعلم واحد في نفس الوقـت ، ومـن أمثلتهـا : الهـاتف التعليمـي ، والحاسـوب التعليمـي الشخصـي ، والمجهـر المركب أو الإلكتروني ، والتليسكوب وغيرها من أجهزة الرؤية الفردية.

وهذا النوع من الوسائل التعليمية يحقق نتائج تعلم باهرة ، حيث يتيح للمـتعلم الفرد الاحتكاك والتعامل المباشر مع الوسيلة ، بل يتيح له الاستئثار بالوسيلة حتى يتعلم ما يريد. لكن هذه الوسائل لا تكون فعالة في تعليم عدد كبير من المتعلمين في نفس الوقت ، خصوصاً في البلدان الفقـيرة ؛ لأن ذلك يعني ضرورة توفير الأجهزة والمواد التعليمية لكل متعلم فرد، وهذا أمر يتعدى الصعب إلى مرتبة المستحيل.

وبتطور التقنيـة الحديثـة أمكـن تعـديل بعض الوسائل الفردية، لتعلـيم مجموعـة مـن المتعلمين في وقت واحد ، فالمعلم عندما يجري عرضاً عمليـاً لفحـص شريحـة مجهريـة تحـت المجهـر ، يمكنه بدلاً من مرور كل متعلم على المجهر لرؤية الشريحة ، تـوفير الوقـت والجهـد ، وذلـك بتوصيل المجهر بكاميرا إسقاط الصور ليرى جميع المتعلمين الـشريحة في وقت واحد. ويمكن إيصال الهـاتف التعليمي بسماعات تسمح لعدد من المتعلمين بالاستماع إلى الرسالة التعليمية. وكذلك يمكن إيصال الحاسب الشخصي بجهاز إسقاط الفيديو Video Projector ليعرض الصور والبيانـات التعليميـة علـى شاشة مكبرة تسمح لعدد كبير من المتعلمين بمتابعة ما يحدث على الشاشة المصغرة للجهاز.

2- وسائل جماعية : Collective Aids

وتشمل جميع الوسائل التعليمية التي يمكن استخدامها لتعليم وتعلم مجموعـة من المتعلمين في وقت ومكان واحد ، وتدخل الغالبية العظمى من الوسائل التعليمية في نطاق هذا النوع ، ومن أمثلتها : العروض التوضيحية والعملية ، والمعارض والمتاحف التعليمية ، والرحلات والتليفزيون التعليمـي والـشبكات التليفزيونية المغلقـة ، والإذاعـة التعليميـة والتسجيلات الـصوتية والزيارات الميدانيـة ، والعـرض الـضوئي للـصور المعتمة

والشرائح المصورة ، والشفافيات ، وكذلك الخرائط ، واللوحات ، والنماذج والمجسمات... إلخ.

ويصلح هذا النوع من الوسائل في المؤسسات التعليمية بالدول الفقيرة لأنه اقتصادي وغير مكلف على النقيض من الوسائل الفردية ، لكنه في الوقت نفسه لا يحقق نفس نتائج التعلم التي تحققها تلك الوسائل الفردية حيث لا تحقق للمتعلم فردية التعلم Individualization .

3- وسائل جماهيرية : Mass Aids :

وهي تلك الوسائل التي تستخدم لتعليم جمهور كبير من المتعلمين في وقت واحد ، وفي أماكن متفرقة ، ومن أمثلتها برامج التعليم والتثقيف التي تبث عبر الإرسال الإذاعي أو التليفزيوني المفتوح ، وكذلك القنوات التعليمية الفضائية ، وشبكات الحاسبات الآلية (الإنترانت ، والإنترنت).

والأصل في هذا النوع من الوسائل هو خدمة التعليم والتعلم غير النظامي ، لكن يمكن من خلالها تقديم برامج تعليمية نظامية تخدم التعليم النظامي في المؤسسات التعليمية.

ويمتاز هذا النوع من الوسائل بقدرته على تعليم أعداد كبيرة جداً من المتعلمين في وقت واحد ، ومن جميع الفئات العمرية والمستويات الثقافية كما أن تلك الوسائل تتعدى حاجز المكان، فلا تشترط وجود المتعلمين في مكان واحد ، لذا فهي وسائل اقتصادية جداً ، لكنها - رغم تلك المزايا- تبقى مفتقدة لعنصر مهم جداً في المواقف التعليمية هو عنصر التفاعل المباشر ورد الفعل الفوري بين المعلم والمتعلم حول المادة التعليمية.

● تصنيف الوسائل التعليمية على ضوء مصدر الحصول عليها :

تصنف الوسائل التعليمية على ضوء مصدرها إلى نوعين هما :

1- وسائل جاهزة : Ready – made Aids :

وهي تلك الوسائل التي تم تصنيعها مسبقاً عبر جهات متخصصة ويحصل عليها المعلم جاهزة ليستخدمها في العملية التعليمية كما هي ومن أمثلتها : أفلام السينما التعليمية وأجهزة عرضها ، وأجهزة الكمبيوتر

التعليمي وبرامجها ، وأشرطة الفيديو التعليمي الجاهزة وأجهزة عرضها وأشرطة أو اسطوانات الراديو كاسيت وأجهزة تشغيلها ، والخرائط واللوحات والنماذج والمجسمات والصور والشرائح الجـاهزة .. إلى غير ذلك من الوسائل التي لا يتدخل المعلم أو المتعلم في تصميمها وإنتاجها.

الوسائل التعليمية الجاهزة إذن هي التي يتم تصميمها وإنتاجها بمعرفـة شركات ومـصانع متخصصة ، وبأيدي فنيين مهرة ، لذا فإنها تكون أكثر دقة في صنعها ، وأكثر كفاءة في عملها ، من تلـك الوسائل التي تصنع بطريقة يدوية وبإمكانيات فردية.

2- وسائل مصنعة : Produced Aids

وهي تلك الوسائل التي يقوم المعلم أو المتعلم أو كلاهما معاً بتصميمها وإنتاجها لخدمـة موقف تعليمي أو موضوع دراسي محدد. ومن أمثلتها: الأدوات والمواد التعليمية مـن صـور ورسـوم ، ولوحات ، وخرائط ومجسمات وشرائح ، وشفافيات ، التي يتم تصنيعها يدوياً وبإمكانيات فردية ومن مكونات البيئة المحلية ، بمعرفة المعلم أو المتعلم أو كلاهما معاً.

ومع أن هذا النوع من الوسائل التعليمية يكون أقل دقة وكفاءة من النـوع الـسابق ، فإنـه يمتاز عن ذلك النوع بانخفاض التكلفة إلى حد كبير، وإتاحة الفرصة لتـدريب المتعلمـين عـلى مهارات الابتكار والإبداع.

وقد تكون الوسيلة التعليمية الواحدة جاهزة ومصنعة في نفس الوقت فالمعلم الـذي يستخدم شفافيات جاهزة لموضوع تعليمي معـين يمكنـه أن ينتج نفس هـذه الشفافيات بنفسه ، والمعلم الذي يستخدم خرائط جاهزة لبلد معين ، ويمكنه تكليف تلاميذه بإعداد نفس هذه الخرائط وإنتاجها يدوياً.

ولا يجب على المعلم - مطلقاً- التذرع بأن المدرسة التي يعمل بهـا لا تحتوي عـلى وسـائل تعليمية ، فهو يمكن أن ينتج وسائل تعليمية عديدة بإمكانات بسيطة ، شريطة أن تكون لديه الرغبة والقناعة بذلك.

● تصنيف الوسائل التعليمية على ضوء طريقة إنتاجها :

تصنف الوسائل التعليمية على ضوء طريقة إنتاجها إلى نوعين هما :

1- وسائل تنتج آلياً : Auto – made Aids

وتشمل جميع الوسائل والمواد التعليمية التي يتم إنتاجها بالاعتماد على أجهزة آلية ، ومـن أمثلتها : الشفافيات المطبوعة آلياً ، وأشرطة الفيديو المنسوخة آلياً ، والـصور الفوتوغرافيـة ، والرسـوم المنسوخة آلياً ، وبرمجيات الحاسوب المنتجة آلياً ، واللوحات والخرائط المنتجة آلياً... إلى غير ذلك.

ويتسم هذا النوع من الوسائل بسهولة وسرعة إنتاجها ، إلى جانب اتسامها بالدقة والكفاءة في العمل ، لكنها قد تكون مكلفة إلى حد ما وتحتاج - أحياناً - لبعض الوقت خصوصاً إذا حدث عطل في أجهزة إنتاجها.

2- وسائل تنتج يدوياً : Hand – made Aids

وتشمل جميع الوسائل والمواد التعليمية التي يقوم المعلـم أو المـتعلم أو أي شـخص آخر بإنتاجها يدوياً دون الاعتماد على الأجهزة والآلات ، مثل الشفافيات ، والرسوم ، واللوحات ، والخـرائط ، والنماذج المنتجة يدوياً.

ومع أن هذا النوع غير مكلـف، ويتـيح للمتعلم والمعلم التـدريب علـى بعـض المهـارات ، واكتساب بعض الميول المرغوبة ، فإن هذه الوسائل اليدوية لا ترقى إلى دقـة وإتقـان وسـهولة وسرعـة إنتاج الوسائل الآلية. هذا إلى جانب صعوبة إنتاج بعض هـذه الوسائل يدوياً بـسبب نقص المهـارة أو عدم توافر الخامات اللازمة.

● تصنيف الوسائل التعليمية على ضوء الخبرة :

صـنف "إدجار ديل Edgar Dale" الوسائل التعليميـة علـى ضـوء الخبرة التـي تكسبها للمتعلم ، حيث صنف تلك الوسائل ورتبها في شكل مخروطي أطلق عليه اسم مخروط الخبرة Cone of Experience. (انظر شكل : 3).

ونظراً لأن هذا التصنيف هو أكثر تصنيفات الوسائل التعليمية شمولاً وشيوعاً ، كما أشارت معظم الكتابات المتخصصة في هذا الصدد ، فإن الأمر يقتضي إلقاء الضوء عليه بشئ من التفصيل.

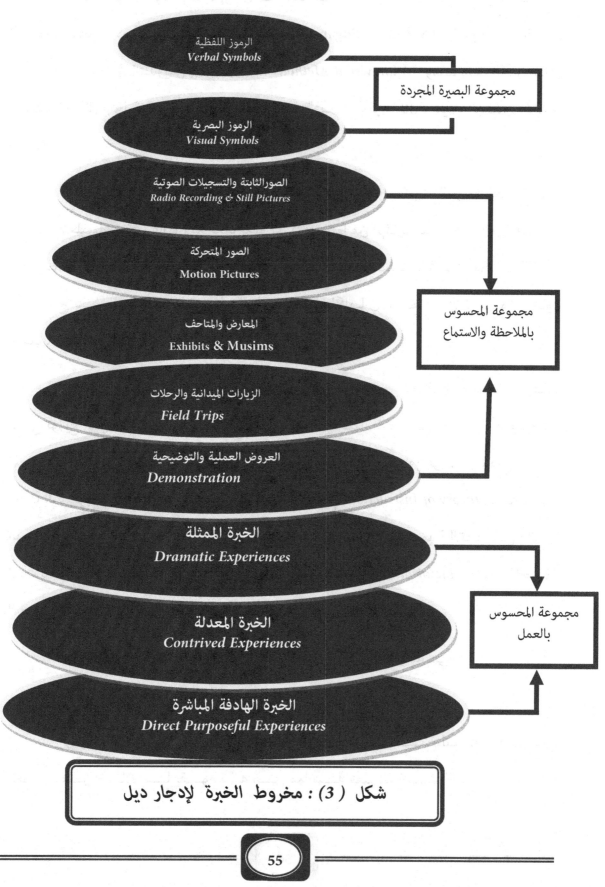

شكل (3) : مخروط الخبرة لإدجار ديل

وفي هذا الإطار نود الإشارة إلى أن هذا التصنيف قد ظهر لأول مرة على يد أحد رواد تكنولوجيا التعليم الأمريكيين ويدعى "إدجار ديل Edgar Dale" وذلك في كتاب له بعنوان "الطرق السمعية البصرية في التدريس Audiovisual Methods in Teaching"، ومنذ ذلك الحين اقترن تصنيف الوسائل التعليمية وفقاً لمخروط الخبرة باسم "ديل". (**زكريا لال ، علياء الجندي ، 1994، ص30**).

وقد تناقلت هذا التصنيف العديد من الكتب العربية والأجنبية التي طرقت موضوع الوسائل التعليمية ، وتصنيفاتها ، فلا يكاد يخلو أي كتاب منها من الإشارة بصورة أو بأخرى إلى هذا التصنيف، حيث اجتهدت بعض الكتابات العربية في إدخال بعض التعديلات في شكل مخروط الخبرة ، أو في دمج بعض مستويات المخروط ، أو في تفصيلها ، لكنها في جميع الحالات تمحورت حول المستويات العشرة التي حددها "ديل" في مخروط الخبرة.

وتصنف الوسائل التعليمية في مخروط الخبرة كما هو موضح بالشكل إلى ثلاث مجموعات توضح توزيع الخبرات التي يمر فيها المتعلم أثناء عمليات الاتصال التعليمي ، حيث تتداخل هذه المجموعات فيما بينها بما تشمله من الأنواع الفرعية للوسائل التعليمية ، ويتفق هذا التصور مع ما ذهب إليه "برونر Bruner" في كتابه "نحو نظرية للتعلم Towards A theory of Instruction" الذي أشار فيه إلى أن هناك ثلاثة أنماط رئيسة للخبرات الأساسية اللازمة لعملية الاتصال هي : الخبرة المباشرة Direct Enactive Experience ، والخبرة المصورة Pictorial Experience ، والخبرة المجردة (الرمزية) Abstract Experiences (**حسين حمدي الطوبجي ، 1987، ص43**).

مخروط الخبرة إذن يشمل ثلاث مجموعات من الوسائل التعليمية هي :

1- المجموعة الأولى : وسائل المحسوس بالعمل :

والوسائل التعليمية التي تضمها هذه المجموعة تسمح للمتعلم باكتساب الخبرة من خلال ما يقوم به من ممارسة فعلية لأنشطة ومهام عملية

واقعية تتطلب استخدام كافة حواسه المجردة من سمع وبصر وشم ولمس وتذوق وكذلك الحدث العقلي، أو بعضها، وفقاً لطبيعة المهام العملية التي يمارسها المتعلم. والخبرة التي يكتسبها المتعلم باستخدام وسائل العمل المحسوس تكون أبقى أثراً وأعمق استيعاباً، إضافة إلى حفز المتعلم وتشويقه لمزيد من التعلم.

وتضم هذه المجموعة المستويات الثلاثة الأولى التي تمثل قاعدة مخروط الخبرة، وهي على التوالي:

أ- الخبرة الهادفة المباشرة : Direct Purposeful Experience

وتمثل أول مستويات الوسائل التعليمية في مخروط الخبرة وأكثرها محسوسية، وتوجد على قاعدة المخروط، وتعرف بأنها "تلك الخبرات التي يكتسبها المتعلم نتيجة مشاركته الفعلية في ممارسة جميع المهام والنشاطات العملية بنفسه، وفي مواقف واقعية مباشرة".

وخير مثال للوسائل التعليمية التي تتيح هذا النوع من الخبرة " الدراسات العملية والنشاطات المعملية "، فالمتعلم الذي يتعلم حرفة فنية (نجارة، سباكة، كهرباء، بناء، خراطة، ...إلخ) من خلال العمل في ورشة متخصصة يمارس فيها العمل بنفسه، تكون خبرته المكتسبة هنا هي خبرة واقعية مباشرة. والمتعلم الذي يتعلم درساً في التشريح من خلال إجرائه لعملية تشريح فعلي داخل المعمل وباستخدام أدوات التشريح، أيضاً يكتسب خبرة هادفة مباشرة. والطالبة التي تتعلم درساً في الطهي من خلال ممارستها الفعلية داخل ورشة الطهي (المطبخ)، أو التي تتعلم درساً في الرسم من خلال ممارستها الفعلية داخل المرسم، تكتسب أيضاً خبرة هادفة مباشرة.

ويؤكد التربويون أن التعلم عن طريق الخبرات الهادفة المباشرة هو أفضل أنواع التعلم، حيث يتم التعلم من خلال ما يقوم به المتعلم في مواقف تعلم حقيقية واقعية مباشرة، لكن ماذا لو لم يمكن توفير مواقف الخبرة الواقعية المباشرة للمتعلم ؟، يجيب عن هذا السؤال ثاني مستويات الوسائل التعليمية في المجموعة الأولى من مخروط الخبرة....

ب- الخبرة المعدلة (البديلة) : Contrived Experience

وتمثل ثاني المستويات في مخروط الخبرة، وتنتمي إلى المجموعة الأولى (وسائل المحسوس بالعمل)، حيث يلجأ المعلم والمتعلم إلى هذا النوع من الوسائل عندما يتعذر توافر وسائل الخبرة الهادفة المباشرة.

وتعرف بأنها " تلك الخبرات التعليمية التي يكتسبها المتعلم نتيجة الاعتماد على وسائل تعليمية بديلة ، عن الوسائل الواقعية المباشرة ". وهذا يعني أن الخبرات البديلة التي يكتسبها المتعلم تأتي عن طريق عمله بيديه مستخدماً وسائل بديلة للمواقف التعليمية الواقعية المباشرة.

ومن أهم أمثلة الوسائل التعليمية التي تتيح للمتعلم اكتساب الخبرات البديلة : النماذج Models، والمقاطع Sections، والعينات Specimens ، فالمتعلم الذي يتعلم كيفية قيادة الطائرات ليس منطقياً أن يمارس دروسه العملية الأولى على طائرة حقيقية ، لكنه في هذه الحالة يتلقى تلك التدريبات الأولية على نموذج للطائرة يشبه في تصميمه الطائرة الحقيقية ، وهو في تلك الحالة يكتسب خبرات بديلة. والمتعلم الذي يتعلم درساً عن المكونات الداخلية للعين أو الأذن أو أي جهاز داخل جسم الإنسان ، ليس منطقياً أن يستخرج تلك الأجزاء حية من أي إنسان ليدرس عليها، البديل هنا هو الاعتماد على نماذج مجسمة قابلة للفك والتركيب يمارس بها المتعلم تعلمه.

وما من شك في أن وسائل الخبرة البديلة تقل درجة عن مثيلتها الهادفة المباشرة ، من حيث الواقعية ، ومن حيث عمق التعلم الناتج عنها لكن هناك مواقف تعليمية يتحتم فيها الاعتماد على الوسائل البديلة.

ج- الخبرة الممثلة (الدرامية) : Dramatic Experience

وهي ثالث مستويات مخروط الخبرة ، وآخر المستويات التي تنتمي إلى المجموعة الأولى (وسائل المحسوس بالعمل) ، حيث يعتمد المعلم والمتعلم عليها إذا تعذر توافر وسائل الخبرة المباشرة ، ووسائل الخبرة البديلة.

وتعرف الخبرة الممثلة بأنها تلك الخبرات التي يكتسبها المتعلم عن طريق ممارسته عملياً لمواقف تعليمية تعتمد على التمثيل والدراما. ومن

أهم أمثلتها : لعب الأدوار ، وألعاب المحاكاة ، والمسرحيات والتمثيليات التعليمية التي يشارك المتعلم فعلياً في تمثيلها ، فالمتعلم الذي يتعلم بعض دروس التاريخ ، أو بعض الشخصيات التاريخية ، من خلال مشاركته في عرض مسرحية أو تمثيلية تعليمية ، لعب فيها دور أحد الشخصيات يكتسب هنا خبرات ممثلة ، والمعلم الذي يعلم تلاميذه كيفية استخدام مطفأة الحريق ، ليس منطقياً أن يشعل النار في مكان ما ليدربهم على ذلك ، لكنه يطلب من المتعلم أن يمسك بالمطفأة ويحاكي موقفاً لإطفاء حريق ، وعلى المعلم هنا أن يمثل الخبرة كبديل للواقع ، وكذلك المعلم الذي يدرب المتعلم على إجراء الإسعافات الأولية لإصابات الجروح والحروق والكسور وغيرها ، ليس منطقياً أن يُعَّرض أحد الأفراد لإحدى هذه الإصابات متعمداً لكي يتدرب المتعلم على إسعاف إصابته ، الخبرات الممثلة هنا هي الأكثر مناسبة ، حيث يفترض المعلم أن أحد المتعلمين مصاب بكسر في ساقه مثلاً ويطلب من المتعلم المتدرب أن يقوم بتمثيل إجراءات إسعاف إصابته.

ومع أن وسائل الخبرة الممثلة الدرامية تقل واقعية عن الخبرة المباشرة والخبرة البديلة، فإنها تكون هي الأنسب في بعض المواقف التعليمية. وعلى كل الأحوال فإن هذه الخبرات بأنواعها الثلاثة تشترك معاً في أنها تتيح للمتعلم التعلم عن طريق العمل.

2- المجموعة الثانية : وسائل المحسوس بالملاحظة :

وتضم هذه المجموعة خمسة مستويات من الوسائل التعليمية في مخروط الخبرة ، هي تلك الوسائل التي تتيح للمتعلم أن يتعلم من خلال ما يشاهده فقط أو يسمعه فقط أو يشاهده ويسمعه معاً . وهذا يعني أن الوسائل التعليمية في تلك المجموعة لا تتيح للمتعلم أن يتعلم بالممارسة والعمل الفعلي ، ومن ثم فإنها تقل كثيراً من حيث عمق الخبرات عن وسائل المجموعة الأولى، وبيان هذه المستويات فيما يلي :

أ- العروض التوضيحية : Demonstrations

وتشمل جميع الأنشطة ، والأجهزة ، والمواد التعليمية التي يقوم المعلم بعرضها على المتعلم، بهدف إكسابه خبرات تعليمية معينة ، أو لتوضيح بعض الأفكار الغامضة. وهذا يعني أن المعلم هو الذي يعرض وعلى المتعلم المشاهدة فقط.

وتتنوع العروض التوضيحية من حيث درجة واقعيتها ، فيمكن للمعلم أن يجري عرضاً لتجربة عملية أمام التلاميذ مستخدماً الأدوات والمواد الحقيقية ، ويمكن له أن يكتفي بعرض نماذج أو عينات أو قطاعات بديلة للأشياء الحقيقية ، كما يمكن له أن يعتمد على تمثيل الخبرة دراميا معتمداً على قدرتهم التخيلية.

ب- الزيارات الميدانية : **Field Trips**

وتشمل كافة الأماكن التي تتطلب انتقال المتعلم إليها ، خارج أسوار المؤسسة التعليمية ، أو بمعنى أكثر دقة خارج جدران حجرة الدراسة ، وتعرف الزيارات الميدانية أحياناً بالرحلات. فاصطحاب المعلم تلاميذه إلى حديقة الحيوان للتعرف على أنواع الحيوانات ، أو اصطحابهم إلى أحد مصانع الحديد لمشاهدة أفران استخلاص الحديد من خاماته أو اصطحابهم إلى أحد أبراج تقطير البترول لمشاهدة مراحل تكرير خام البترول كل ذلك وغيره الكثير يدخل في نطاق الزيارات الميدانية.

ج- المعارض والمتاحف التعليمية : **Exhibits**

وتقع في المستوى السادس من مخروط الخبرة عموماً، والمرتبة الثالثة في المجموعة الثانية (المحسوس بالملاحظة) ، حيث تشمل كافة الأماكن التي يتم تجهيزها لعرض مواد أو منتجات تعليمية ، سواء كانت هذه الأماكن دائمة أو مؤقتة. فاصطحاب المعلم لتلاميذه إلى معرض للأجهزة التعليمية ، أو معرض للوحات والصور التعليمية ، أو معرض للرسوم التعليمية ، أو معرض للمنتجات الزراعية ، أو متحف للآثار والتحف التاريخية كل ذلك يتيح للمتعلم فرصة اكتساب خبرات تعليمية عن طريق الملاحظة المحسوسة.

د- الصور المتحركة : **Motion Pictures**

وتمثل المستوى السابع في مخروط الخبرة ، والمرتبة الرابعة في مجموعة المحسوس بالملاحظة ، وتشمل : التليفزيون التعليمي ، والشبكات التليفزيونية المغلقة ، والأفلام السينمائية ، وأشرطة الفيديو التعليمية ، وأفلام الرسوم المتحركة. وهذه الوسائل تتيح للمتعلم فرصة اكتساب الخبرات من خلال المشاهدة فقط إن كانت متحركة صامتة ، والمشاهدة والاستماع معاً

إن كانت متحركة ناطقة. وتُعد الوسائل التعليمية في هذا المستوى أكثر انتشاراً واستخداماً في العملية التعليمية ، حيث تحقق المتعة والإثارة والدافعية للمتعلم خلال تعلمه ، إذا توافرت الحبكة الدرامية فيها.

هـ - الصور الثابتة والتسجيلات الصوتية :

وتقع في المستوى الثامن من مخروط الخبرة ، وفي المرتبة الخامسة والأخيرة من المجموعة الثانية (المحسوس بالملاحظة) وتشمل كافة الصور التعليمية الثابتة مثل : الصور الفوتوغرافية، والرسوم، واللوحات والخرائط ، والشفافيات ، والشرائح ، والأفلام الثابتة. كما تشمل الاسطوانات والأشرطة المسجل عليها مواد تعليمية صوتية.

ومع أن وسائل هذا المستوى تقل عن الصور المتحركة من حيث درجة المتعة والإثارة التي تحققها للمتعلم خلال عملية التعلم، فإنها أكثر منها انتشاراً واستخداماً في المؤسسات التعليمية خصوصاً في الدول الفقيرة حيث تمتاز برخص الثمن وسهولة الإعداد يدوياً.

3- المجموعة الثالثة : وسائل البصيرة المجردة :

وتمثل الوسائل التعليمية في تلك المجموعة قمة مخروط الخبرة، وأكثر مستوياته تجريداً، حيث تخاطب العقل مباشرة، وتكسب المتعلم خبرات تعليمية – لا عن طريق الممارسة، ولا عن طريق الملاحظة – بل عن طريق سماعه لألفاظ مجردة، أو رؤيته لكلمات ورموز ليس فيها صفات الشئ الذي تدل عليه.

وتضم هذه المجموعة مستويين من الوسائل التعليمية هما :

أ- الرموز البصرية : Visual Symbols

وهي تلك الأشكال والعلامات البصرية المجردة التي تنطوي على مدلولات لأشياء ومواقف محددة، دون أن تعرض صفات وخصائص هذه الأشياء أو تلك المواقف. ومن أمثلتها : الرسوم البيانية بكافة أنواعها والرسوم الكاريكاتورية، والخرائط، وعلامات الأمان الإرشادية بمعامل العلوم وإشارات المرور الإرشادية. وعندما يرى المتعلم هذه الرموز فإن العين ترسل إشارة إلى المخ لفك شفرتها وتحديد مدلولاتها، حيث يعتمد ذلك على الخبرات السابقة المخزونة في ذاكرة المتعلم ، فإذا لم يكن لديه

خبرة سابقة فإنه لن يستطيع فهم مدلول تلك الرموز ، أو قد يـسيء فهمهـا وتتكـون لديـه تصورات خاطئة عنها.

ب- الرموز اللفظية : Verbal Symbols

وتقع في قمة المخروط ، وتحديداً في المستوى العاشر والأخير مـن مخـروط الخبـرة ، وهـي ثاني أنواع الوسائل التعليمية في مجموعـة البصـيرة المجـردة وتمثل الرمـوز اللفظيـة أعـلى مـستويات التجريد في مخروط الخبرة وتشمل الحروف والأرقام والكلمات المنطوقة والمطبوعة والمكتوبـة ، ومـن أمثلتها لرموز الجبرية والرموز الرياضية ، والرموز الهندسية والرموز الكيميائيـة والمعـادلات الرمزيـة ، والقوانين الرمزية. وعندما يسمع المتعلم أي رمز من تلك الرموز ترسـل الأذن إشـارات إلى المـخ لفـك تلك الرموز وتحديد مدلولاتها على ضوء ما لديه من خبرات سابقة مخزونة في ذاكرته.

وبعد هذا العرض لمستويات وأنواع الوسائل التعليمية في مخروط الخبرة تجدر الإشارة عـلى أن الفصل بين هذه المستويات وتلك الأنواع لا يعني أن كلا منها بمعزل عن الآخر ، فهناك تكامل بـين تلك المستويات ويمكن للمعلم أن يجمع بين كل أو بعض هذه الوسائل حسب ما يتوافر لديه منها ، وحسب طبيعة الموقف التعليمي ، فقد نرى المعلم يعتمد على الرموز اللفظية - أكثر الوسائل تجريداً - إلى جانب اعتماده على الخبرة الهادفة المباشرة في آن واحد لشرح موضوع معين. بمعنـى أن الموقـف التعليمي قد يتطلب من المعلم الجمع بين وسائل تعليمية تمثل قمة المخروط وقاعدته ، وعلى المعلم التنسيق بين هذه وتلك ليحقق أعلى نواتج العملية التعليمية.

خامساً : معايير اختيار الوسائل التعليمية :

توجد مجموعة من المعايير التي ينبغي مراعاتها عند اختيار الوسائل التعليميـة ، لـكي تتحقـق مزايا تلك الوسائل وأدوارها في عمليتي التعليم والتعلم على النحو المرغوب ، حيـث يجـب أن تكـون الوسائل المختارة :

1- هـادفـة:

أي تنطلق من أهداف تعليم محددة بحيث تسهم لأقصى درجة في تحقيق معظم - إن لم يكن كل - أهداف الدرس.

2- صادقـــة :

بمعنى أن تكون قادرة على نقل محتوى الدرس وتبسيطه للمتعلمين إلى أقصى درجـة ممكنـة ، وأن تكون مرتبطة ارتباطاً وثيقاً بهذا المحتوى.

3- بسيـــطة :

بمعنى أن تكون غير معقدة ، ومفهومة ، يسهل على المتعلم متابعتها والـتعلم منها ، والتفاعـل معها ، وأن تكون سهلة الإعداد والاستخدام فالوسيلة البسيطة الجذابة أفضل من المعقدة.

4- متقنـــة :

بمعنى أن تجمع بين دقة الصنع ، وكفاءة العمل ، إلى جانب جاذبية الـشكل وجمال الـصنعة ، أي تجمع بين الجوانب العلمية والجوانب الفنية المرغوبة.

5- مشوقـــة :

بمعنى أن تحقق أعلى قدر من الإثارة والتشويق للمتعلم ، ومن ثم المتعـة في الـتعلم ، وجـذب انتباه المتعلم بشكل يدفعه لمزيد من الإيجابية ومزيد من التعلم.

6- متنوعـة :

بمعنى أن تخاطب أكثر من حاسة لدى المتعلم ، وأن تراعى الفروق الفردية بـين المتعلمـين، وألا تقتصر على نوع واحد فقط.

7- متكاملة :

بمعنى أن الوسيلة لابد وأن تتكامل مع غيرها من الوسائل التي يختارهـا المعلـم لـدرس معـين ، ولا تكون تكراراً لتلك الوسائل أو متناقضة معها.

8- مناسبـة :

بمعنى أن تكون الوسيلة مناسبة لطبيعة المتعلم وقدرتـه العقليـة ، وعمـره الزمنـي. وأن تكون مناسبة لطبيعة المعلم وخبرته السابقة في استخدامها. وأن تكون مناسبة لوقت الدرس ، وأن يراعـي فيها الاعتدال بين الإيجاز والتطويل.

9- مرنــــة :

بمعنى أن الوسيلة تتيح للمعلم إمكانية تطويعها - قدر الإمكان - لخدمة أهداف تعليمية أخرى ، أو إدخال بعض التعديلات عليها لتناسب فئات أخرى من المتعلمين ، أو موضوعات دراسية أخرى ذات صلة بها.

10- اقتصاديـــة :

بمعنى أن الوسيلة تكون غير مكلفة ، أي قليلة التكاليف ، وأن تكون ممكنة الإعداد بإمكانات بسيطة قدر المستطاع ، ومن مكونات البيئة المحلية المحيطة بالمعلم والمتعلم ، و أن يكون المال والوقت المبذولين فيها مساويين للعائد منها.

سادسا : معايير استخدام الوسائل التعليمية :

إلى جانب المعايير التي يجب مراعاتها عند اختيار الوسائل التعليمية هناك معايير أخرى يجب اتباعها عند استخدام تلك الوسائل مثل :

1- قبل استخدام الوسيلة يجب :

◄ تحديد الوسيلة المناسبة.

◄ التأكد من توافرها.

◄ التأكد من إمكانية الحصول عليها.

◄ التأكد من صلاحيتها (تجريبها قبل استخدامها).

◄ تجهيز متطلبات تشغيل الوسيلة.

◄ تهيئة مكان عرض الوسيلة.

2- عند استخدام الوسيلة يجب :

◄ التمهيد لاستخدام الوسيلة.

◄ استخدام الوسيلة في التوقيت المناسب .

◄ عرض الوسيلة في المكان المناسب .

◄ عرض الوسيلة بأسلوب شيق ومثير.

◄ التأكد من رؤية جميع المتعلمين للوسيلة خلال عرضها.

◄ التأكد من تفاعل جميع المتعلمين مع الوسيلة خلال عرضها.

◄ إتاحة الفرصة لمشاركة بعض المتعلمين في استخدام الوسيلة.

◄ عدم التطويل في عرض الوسيلة تجنباً للملل.

◄ عدم الإيجاز المخل في عرض الوسيلة.

◄ عدم ازدحام الدرس بعدد كبير من الوسائل.

◄ عدم إبقاء الوسيلة أمام التلاميذ بعد استخدامها تجنباً لانصرافهم عن متابعة المعلم.

◄ الإجابة عن أية استفسارات ضرورية للمتعلم حول الوسيلة.

3- بعد الانتهاء من استخدام الوسيلة يجب :

◄ **تقويم الوسيلة** : للتعرف على فعاليتها أو عدم فعاليتها في تحقيق الهدف منها ، ومدى تفاعل التلاميذ معها، ومدى الحاجة لاستخدامها أو عدم استخدامها مرة أخرى.

◄ صيانة الوسيلة : أي إصلاح ما قد يحدث لها من أعطال ، واستبدال ما قد يتلف منها ، وإعادة تنظيفها وتنسيقها ، كي تكون جاهزة للاستخدام مرة أخرى.

◄ حفظ الوسيلة : أي تخزينها في مكان مناسب يحافظ عليها لحين طلبها أو استخدامها في مرات قادمة.

وإذا لم يكن هناك متخصص في صيانة وتخزين الوسائل التعليمية فإن ذلك يكون - بالضرورة - مسئولية المعلم.

وقد عمدت بعض الدول العربية لإعداد أخصائي وسائل وتكنولوجيا التعليم ببعض أقسام كليات التربية ، ليكون عوناً للمعلم في إنتاج وتشغيل وصيانة وتخزين الوسائل التعليمية ، ومن أمثلة تلك الدول مصر.

سابعاً : أهمية استخدام الوسائل التعليمية:

تتضح أهمية الوسائل التعليمية فيما يمكن أن تؤديه من أدوار ومزايا لعمليتي التعليم والتعلم ، حيث يمكن حصر هذه الأدوار وتلك المزايا في أربعة محاور رئيسة هي :

المحور الأول : الوسائل التعليمية ومشكلات التعليم :

من المزايا الدالة على أهمية الوسائل التعليمية أنها تسهم بدور مهم في حل بعض مشكلات الواقع التعليمي في عالمنا العربي مثل :

1- مكافحة الأمية:

مع أننا على أعتاب القرن الحادي والعشرين، فإن كثيراً من الدول العربية ما زالت تعاني من مشكلة انتشار الأمية التقليدية بين أفرادها. وإذا كانت بعض

هذه الدول قد بذلت جهوداً جمة في تقليص نسبة انتشار الأمية بين أفرادها من خلال برامجها الموجهة لتعليم هؤلاء الأفراد القراءة والكتابة ، فإن ثمة أمية أخرى أكثر خطورة هي الأمية التقنية التي تنتشر بين كثيرين من الأفراد المتعلمين بتلك الدول ، حيث يقل مستوى تنور هؤلاء الأفراد تكنولوجيا. وهذا يعني أن الفرد الأمي حالياً لم يعد هو الذي لا يعرف القراءة والكتابة ، بل هو الذي لا يعرف التعامل مع الحاسبات الآلية وشبكات المعلومات.

ويمكن للوسائل التعليمية القيام بدور بارز في محاصرة مشكلة الأمية ومكافحتها ، حيث يمكن الاعتماد على البرامج التعليمية الإذاعية والتليفزيونية ، والكتب ، والمجلات ، والنشرات المكتوبة ، في نشر التعليم والوعي الثقافي لدى أكبر عدد من الجماهير في شتى بقاع الأرض. وقد صار ذلك ممكناً في ظل الأقمار الصناعية وما تحمله من قنوات فضائية تعليمية وثقافية.

2- زيادة الكثافة الطلابية :

تسهم الوسائل التعليمية بدور مهم في التغلب على مشكلة زيادة أعداد المتعلمين في حجرات الدراسة ، حيث يمكن للمعلم الاعتماد على الوسائل الجماعية التي تسمح بتعليم أعداد كبيرة في حجرة الدراسة ويمكن لمكبرات الصوت ، وأجهزة العرض الضوئي ، وغيرها القيام بهذا الدور.

3- مشكلة الفروق الفردية :

ترتبط بزيادة المتعلمين في حجرة الدراسة مشكلة الفروق الفردية وعدم التجانس بين هذا العدد الكبير منهم ، الأمر الذي يجعل من الصعب على المعلم تحقيق التفاعل الجيد معهم عن طريق الإلقاء اللفظي فقط وهنا يأتي دور الوسائل التعليمية بتعددها وتنوعها ، حيث تقلل من الاعتماد على اللفظية ، ومن ثم تنوع مثيرات الموقف التعليمي ، وعليه فإنها تقلل من حدة الفروق الفردية بين المتعلمين ، وتمكن غالبية المتعلمين من متابعة المعلم ، واستيعاب ما يقدمه لهم من خبرات .

4- مشكلة نقص المعلمين :

مـا زالـت بعـض الـدول العربيـة تعانـي نقصـاً حـاداً في معلمـي بعـض التخصصات الدراسية علـى مستوى التعليـم قبـل الجامعـي ، كـما تعانـي نقصـاً

واضحاً في عدد غير قليل من تخصصات أعضاء هيئة التدريس على المستوى الجامعي. وتزداد تلك المشكلة تعقيداً بزيادة إقبال المتعلمين على تلك التخصصات. وهنا يأتي دور الوسائل التعليمية للإسهام في حل تلك المشكلة، فمن خلال الشبكات التعليمية الإذاعية والتليفزيونية المغلقة استطاعت تلك الدول تعليم أكبر عدد من المتعلمين بمعلم واحد في نفس الوقت.

5- التدريب المهني :

يمكن للوسائل التعليمية الإسهام بدور كبير في عملية التدريب المهني لجميع الكوادر التعليمية الفنية والإدارية، بل في تدريب الكوادر البشرية في قطاعات أخرى غير قطاع التعليم، فعرض أفلام تعليمية، ومعارض ، وعروض توضيحية ، ورسوم ولوحات... وغير ذلك يسهم في تنفيذ برامج التدريب على نحو جيد خصوصاً برامج التدريب الذاتي.

المحور الثاني : الوسائل التعليمية والمعلم :

تتضح أهمية الوسائل التعليمية للمعلم ، حيث تساعد في :

1- تدريب المعلم على التدريس :

يتم تدريب المعلم على ممارسة التدريس وتطويره، قبل الخدمة وأثناء الخدمة ، فالمعلم قبل الخدمة يتدرب على كيفية ممارسة التدريس من خلال ما يعرف بالتدريس المصغر Microteaching وأثناء الخدمة يخضع لبرامج تدريب تنشيطية، وخلال هذا النوع من التدريب أو ذاك تقوم الوسائل التعليمية بدور مهم.

2- تدريب المعلم على بعض المهارات :

استخدام الوسائل التعليمية في حد ذاته يحتاج لمهارة، وإذا كان المعلم بصدد وسيلة تعليمية جديدة، فلا بد أن يتدرب عليها جيداً قبل استخدامها أمام التلاميذ، لكي يكتسب المهارة في تشغيلها، خصوصاً إذا كانت هذه الوسيلة عبارة عن أجهزة تعليمية حديثة، فليس منطقياً أن يستخدم المعلم الحاسب الآلي كوسيلة تعليمية دون أن يمتلك مهارات تشغيله، وليس منطقياً أن يعرض المعلم فيلماً سينمائياً دون أن يمتلك مهارات تشغيل جهاز العرض السينمائي... وهكذا. وإذا لم يكن المعلم على

دراية بمثل هذه الأجهزة فعليه التدرب على استخدامها جيداً ، واكتساب مهارات تشغيلها أولاً ، قبل استخدامه لها بحجرات الدراسة.

3- توفير وقت المعلم :

تؤدي الوسائل التعليمية دوراً مهماً في توفير وقت المعلم، فلو افترضنا مثلاً أن على المعلم الواحد شرح نفس الدرس في خمس حجرات دراسية أو أكثر، فإن ذلك يحتاج لوقت طويل ، وعدد كبير من الحصص الدراسية يتناسب مع عدد الصفوف الدراسية التي يجب أن تتلقى الدرس. الوسائل التعليمية حلت المشكلة، ووفرت الوقت من خلال الشبكات التعليمية (إذاعية أو تليفزيونية) المغلقة ، حيث يمكن للمعلم أن يشرح درسه لجميع حجرات الدراسة في آن واحد ، ومن ثم توفير الوقت. وإذا افترضنا أن المعلم يحتاج لشرح درسه عدداً من الرسوم التخطيطية والتوضيحية ، فإن قيامه بعمل تلك الرسوم على السبورة الطباشيرية داخل حجرة الدراسة يتطلب وقتاً طويلاً مما يؤثر على الوقت المخصص للدرس ، الحل هنا للوسائل التعليمية حيث يمكن عرض هذه الرسوم مباشرة من مصدرها باستخدام أجهزة العرض الضوئي، أو عرض لوحات جاهزة عليها تلك الرسوم، الأمر الذي يوفر وقت المعلم لمزيد من التعليم والتعلم.

4- ترشيد جهد المعلم :

يرتبط الجهد المبذول من المعلم في عملية التدريس والوقت اللازم للتدريس بعلاقة طردية ، فكلما زاد الوقت المستغرق في التدريس زاد الجهد المبذول من المعلم ، وبما أن الوسائل التعليمية لها دور مهم في توفير وقت المعلم ، فهي بالتالي تؤدي دوراً آخر لا يقل أهمية هو ترشيد جهد المعلم المبذول في التدريس ، وعودة إلى المثالين السابقين لنتبين أن الوسائل التعليمية حينما تتيح للمعلم شرح درسه مرة واحدة لا خمس مرات أو أكثر ، وحينما تتيح له عرض الرسوم ضوئياً بشكل مشوق وفي ثوان معدودة ، فإنها بذلك لا توفر الوقت فحسب ، بل توفر وترشد جهد المعلم.

5- تيسير عملية التدريس :

يحجم البعض عن مهنة التدريس لصعوبتها وعدم قدرتهم على مواجهة المتعلمين ، وعدم قدرتهم على الشرح والكلام لمدة طويلة ، والوسائل التعليمية لها دور كبير في هذا الأمر ، حيث تيسر عملية التدريس ، وتسهل

على المعلم عمله وما دامت توفر وقته وترشد جهده ، فإنها بالتالي تيسر له القيام بتلك العملية بعيداً عن الضغوط النفسية والبدنية والعقلية ، بل تجعله مستمتعاً بعمله.

6- شرح ما يصعب على المعلم شرحه :

كثيراً ما يجد المعلم نفسه أمام مفهوم مجرد يحاول شرحه وتكراره لكن يجد صعوبة في إيصاله للمتعلم ، وفي هذه الحالة نراه يلجأ إلى الوسائل التعليمية لتقريب المعاني والمفاهيم المجردة التي يصعب شرحها وتحويلها إلى صورة محسوسة يسهل إيصالها للمتعلم. فإذا كان على المعلم شرح مفهوم العدالة أو الاشتراكية أو الديمقراطية أو غير ذلك من المعاني والمفاهيم المجردة لتلاميذ المرحلة الابتدائية مثلاً ، فإن ذلك يكون صعباً ما لم يعتمد على بعض الوسائل التعليمية كعرض فيلم تعليمي يجسد تلك المفاهيم ، أو إشراك التلاميذ في لعب بعض الأدوار الاجتماعية التي تعكس تلك المفاهيم. وإذا كان على المعلم تعليم تلاميذ الصفوف الأولى بعض المفاهيم الرياضية والعمليات الحسابية كالجمع والطرح والضرب والقسمة فإن هذه المفاهيم وتلك العمليات في حد ذاتها تمثل معاني مجردة يصعب شرحها نظرياً لهؤلاء التلاميذ ، لذا نرى المعلم يعتمد على الوسائل التعليمية والرسوم التوضيحية والصور لشرح ذلك.

7- تجنيب المعلم الحرج في بعض المواقف :

المواقف المحرجة التي قد يتعرض لها المعلم داخل حجرة الدرس كثيرة ومتنوعة ، وللوسائل التعليمية دور في تجنب المعلم لبعض هذه المواقف، مثلاً إذا كان المعلم يشرح عنصراً من عناصر الدرس ، ولم يتذكر العنصر التالي له فإن رسماً توضيحياً أو لوحة تعليمية يستعين بها في الشرح تساعده على تذكر ذلك العنصر ، ومن ثم عدم التعرض للإحراج أمام التلاميذ. وإذا تلقى المعلم سؤالاً لا يعرف إجابته حول موضوع معين من أحد التلاميذ ، فإنه يمكن أن يوجه هذا التلميذ إلى سماع شريط تعليمي معين ، أو مشاهدة فيلم محدد ، أو قراءة مقال أو خبر في جريدة الحائط المدرسية ، في أي منها الإجابة عن سؤاله ، كما يمكن أن يقوم المعلم بمشاركة المتعلم في ذلك خلال وقت الحصة إذا لزم الأمر ، وهو بذلك يجنب نفسه الحرج من عدم الرد على السؤال ، أو الرد عنه بطريقة خاطئة.

وإذا كان المعلم بصدد شرح موضوع محرج ، كبعض أجهزة الجسم الحساسة المتعلقة بالجنس والتناسل ، وكان من النوع الخجول الذي يصعب عليه الخوض في مثل هذه الموضوعات ، فإن الوسائل التعليمية تحل المشكلة حيث يمكن لهذا المعلم عرض فيلم تعليمي جيد يتناول هذا الموضوع أو توجيه التلاميذ لمشاهدة مثل هذا الفيلم في منازلهم.

8- تقليل اعتماد المعلم على اللفظية :

إسراف المعلم في الاعتماد على الألفاظ والكلام فقط في عملية التدريس ، يؤدي إلي نوع من الملل ، وعدم قدرة المتعلم على متابعة ما يقوله المعلم وعدم استيعاب المفاهيم والمعاني الصعبة ، كما يؤدي إلى إجهاد المعلم نفسه. والوسائل التعليمية تقلل من اعتماد المعلم على اللفظية في التدريس ، ومن ثم فهي تعمل على تنويع المثيرات داخل حجرة الدراسة ، الأمر الذي يؤدي إلى كسر حدة الملل لدى المتعلم من الشرح اللفظي للمعلم ، فالمعلم الذي يستغرق ساعة في شرح مفهوم معين شرحاً لفظياً ، قد لا يستغرق إلا دقائق محدودة إذا استعان ببعض الصور أو الرسوم التوضيحية أو غيرها من الوسائل التعليمية.

المحور الثالث : الوسائل التعليمية وخبرات التعلم :

للوسائل التعليمية أهمية كبرى تتعلق بالمادة العلمية ذاتها وخبرات التعلم ، حيث تساعد في :

1- تنويع خبرات التعلم :

تعددية أنواع وأصناف الوسائل التعليمية تتيح تنويع المادة العلمية وخبرات التعلم، حيث تمتزج المعلومات بالمهارات والاتجاهات ، من خلال وسائل الخبرات المحسوسة بالعمل ، ووسائل الخبرات المحسوسة بالملاحظة والاستماع ، ووسائل الخبرات المجردة. معنى ذلك أن تنويع الوسائل التعليمية للموقف التعليمي الواحد يؤدي - بالضرورة - إلى تنويع خبرات التعلم الناتجة عن هذا الموقف.

2- شمول خبرات التعلم :

إذا كانت الوسائل التعليمية تسهم بدور في تنويع خبرات التعلم، فإنها بالضرورة لابد وأن تسهم بدور آخر هو شمولية خبرات التعلم، فما دامت تلك الوسائل تساعد في تقديم المعارف ، والمعلومات ، والمهارات

والميول والاتجاهات ، وأساليب التفكير ، بأكثر من أسلوب ، كالعمل اليدوي والتمثيل الدرامي ، والملاحظة ، والاستماع ، واللمس ، والشم والتذوق ، فإنها بذلك تشمل كافة أنواع ومجالات الخبرات التعليمية وجميع أوجه التعلم المرتبطة بالمادة العلمية التي يتم تقديمها.

3- ترابط خبرات التعلم :

إلى جانب إسهام الوسائل التعليمية في تنويع وشمول خبرات التعلم فإنها تسهم أيضاً بدور مهم في العمل على ترابط تلك الخبرات ، وتكاملها. فالوسائل التعليمية تساعد على بيان العلاقة بين الأجزاء ، والعلاقة بين الجزء والكل ، فاستخدام النماذج المجسمة القابلة للفك لأي عضو من أعضاء الجسم البشري ، أو لأي جهاز علمي أو تعليمي يؤدي إلى التعرف على الأجزاء الدقيقة لكل منها ، وعلاقة كل جزء منها بباقي الأجزاء وعلاقة تلك الأجزاء بالكل. واستخدام الخرائط يؤدي إلى إمكانية ربط المدن والأقاليم الفرعية بالبلد التي تحويها ، أو ربط البلدان بالقارات التي تضمها.

4- استمرارية خبرات التعلم :

كثيراً ما تؤدي الوسائل التعليمية المستخدمة لنقل معلومة أو موضوع معين إلى توسيع دائرة المعلومات والخبرات حول تلك المعلومة أو هذا الموضوع ، فتعلم لغة واحدة من لغات الكمبيوتر يقود إلى تعلم باقي اللغات وما يستجد منها. ومشاهدة حلقة من برنامج تعليمي حول موضوع معين تقود إلى متابعة حلقات أخرى حول الموضوع ، ومشاهدة فيلم تعليمي عن حياة النحل أو النمل مثلاً يؤدي إلى مزيد من جمع المعلومات حول تلك الكائنات. وفي جميع هذه الحالات لا تتوقف خبرات التعلم عند حد معين خصوصاً إذا لم تكتمل الخبرات لدى المتعلم حول أي موضوع أو مجال من مجالات التعلم.

5- تبسيط خبرات التعلم :

مثلاً إذا علمت أن سبب ظاهرة البرق التي نشاهدها جميعاً هو حدوث تفريغ كهربي في السماء بين السحب المشحونة، فإن ذلك يكون من الصعب عليك تخيله، لكنه يصبح سهلاً ميسراً إذا تم تبسيط فكرة التفريغ الكهربي بعرض عملي على ملف "رومكورف" الذي يوضح كيفية انتقال الشحنات الكهربائية في الهواء بين قطبي الملف بشكل مرئي يمكن لأي

شخص مشاهدته. أيضاً قد يصعب على البعض تصور فكرة دوران الأرض حول نفسها ، وحول الشمس ، لكن ذلك يصبح سهلاً إذا تم شرحه من خلال نموذج مجسم ، أو لوحة تعليمية ، أو فيلم تعليمي يوضح ذلك.

6- تعديل خبرات التعلم الخاطئة :

إذا كانت الوسائل التعليمية تتيح اكتساب خبرات تعليمية صحيحة فإنها بالتالي تساعد في تعديل الخبرات الخاطئة ، مثلاً إذا كان هناك اعتقاد بأن الطاقة التي تولدها البطاريات الجافة ليست طاقة كهربية ، لأنها لا تشبه في خصائصها الكهرباء التيارية الموجودة في منازلنا ، فإن عرضاً بسيطاً لتجربة عملية تتضمن عمل دائرة كهربية بسيطة مكونة من مصباح كهربائي صغير وسلك توصيل وحجر وبطارية جافة ، ليوضح أن الطاقة التي يولدها حجر البطارية هي طاقة كهربائية ، حيث يؤدي توصيلها بالمصباح الكهربائي إلى إنارته وتوهجه. وإذا كان البعض يعتقد خطأ أن ملامسة مريض الإيدز أو مصافحته أو الكلام معه أو الجلوس مكانه ينقل عدوى المرض ، فإن مشاهدة شريط تعليمي مصور بالفيديو عن كيفية نقل عدوى المرض تساعد على تصويب وتعديل تلك المعتقدات والتصورات الخاطئة.

7- تحويل الخبرات المجردة إلى صورة محسوسة :

معظم الأفكار والمعلومات التي لا يتم إدراكها عن طريق الحواس تمثل خبرات مجردة ، فليس الذي نسمع عنه كالذي نراه رأي العين وغالباً ما تكون تلك الخبرات المجردة صعبة الفهم والاستيعاب ، بل صعبة التذكر أيضاً وللوسائل التعليمية هنا دور كبير في تحويل تلك الخبرات إلى صورة محسوسة تيسر استيعابها ، فمشاهدة لوحة تعليمية تبين تركيب الذرة تحول مفهوم الذرة من شكله المجرد الذي يصعب تصوره إلى صورة محسوسة يمكن استيعابها. ومشاهدة تجربة عرض بسيطة يتم فيها ملء زجاجة فارغة بالماء بغمرها كاملة في إناء كبير مملوء ليوضح أن الزجاجة ليست فارغة لكنها مملوءة بالهواء الذي يخرج في صورة فقاعات ، الأمر الذي يدلل بصورة محسوسة على وجود الهواء الذي لا نراه بالعين المجردة.

8- الاحتفاظ بالخبرات وبقاء أثر التعلم :

الخبرات المحسوسة هي أكثر الخبرات بقاء في الذاكرة ، وهي أسرع الخبرات استدعاء من الذاكرة ، وقد سبقت الإشارة في موضع سابق من

الكتاب الحالي إلى أن الفرد يستطيع أن يتذكر قدراً كبيراً من المعلومات التي يكتسبها مباشرة عـن طريـق العمل ، يلي ذلك المعلومات التي يكتسبها عـن طريـق الملاحظة أو الاستماع ، وهنا يتضح دور الوسائل التعليمية في هذا الأمر. وما دامت الوسائل التعليمية تنقل الخبرات مـن صورتها المجردة إلى صورتها المحسوسة ، فإنها تسهم بالتالي في الاحتفاظ بتلك الخبرات لمدة طويلة، وسرعة استدعائها مـن الـذاكرة عند الحاجة إليها. ولك أن تقارن أي الخبرتين أبقى أثراً : خبرة تم اكتسابها مـن شرح نظري فقط ، وأخـرى تـم اكتسابها من شرح مدعم بمشاهدة فيلم تعليمي شيق؟. الإجابة قطعاً لصالح الخبرات المدعمة بالوسائل التعليمية.

9- تخطي الخبرات لعائق الزمن :

فالوسائل التعليمية تعبر بالخبرات التعليمية والتعلمية حاجز الزمن فالأحداث التـي تـستغرق زمناً طويلاً أمكن للوسائل التعليمية الحديثة نقلها للمتعلم خلال ثوان معدودة ، والمثـال علـى ذلـك عند دراسة مراحل نمو النبات مثلاً فإنه ليس من المنطقـي أن نـزرع بـذرة ونجلس إلى جوارهـا حتـى نتتبع مراحل إنباتها ونموها ، لكن الوسائل التعليمية حلت المشكلة من خلال رصد مراحل نمو النبـات وتصويرها على أفلام تعليمية يمكن عن طريقها نقل الخبرة في زمن قصير. وكذلك الحـال فـي الأحـداث العلمية والتعليمية التي تحدث بسرعة فائقة وفي زمن قصير جـداً لا يمكن متابعتها بالعين المجـردة، فإن الوسائل التعليمية قـد استطاعت تـسجيل هـذه الأحـداث وتصويرها بكـاميرات غايـة فـي الدقـة والسرعة على أفلام يمكن عرضها على المتعلم بالسرعة المناسبة، ولعل مـن أبـرز الأمثلـة علـى ذلـك مـا توصل إليه العالم المصري "أحمد زويل" من أجهزة رصد ومتابعة وتصوير بعض التفاعلات الكيميائيـة التي تحدث بسرعة فائقة وفي زمن فائق القصر أطلق عليه اسم "فمتو ثانية" ، أي زمن يعـادل جـزءاً من ألف بليون جزء من الثانية.

ولا يقف دور الوسائل التعليمية عند حد العبور بالخبرات حاجز الـزمن مـن حيـث السـرعة والبطء فقط ، بل يمتد هذا الدور ليشمل حاجز الزمن مـن حيـث المـاضي والمـستقبل، فيمكـن عـن طريق تلك الوسائل نقل خبرات الماضي ، مـن خـلال الصور القديمـة والوثـائق ، والعمـلات القديمـة

والمتاحف التاريخية وكذلك يمكن متابعة بعض الأحداث التاريخية التي حدثت قديماً من خلال فيلم تعليمي يدور حول تلك الأحداث. ويمكن أيضاً استشراف بعض الأحداث المستقبلية من خلال أفلام تعليمية ، كفيلم يصور ما قد يحدث نتيجة ازدياد معدلات تلوث البيئة ، أو فيلم يصور ما قد يترتب على غزو الفضاء وحرب الكواكب ... إلى غير ذلك من الأمثلة.

10- تخطي الخبرات لعامل المكان :

من أهم مزايا الوسائل التعليمية أنها تعبر بخبرات التعلم حاجز المكان من حيث الصعوبة ، والخطورة ، والاتساع أو الضيق ، فإذا كان من الصعب نقل المتعلم إلى بعض أماكن الخبرة المباشرة ، لصعوبة الوصول إلى تلك الأماكن أو خطورتها فإن الوسائل التعليمية هي التي تحل المشكلة فدراسة طبقات الجو العليا ، أو دراسة طبقات الأرض الرسوبية ، أو دراسة بعض الإشعاعات الكونية ، أو دراسة بعض النباتات والصخور التي توجد على قمم الجبال الشاهقة ، أو دراسة بعض الأحياء المائية في أعماق البحار والمحيطات ، أو دراسة التفاعلات النووية داخل مفاعل نووي ، وغير ذلك من الأمثلة.. لن يتأتى إلا من خلال وسائل تعليمية ، من الأفلام والعينات والنماذج ، والمجسمات واللوحات ، وغيرها من الوسائل البديلة.

ويشمل حاجز المكان جانباً آخر هو الحجم ، حيث يصعب دراسة بعض الظواهر لكبر حجمها جداً أو لصغرها المتناهي ، مما لا يمكن متابعتها بالعين المجردة ، وهنا تحل الوسائل التعليمية المشكلة ، كدراسة موقع الأرض في المجموعة الشمسية وحركة الأرض حول نفسها ، وحول الشمس ونسبة اليابسة إلى المسطحات المائية على الكرة الأرضية ، فهذه خبرات   لا يمكن متابعتها بالعين المجردة ، بل يمكن دراستها من خلال وسائل تعليمية كالأفلام أو الخرائط أو المجسمات . ودراسة الأشياء متناهية الصغر كالكائنات الحية الدقيقة، والقطاعات العرضية والطولية من أنسجة الكائنات الحية ، لا تتم إلا بالوسائل التعليمية ، وأجهزة الفحص الدقيقة كالمجهر المركب ، والمجهر الإلكتروني ، وغيرها من أجهزة التكبير والتقريب.

المحور الرابع : الوسائل التعليمية والمتعلم :

إلى جانب مزايا الوسائل التعليمية السابقة، هناك مزايا أخرى عديدة توفرها للمتعلم، حيث إنها تساعد في :

1- إكساب المتعلم المعلومات :

سبقت الإشارة إلى أن أية وسيلة تعليمية تستخدم في الموقف التعليمي تكسب المتعلم بعض المعلومات ، كما أن المتعلم نفسه عندما يعتمد في تعلمه على وسائل تعليمية فإن ذلك يتيح له اكتساب معارف ومعلومات تتدرج من الحقائق ، إلى المفاهيم ، إلى المبادئ إلى القوانين إلى النظريات.

2- إكساب المتعلم المهارات :

الوسائل التعليمية التي تعتمد على مشاركة المتعلم في عمل معين تساعد دون شك في إكسابه المهارات اللازمة لهذا العمل ، فقيام المتعلم بأي عمل معملي يُعَّد تدريباً له على مهارات هذا العمل. وكذلك الحال فإن الوسائل التعليمية التي يشارك فيها المتعلم كمشاهد ومستمع فقط هي الأخرى تمثل خطوة في تعلم بعض المهارات ، فمشاهدة المتعلم لعرض عملي يتضمن مهارات محددة ، واستماعه لشرح نظري عن كيفية أداء تلك المهارات لهو خطوة مهمة من خطوات اكتساب تلك المهارات. ولعل مشاركة المتعلم في الرحلات والزيارات الميدانية لهي فرصة تتيح له اكتساب بعض المهارات الاجتماعية كالنظام والتعاون.

3- إكساب المتعلم الجوانب الوجدانية المرغوبة :

تسهم الوسائل التعليمية بدور فاعل في إطار إكساب المتعلم جوانب وجدانية مرغوبة كالميول والاتجاهات وأوجه التقدير ، وقد سبق بيان ذلك في معرض الحديث عن علاقة الوسائل التعليمية بأهداف المنهج ، حيث تبين أن مشاركة المتعلم في تنفيذ وإنتاج الوسائل التعليمية ، أو مشاهدته لبعض الأفلام التعليمية ذات المضمون الجيد لهو عامل أساسي في إكساب هذا المتعلم الميول ، والاتجاهات ، وأوجه التقدير المرغوبة.

4- إكساب المتعلم أساليب التفكير :

للوسائل التعليمية أيضاً دور مهم في إكساب المتعلم مهارات التفكير العلمي ، والتفكير المنطقي ، والتفكير الابتكاري.

5- دفع المتعلم لمزيد من التعلم :

فالوسائل التعليمية تزيد من مشاركة المتعلم بشكل إيجابي في الموقف التعليمي كما تزيد من حب استطلاعه ، الأمر الذي يدفعه لمزيد من التعلم

خصوصاً ذلك النوع من الوسائل الذي يركز على التعلم بالعمل ، والذي يتيح للمتعلم الإنجاز بنفسه ، فكلما حقق إنجازاً نراه يسعى لتحقيق المزيد من الإنجازات ، وكلما تعلم شيئاً يسعى للمزيد من التعلم.

6- استمتاع المتعلم بما يتعلمه :

الوسائل التعليمية تضفي المتعة والإثارة والتشويق على عملية التعلم خصوصاً عندما تستخدم في الموضع والتوقيت المناسب ، الأمر الذي يحقق للمتعلم المتعة في التعلم ، ومن ثم مزيداً من الإيجابية ، ومزيداً من المشاركة ومزيداً من التعلم. ذلك أن الوسائل التعليمية تكسر حدة الملل لدى المتعلم من طرق التعلم التقليدية المعتادة.

7- استيعاب المتعلم لما يتعلمه :

سبقت الإشارة إلى أن الخبرات المجردة يكون من الصعب على المتعلم استيعابها ما لم تقدم له في صورة محسوسة ، والوسائل التعليمية هي التي تنقل تلك الخبرات من صورتها المجردة إلى صورتها المحسوسة الأمر الذي ييسر على المتعلم استيعابها ، وقد أوردنا أمثلة كثيرة على ذلك.

8- احتفاظ المتعلم بما يتعلمه :

سبقت الإشارة أيضاً إلى أن الوسائل التعليمية تزيد من بقاء أثر التعلم لدى المتعلم ، حيث تتيح الاحتفاظ بنواتج التعلم في الذاكرة لمدة زمنية أطول كما تتيح سرعة استدعاء تلك النواتج من الذاكرة عند الحاجة إليها.

9- استفادة المتعلم بما يتعلمه :

مشاركة المتعلم في الأنشطة وإنتاج الوسائل التعليمية يتيح له تطبيق ما تعلمه في حياته اليومية ، فمشاركته في عمل حوض لأسماك الزينة في مدرسته ، يدفعه لعمل حوض آخر مثله ليزين به منزله ، وتعلمه لبعض مهارات الرسم والزخرفة في مرسم المدرسة يفيده في عمل بعض الرسوم والزخارف في منزله ، أو تنظيم ديكورات المنزل ، وتعلمه لبعض اللعب التعليمية المفيدة يساعده في عمل مثلها مع أصدقائه في أوقات فراغهم.

10- تعديل ما لدى المتعلم من أفكار وسلوكيات خاطئة :

تساعد الوسائل التعليمية أيضاً في تعديل بعض الأفكار والسلوكيات الخاطئة لدى المتعلم ، فمشاهدة المتعلم لفيلم تعليمي يعرض النماذج

الصحيحة للسلوك مثلاً تكون الخطوة الأولى في سبيل تعديل النماذج الخاطئة لدى المتعلم ، ومشاهدة عرض عملي لتجربة تبين أن الهواء له وزن تساعد في تعديل الفكرة الخاطئة لدى البعض عن أن الهواء ليس له وزن وإجراء عرض عملي بسيط يؤدي إلى تصحيح فكرة خاطئة لدى بعض الأطفال مؤادها أن " كيلو الحديد أثقل من كيلو الورق".

11- تدريب المتعلم على التعلم الذاتي:

استخدام المتعلم للآلات التعليمية أو الحاسوب التعليمي ، يؤدي إلى تعلم هذا المتعلم ذاتياً ، بمعنى أن تلك الوسائل تتيح له فردية التعلم ، فهو يتقدم في عملية التعلم على حسب قدراته واستعداداته وميوله ورغباته.

12- زيادة الثروة اللغوية للمتعلم :

استخدام الوسائل التعليمية اللفظية خصوصاً كالتسجيلات الصوتية يساعد المتعلم على فهم بعض المعاني ، كما يساعد على النطق الصحيح للكلمات ومخارج الحروف ، ومن ثم اكتساب ألفاظ ومعاني جديدة ، مما يزيد الثروة اللغوية للمتعلم.

13- ربط الخبرة النظرية للمتعلم بالواقع العملي :

فقيام المتعلم برحلة تعليمية أو زيارة ميدانية لحديقة الحيوان أو لمصنع للحديد والصلب ، أو لأحد أبراج تقطير البترول أو أحد مصانع الغزل والنسيج ...إلخ ، لهو خير مثال على أن الوسائل التعليمية تساعد في الربط بين معلومات المتعلم التي اكتسبها نظرياً عن تلك الموضوعات بالواقع العملي الميداني لكل منها.

14- تحقيق السلامة للمتعلم في تعلمه للخبرات الخطرة :

المختبرات وورش العمل هي أكثر الأماكن التي قد يتعرض فيها المتعلم للأخطار ، لكن هذه الأخطار تقل إلى حد التلاشي عند وجود لوحات وتحذيرات وإشارات إرشادية للمعدات ، والأجهزة ، والمواد الخطرة ، وكيفية التعامل معها. كما أن الوسائل التعليمية تحل المشكلة عند تعلم المتعلم لموضوعات خطرة : كمكافحة الحرائق ، والغازات السامة ، والإسعافات الأولية والأفاعي السامة ، والمواد المشعة... إلى غير ذلك ، حيث يمكن الاعتماد على الخبرات الدراسية والنماذج ، والمجسمات ، والأفلام التعليمية والصور واللوحات ، في تعلم مثل هذه الموضوعات ، الأمر الذي يقي المتعلم خطرها.

15- تعويض الإعاقة الحسية لدى المتعلم :

إذا كان المتعلم يعاني إعاقة سمعية فإن تعلمه يتم من خلال الوسائل البصرية ، وإذا كان يعاني إعاقة بصرية فإن تعلمه يتم من خلال الوسائل السمعية واللمسية ، وإذا كان يعاني إعاقة سمعية وبصرية معاً ، فإن تعلمه يتم من خلال الوسائل اللمسية ، والشمية ، والتذوقية ، وهذا يعني أن تنوع الوسائل التعليمية ، وتعددها بتعدد الحواس يتيح إمكانية تعويض غياب حاسة معينة بالاعتماد على وسائل الحواس الأخرى.

ثامنا : معوقات استخدام الوسائل التعليمية :

علي الرغم من أهمية الوسائل التعليمية إلا أنه في بعض الأحيان توجد بعض المعوقات التي تقف حائلاً دون استخدامها في مؤسساتنا التربوية من أهمها : (أحمد سالم و عادل سرايا ،2003 ص : 364)

- ينظر البعض من التلاميذ إلي الوسائل التعليمية علي أنها أدوات للتسلية والترفيه مما يجعلهم يعرضون عن الاهتمام والانتباه للدرس.

- عدم توافر أماكن ببعض المدارس لاستخدام الوسائل التعليمية كالعروض الضوئية والصوتية.

- صعوبة تداول الوسائل التعليمية والتخوف من استخدامها ، وخشية كسرها أو فقدها أو تلفها من قبل المعلمين.

- عدم توافر فني الوسائل التعليمية في معظم المدارس العربية ، مما يزيد من مقاومة المعلم لاستخدام الوسائل التعليمية.

- ارتفاع تكاليف و أثمان بعض الوسائل التعليمية وخاصة الحديث منها.

- تركيز الامتحانات علي اللفظية ، وإغفال الجانب العملي ، مما يدفع بالمعلمين إلي التركيز علي الجانب اللفظي.

- عدم امتلاك المعلم لمهارات استخدام الوسائل التعليمية ، الأمر الذي يجعله يتهرب من استخدامها ، أو يستخدمها بشكل غير مناسب فلا يتحقق الهدف منها .

****

الفصل الثالث :
((الاتصـــال التعليمـــي))

- مفهوم الاتصال التعليمي.
- خصائص الاتصال التعليمي.
- عناصر الاتصال التعليمي.
- نماذج الاتصال التعليمي.
- صور الاتصال التعليمي.
- أنواع الاتصال التعليمي.
- مستويات الاتصال التعليمي.
- العوامل المؤثرة في الاتصال التعليمي.
- معوقات نجاح الاتصال التعليمي.

الفصل الثالث :

((الاتصال التعليمـــي))

أشرنا في الفصل السابق إلى مسميات الوسائل التعليمية والمراحل التي مرت بها ، وأوضحنا في المرحلة الرابعة من تلك المراحل كيف ارتبطت تسمية الوسائل التعليمية بمفهوم الاتصال ، باعتبار أن العملية التعليمية ما هي إلا مجال من مجالات نظرية الاتصال بمفهومها العام.

ولكي يزداد الأمر وضوحاً ، يتناول هذا الفصل عرضاً لمفهوم الاتصال والاتصال التعليمي ، وتاريخ الاتصال ، وعناصر الاتصال ، ونماذج الاتصال وأنواع الاتصال وصوره ، ومستويات الاتصال ، والعوامل المؤثره فيه ومعوقاته في بيئة التعليم والتعلم ... وذلك على النحو التالي :

- مفهوم الاتصال والاتصال التعليمي:

أصل كلمة " اتصال" في اللغة العربية مشتق من الفعل الماضي الثلاثي "وصل"، والمضارع منه "يصل"، ويقال "وصل الشئ" أو "وصل إلى الشئ وصولاً " أي بلغه وانتهى إليه.

والكلمة في الإنجليزية هي *Communication* وتعني تبادل المعلومات أو الأفكار أو الآراء عن طريق الكلام أو الكتابة أو الإشارة .

والواقع أن هناك تعريفات كثيرة لمصطلح " الاتصال"، وليس هناك تعريف واحد جامع شامل متفق عليه لهذا المصطلح ، ويرجع السبب في ذلك - كما يشير **(مصطفى فلاته ، *1995*، ص*44*)** - إلى أن عملية الاتصال تدخل في جميع مناحي الحياة بالنسبة للإنسان والحيوان والنبات وحتى الجماد ، وهذا يعني أن تعدد تعريفات مصطلح الاتصال يرجع إلى تعدد مجالاته ، لكن ثمة تعريفات شاملة لهذا المصطلح ، منها تعريف دائرة المعارف البريطانية للاتصال بأنه " أسلوب لتبادل المعاني بين الأشخاص من خلال نظام متعارف عليه ، أو من خلال إشارات محدودة".

ويعرف " إدجار ديل *Edgar Dale* " الاتصال بأنه أسلوب يساهم في المشاركة بالأفكار والمشاعر في حالة تبادلية متزنة.

والملاحظ أن تعريف الاتصال على هذا النحو يقصره فقط على الإنسان ، وهذا ما يتنافى مع الواقع الذي يؤكد أن الاتصال يمكن أن يتم بين جميع الكائنات ، لذا كان لابد من البحث عن تعريف أكثر شمولاً للاتصال . وفي هذا الإطار يعرف (**عبد الحافظ سلامة : 1996، ص14**) الاتصال بأنه : عملية تفاعل مشتركة بين طرفين ، لتبادل فكرة أو خبرة عن طريق وسيلة.

ويعرف (**مصطفى فلاته ، 1995، ص45**) الاتصال بأنه : ذلك النشاط أو سلسلة النشاطات المتجانسة التي تتفاعل فيما بينها ، أو بالبيئة المحيطة بها وبصفة مؤثرة لتولد ناتجاً .

أما (**علي عجوة وآخرون ، 1991، ص18**) فقد عرَّفوا الاتصال بأنه : تفاعل بالرموز اللفظية وغير اللفظية بين طرفين أحدهما مرسل يبدأ الحوار والثاني مستقبل يكمل الحوار، وما لم يكمل المستقبل الحوار لا يتحقق الاتصال ، ويكون الأمر مجرد توجيه معلومات أو أفكار أو آراء من جانب واحد فقط ، دون معرفة نوع الاستجابة أو التأثير الذي حدث عند المستقبل.

والمتأمل لتلك التعريفات الثلاثة لمفهوم الاتصال ، يتبين بوضوح أنها تعريفات شاملة تكاد تجمع على أن الاتصال ما هو إلا عملية تفاعل مشتركة بين طرفين أحدهما مرسل ، والآخر مستقبل ، حول رسالة يتم من خلالها تبادل الآراء أو الأفكار أو المعلومات أو الخبرات ، وذلك بطريقة لفظية أو غير لفظية.

وبتطبيق مفهوم الاتصال في ميدان التربية ظهر مفهوم الاتصال التربوي Educational Communication الذي يمثل مجالاً من مجالات الاتصال بمعناه العام ، ويعرف بأنه : تفاعل لفظي أو غير لفظي بين مرسل ومستقبل حول رسالة ذات مضمون تربوي ، بهدف نقل خبرات أو تحقيق أهداف تربوية محددة.

أما مصطلح الاتصال التعليمي Instructional Communication فيمثل أحد المجالات الفرعية للاتصال التربوي ، ويهدف إلى نقل خبرات معرفية عقلية ، ومهارية نفس حركية ، ووجدانية انفعالية ، مرغوبة إلى المتعلم.

ويعرف الاتصال التعليمي بأنه : عملية يتم عن طريقها انتقال المعرفة من شخص لآخر ، حتى تصبح تلك المعرفة مشاعاً بينهما ، وتؤدي إلى التفاهم فيما بينهما. **(حسين الطوبجي ، *1987*، ص*25*).**

ويعرف أيضاً بأنه عملية يقوم المعلم فيها بتبسيط المهارات والخبرات لطلابه مستخدماً كل الوسائل المتاحة لتعينه على ذلك ، وتجعل المتعلمين مشاركين للمعلم في غرفة الدراسة. (محمد علي السيد ، *1997*، ص*37*).

وفي تعريفه الشامل للاتصال التعليمي يشير (عادل سرايا ، *2007* ص *107*) إلى أنه : نظام ، أو عملية ديناميكية ، دائرية مستمرة ، هادفة ومنظمة يتم خلالها التفاعل بين المرسل والمستقبل عن طريق نقل رسالة تعليمية باستخدام لغة لفظية أو غير لفظية ، ذات معنى مشترك بينهما ، مع قياس أثرها لاحقا على المستقبل داخل بيئات مناسبة لهذه العملية.

وعلى ضوء ما سبق يمكن لنا أن نعرِّف الاتصال التعليمي بأنه: تفاعل لفظي أو غير لفظي بين معلم ومتعلم ، أو بين معلم ومتعلمين ، أو بين متعلم ومتعلم ، أو بين متعلم ووسيط تعليمي (كتاب مدرسي - آلة تعليمية كمبيوتر تعليمي...) ، أو بين وسيط تعليمي وآخر ، أو بين معلم ووسيط تعليمي ، بهدف نقل الأفكار والمعارف والخبرات التعليمية ، عبر قنوات معينة ، للعمل على تحقيق أهداف تعليمية محددة.

وبالنظر إلى هذا التعريف يتضح أن الأجهزة والمواد التعليمية وكذلك الوسائل التعليمية تمثل جزءاً أساسياً في منظومة الاتصال التعليمي ، لا يمكن الاستغناء عنه.

- خصائص الاتصال التعليمي:

على ضوء التعريفات السابقة لمفهوم الاتصال والاتصال التعليمي يمن استخلاص العديد من خصائصه ، حيث يتسم بأنه:

✵ مقصود :

فالاتصال التعليمي عملية مقصودة لاتتم بصورة عرضية ، ومحور القصد في تلك العملية هو الرغبة في نقل رسالة تعليمية محددة بين مرسل ومستقبل وفقا لقواعد ومواصفات محددة .

❋ هادف :

فعملية الاتصال التعليمي لا تتم دون هدف ، بل تنطلق بداية من مجموعة محددة من الأهداف لدى كل من المرسل والمستقبل توجه مسار تلك العملية من أجل تحقيق هذه الأهداف.

❋ شامل :

فالاتصال التعليمي يشمل كافة الموضوعات والخبرات وعناصر المنظومة التعليمية ، وجميع حواس المعلم والمتعلم .

❋ منظومي :

فعملية الاتصال التعليمي ذات إجراءات وخطوات منظمة ، تسير وفقا لمراحل وخطوات محددة تبدأ من أهداف الاتصال ، وإجراءات الاتصال ونتائج الاتصال. كما أن الاتصال التعليمي عبارة عن منظومة لها مدخلاتها وعملياتها ، ومخرجاتها .

❋ إيجابي :

فعملية الاتصال التعليمي تسعى دائما لتحقيق نتائج مرغوبة من خلال تبادل الرسائل التي تحمل خبرات معرفية ومهارية ووجدانية متنوعة.

❋ دينامي :

فمنظومة الاتصال تشمل عناصر متغيرة بطبيعتها ، فالمرسل والمستقبل ، والرسائل التعليمية ، وقنوات الاتصال ، وبيئة الاتصال في تغير وتطور مستمر ، ومن ثم فإن دينامية الاتصال تعني أن يتواكب وجميع تلك التغييرات .

❋ تفاعلي :

إن عملية الاتصال لاتتم على النحو المرغوب مالم تعتمد على أقصى درجات التفاعل بين جميع عناصرها ، مما يحقق أقصى فائدة ممكنة . ولعلنا لانبالغ حين نقول إن الاتصال هو التفاعل ، وأن التفاعل هو الشرط الأساسي لتمام عملية الاتصال التعليمي.

❋ مرن :

يتصف الاتصال التعليمي بقدر من المرونة ، من حيث تبادل الأدوار بين كل من المرسل والمستقبل حول الرسالة التعليمية ، ومن حيث تغيير طرق الاتصال وأشكاله ووسائله وقنواته.

✳ انعكاسي :

أي أن الاتصال التعليمي يسير في كلا الاتجاهين بين المرسل التعليمي ، والمستقبل ، فلايظل المرسل مرسلا طوال الوقت ولايظل المستقبل مستقبلا طوال الوقت.

✳ متنوع الطرق والقنوات :

فالاتصال التعليمي يتم بطريقة لفظية ، أو غير لفظية ، وذلك من خلال قنوات عديدة منها : السمع ، والبصر ، واللمس ، والتذوق ، والشم ويمكن للاتصال التعليمي أن يتنقل من طريقة لأخرى ، ومن قناة لأخرى في الموقف التعليمي الواحد فيؤدي ذلك لجودة الاتصال .

✳ متعدد الوسائل والأشكال :

الاتصال التعليمي يتم بأكثر من شكل ، بين معلم ومتعلم ، وبين معلم ومعلم ، وبين متعلم ومعلم ، وبين متعلم ومتعلم ، وبين معلم وآلة تعليمية وبين آلة تعليمية ومتعلم ... حيث يستخدم لتحقيق ذلك العديد من الوسائل الاتصالية كالكلام المباشر ، ومكبرات الصوت ، وخطوط الهاتف والفاكس ، وشبكة الإنترنت ، والقنوات التليفزيونية ن والقنوات الإذاعية .. إلخ ، الأمر الذي يزيد الموقف التعليمي تشويقا وجودة.

✳ دائم التقويم :

من أهم خصائص الاتصال التعليمي أنه يشمل تغذية راجعة تتيح الحكم على مدى جودة عناصر منظومته (مدخلات ، عمليات ، مخرجات) ومدى قدرة كل عنصر من تلك العناصر على القيام بأدواره المنوطة به ومن ثم تحديد نقاط القصور والضعف ، تمهيدا لتلافيها ، أو علاجها.

✳ يتأثر بالعوامل الدخيلة :

من خصائص الاتصال التعليمي أنه يتأثر سلبا وإيجابا بالعديد من العوامل الدخيلة من أهمها : التشويش ، وجودة وسائل وقنوات الاتصال ولغة الرسالة ومدى فهم رموزها بين المرسل والمستقبل .. إلخ .

ويمكن إجمال الخصائص المميزة للاتصال التعليمي في الشكل التخطيطي (4) :

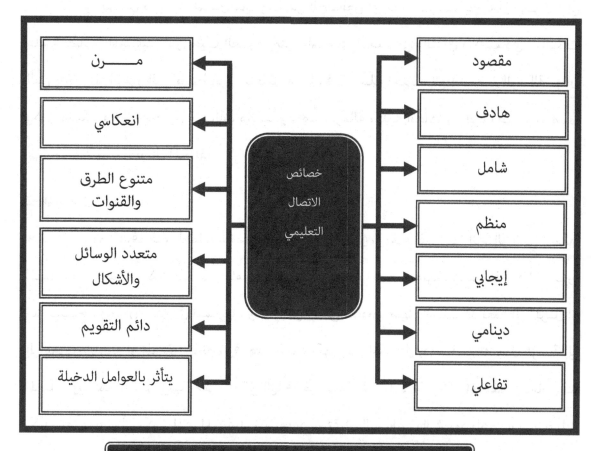

شكل (4) : خصائص الاتصال التعليمي

- عناصر الاتصال التعليمي :

لتحديد عناصر الاتصال التعليمي ينبغي أولاً التعرف على عناصر عملية الاتصال بمعناه العام ، تلك العناصر التي حددتها الأدبيات في أربعة عناصر متصلة ومتشابكة ، بيانها على النحو التالي

1- المرسل : **Sender**

وهو المصدر الذي يبدأ الحوار ، ويصوغ الرسالة في شكل رموز لفظية أو غير لفظية ، وفقاً لما تقتضيه الحالة ، والمرسل قد يكون إنساناً ، وقد يكون آلة ففي الموقف التعليمي عادة ما يكون المعلم هو المرسل الذي يقوم بصياغة الرسالة أي وضعها في صورة ألفاظ ، أو رموز ، أو رسوم بغرض الوصول إلي هدف معين ، و قد يكون آلة كالكمبيوتر.

ويجب أن تتوفر في المرسل مجموعة من الخصائص أو الصفات حيث يجب أن يكون علي علم بخصائص المستقبلين من حيث العمر الزمني والمستوى الاجتماعي والثقافي والاقتصادي ، واللغات التي يتقنونها والرموز التي يستطيعون التعامل معها ، قادراً علي تحديد الهدف من الرسالة و أن يكون متمكناً و ملماً بمحتوي الرسالة ، مقتنعاً ومؤمناً بالرسالة ، لديه اتجاهاً إيجابياً نحو ها ، ملماً بمهارات و قنوات الاتصال المختلفة.

2- المستقبل : Receiver

وهو الطرف الثاني لعملية الاتصال ، الذي يتلقى الحوار ، ويقوم بفك رموز الرسالة التي أرسلها المرسل ، ويفسرها تبعاً لاستيعابه لها، فإما أن يفسرها على النحو المقصود منها، فتصل الفكرة أو الخبرة إليه بوضوح ، وإما أن يخفق في تفسيرها ، واستخلاص المعنى المقصود منها ؛ لأسباب قد تعود إلى المرسل أو إلى محتوى الرسالة أو المستقبل ذاته ، وفي هذه الحالة يكون على المستقبل رد استفساراته حول الرسالة إلى المرسل ، ويستمر التفاعل بينهما حتى يتحقق الهدف من عملية الاتصال ، وقد يكون المستقبل إنساناً وقد يكون آلة. ويجب أن يكون لدى المستقبل الاستعداد لاستقبال الرسالة ، والشعور بأهمية ما تحمله من خبرات ، و القدرة علي التفاعل مع المرسل وتبادل الأدوار معه .

3- الرسالة : Message

وهي الرموز اللفظية أو غير اللفظية التي تعبر عن الأفكار أو الآراء أو الخبرات التي ينبغي نقلها من المرسل إلى المستقبل، لتحقيق هدف معين. والرسالة هي موضوع الاتصال ، يتوقف عليها باقي عناصر الاتصال فلا يمكن أن نتخيل دوراً للمرسل أو المستقبل دون وجود الرسالة. ولا بد لرموز الرسالة اللفظية أو غير اللفظية أن تكون مشاعاً بين الطرفين أي أن تكون ذات دلالة واحدة ، ومعنى واحد لدى كل من المرسل والمستقبل وهـذا مـا يعـرف "بـالخبرة المـشتركة Common Experience" للرمز بين القائم بالاتصال ، ومتلقي الرسالة. ويجب أن تتوفر في الرسالة بعض الخصائص منهـا سـلامة ودقة صياغتها ، ومناسبة لغتها لكل من المرسل والمستقبل ، ومناسبتها لمستوي المـستقبل ، وأن يكون فيها قدرا من الإثارة والتشويق.

4- قناة الاتصال : **Communication Channel**

تشير قنوات الاتصال إلى ثلاثة جوانب : الجانب الأول يتعلق بالوسط *Medium* الذي يحمل الرسالة بين المرسل والمستقبل ، والجانب الثاني يتعلق بالطريق الذي تدخل عبره الرسالة إلى المستقبل ، ويتضمن هذا الجانب الحواس المجردة لدى المستقبل إذا كان إنساناً ، ومفاتيح الاستعداد للاستقبال إذا كان المستقبل آلة . أما الجانب الثالث فيتعلق بالأجهزة والأدوات والمواد التي تهيئ قناة الاتصال للإرسال والاستقبال وتيسر على المرسل والمستقبل القيام بدوريهما.

ويمكن أن يتم الاتصال عبر أكثر من قناة في نفس الوقت ، ويمكن للمستقبل أن يرد على رسالة المرسل عبر قنوات أخرى غير التي تلقى منها الرسالة.

ولكي يكون الكلام واضحاً في هذه النقطة نسوق المثال التالي : عندما يجري أي شخص اتصالاً هاتفياً مع شخص آخر حول موضوع معين فإن قناة الاتصال هنا تشمل ثلاثة جوانب : الجانب الأول هو خط التليفون الذي يحمل الرسالة بين طرفي الاتصال ، والجانب الثاني هو حاسة السمع لدى المستقبل والتي تنقل الرسالة من خط الهاتف (الوسط) إليه ، أما الجانب الثالث فهو جهاز التليفون وتوصيلاته لدى كل من المرسل والمستقبل. وبطبيعة الحال إذا تعطل أي جانب من الجوانب الثلاثة لقناة الاتصال لا يمكن لهذه القناة أن تقوم بدورها في عملية الاتصال.

ويشير البعض إلى التغذية الراجعة ، والتشويش على أنهما من عناصر الاتصال إلا أن كاتب تلك السطور يرى أنهما من العوامل المؤثرة في جودة الاتصال أكثر من كونهما من عناصره.

والسؤال الذي يطرح نفسه الآن : هل تختلف عناصر الاتصال التعليمي عن عناصر الاتصال بمعناه العام التي سبق عرضها ؟ .. والإجابة عن هذا السؤال قطعا بالنفي مادام هناك اتفاق على أن الاتصال التعليمي ماهو إلا مجال من مجالات الاتصال بمعناه العام. ولربط عناصر الاتصال السابقة بالمواقف التعليمية دعنا نطرح بعض التساؤلات .

السؤال الأول : من المرسل في العملية التعليمية ؟ .. والإجابة عن هذا السؤال نستقيها من الواقع التعليمي ، حيث يتضح أن المرسل الأساسي في تلك العملية هو المعلم ، الذي كان ولازال محور الارتكاز لي موقف تعليمي ، وقد يكون المرسل في الموقف التعليمي هو الآلة التعليمية كالحاسب الآلي ، أو أي وسيط تعليمي آلي آخر ، ونظرا لأن الموقف التعليمي الناجح يستلزم التفاعل بين المعلم والمتعلم فقد تتبدل الأدوار ويقوم المتعلم أحيانا بدور المرسل ، بينما يقوم المعلم ، أو متعلم آخر في تلك الأحيان بدور المستقبل ، وتزداد فعالية الموقف التعليمي بقدر تبادل الدوار بين المرسل والمستقبل حول خبرات الرسالة التعليمية.

والسؤال الثاني : من المستقبل في العملية التعليمية ؟ .. نقول إن المستقبل الأساسي في أي موقف تعليمي هو المتعلم كفرد ، لكن يمكن أن يكون المستقبل أيضاً في الموقف التعليمي هو الآلة التعليمية خصوصاً عندما تتلقى تلك الآلة الأوامر من القائم بتشغيلها. وكما سبق أن أشرنا يمكن أن يقوم المعلم أحياناً بدور المستقبل عند تلقيه أسئلة أو استفسارات المتعلم.

والسؤال الثالث : ماذا تشمل الرسالة في الموقف التعليمي؟.. تشمل الرسالة في الموقف التعليمي كافة الخبرات التعليمية من معارف ومهارات واتجاهات وميول وقيم، التي تسهم في نمو المتعلم عقلياً ونفس حركيا ووجدانياً. وتشير الرسالة في العملية التعليمية إلى المنهج بجميع مكوناته ، فالبعض يقول إن التعليم "معلم ومتعلم بينهما منهج".

أما السؤال الرابع فهو : ما قنوات الاتصال في العملية التعليمية؟.. قنوات الاتصال التعليمي متعددة ومتنوعة، وهي تشمل كافة الأوساط المادية التي تحمل أية رسالة تعليمية ، كقنوات الإذاعة التعليمية، والقنوات المرئية وخطوط الهاتف التعليمي ، و شبكات الحاسب الآلي التعليمية... وغيرها. كما تشمل كافة الحواس المجردة التي يلتقط بها المتعلم رموز الرسالة التعليمية (من كلمات وكتابات ورسومات و إشارات و غيرها) كالسمع و البصر و اللمس والشم والتذوق . وتشمل قنوات الاتصال التعليمي أيضاً كافة الأجهزة والأدوات و المواد التعليمية التي تيسر للمتعلم استقبالها. والموقف التعليمي الفعال هو الذي يعتمد علي أكثر من مصدر تعليمي"مرسل" في أكثر من قناة تعليمية.

ويعتمد أي موقف اتصال تعليمي على وجود " تغذية مرتدة " مستمرة فأي معلم تراه حريصاً على التأكد من متابعة المتعلم له ، ومدى استيعابه لرموز رسالته التعليمية الموجهة إليه ، فإن استشعر المعلم عدم فهم المتعلم لما يرسله نراه ينوع من قنوات اتصاله بالمتعلم ، ويعددها ، حتى يتأكد من وصول الرسالة التعليمية إلى هذا المتعلم على النحو الذي يحقق الهدف منها.

ولا شك أن الاتصال التعليمي يتأثر - سلباً - بأي نوع من أنواع" التشويش" آلياً كان أم دلالياً ، فإذا كان المعلم يحاضر مثلاً في عدد كبير من الطلاب معتمداً على استخدام أجهزة تكبير الصوت " الميكروفونات" لإيصال صوته إلى جميع هؤلاء الطلاب ، وكانت هذه الأجهزة تعاني من وجود خلل فني يؤثر على كفاءتها ، ويجعلها تحدث أصواتاً وشوشرة مصاحبة لصوت المعلم ، فإن ذلك يؤثر بالسلب - حتماً - على وضوح الرسالة ، مما يعيق المتعلم من استقبالها كاملة واضحة ، الأمر الذي قد يؤدي إلى التباس الفهم لدى بعض المتعلمين حول بعض رموز الرسالة التعلمية التي يرسلها المعلم.

ولا يمكن - بأية حال من الأحوال - الفصل بين عناصر الاتصال التعليمي فكل عنصر منها يرتبط ارتباطاً وثيقاً بغيره من العناصر الأخرى وبيان طبيعة العلاقة بين تلك العناصر يتضح في نماذج الاتصال ، التي سيرد عرضها في الجزء التالي.

● نماذج الاتصال التعليمي:

تعرف المخططات التي توضح علاقة عناصر الاتصال بعضها ببعض وموقع كل منها في منظومة الاتصال بنماذج الاتصال Communication Models ، حيث يوجد العديد من تلك النماذج يمكن تصنيفها إلى نوعين هما :

● أولاً : نماذج الاتصال النفسية :

وهي نماذج تحدد عناصر الاتصال في تتابع معين يوضح كيفية تحقق عملية الاتصال ، وبأي مستوى ، وغالباً ما تكون هذه النماذج في شكل مجموعة من التساؤلات ، ومن أمثلة تلك النماذج :

1- نموذج لاسويل :

وهو نموذج شهير يحدد عملية الاتصال وعناصرها من خلال خمسة تساؤلات هي :

◀ السؤال الأول : من يقول؟... ويشير إلى المرسل.

◀ السؤال الثاني : ماذا يقول؟.. ويشير إلى الرسالة.

◀ السؤال الثالث : بأية وسيلة؟... ويشير إلى قناة الاتصال.

◀ السؤال الرابع : لمن يقول؟ ... ويشير إلى المستقبل.

◀ السؤال الخامس : بأي تأثير؟... ويشير إلى التغذية الراجعة.

2- نموذج ريموند نيكسون :

أدخل "ريموند نيكسون" تعديلات على نموذج لاسويل السابق حيث أضاف إلى التساؤلات الخمسة السابقة تساؤلين آخرين هما :

◀ السؤال السادس : في أية ظروف ؟.. ويشير إلى الزمان والمكان .

◀ السؤال السابع : لأي هدف ؟... ويشير إلى هدف الاتصال.

وعلى ضوء هذين النموذجين يمكن الخروج بنموذج مقترح لعناصر الاتصال التعليمي مكون من ثمانية تساؤلات هي :

◀ مَن يُعَلم؟ .. المرسل (معلّم – آلة تعليمية).

◀ لماذا يُعلم؟ .. هدف الاتصال (أهداف التعليم).

◀ ماذا يعلم؟ .. الرسالة (الخبرات التعليمية).

◀ كيف يعلم؟ .. قنوات الاتصال (طرق ووسائل التعليم).

◀ من يتعلم؟ .. المستقبل (متعلم – آلة تعليمية).

◀ أين يُعلم؟ .. بيئة الاتصال (البيئة التعليمية).

◀ متى يعلم؟ .. زمن الاتصال (توقيت التعليم).

◀ ما ناتج التعلم؟ .. تغذية مرتدة (تقويم بنائي).

● ثانياً : نماذج الاتصال الهندسية :

وهي رسوم تخطيطية هندسية توضح منظومة الاتصال وعناصرها ودور كل عنصر منها في عملية الاتصال ، وعلاقته بغيره من العناصر الأخرى ومن أكثر هذه النماذج شيوعاً ما يلي:

1- نموذج شانون وويفر : Sahnnon & Weaver Model

وهو أكثر نماذج الاتصال شهرة ، حيث بنى عليه عدد من النماذج الأخرى ، وبيان هذا النموذج في الشكل التخطيطي (5) :

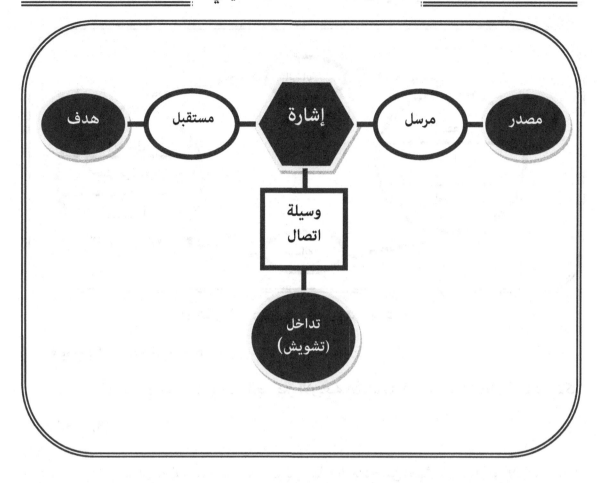

((شكل (5) : نموذج شانون وويفر للاتصال))

2- نموذج شرام : Schramm Model

وهو أيضاً من نماذج الاتصال الشهيرة ، و هو أبسط من نموذج شانون وويفر لكنه أقل منه تفصيلاً ، و يأخذ هذا النموذج أشكالاً تبدو مختلفة في مظهرها لكنها تنطوي علي جوهر واحد ، و يتضح ذلك في الشكلين : (6) ، (7) :

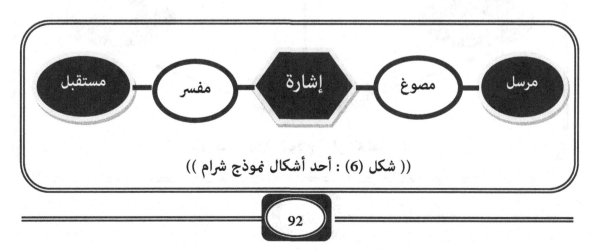

((شكل (6) : أحد أشكال نموذج شرام))

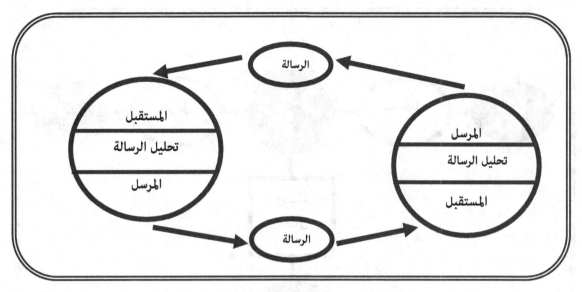

((شكل (7) : تصميم آخر لنموذج شرام))

3- نموذج برلو : Berlo Model

وهو نموذج مبسط يوضح العناصر الأربعة الأساسية في عملية الاتصال كما بالشكل التخطيطي (8) :

والملاحظ أن هناك بعض الاختلافات بين هذه النماذج من حيث التفصيل أو الإيجاز ، من حيث البساطة أو التعقيد ، لكنها جميعاً تركز على عناصر عملية الاتصال التي سبق تحديدها بشكل أو بآخر .

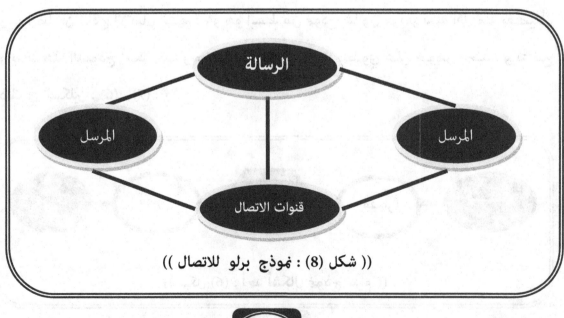

((شكل (8) : نموذج برلو للاتصال))

3- نموذج بشير عبد الرحيم الكلوب :

وهو نموذج تفصيلي اعتمد على النماذج السابقة ، كما بالشكل التخطيطي (9) :

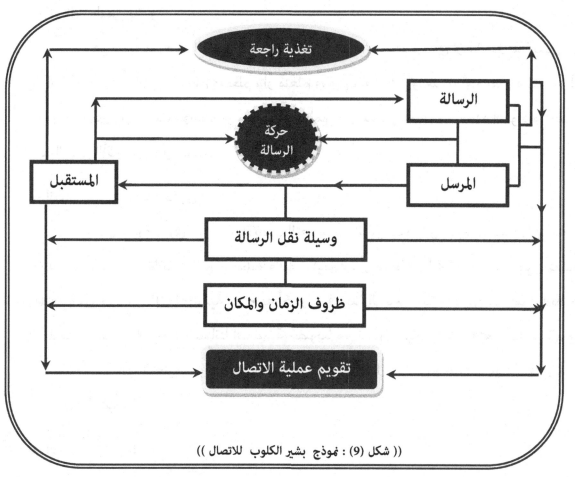

((شكل (9) : نموذج بشير الكلوب للاتصال))

والملاحظ من هذا النموذج وغيره من نماذج الاتصال التعليمي أن العملية التعليمية ما هي إلا عملية اتصال دينامية بين المعلم والمتعلم يكون فيها التفاعل بينهما مستمراً ، فتسير الرسالة التعليمية من المعلم إلى المتعلم وبالعكس ، حيث تتبدل الأدوار فيكون المعلم مرسلاً أحياناً ومستقبلاً أحياناً أخرى ، ويكون المتعلم مستقبلاً أحياناً ومرسلاً أحياناً أخرى. كما أن عملية الاتصال التعليمي يمكن أن تتم ، بل يفضل أن تتم من خلال أكثر من مصدر تعليمي ، وعبر أكثر من مرسل ، ومن خلال قنوات تعليمية متعددة في نفس الوقت ، ويمكن للمتعلم أن يرد على رسالة المعلم عبر نفس القناة التعليمية ، أو من خلال قنوات أخرى.

● صور الاتصال التعليمي :

هناك **ثلاث صور للاتصال التعليمي** هي :

1- اتصال تعليمي بشري :

وهو صورة من صور الاتصال التعليمي ، تتم بين طرفين من البشر ، أي أن الاتصال هنا يكون بين إنسان وآخر ، كالاتصال بين : معلم ومتعلم ، أو متعلم ومعلم ، أو معلم ومعلم ، أو متعلم ومتعلم ، أو معلم ومتعلمين ، أو متعلمين ومعلم أو متعلمين ومتعلمين ، أو معلمين ومعلمين . وهذه الصورة من صور الاتصال هي الأكثر شيوعاً في مؤسساتنا التعليمية.

2- اتصال تعليمي نصف بشري :

ويمثل صورة أخرى من صور الاتصال التعليمي ، الذي يتم بين طرفين أحدهما إنسان ، والآخر آلة تعليمية ، كالاتصال بين : معلم وآلة تعليمية ، أو متعلم وآلة تعلمية ، أو بين المعلم والمتعلم من جهة ، والآلة التعليمية من جهة أخرى . وقد بدأ الاهتمام بتلك الصورة من صور الاتصال التعليمي في الآونة الأخيرة بمؤسساتنا التعليمية خصوصاً مع تطور تقنيات الآلات التعليمية ، وظهور أجهزة الحاسب الآلي التعليمي واستخدامها كوسيط تعليمي فعال ، وتعميم هذه الأجهزة بكثير من مؤسسات التعليم.

3- اتصال تعليمي آلي :

في هذه الصورة من صور الاتصال التعليمي يتم الاتصال بين طرفين غير بشريين ، أي أن الاتصال يحدث بين آلة تعليمية وأخرى خصوصاً بين الآلات التعليمية التي يمكن الاعتماد عليها كوسائط تعليمية فعالة كجهاز الحاسوب . وهذه الصورة لا يُعتمد عليها كثيراً في نظامنا التعليمي ، إلا في حالات خاصة ولخدمة العنصر البشري (معلم أو متعلم) فدخول الحاسوب الشخصي على شبكة المعلومات الإلكترونية الدولية المعروفة بشبكة الإنترنت للحصول على معلومات لخدمة موضوعات وقضايا تعليمية ، يمثل اتصالاً بين آلة وآلة ، الهدف منه خدمة العملية التعليمية. وهذا يعني أن الاتصال بين آلة وآلة يمثل مرحلة جزئية في منظومة الاتصال التعليمي.

ويمكن إجمال صور الاتصال التعليمي في النموذج الموضح بالشكل التخطيطي (10) :

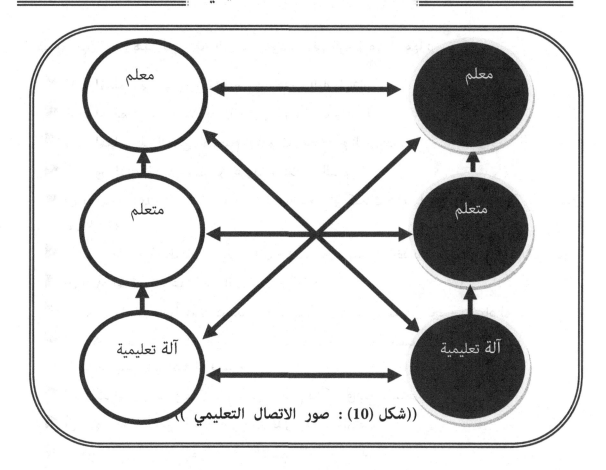

((شكل (10) : صور الاتصال التعليمي))

● أنواع الاتصال التعليمي :

على ضوء العرض السابق لمفهوم الاتصال التعليمـي ، وعنـاصره ونماذجه يمكن اسـتخلاص نوعين أساسيين للاتصال التعليمي هما :

1- الاتصال اللفظي : Verbal Communication

وفي هـذا النـوع يقـوم المعلـم بإرسـال الرسـالة التعليميـة ، وتوجيـه المـتعلم والـرد علـى استفساراته وتساؤلاته من خلال الحديث المبـاشر وتكون قنـوات الاتصال التعليمـي في هـذا النـوع شاملة : الوسط المادي الذي يحمل الرموز اللفظية بين المعلـم والمـتعلم ، والأجهـزة والأدوات والمـواد التعليمية التي تساعد في تبليغ الرسالة التعليمية اللفظية واستقبالها وكذلك حاسـة السمع لـدى كـل من المتعلم والمعلم ، والتي تتيح تفاعلهما حول الرسالة التعليمية اللفظية.

ولمــا كــان الاتصــال التعليمـي اللفظـي يمثـل الجانـب الأعظـم في أي موقــف تعليمــي ، خـصوصاً في تعلـيم المقـررات والموضـوعات ذات الطـابع

النظري ، فإن نجاح هذا النوع من الاتصال يتوقف على شروط من أهمها :

◄ قدرة المعلم على مواجهة المتعلم ، والتحدث إليه بلباقة.

◄ قدرة المعلم على التحدث بصوت قوي ، وعبارات واضحة.

◄ قدرة المعلم على النطق الصحيح للكلمات ، ومخارج الحروف .

◄ ألا يكون لدى المعلم عيب من عيوب الكلام أو النطق.

◄ أن يتجنب المعلم استخدام لهجات غير واضحة أو كلمات غامضة أو لزمات معينة في حديثه إلى المتعلم .

◄ أن ينوع المعلم في طبقات صوته خلال حديثه بين العلو والانخفاض حسبما يتطلب الأمر ذلك.

◄ أن يلتزم المعلم بقواعد اللغة التي تضبط كلامه.

◄ أن يكون المعلم قادراً على التمهيد لدرسه بشكل وبأسلوب مشوق يجذب انتباه المتعلم.

◄ أن يكون المعلم متمكناً من مادته العلمية ، قادراً على تبسيط الأفكار الصعبة ، وشرحها بأسلوب ييسر على المتعلم فهمها.

◄ أن يتأكد المعلم من وصول كلامه إلى المتعلم بشكل واضح باستمرار.

◄ أن تكون دلالة الرموز اللفظية واحدة لدى المعلم والمتعلم.

◄ أن ترتبط الرسالة التعليمية بواقع المتعلم وتلبي حاجاته.

◄ أن تكون قنوات الاتصال السمعي بين المعلم والمتعلم سليمة.

◄ أن تكون أجهزة وأدوات الكلام والاستماع التي قد يستخدمها المعلم والمتعلم ، ذات كفاءة عالية.

◄ أن يكون المتعلم قادراً على سماع المعلم ، والرد على رسالته والتفاعل معه حول ما يقوله ، والاستفسار الفوري عما لا يفهمه.

◄ أن يكون المعلم قادراً على تقويم ناتج اتصاله اللفظي بالمتعلم والحكم على مدى تحقق أهداف هذا الاتصال .

◄ أن يبلغ المتعلم عن أي خلل أو عائق يمنع متابعته لكلام المعلم.

2- الاتصال غير اللفظي : Nonverbal Communication

مع أن هذا النوع لا يمثل إلا جانباً بسيطاً في مواقفنا التعليمية فإنه لا يقل أهمية عن الاتصال التعليمي اللفظي ، حيث يؤثر بشكل فعال وأساسي في تحقيق أهداف العملية التعليمية ، ولا نغالي إذا قلنا إن

الاتصال غير اللفظي يكون - أحياناً- أكثر فعالية في بعض المواقف التعليمية ، ومع نوعية معينة من المتعلمين. وفي أحيان أخرى يكون هذا النوع من الاتصال هو الوحيد الفعال مع بعض فئات المتعلمين ، فكما أن الاتصال اللفظي هو الأكثر فعالية في تعليم فئات المكفوفين وضعاف البصر فإن الاتصال غير اللفظي هو الأكثر فعالية في تعليم فئات الصم وضعاف السمع. والاتصال التعليمي غير اللفظي هو ذلك النوع من الاتصال الذي يرسل فيه المعلم رسالته التعليمية عن طريق رموز غير لفظية ، أي بطرق لا يستخدم فيها الكلمات المنطوقة ، حيث يمكن للمعلم الاعتماد على الكلمات المكتوبة ، والرسوم ، واللوحات ، والصور ، والرموز البصرية عموماً والإشارات ، وحركات الجسم ، وتعبيرات الوجه ، والإيماءات ، ونظرات العينين.. إلى غير ذلك.

ويؤدي الاتصال غير اللفظي دوراً مهماً في تنويع المثيرات المرتبطة بأي موقف تعليمي ، مما يزيد فعالية هذا الموقف ، ويزيد من تفاعل المتعلم ومشاركته بصورة أكثر إيجابية في العملية التعليمية ، غير أن هذا الدور لا يمكن أن يتحقق إذا لم يكن المعلم متقناً لأساليب هذا النوع من الاتصال ، قادراً على استخدام كل منها في المكان والتوقيت المناسب خلال الموقف التعليمي ، وإذا لم يكن المتعلم قادراً على فك تلك الرموز غير اللفظية ، وفهم دلالاتها.

وتذهب بعض الآراء إلى أن الاتصال غير اللفظي هو الأقدم حيث استخدم الإنسان وسائل هذا النوع من إشارات وحركات وإيماءات وغيرها في التفاهم مع بني جنسه ، قبل أن يعرف اللغة اللفظية.

والسؤال الذي يطرح نفسه الآن : أي نوع من الاتصال يجب على المعلم إتباعه في العملية التعليمية؟ .. للإجابة عن هذا السؤال نقول إن المعلم الجيد هو الذي يتقن وسائل وأساليب الاتصال اللفظي ، وغير اللفظي بالمتعلمين في أي موقف تعليمي ، وهو الذي يعرف كيف ؟ ومتى؟ يستخدم كل أسلوب من هذه الأساليب ، ومجمل القول إن الاتصال التعليمي الناجح يقوم على كلا النوعين : اللفظي وغير اللفظي.

● مستويات الاتصال التعليمي :

يتم الاتصال التعليمي بأنواعه وصوره على مستويات عديدة ، تلك المستويات التي أمكن إجمالها في أربعة مستويات هي :

1- الاتصال الذاتي : Self Communication

هو أول مستويات الاتصال التعليمي ، ويتم داخل الفرد سواء كان معلماً أو متعلماً ، فالمعلم مثلاً عندما يخلو بنفسه ليفكر في موضوع تعليمي معين قبل تدريسه ، ويُقلب هذا الموضوع على جوانبه المختلفة ، ويحدد النقاط التي ينبغي التركيز عليها خلال تدريس الموضوع ، والمدخل المناسب لتدريسه ، والتساؤلات المتوقع إثارتها حول الموضوع ، والأسلوب المناسب للرد عنها ، فهو في كل ذلك يجري اتصالاً ذاتياً مع نفسه ، وفي المقابل عندما ينشغل المتعلم بموضوع تعليمي محدد ، أو مشكلة علمية يريد حلها ، فهو يفكر ويقلب فيما لديه من معلومات سابقة كامنة في ذاكرته حتى يصل إلى استراتيجية لحل المشكلة . فهو في ذلك يجري اتصالاً ذاتياً مع نفسه أيضاً.

وبعيداً عن التعليم نرى كثيراً من الأفراد في الحياة اليومية يحدثون أنفسهم عندما يكونون بصدد مشكلة معينة ، أو مواقف تحتاج لأخذ قرارات مصيرية ، فهم يفكرون مع أنفسهم ، ويقلِّبون كل الاحتمالات قبل أخذ القرار ، وأحياناً يحدث ذلك بصوت مسموع فيقال " فلان يحدث نفسه" ، وفي القرآن الكريم دلائل على الحوار مع النفس ، كقوله تعالى: [وكذلك سولت لي نفسي] (سورة طه ، الآية 96) ، [إن النفس لأمارة بالسوء إلا ما رحم ربي] (سورة يوسف، الآية 53) ، [فلا تلوموني ولوموا أنفسكم] (سورة إبراهيم ، الآية 22).

2- الاتصال الشخصي : Interpersonal Communication

وهو مستوى آخر من مستويات الاتصال التعليمي ، ويحدث بين شخصين أو ثلاثة أشخاص بشكل فردي ، كما يحدث بين شخص وآلة تعليمية ، فالتلميذ عندما يسأل المعلم في موضوع معين ، والمعلم حينما يكلف التلميذ بنشاط معين ، والتلميذ حينما يتعلم موضوعاً معيناً من خلال الحاسب التعليمي الشخصي ، كل ذلك ينتمي إلى مستوى الاتصال التعليمي الشخصي.

ويأخذ هذا المستوى موقفاً مهماً بين مستويات الاتصال التعليمي حيث يمتاز بالحوار المباشر بين المعلم والمتعلم ، مما يتيح تغذية مرتدة فورية لمدى وضوح الرسائل التعليمية ، ومدى تحقيق الهدف منها. كما أن هذا المستوى يتيح مزيداً من التفاعل بين المعلم والمتعلم في الموقف التعليمي .

ولنا أن نتخيل الفارق بين معلم يعلم تلميذاً واحداً ، وآخر يعلم مائة تلميذ في وقت واحد!!!.

وتدخل أساليب التعليم والتعلم الفردي ، وأساليب تعليم المجموعات المصغرة ، والتعلم بالحاسوب في نطاق الاتصال التعليمي الشخصي.

3- الاتصال الجمعي : **Collective Communication**

ويطلق عليه البعض الاتصال المجتمعي **Societal Communication** وهو أحد مستويات الاتصال التعليمي الذي يتم بين المعلم أو غيره من الوسائط التعليمية ، ومجموعة محددة من المتعلمين، في مكان معين وفي وقت محدد حيث يمكن للمعلم تحديد مدى تفاعل ا لمتعلمين معه بشكل مباشر.

ويتفق الاتصال التعليمي الجمعي مع نظيره الشخصي في أن كليهما يعتمد على الحوار المباشر بين المعلم والمتعلم وجهاً لوجه ، وفي تحديد مدى تفاعل المتعلمين مع المعلم خلال الموقف التعليمي ذاته لكنه يختلف عنه في عدد الأفراد ، فإذا زاد عدد الأفراد المتعلمين عن اثنين أو ثلاثة انتقل الاتصال من دائرة الاتصال الشخصي إلى دائرة الاتصال الجمعي . كما يختلف عنه في مستوى التفاعل بين المعلم والمتعلمين.

ويمثل هذا المستوى محور الارتكاز لنظام التعليم في معظم - إن لم يكن في كل- مؤسساتنا التعليمية ، لجميع مراحل التعليم ، حيث يسمح بتعليم مجموعة كبيرة من الأفراد في وقت واحد ، مما يخفض تكلفة العملية التعليمية ، لكن الزيادة في الكم تؤثر - حتماً - على الكيف.

وتــدخل أســاليب : الإلقــاء ، والمحــاضرة ، واللقــاءات ، والنــدوات التعليميــة ، والعــروض التوضيحية في نطاق الاتصال التعليمي الجمعي.

4- الاتصال الجماهيري : Mass Communication

وهو أكـثر مسـتويات الاتصال التعليمـي التي تتيـح مـشاركة مجموعـات غير محـددة مـن المتعلمين ، في أماكن متفرقة في آن واحد ، فـالبرامج التعليميـة التي تبثها القنوات التليفزيونيـة أو الإذاعية العامة تخاطب جمهوراً من المتعلمين في أماكن مترامية الأطراف في وقت واحـد ، والقنوات التعليمية الفضائية من أمثلة " قنوات النيل التعليمية وغيرها " لهي خير مثال على الاتصال التعليمـي الجماهيري. كذلك الكتب والمجلات والصحف العلمية والتعليمية التي تصل إلى جمهور من القـراء في كل أنحاء العالم لهي مثال آخر على وسائل الاتصال التعليمي الجماهيري.

ولا يمكن الاعتماد على هـذا المسـتوى فقـط في عمليـات الاتصال التعليمـي المـنظم داخـل المؤسسات التعليمية ، لكن يمكن الاعتماد على بعض وسائله في تحقيق مزيد مـن الخبرات التعليميـة للمتعلمين ، والإسهام في تحقيق بعض أهداف العملية التعليمية.

وإذا كان محور ارتكاز الاتصال التعليمـي الجماهيري هـو بـث بـرامج تعليميـة عـبر وسـائل اتصال جماهيرية تخاطب جمهوراً من المتعلمين فإن هذا المستوى قد ازداد فعاليـة وانتشـاراً في الآونـة الأخيرة ، بما أفرزته التكنولوجيا المعاصرة من وسائل وأجهزة الاتصال الجماهيري الحديثة.

● العوامل المؤثرة على جودة الاتصال التعليمي :

هناك العديد من العوامل التي تؤثر في عملية الاتصال عموما والاتصال التعليمي على وجـه الخصوص ، هذه العوامل هي :

1- عوامل خاصة بالمرسل :

من أهم العوامل التي تؤثر في الاتصال والاتصال التعليمي المرسل ، حيـث يتوقـف تحقيق أهداف الاتصال وجودته على جودة المرسل ، وقدرته على إرسال الرسالة بالشكل المطلوب . فقد تكون الرسالة التعليمية غاية في الدقة والجودة لكنها تقع في يـد مرسـل غير مـتمكن ، غـير مؤهـل لتبليغ الرسالة فتكون النتيجة الحتمية عدم تحقيق أهداف الاتصال.

والقاعدة التربوية تقول إن المنهج الجيد (رسالة تعليمية) في يد معلم (مرسل) فاشل لايساوي شيئا ، والعكس ليس صحيحا ، فالمعلم المتمكن يصلح عيوب المنهج . وإذا لم يكن المعلم محبا لعمله ، متحمسا له مؤمنا برسالته لن يتمكن من تبليغ الرسالة بالمستوى المطلوب.

2- عوامل خاصة بالمستقبل :

المستقبل هو الطرف المقابل للمرسل ، ومن ثم فإنه أيضا من العوامل المؤثرة بقوة في جودة الاتصال عموما ، فإذا لم يكن المرسل مهيئا لاستقبال رسالة المرسل ، غير مهتم بها ، غير قانع بأهميتها ، غير متحمس لها ، غير قادر على التفاعل معها ومع المرسل لها ، فإن تلك عوامل تؤثر سلبا في جودة عملية الاتصال . فالمتعلم الذي لايرغب في التعلم ولايؤمن بأهميته ، ولايحترم المعلم ويقدره ، ولا يلتزم بآداب الموقف التعليمي ، ولا يستجيب لأي توزجيه أو إرشاد تربوي ، لايمكن معه إتمام عملية الاتصال التعليمي ، لأنه ببساطة في مثل تلك الحالات يغلق قنوات الاتصال بينه وبين المعلم ، ومن ثم يستحيل إتمام الاتصال التعليمي وتحقيق أهدافه.

3- عوامل خاصة بالرسالة :

الرسالة هي موضوع الاتصال بين المرسل والمستقبل ، لذا فهي من العوامل المهمة التي تؤثر في جودة الاتصال ، فعندما تكون الرسالة غير واضحة ، أو مصاغة برموز غير مفهومة لكل من المرسل والمستقبل أو لاتناسب مستوى المستقبل ، فإن ذلك يؤثر على إتمام عملية الاتصال وإن تمت لاتتم بمستوزى الجودة المطلوبة ، وفي كلا الحالين لن تتحقق أهداف الاتصال . وفي العملية التعليمية عندما يكون المنهج (الرسالة التعليمية) أو أي من خبراته غير واضح ، وغير مفهوم ، وغير مناسب للمتعلم وغير قابل للتنفيذ ، فإنه يعيق إتمام عملية الاتصال التعليمي بين المعلم والمتعلم بالمستوى المطلوب.

4- عوامل خاصة بقنوات الاتصال :

قنوات الاتصال من العوامل المهمة أيضا التي تؤثر في جودة عملية الاتصال عموما ، والاتصال التعليمي على وجه الخصوص ، لذا فإن أي خلل في تلك القنوات ، أو أي عقبات تعيق عملها يؤثر سلبا على الاتصال فيعرقل إتمامه ، وإن تم لايكون بمستوى الجودة المطلوبة.

وفي المجال التعليمي إذا تحدث المعلم بصوت منخفض ، أو استعمل ميكروفون غير صالح للعمل ، أو استخدم قناة اتصال مرئية لمتعلم فاقد لحاسة البصر ، أو استخدم قناة اتصال لفظية لمتعلم فاقد السمع .. إلخ فإن ذلك يؤثر سلبيا على عملية الاتصال التعليمي ، فلاتتم مطلقا ، أو على الأقل لاتتم بمستوى الجودة المطلوبة .

5- عوامل خاصة ببيئة الاتصال :

بيئة الاتصال هي الحيز المحيط بعناصر منظومة الاتصال والظروف المحيطة بتلك المنظومة ، لذا فإن أي خلل في تلك البيئة من ظروف الزمان والمكان والعوامل الدخيلة يؤثر بالطبع على جودة عملية الاتصال ، فالمعلم الذي يدرس لمتعلمين بمدرسة في منطقة صناعية أو منطقة تجارية مزدحمة ، أو بالقرب من خطوط قطارات أو مطلة على طريق سريع ، أو بالقرب من مطار ، أو أي مصدر إزعاج آخر .. يتأثر اتصاله التعليمي بالمتعلم تأثرا سلبيا ، مما ينعكس على مستوى جودة الاتصال ونتائجه . والمعلم الذي يتواصل مع طلابه عبر الفصول الافتراضية على شبكة الإنترنت لو حدث أي خلل في إعدادات الشبكة أو وسائلها لن يتم الاتصال نهائيا ، أو قد يتم بمستوى ردئ . والمعلم الذي يتواصل مع طلابه عبر برامج التليفزيون أو برامج الإذاعة المحلية والفضائية لايتم اتصاله بمستوى الجودة المطلوبة عند أي خلل في بث تلك القنوات وأجهزتها.

6- عوامل خاصة بالتغذية المرتدة :

التغذية المرتدة أو التغذية الراجعة أو المرتجعة Feedback أو كما يطلق عليها البعض "رجع الصدى"، هي عملية تعبير متعددة الأشكال تبين مدى تأثر المستقبل برسالة المرسل ، كما تبين مدى وضوح الرسالة ، وصلاحية قنوات الاتصال. بمعنى آخر فإن التغذية المرتدة تشير إلى مدى تفاعل المستقبل مع رسالة المرسل ، والرسالة العكسية التي يرد بها على تلك الرسالة ، والتي يمكن على ضوئها تحديد مدى وضوح الرسالة واستيعاب المستقبل لها ، أو إخفاقه في حل رموزها.

التغذية المرتدة إذن هي عملية تقييم فوري لمدى نجاح عناصر عملية الاتصال في إتمام تلك العملية وتحقيق أهدافها.

ولبيان أهمية التغذية الراجعة كعامل من العوامل التي تؤثر على جودة عملية الاتصال نسوق مثال الاتصال الهاتفي بين شخصين ، فإذا توقف الشخص المستقبل عن التفاعل مع الشخص المرسل ، ولم يرد عليه بأية كلمات أو عبارات تبين موافقته ، أو رفضه لما يقوله المرسل ، فإن المرسل هنا يدرك أن الاتصال مع المستقبل لا يتم ، لذا نراه يسأل : هل ما زلت معي على الخط ؟، فإن أجابه نعم سأله : هل تسمعني جيداً ؟ فإن أجابه نعم سأله : ما رأيك فيما قلت ؟ .. ويستكمل الرسالة. أما إذا لم يجب المستقبل فإنه يدرك في هذه الحالة أنه فقد الاتصال به.

وفي العملية التعليمية عندما يسأل المعلم أحد طلابه سؤالا حول نقطة في الدرس ولايجيب المتعلم ، أو يجيب بشكل خطأ فإن المعلم يسأله : هل سمعت ماقلته ؟ .. وهل فهمته جيدا ؟ .. فإن أجب المتعلم لا يقوم المعلم بإعادة الشرح مرة أخرى لكي يتأكد من فهم المتعلم للدرس وهذا يعد تغذية راجعة تكشف للمعلم طريقه أولا بأول ليعدل مساره عند الحاجة خلال المواقف التعليمية.

وعلى ذلك فإن غياب التغذية الراجعة ، أو أي خلل في أساليبها ووسائلها وأدواتها يؤثر حتما بالسلب على جودة عملية الاتصال التعليمي.

7- عوامل خاصة بالتشويش :

التشويش Noise هو تداخل مؤثرات خارجية لا علاقة لها بموضوع الرسالة تقلل من وضوح الرسالة ، أو تؤدي إلى تشويهها ، أو تؤدي إلى اضطراب في نظام الاتصال.

وقد يحدث التشويش في أية مرحلة من مراحل الاتصال ، ويكون : إما ميكانيكياً في أجهزة وقنوات الاتصال ، وإما دلالياً عندما لا تكون الرسالة واضحة تماماً لدى المستقبل ، أو عندما تكون دلالة رموز الرسالة مختلفة لدى المستقبل عنها لدى المرسل.

ويمكن أن يدخل التشويش كعامل من العوامل المؤثرة على جودة عملية الاتصال ضمن مكونات بيئة الاتصال التي سبقت الإشارة إليها. كما يدخل الجزء الدلالي من التشويش ضمن خصائص الرسالة التعليمية.

- معوقات نجاح الاتصال التعليمي :

تعد جميع العوامل المؤثرة على جودة عملية الاتصال السابق عرضها معوقات لنجاح عملية الاتصال في المواقف التعليمية ، وعلى نحو إجرائي أمكن إجمال تلك المعوقات فيما يلي :

1- معوقات خاصة بالمعلم (المرسل) :

- ضعف التاهيل المهني للمعلم .
- ضعف التأهيل الأكاديمي للمعلم.
- تدني القدرة اللغوية اللفظية للمعلم.
- انخفاض مستوى مهارات التواصل غير اللفظي لدى المعلم.
- وجود مشكلات او عيوب في النطق لدى المعلم.
- انخفاض مستوى مهارات المعلم التدريسية.
- عدم حب المعلم لمهنة التدريس.
- عدم قناعة المعلم برسالته.
- عدم جدية المعلم في أداء عمله.
- رغبة المعلم في التهرب من مسؤلياته.
- تسيب المعلم وتساهله مع المتعلمين .
- عنف المعلم وتسلطه مع المتعلمين.
- عدم تمكن المعلم من استخدام وسائل وتقنيات التعليم .
- تدني مهارات المعلم في إدارة حجرة الدرس.

2- معوقات خاصة بالمتعلم (المستقبل) :

- عدم جدية المتعلم في التعليم.
- عدم رغبته في التعلم.
- الاستهانة بالمدرسة وبالمعلم.
- عدم رغبته في التفاعل مع المعلم .
- عدم الالتزام بتوجيهات المعلم.
- الانصراف عن المعلم أثناء الشرح.
- تدني مستوى الذكاء والمستوى العقلي للمتعلم.
- معاناة المتعلم من مشكلات بدنية أو نفسية أو اجتماعية تعيق عمل حواسه المجردة ، أو تشتت تركيزه وانتباهه.

3- معوقات خاصة بخبرات التعليم والتعلم (الرسالة) :

- عدم وضوح الرسالة التعليمية .

- الالتباس في بعض المفاهيم والمبادئ والخبرات.
- عدم مناسبة الرسالة التعليمية للمعلم.
- عدم مناسبة الرسالة التعليمية للمتعلم.
- عدم قابلية الرسالة التعليمية للفهم بسهولة.
- صياغة الرسالة التعليمية بلغة أو برموز يصعب على المتعلم فكها.
- تعارض الرسالة التعليمية مع قيم وعادات المتعلم.
- تعارض الرسالة التعليمية مع الإمكانات المتاحة.
- عدم مراعاة الرسالة التعليمية للحاجات الفعلية والمباشرة للمتعلم.

4- معوقات خاصة بالأجهزة والمواد التعليمية (قنوات الاتصال) :

- عدم جودة الوسائل التعليمية.
- عدم توافر الأجهزة والمواد التعليمية بالعدد الكافي.
- عدم صلاحية الأجهزة والمواد التعليمية للعمل.
- الأعطال المفاجئة للأجهزة التعليمية.
- عدم استخدام الأجهزة والمواد التعليمية على نحو جيد.
- عدم مناسبة الأجهزة والمواد التعليمية لموضوع الدرس.
- ازدحام الموقف التعليمي بعدد كبير من الأجهزة والمواد التعليمية دون تنسيق بينها.
- استخدام الأجهزة والمواد التعليمة في توقيت غير مناسب.
- استخدام الأجهزة والموا دالتعليمية في المكان غير المناسب.
- استخدام ووسائل وأجهزة تعليمية معقدة غير مشوقة.

5- معوقات خاصة ببيئة الاتصال :

- عدم مناسبة البيئة من حيث عدد الفصول ومساحتها وتجهيزاتها ومرافقها .
- وجود مصادر إزعاج في بيئة الاتصال التعليمي ، أو بالقرب منها .
- عدم وجود نظام تغذية راجعة دقيق لتعديل مسار الاتصال.
- وجود عوامل تشويش داخلية وخارجية على إرسال الرسالة التعليمية.
- ... إلى غير ذلك من المعوقات .

****

الفصل الرابع :
((مدخل النظم والتصميم التعليمي))

- مفهوم النظام.
- أنواع النظم.
- ركائز النظام.
- مكونات النظام.
- خطوات بناء النظام.
- أهمية مدخل النظم في مجال التعليم.
- تكنولوجيا التعليم ومدخل النظم.
- مفهوم التصميم التعليمي.
- مهارات التصميم التعليمي وأسسه.
- أهمية التصميم التعليمي ونماذجه.
- معتقدات خاطئة عن تصميم التعليم.

الفصل الرابع :

((مدخل النظم والتصميم التعليمي))

يتناول هذا الفصل عرضاً لمفهوم النظام وعناصره ، وعلاقة مدخل النظم بتكنولوجيا التعليم ، كما يتناول مفهوم التصميم والتصميم التعليمي ومهارات تصميم التعليمن وأهميته ، وبعض نماذجه ... وذلك على النحو التالي :

● مفهوم النظام :

يعرف النظام System بأنه كل مركب من مجموعة عناصر لها وظائف وبينها علاقات تبادلية شبكية تتم وفق قوانين، حيث يؤدي هذا الكل المركب في مجموعه نشاطاً هادفاً له سماته المميزة ، وعلاقاته التبادلية مع النظم الأخرى، ويوجد في بعدين أحدهما مجالي والآخر زماني، ويكون مفتوحاً يسمح بدخول المعلومات والأفكار إليه، ويكون ضمن حدود وله مدخلات ومخرجات. (جابر عبد الحميد ، 1978 ص382).

ويعرف النظام أيضاً بأنه مجموعة من العناصر المتداخلة والمترابطة والمتكاملة مع بعضها بحيث يؤثر كل منها في الآخر، من أجل أداء وظائف وأنشطة تكون محصلتها النهائية تحقيق الناتج الذي يراد تحقيقه من خلال هذا النظام، ويتصف النظام بأنه ليس مجموعة من العناصر الثابتة، لكنه يتبع استراتيجية عامة تتغير وفقاً لطبيعة الأهداف التي يسعى لتحقيقها النظام والظروف البيئية التي يطبق فيها . (أحمد حامد منصور ، 1986 ص30).

ويرى " علي السلمي " أن النظام من الناحية الوصفية يدل على بناء أو تنظيم خاص لجميع جوانب موضوع ما بما يحقق التكامل والتناسق مع بيان العلاقات المتشابكة المؤدية إلى هذا التكامل والتناسق.

ويعرف النظام كعملية بأنه تلك العملية التي يمكن عن طريقها تركيب مكونات هذا النظام والعلاقات التي بينها داخل إطار من التصور الإدراكي يضمن استمرار وترتيب وفاعلية التقدم نحو الهدف المحدد .

وقد يستخدم النظام على أنه حل لمشكلة ، حيث يعرف بأنه : خطة شاملة متكاملة تعمل داخلها مجموعة مكونات فرعية أو عمليات فرعية صممت لحل مشكلة ما.

وعلى نحو أكثر اختصاراً يعرف النظام بأنه : مجموعة من المكونات التي تتصف بالتفاعل المستمر ، بحيث تبدو مجتمعة في تآلف وانسجام. وعلى سبيل المثال فالمجموعة الشمسية التي تتكون من نجم هو الشمس ومجموعة كواكب تدور حولها ، جميعها تشكل نظاماً يعمل في تفاعل مستمر فيدور كل كوكب في مدار خاص وبسرعة محددة ، وللمجموعة بكاملها نسق يميزها ونظام يجعلها مختلفة عن غيرها من المجموعات والأفلاك. (يس قنديل، 1998، ص ص 17-18).

واستناداً لتعريفات النظام على النحو السابق ، يمكن استخلاص بعض المؤشرات العامة المرتبطة بأي نظام ، من هذه المؤشرات أن : (عبد الحافظ سلامة ، 1996، ص264).

◄ لكل نظام كيان خاص ، وحدود معينة تميزه عن البيئة التي يعيش فيها وأن كل عناصر وأجزاء النظام تقع داخل هذه الحدود ، بينما يسمى كل ما هو خارج هذه الحدود بيئة النظام .

◄ بيئة النظام هي كل ما يؤثر على هذا النظام ويتأثر به ، فالنظام يأخذ من بيئته الموارد والمدخلات الأساسية ويزودها بالمخرجات .

◄ المدخلات هي أساس عمل النظام واستمراريته ، فلولاها لاندثر النظام بعد فترة من الزمن ، بل إن لولاها ما قام النظام أساساً.

◄ للنظام أهداف ووظائف ، فهو مسئول عن إنتاج مخرجات محددة تزوده بها الأنظمة الأخرى في البيئة، وتكون مخرجات كل نظام مدخلات للنظم الأخرى الموجودة في البيئة ، أو مدخلات للنظام ذاته.

◄ عمل النظام عمل تحويلي ، فالنظام هو محول للمدخلات إلى مخرجات.

◄ النظام الكلي أكبر من مجموع أجزائه.

● أنواع النظم :

تتعدد أنواع النظم بتعدد مجالاتها ، فهناك نظم بيئية ، وهناك نظم تصنيع ، وهناك نظم تجارية ، وهناك نظم ميكنة زراعية ، وهناك نظم تربية وهناك نظم تعليم ، وهناك نظم معلومات.. إلخ . وبصفة عامة يمكن تصنيف النظم على ضوء ثلاثة أسس هي :

1- تصنيف النظم على ضوء عموميتها :

حيث تصنف إلى نوعين هما :

أ- نظم عامة : General Systems

وهي تلك النظم التي يمكن الاعتماد عليها في أكثر من مجال ، أو أكثر من هـدف ، أو أكثر من فئة ، أو أكثر من موقع ، أو أكثر من توقيت كالنظام العام لحقوق الإنسان مثلاً فهو يهتم بكل إنسان كبير وصغير في جميع بلدان العالم . والنظام العام للتعليم بأية دولة الذي ينسحب على جميع مقاطعات ومدن وقرى تلك الدولة ، ولجميع أفراد تلك الدولة بشكل رسمي.

ب- نظم خاصة : **Specific Systems**

وهي تلك النظم التي تهتم بمجال محدد ، وتوجه لهـدف خاص ولفئـة معينـة ، في موقـع محدد ، وتوقيت محدد . وقد يكون النظام الخاص جزءاً من نظام عام . فنظام تعليم المعاقين ، ونظام تعليم الموهوبين ونظام محو الأمية وتعليم الكبار هي نظم خاصة موجهة لفئـات محددة لكنها تمثل أجزاء من النظام العام للتعليم في أية دولة. ونظام الزراعة ونظام الصناعة ، ونظام التجارة ، ونظام الثقافة ، ونظام التعليم هي أيضاً نظم خاصة تمثل أجزاء في النظام العام للتنمية في أي مجتمع.

2- تصنيف النظم على ضوء حجمها وموقعها :

حيث تصنف إلى نوعين هما :

أ- نظم كلية : Holistic Systems

وتعرف أيضاً بالنظم الأم ، وهي تلك النظم التي تبنى على عدة نظم أخرى فرعية. وهذه النظم نظم رئيسة تكون نظماً عامة إذا قامت على

مجموعة من الأسس العامة ، بينما تكون نظماً خاصة إذا وجهت لمجال محدد وانطلقت من أسس خاصة لتحقيق أهداف خاصة. كنظام التعليم في أي مجتمع وما يشمله من نظم فرعية مثل : نظام تعليم ما قبل المدرسة ونظام التعليم الأساسي ، ونظام التعليم الثانوي ، ونظام التعليم الجامعي ونظام الدراسات العليا ، ونظام تعليم الفئات الخاصة. وكذلك نظام المجموعة الشمسية الذي يتألف من مجموعة نظم فرعية ، كالأرض والزهرة ، والمشتري ، والمريخ ... وغيرها من الكواكب التي تدور حول الشمس.

ب- نظم فرعية : Sub - Systems

وهي تلك النظم التي تمثل أجزاء في نظم رئيسة أخرى ، تؤثر فيها وتتأثر بها . وقد يكون النظام الفرعي عاماً كنظام الهضم مثلاً في أي إنسان ونظام التنفس في جميع الكائنات الحية. وقد يكون النظام الفرعي خاصاً كنظام تعليم المعاقين سمعياً ، أو نظام تعليم الموهوبين كنظم فرعية في نظام تعليم الفئات الخاصة.

3- تصنيف النظم على ضوء طبيعتها :

حيث تصنف إلى نوعين هما :

أ- نظم مفتوحة : Open Systems

وهي تلك النظم التي تقوم على علاقات أساسية بينها والبيئات المحيطة بها ، حيث تتسم تلك العلاقات بالتفاعل المستمر بين تلك النظم والظروف المحيطة بها ، مما يجعلها تتأثر بتلك الظروف وتؤثر فيها.

وإذا كانت النظم المفتوحة هي التي تتفاعل مع البيئة الموجودة فيها ، فإن تلك النظم تتسم بمجموعة من الخصائص أهمها : (عبد الحافظ سلامة ، 1996، ص269، 270).

◄ المرونة : حيث يتسم النظام المفتوح بالقدرة على الأخذ والعطاء مع البيئة المحيطة به، والقابلية للتعديل والتبديل.

◄ البقاء : فالنظام المفتوح أقدر على مواجهة عوامل التغير والاضمحلال وذلك بسبب مرونته وقدرته على تعديل نفسه.

◄ ترابط الأجزاء وتكاملها : أجزاء النظام المفتوح وعناصره تؤدي وظائف مختلفة ، بحيث يـؤدي كـل منها عملاً خاصاً ، وتتفاعل هذه الأجزاء مع بعضها بحيث يكون الناتج النهائي حصيلة نـشاط كـل الأجزاء.

◄ استمرارية النشاط ودوريته : فالنشاط في أي نظام مفتوح يتسم بالاستمرارية والدورية.

◄ الأنشطة الداخلية : فأي نظام مفتوح يعتمد على مجموعة من الأنشطة الداخلية التـي تهـدف إلى تحويل الطاقات والموارد الداخلة للنظام إلى مخرجات في صورة قيم ونتائج تعود إلى المجتمـع مـرة أخرى.

◄ الاتجاه إلى التميز والاختلاف : يبدأ أي نظام مفتوح عادة عند مستوى بسيط من التركيب والتعقيد ، بحيث تتشابه النظم فيما بينها إلى حد مـا لكـن مـع تطور حركـة النظـام ، وتفاعلـه مـع البيئـة والعوامل المحيطة به تتاح له فرصة الحصول على مزايا لنسبة قد تفوق ما يحصل عليـه غيـره مـن النظم ، فبحث النظام عن مصادر وأشكال جديدة للتفوق تسمح له بالتميز والاخـتلاف عـن غيـره من النظم.

◄ التوازن : يتسم النظام المفتوح بقدر من التناسب والتجانس لطبيعة المكونات الداخلية لـه ، أي أن هذه المكونات والعناصر تتوافق وتتفاعل وتتعاون فيما بينها ، بلا تناقض أو اختلال.

◄ الاعتمادية : وهذه خاصية أساسية للنظام المفتوح تشير إلى أن هذا النظام يرتبط بعلاقات تبادلية وثيقة مع المجتمع ، فيؤثر فيه ، ويتأثر به.

ب- النظم المغلقة : Closed Systems

وهي تلك النظم التي تتقوقـع عـلى نفسها ، وتبتعد عـن التفاعـل مـع معطيـات البيئـة والعوامل الخارجية المحيطة. وبطبيعة الحال فإن هذا النوع من النظم يتسم بعكس مـا تتسم بـه النظم المفتوحة . فهو يتسم باللامرونة ، واللابقاء ، واللاتميز ، واللاتوازن . والنظم المغلقة بهذا التصور هي نظم غير عقلانية ، لأنها تسعى لعزل نفسها عن مؤثرات البيئة المحيطة في الوقت الـذي تؤخـذ فيه مدخلات أي نظام من بيئته المحيطة ، وترد مخرجات هذا النظام إلى تلك البيئـة. وتـدخل جميع نظم التعليم في إطار الأنظمة المفتوحة.

● ركائز النظام :

يرتكز بناء أي نظام على ثلاث ركائز أساسية هي : (عبد الحافظ سلامة ، 1996، ص271، 273).

1- الأهداف : Objectives

فالهدف هو النواة التي ينمو حولها النظام ، والنظام يبنى أساساً من أجل تحقيق هدف معين ، وكلما كانت أهداف أي نظام واضحة ومحددة بدقة ، كان هذا النظام أكثر جودة.

2- الوظائف : Functions

من أهم وظائف النظام : وظيفة التحويل Transformation التي يتم عن طريقها تحويل المدخلات إلى مخرجات عن طريق تنشيط الوظائف الخاصة بالنظام والتي يمكن التعرف عليها بتحليل أهداف النظام. ووظيفة التغذية الراجعة Feedback التي يتم عن طريقها الحكم على مدى تحقق أهداف النظام ، ومن ثم تصحيح مواطن القصور في النظام. وكذلك وظيفة الضبط Control التي يتم من خلالها التحكم في ظاهرة محددة أو مشكلة بعينها.

3- المكونات : Components

يتألف أي نظام من مكونات ، قد تكون تلك المكونات أنظمة فرعية ، وقد تكون أجزاء وعناصر أساسية. والنظام ليس مساوياً لمجموع مكوناته وعناصره ، بل هو أكثر منها ، فمكونات النظام ترتبط فيما بينها ضمن نمط وتصميم معين يكون بيئة النظام . ومن خلال ديناميكية العلاقة بين مكونات النظام يتحول هذا النظام من كونه مجموعة عناصر مستقلة إلى كونه حالة من التكامل والتداخل . والسطور التالية تعرض المكونات والعناصر الأساسية في أي نظام.

● عناصر (مكونات) النظام :

يتكون أي نظام تعليمي أو غير تعليمي من مجموعة عناصر مترابطة هي : (أحمد حامد منصور ، 1987 ، ص ص 31-32 ، وعبد الحافظ محمد سلامة ، 1996، ص ص 265-267 يس قنديل ، 1998، ص20).

1- المدخلات : Inputs

وتشمل جميع العناصر التي تدخل النظام من أجل تحقيق أهداف محددة بمعنى آخر فإن المدخلات هي مصفوفة من المواد المختلفة (مادية ، وبشرية ، وغيرها) يتم توفيرها للنظام كي يحقق أهدافه.

وتتنوع المدخلات في أي نظام من المدخلات البشرية المتمثلة في طاقات وقدرات الأفراد ، ورغباتهم ، واتجاهاتهم ، وأنماط سلوكهم ذات العلاقة بنشاط النظام وأهدافه ، إلى المدخلات المادية المتمثلة في الأموال ، والمعدات ، والتجهيزات ، والمواد التي يتطلب النظام استخدامها في عملياته ، إلى المدخلات المعنوية متمثلة في الظروف والأوضاع المحيطة بالنظام ، وما يسودها من قيم ، ومعتقدات ، وأفكار.

ويتوالى ورود المدخلات إلى النظام في تدفق مستمر أو في دفقات متقطعة على حسب طبيعة النظام . وهناك ثلاثة مظاهر بارزة فيما يتعلق بمدخلات أي نظام : أولها التفاعل بين النظام وبيئته ، فالبيئة هي مصدر المدخلات لأي نظام ، وثانيها التعرف على المدخلات وتحديد ما يهم النظام منها ، أما ثالثها فيتضمن تحديد أولويات المدخلات والعمل على تنشيطها.

2- العمليات : Processes

وتشمل جميع الأساليب ، والتفاعلات ، والعلاقات ، والأنشطة التي تهدف إلى تحويل المدخلات وتغييرها من طبيعتها الأولى إلى شكل آخر يتناسب وأهداف النظام ، وفي هذا الجزء يتم القيام بالواجبات والإجراءات التي يتحقق من خلالها وصول النظام إلى أهدافه فعلاً. ويتوقف نجاح النظام على كفاءة هذه العمليات ، وقدرتها على استيعاب المدخلات المتاحة ، والاستفادة منها بالقدر المناسب . والعمليات في أي نظام ينبغي أن تتسم بالترابط والتكامل والشمول بما يحقق لها التوازن والانسجام ، وإخراج النتائج والمخرجات المطلوبة.

3- المخرجات : Outputs

وتمثل ثالث العناصر في أي نظام ، حيث تشمل الإنجازات والنتائج النهائية التي يحققها النظام . والمخرجات هي الناتج الفعلي

للعمليات ، وتتحدد مخرجات أي نظام وفق أهداف هذا النظام ووظائفه وتتوقف جودة تلك المخرجات على : نوعية المدخلات ، ومستوى دقة العمليات . وتتنوع مخرجات أي نظام من : المخرجات البشرية متمثلة في الأفراد الذين تم إعدادهم أو تأهيلهم ، إلى المخرجات المادية متمثلة في السلع ، والأجهزة ، والمواد ، وأشكال الإنتاج المادي التي يمكن للنظام التوصل إليها ، إلى نوع ثالث من المخرجات يعرف بالمخرجات المعنوية متمثلة في المعلومات ، والأفكار ، والآراء ، والمعتقدات التي خرج بها المخططون ، أو التي يخرج بها الأفراد كمخرجات بشرية. وقد تكون هذه المخرجات مدخلات لنفس النظام تضمن استمراره ، أو تكون مدخلات لنظم أخرى.

4- البيئة : Environment

تعرف بيئة النظام بأنها الوسط المحيط بهذا النظام ، والعوامل الخارجية المحيطة به. فإذا كان النظام تعليمياً فإن بيئة هذا النظام هي البيئة التعليمية بما تشمله من : الأبنية التعليمية ، والأثاث ، والتجهيزات التعليمية ، والظروف الاجتماعية والثقافية والمادية ، وظروف المناخ والإضاءة.... إلخ.

5- التغذية الراجعة : Feedback

وتشمل المعلومات والبيانات المتعلقة بعناصر النظام ، والتي يتم من خلالها إجراء أية تعديلات أو توافقات أو تطويرات في النظام ، وغالباً ما يتم الحصول على هذه المعلومات وتلك البيانات من خلال وصف مخرجات النظام ، وتحليلها في ضوء معايير خاصة مستقاة من أهداف النظام . بعبارة أخرى فإن التغذية الراجعة هي التي تعطى المؤشرات عن مدى تحقيق الأهداف وإنجازها ، وهي التي تبين الإيجابيات والسلبيات في أي جزء من أجزاء المنظومة . والتغذية الراجعة في أي نظام تشمل :

أ - تقييم المدخلات :

حيث يهدف هذا النوع من التقييم إلى جمع معلومات عن جميع أنواع المدخلات الداخلة إلى النظام ، وتحليل تلك المعلومات، للعمل على انتقاء أنسب المدخلات للنظام وتحسين نوعية هذه المدخلات.

ب- تقييم العمليات :

ويهدف إلى مراقبة العمليات وتفاعل أجزاء النظام ومكوناته باعتباره كلا متكاملاً، وتحديـد الصعوبات التي قد تواجه سير العمليات وتفاعلها.

ج- تقييم المخرجات :

ويهدف إلى قياس التغيرات التي حدثت في المخرجات الفعلية وذلك بتطوير نموذج مخرجات مناسب معياري نابع من أهداف النظام يتم في ضوئه تقييم مخرجات النظام الحقيقية والفعليـة عـن طريـق جمع المعلومات والشواهد عن هذه المخرجات ، والتعرف على مدى مناسبتها.

ويرى البعض أن مكونات النظام فقط هي الثلاثة الأولى (مدخلات عمليـات ، مخرجات) ، أما التغذية الراجعة ، والبيئة فهما عوامل مؤثرة على النظام أكثر من كونهما عناصر (مكونات) للنظام . والشكل التخطيطي (11) يوضح عناصر النظام عموماً ، وكيفية التفاعل فيما بينها.

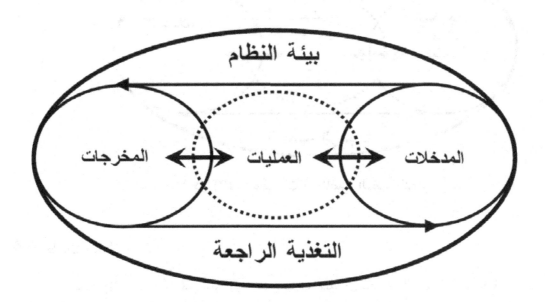

((شكل (11) : مكونات (عناصر) النظام والعلاقة بينها))

وبطبيعة الحال فإن عناصر النظام التعليمي أو نظام التدريس لا تخرج عـن المكونـات الخمـسة السابقة، حيث يتألف النظام التعليميأو نظام التدريس من : مدخلات متمثلة في المعلم والمتعلم والمنهج بمـا

يشمله من أهداف ومحتوى ، وأنشطة ، ووسائل تعليمية ، وأجهزة ومواد تعليمية. وعمليات متمثلة في طرق وأساليب واستراتيجيات التعليم والتعلم وتصميم التعليم ، والتخطيط للتدريس ، والإدارة التعليمية والمدرسية والتقويم ، والتطوير ... وغيرها. ومخرجات متمثلة في الأهداف التعليمية التي أمكن تحقيقها ، وانعكست إيجابيا على سلوك المتعلم.

هذا إلى جانب التغذية الراجعة متمثلة في عمليات التقويم التربوي والتعليمي التي تهدف إلى الحكم على مدى تحقق الأهداف التعليمية وتحديد نقاط القصور والقوة في عناصر النظام التعليمي. وكذلك بيئة التعلم التي يقوم فيها النظام ، والشكل التخطيطي (12) يوضح عناصر النظام التعليمي.

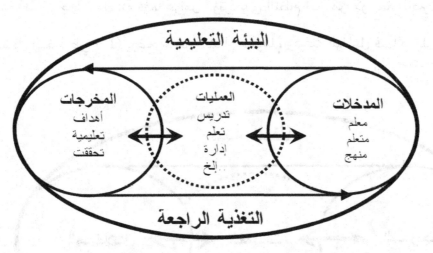

((شكل (12) : مكونات (عناصر) النظام التعليمي))

● خطوات بناء النظام :

يعتمد بناء أي نظام على مدخل مهم يعرف بمدخل تحليل النظم Systems Analysis Approach ، هذا المدخل الذي يمكن من خلاله وضع تصميم يصف النظام كاملاً بجميع عناصره ومكوناته ، والعلاقات المتداخلة بين تلك العناصر والمكونات. ويمكن إجمال مزايا وفوائد مدخل تحليل النظم في :

◄ توضيح العلاقة بين النظام وبيئته ، حيث يـؤدي توضيح تلـك العلاقـة إلى معرفـة فرص وجـود واستمرار النظام من حيث الإمكانات البشرية والمادية اللازمة ، ومن ثـم معرفـة مـدى قـدرة هـذا النظام على تغيير البيئة بما يضمن البقاء والاستمرار.

◄ تحديد العلاقة بين ما يتحقق من مخرجات وكفاءة المدخلات والأنشطة داخل النظام ، ومعرفـة أن أي قصور فيها يسبب تدهوراً في المخرجات.

◄ معرفة أن مدخلات النظام ذاتها يمكن أن يتحقق عنها مخرجات متباينة في المستوى والجودة تبعـاً لتباين كفاءة وفعالية الأنشطة والعمليات كتباين مستوى تحصيل المتعلمين في مادة دراسية معينة لتباين طرق وأساليب تدريسها.

◄ تأكيد فكرة أن ما يتحقق من مخرجات لنظام معين ، يعود مرة أخرى ليستقطب مـدخلاً ومـوارد جديدة لنفس النظام، أو لغيره من النظم الأخرى ذات الصلة.

وترتبط عملية بناء أي نظام - أيضاً - بمفهـوم آخر هـو مفهوم خـرائط التـدفق - *Flow Charts* أو خرائط الانسياب ، تلك الخرائط التي تصف النظام وصفاً تخطيطياً مفـصلاً بـشكل يوضح تتابع عملياته بمدخلاته ومخرجاته ، والعلاقة المتداخلة بينها ، حيث تعتمد تلك الخرائط علـى بعـض الرموز والأشكال الهندسية التي تشير إلى دلالات معينة في بناء الـنماذج وفقـاً لمـدخل الـنظم ، وبيـان ذلك في الجدول التالي :

وبصفة عامة فإن أي نظام في المجالين التربوي والتعليمي يسير وفق أربع خطوات هـي : (عبد الحافظ سلامة ، 1966، ص285).

1- تحليل النظم ويشمل :

◄ تحديد ما يحتاجه النظام بتحليل حاجات المجتمع ، وحاجات المتعلمـين ، وتحديد الأهـداف ، وتحليل الأنشطة التي يجب تعليمها وتعلمها.

◄ تحديد إمكانات النظام من حيث الموارد البشرية ، والمادية والتعليمية ، والوقت اللازم لتحقيق الأهداف ، ونقطة البداية لدى المتعلمين (مستواهم قبل بداية النظام التعليمي).

◄ صياغة أهداف النظام (البرنامج) التعليمي عموماً ، على ضوء البندين السابقين ، ويعرف ذلك بتحديد المشكلة.

الأشكال والرموز	دلالات الأشكال والرموز
⬭	١- نقطة البداية والنهاية للنظام.
← →	٢- النظام متدفق في اتجاه السهم.
⇄	٣- النظام متدفق في اتجاهين متبادلين.
 ↓	٤- التقاء خطي تدفق في النظام.
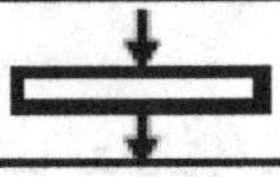 ↓▭	٥- أية عملية داخل النظام.
 ←◇←	٦- نقطة اتخاذ قرار ، وانسياب النظام في اتجاهها.

((جدول يوضح مدلولات الأشكال والرموز الهندسية المستخدمة في خرائط التدفق))

2- التخطيط لحل المشكلة ويشمل :

◄ تحديد طبيعة المشكلة التعليمية، وتطوير نظم اختيار أساليب حلها.

◄ تحديد الأهداف الإجرائية للنظام (للبرنامج) تحديداً دقيقاً على ضوء البند السابق (أي اختيار أمثل أساليب حل المشكلة).

◄ اختيار الوسائل المناسب والفعالة لتحقيق الأهداف.

◄ حصر كل مصادر المعلومات المتاحة بما في ذلك اختيار الوسائل التعليمية المناسبة.

3- التنفيذ :

ويشمل تجريب النظام (البرنامج) على عينة محدودة تجريباً مبدئياً ميدانياً ، لمعرفة مدى فعاليته وجودة عناصره ، ومدى حاجته للتطوير والتعديل ، فإذا ثبتت صلاحيته يعمم تنفيـذه عـلى جميع الفئات ذات الصلة.

4- التقويم :

ويشمل تحديد قيمة النظام ، والحكم على مدى جودة عناصره ومدى دقة بنائه ، وتحديد نقاط القصور والضعف في النظام ، والعمل على إصلاحها . والملاحظ أن هذه الخطوات العامـة هـي خطوات لبناء أي برنامج تعليمي وفقاً لمدخل النظم.

● أهمية مدخل النظم في مجال التعليم :

على ضوء ما سبق يمكن لنا التدليل على أهمية مدخل النظم في مجال التعليم ، حيث يتيح الاعتماد على هذا المدخل تحديد :

1- الأهداف التعليمية :

يساعد مدخل النظم في تحديد الأهداف التعليمية تحديداً سلوكياً (إجرائياً) دقيقاً ، بشكل يظهر في سلوك المتعلم ، ويمكن الحكم على تحققه في الموقف التعليمي ذاته.

2- طبيعة المتعلم :

فالمتعلم هو أحد مدخلات النظام التعليمي ، ومن ثم يجب تحديد طبيعته مـن حيـث : عمره الزمني، وعمره العقلي ، وإمكاناته وقدراته واستعداداته وميوله ورغباته ، الأمر الذي يـساعد في تحديد نقطة البداية التي ينبغي أن يبدأ النظام التعليمي منها مع هذا المـتعلم ، واختيـار مـا يناسبه من محتوى المادة التعليمية.

3- طبيعة المعلم :

إذا كان المعلم يمثل أحد العناصر البشرية المكلفة بتنفيذ عمليات النظـام التعليمي ، فإنـه أيضاً يمثل أحد أهم المدخلات لهذا النظام ، ومن ثم ينبغي الوقوف بداية على طبيعة هذا المعلم مـن حيث : أهليته لتدريس وإمكاناته ومهاراته التدريسية ، وميوله واتجاهاته نحو التدريس ، وقدراته في إدارة المواقف التعليمية داخل حجرة الدراسة ، ومهاراته اللغويـة في إدارة الحوار والمناقـشات ، ومهاراته في اختيار واستخدام الوسائل التعليمية، وسماته الشخصية المؤثرة في دوره كمعلـم ، ومـدى تعاونه مع غيره من عناصر المنظومة التعليمية ، وتفاعله معها بالقدر الـذي يحقـق أعـلى نـاتج لتلك المنظومة.

4- طبيعة المنهج :

المنهج بمحتواه العلمي وأنشطته يمثل أيضاً مدخلاً مهماً من مدخلات أي نظام تعليمي، ومن ثم يجب تحديد طبيعة هذا المنهج من حيث : أهدافه وموضوعاته ، ومدى مناسبته للأهداف ، وللمتعلم ومدى قدرة المعلم على تنفيذه ، ومدى قناعته بذلك، ومدى توافر التجهيزات والأجهزة والمواد التعليمية اللازمة للتنفيذ ، الأمر الذي يفيد في توفير كافة الإمكانات التي تضمن تنفيذ المنهج على أفضل نحو ، وتحقيق أفضل النتائج.

5- عمليات التنفيذ :

يساعد مدخل النظم أيضاً في تحديد عمليات التنفيذ اللازمة لأي نظام تعليمي ، وتحديد طبيعة تلك العمليات من حيث : اختيار أنسب طرائق واستراتيجيات وأساليب التدريس لكل من المتعلم ومحتوى المنهج واختيار أفضل أساليب التفاعل اللفظي وغير اللفظي داخل حجرة الدراسة واختيار أفضل أساليب إدارة حجرة الدراسة وتنويع المثيرات التعليمية. هذا إضافة إلى أساليب الإدارة المدرسية والتعليمية التي تدعم النظام التعليمي لتحقيق أعلى مستوى من المخرجات.

6- طبيعة البيئة التعليمية :

من مزايا مدخل النظم أنه يلفت النظر إلى ضرورة دراسة البيئة التعليمية وتحديد طبيعتها من حيث : العوامل الخارجية المؤثرة على نظام التعليم بما فيها من ظروف الإضاءة والتهوية ، والأثاث المدرسي ، والمباني المدرسية... وغيرها ، تلك العوامل التي تؤثر - بشكل كبير - على مخرجات النظام التعليمي وجودتها ، بل تمثل جزءاً أو عنصراً من عناصر المنظومة التعليمية.

7- إمكانات التنفيذ :

يتطلب الاعتماد على مدخل النظم في التعليم تحديد الإمكانات والتجهيزات اللازمة للتنفيذ ، من ورش ومختبرات ، وأجهزة وأدوات ومواد تعليمية ، إلى جانب الخدمات البشرية المساعدة من فنيين وإداريين وعمال والعمل على توفير تلك الإمكانات لضمان الحصول على أفضل مخرجات النظام التعليمي.

8- خطط وتصميمات النظم التعليمية :

يفيد مدخل النظم بدرجة كبيرة في وضع مخططات وتصميمات دقيقة لأي نظام تعليمي ، وذلك من خلال ما سبق الحديث عنه في خرائط التدفق (الانسياب) ، التي ترسم الصورة العامة لخطوات (إجراءات) النظام التعليمي.

9- أساليب التقويم :

إن مدخل النظم في التعليم أعطى أهمية كبرى لعملية التقويم متمثلة فيما يعرف بالتغذية الراجعة ، التي سبقت الإشارة إليها كأحد عناصر النظام ، ومن ثم فإن أي نظام تعليمي ينبغي أن يحدد أساليب التقويم المناسبة التي تتيح الحكم على مدى جودة مدخلات وعمليات ومخرجات هذا النظام ، وتحديد مواطن القوة ومواطن القصور في أي منها.

10- مواطن التطوير :

ما دام أي نظام تعليمي يتطلب الاعتماد على أساليب تقويم دقيقة تحدد مواطن الضعف والقصور في أية مرحلة أو عنصر في هذا النظام ، فإن ذلك من شأنه تحديد المواطن والجزئيات والعناصر التي تحتاج إلى تطوير داخل بنية النظام ، وهذه هي الخطوة الأولى المهمة التي يرتكز عليها تطوير أي نظام تعليمي.

11- الوضع الصحيح للأجهزة والمواد التعليمية :

اتباع مدخل النظم في التعليم حدد الوضع الصحيح لكل من الأجهزة والمواد التعليمية ، حيث نقلها من وضع الاستخدام العشوائي بصورة جزئية شبه مستقلة عن باقي عناصر التدريس الأخرى ، إلى وضع الاستخدام الهادف المنظم المتفاعل المترابط مع جميع عناصر النظام التعليمي الأخرى مؤثراً فيها ومتأثراً بها ، فيما يعرف بمنظومة تكنولوجيا التعليم.

- تكنولوجيا التعليم ومدخل النظم :

إذا كان مدخل أو أسلوب النظم *Systems Approach* قد ظهر حديثاً ومواكباً لتكنولوجيا المعلومات والاتصالات ، وما استحدث من نظمها فإن هذا لا يعني حداثة هذا المدخل ، وإذا كان بناء أنظمة الحاسب

الآلي وشبكات المعلومات يتم حديثاً وفقاً لهذا الأسلوب ، فإن ذلك لا يعني- مطلقاً - أنه جديد ، فهذا المدخل له جذور تاريخية قديمة تمتد إلى بداية نشأة الحياة على كوكب الأرض ، بل تمتد إلى أبعد من ذلك منذ خلق الله آدم في أحسن تقويم ، وفي أبهى صورة . ولبيان ذلك إجرائياً نسوق مثالين :

المثال الأول :

حينما يخاطب الله سبحانه وتعالى بني البشر بقوله في كتابه الكريم [**وَفِي أَنْفُسِكُمْ أَفَلا تُبْصِرُونْ**] *(سورة الذاريات آية : 21)* صيغة استفهام استنكاري تبين أن الإنسان لو نظر لنفسه ، لذاته ، لجسده ، لتبين قدرة الخالق جل وعلا في خلقه ، وإبداعه في صنعه ولشاهد هذا النظام المتقن بل الغاية في الإتقان، والمكون من عدة نظم فرعية كل منها معجزة إلهية بمفرده ، فهذا نظام هضمي ، وهذا نظام تنفسي ، وهذا نظام بولي ، وهذا نظام تناسلي وهذا نظام دوري ، وهذا نظام عصبي ، كل من هذه النظم له وظائف محددة ، لكنها ترتبط جميعها بمركز جسم الإنسان وهو الدماغ تتكامل وتترابط وتتفاعل في منظومة غاية في الدقة والتعقيد ، لا يقدر على خلقها إلا الله سبحانه.

المثال الثاني :

صيغة استفهام استنكاري أخرى يخاطب بها المولى عز وجل بعض المشككين والمجادلين من بني البشر، فيقول سبحانه وتعالى : [**أَفَلا يَنْظُرُونَ إلى الإِبِلِ كَيْفَ خُلِقَتْ وإلى السَّمَاءِ كَيْفَ رُفِعَتْ وَإلى الجْبَالِ كَيْفَ نُصِبَتْ وَإلىَ الأرْضِ كَيْفَ سُطِحَتْ**] *(سورة الغاشية، الآيات 17، 18، 19).*

ويقول المولى تبارك وتعالى أيضاً وقوله الحق : [**وآية لهم الليل نسلخ منه النهار فإذا هم مظلمون والشمس تجري لمستقر لها ذلك تقدير العزيز العليم والقمر قدرناه منازل حتى عاد كالعرجون القديم، لا الشمس ينبغي لها أن تدرك القمر، ولا الليل سابق النهار، وكل في فلك يسبحون**] *(سورة يس ، الآيات : 37، 38، 39، 40).*

وتلك إشارة أخرى إلى نظام غاية في الدقة والإتقان هو نظام خلق منظومة الكون ، فهذه كائنات مسخرة لخدمة الإنسان ، وهذه سماء مستقرة بلا عمد ، وهذه جبال شامخات راسخات ، وهذه أرض منبسطة يمكن

للإنسان إعمارها وزراعتها ، وهذا ليل ينسلخ منه النهار في نظام بديع وهذه شمس وهذا قمـر ، ولا يمكن للشمس أن تدرك القمر ، ولا يمكن لليل أن يسبق النهار فكل منهم يدور في نظام الكون بقـدرة ربانية لا تضاهيها أية قدرة. فعن أي نظام آخر يمكن أن نتحدث أمام تلك المنظومات الإلهية في خلق الإنسان والكون ، والتي نراها عياناً بياناً كل يوم بل كل لحظة؟!

وقد بدأ الاهتمام - حديثاً - بمدخل النظم أثناء الحرب العالمية الثانية ، حيث حققت الأبحاث العسكرية أثناء تلك الحرب نتائج هائلة ساعدت في إدخال الأجهزة الحربية للدفاع والهجوم ، من هنا نستطيع القول أن استخدام مدخل تحليل النظم قد دخل ميادين الحياة بشكله المتعارف عليه الآن في بدايات الأربعينات مـن القرن العشرين ، وبدأ الاهتمام به بصورة واضحة في بداية الستينات من القرن ذاته . (عبد الحافظ سلامة ، 1996، ص262).

ومن المجال العسكري إلى مجالات الصناعة المتطورة بدأ الاهتمام بمدخل النظم ، حتى بلـغ ذروته مع تقدم الصناعات الإلكترونية الحديثة ، وتكنولوجيا الحاسبات. وفي ظل سيادة مدخل النظم على معظم مجالات الحياة الإنسانية كان لابد من الاعتماد عليه في مجالات التربية والتعليم ، خصوصاً مع بداية اهتمام تلك المجالات بتكنولوجيا التعليم.

ويعرف مدخل النظم Systems Approach عموماً بأنه طريقة علمية منظمة لتوجيه الفكر الإنساني تجاه التحليل العلمي الدقيق للظواهر والمشكلات التي تواجهه ، حيـث يعتمـد علـى تعدد الأسباب والعوامل الكامنة خلف هذه الظواهر وتلك المشكلات ، وتداخل هـذه العوامـل والأسباب فيما بينها ، وتفاعلها بدرجات متفاوتة .

وأسلوب النظم في التعليم يعني طريقة في العمل ، ومنهج في التفكير مـن خلال السير في خطوات منظمـة يستخدم كـل الإمكانات التي تقدمها التكنولوجيا وفـق نظريـات التعليم والـتعلم بغرض تحقيق أهداف محددة ، ويمثل مدخـل النظم إحـدى الركائـز والأسس التـي قامت عليهـا تكنولوجيا التعليم بمفهومها الحديث . (حسين الطوبجي ، 1987 ص69).

● مفهوم التصميم التعليمي :

التصميم Design عموما يمثل جزءا مهما في تكوين أي نظام حيث يمثل أحد أهم عمليات النظام . وللتعرف على كنه مصطلح تصميم التعليم أو التصميم التعليمي يجب بداية أن نتوقف قليلا عند مصطلح التصميم عموما ، ومدى التداخل بينه وبين مصطلح التخطيط.

وفي هذا الإطار تبين الموسوعة العربية لمصطلحات التربية وتكنولوجياالتعليم أن التصميم مصطلح عام يشير إلى عملية تخطيط على المستويين: المحدود والشامل ، ويتم خلالها وضع تصور علمي دقيق لكيفية تنفيذ عمل أو مهمة أو مشروع أو برنامج ما . ويمثل التصميم أحد مكونات منظومة تكنولوجيا التعليم ، ومجالا مهما من مجالاتها إلى جانب مجالات أخرى هي: التطوير ، والتقويم ، والاستخدام ، والإدارة ، تلك المجالات التي تنطلق من نظرية وتطبيق ، وترتبط فيما بينها بعلاقة تأثير وتأثر .

ويشمل التصميم كأحد مجالات تكنولوجيا التعليم أربعة محاور هي : تصميم النظم التعليمية ، وتصميم الرسائل التعليمية والاستراتيجيات التعليمية ، وخصائص المتعلم .

ويعرف التصميم في مجال التعليم بأنه عملية تحديد شروط التعلم ورسم إجراءات وعناصر العملية التعليمية على ضوء الأهداف المراد تحقيقها.

ويعرف تصميم النظم التعليمية Instructional Systems Design بأنه إجراء منظم لتطوير مواد أو برامج تعليمية ، يتضمن خطوات وعمليات مهمة مثل : التحليل (تحديد ما ينبغي تعليمه وتعلمه) ، والتصميم (تحديد الكيفية التي يجب أن يتم بها التعليم ويحدث بها التعلم) ، والتطوير (تأليف أو إنتاج المواد) ، والتنفيذ (استخدام المواد أو الاستراتيجيات في سياقها المقصود) ، والتقويم (تقرير مدى كفاية النظم التعليمية).

ويعرف تصميم النظم التعليمية أيضا بأنه عملية تخطيط دقيق يرسم صورة تفصيلية لمدخلات وعمليات ومخرجات أي نظام تعليمي قبل البدء في تنفيذ ذلك النظام .

كما يعرف تصميم التدريس Teaching Design بأنه : عملية تخطيط للتدريس تستهدف رسم الخطوط والإجراءات العامة والتفصيلية

لعناصر وخطوات التدريس ، تنطلق من مبادئ ونظريات ونماذج التدريس وتحدد كيفية تنفيذ عملية التدريس على النحو الذي يحقق الأهداف المرجوة .

ويعرف تصميم التدريس أيضا بأنه نموذج إجرائي لتنفيذ عملية التدريس ، ينطلق من نظرية محددة ، ويشرح الخطوات والإجراءات التفصيلية لسير عملية التدريس في مسارها نحو تحقيق الأهداف المنوطة بها .

وقد يتصور البعض أن التصميم مصطلح مرادف للتخطيط Planning لكن ثمة فارق بين المصطلحين يتضح من خلال تعريف مصطلح التخطيط ، ثم مقارنته بتعريف مصطلح التصميم الذي سبق عرضه.

والتخطيط مصطلح عام يشير إلى الربط بين الوسائل والغايات بمعنى وضع الخطة التفصيلية اللازمة للربط بين الإجراءات والوسائل المستخدمة لتحقيق الغايات المستهدفة . وبعبارة أخرى فإن التخطيط هو عملية رسم الخطوات والإجراءات ، وتحديد المتطلبات والتجهيزات التي تلزم تنفيذ أي عمل من الأعمال بما في ذلك العقبات المتوقعة والحلول المقترحة لمثل هذه العقبات . ويتوقف نجاح أي عمل في تحقيق أهدافه على مدى جودة ودقة التخطيط الذي يسبق تنفيذ هذا العمل ، والتخطيط عملية غاية في الأهمية للمجال التعليمي كما هو لأي مجال آخر ، فلا يمكن أن نتصور نظاما تعليميا دون تخطيط ، أو نتخيل تنفيذ منهج تعليمي دون تخطيط ، أو حتى تنفيذ درس يومي بسيط دون تخطيط ، أو تطبيق منظومة تكنولوجيا التعليم دون تخطيط , إن التخطيط ببساطة هو الدليل الإجرائي الذي يسترشد به الفرد عند تنفيذ أي عمل أو أية مهمة . وتحتاج عملية التخطيط لمهارات فائقة ، فليس أي فرد يمكنه التخطيط لأي عمل ما لم يكن متخصصا وخبيرا .

ويعرف تخطيط التدريس Teaching Planning بأنه عملية تستهدف إعداد مخطط تفصيلي لأهداف وإجراءات وأساليب ووسائل وأنشطة التدريس التي ينبغي الالتزام بها عند تنفيذ عملية التدريس وخلال هذه العملية يكون على المعلم تحديد الأهداف التي يرمي إلى

تحقيقها في نهاية الموقف التدريسي تحديداً إجرائيا دقيقا ، وتحديد الإجراءات التفصيلية للتدريس بما فيها الوسائل التعليمية المعينة والأنشطة المصاحبة ، وأساليب التقويم ، وذلك قبل قيامه بتنفيذ عملية التدريس . والتخطيط للتدريس له مستويات هي : التخطيط على مستوى عام دراسي ، والتخطيط على مستوى فصل دراسي ، والتخطيط على مستوى وحدة دراسية ، والتخطيط على مستوى الدروس اليومية . ويتوقف نجاح عملية التدريس في تحقيق أهدافها على جودة ودقة التخطيط للتدريس . ويمثل التخطيط للتدريس أول وأهم المهارات التي يجب على المعلم اكتسابها ، بل وإتقانها ، حيث يتطلب ذلك منه التدريب والممارسة والإطلاع بشكل دائم .

ومجمل القول إن هناك علاقة تداخل وطيدة بين التصميم والتخطيط ، فالتصميم يشتمل على التخطيط بمستويين: تخطيط على المستوى العام يشمل رسم الخطوط العريضة ، والمستوى الثاني هو المستوى الإجرائي التفصيلي . وينطبق ذلك على مفهوم التصميم التعليمي كمجال من مجالات التصميم عموما ، ومجال من مجالات تكنولوجيا التعليم على وجه الخصوص .

● مهارات التصميم التعليمي :

يتوقف نجاح التصميم التعليمي على عوامل عدة من أهمها الشخص القائم بالتصميم ومدى تمكنه من مهارات التصميم التعليمي فتصميم المواقف والبرامج التعليمية ليس أمرا سهلا يمكن لأيفردالقيام به بل هو عمل منظومي علمي له أسسه ومهاراته ، حيث يجب على القائم بتصميم التعليم إتقانه لعدة مهارات هي :

◄ مهارة التحليل : (تحليل واقع مدخلات الموقف أو البرنامج التعليمي وتحديد ما ينبغي لهذا الموقف أو ذلك البرنامج أن يحققه من اهداف التعليم والتعلم).

◄ مهارة التخطيط : وذلك على مستويين : المستوى العام الشامل للموقف أو البرنامج التعليمي ، والمستوى التفصيلي الإجرائي بما في ذلك مهارة تحديد الكيفية التي يجب أن تتم بها عمليتي التعليم والتعلم.

◄ مهارة التطوير : وتشمل مهارة تأليف وإنتاج المواد والبرامج التعليمية وتعديل نقاط القصور والضعف في أي من معطيات الموقف التعليمي.

◄ مهارة التنفيذ : وتشمل كافة إجراءات تنفيذ الخطة التعليمية في الواقع الفعلي للعملية التعليمية بما في ذلك المهارة في اختيار واتباع الاستراتيجيات التعليمية والتدريسية المناسبة ، والاستخدام الأمثل للوسائل التعليمية المساعدة.

◄ مهارة التقويم : وتشمل المهارة في بناء الاختبارات والمقاييس المناسبة للموقف التعليمي ، واتخاذ إجراءات التقويم التشخيصي ، والتقويم البنائي ، والتقويم الختامي للحكم على مدى جودة مدخلات الموقف التعليمي ، ومدى جودة عملياته ، ومخرجاته.

● أسس التصميم التعليمي :
يقوم تصميم التعليم على عدة أسس نظرية يمكن إجمالها في ثلاثة محاور هي :

1- المحور الأول : أسس تصميم التعليم كعلم : وتشمل

◄ الاعتماد على مدخل النظم.

◄ تطور نظريات التعلم ومدارسه.

◄ تطور نظريات تصميم التعليم وتعدد نماذجه.

2- المحور الثاني : أسس تصميم التعليم كعملية : وتشمل

◄ الانطلاق من أهداف.

◄ التركيز على حل مشكلات.

◄ التركيز على المنطق والعقلانية.

◄ التوجه الإنساني والاجتماعي.

◄ الدقة والجودة.

◄ السعي للتميز والإبداع.

◄ شخصية المصمم وخلفياته.

3- المحور الثالث : أسس تصميم التعليم كتقنية : وتشمل

◄ جانب نظري ممثلا في نظريات التعليم والتعلم

◄ جانب تطبيقي متمثلا في: حوامل الرسائل التعليمية (البرمجيات *Software*) ، ونواقل الرسائل التعليمية (الأجهزة *Hardware*).

- أهمية التصميم التعليمي :

تتضح أهمية التصميم التعليمي فيما يمكن أن يحققه من مزايا للعملية التعليمية بكافة مكونات منظومتها ، حيث يسهم بدور فعال في :

- تحليل الواقع التعليمي وتحديد الإمكانات المتاحة بدقة.
- اختيار أفضل المدخلات المتاحة لمنظومة الموقف أو البرنامج التعليمي.
- التحديد الدقيق للهداف التعليمية التي يجب تحقيقها.
- التخطيط بدقة على المستويين العام والإجرائي للمراحل والخطوات التي يجب اتباعها لبلوغ الأهداف التعليمية المحددة.
- تنظيم مدخلات الموقف التعليمي تنظيما علميا دقيقا يتيح سهولة دخولها إلى عمليات المنظومة.
- اختيار أكثر العمليات فعالية للتعامل مع مدخلات الموقف أو البرنامج التعليمي.
- رسم إجراءات تنفيذ الموقف أو البرنامج التعليمي بدقة وفقا لنموذج تصميم التعليم الذي يناسب ذلك الموقف أو البرنامج.
- كشف العقبات التي تحول دون تحقيق الأهداف التعليمية للموقف أو البرنامج التعليمي.
- إتاحة نظام تغذية راجعة دقيق بين مدخلات وعمليات ومخرجات المنظومة التعليمية.
- تحديد مواصفات المخرجات التعليمية التي ينبغي للمنظومة التعليمية أن تحققها ، وفقا لمعاييرالجودة المتفق عليها.
- تحديد أكثر أساليب القياس والتقويم مناسبة للحكم على مستوى مخرجات المنظومة التعليمية ، وأدق الأدوات اللازمة لذلك.
- إصدار الحكم بدقة وموضوعية على نواتج ومخرجات المنظومة التعليمية ، وتحديد مواطن القوة والضعف فيها.
- وضع البدائل والحلول المقترحة لتطوير مواطن الضعف في المنظومة التعليمية ، وتعديل مسارها.
- تحديد مدى التناغم بين مدخلات المنظومة التعليمية وبين عملياتها ومخرجاتها الفعلية التي تحققت.

● نماذج التصميم التعليمي :

هناك العديد من نماذج التصميم التعليمي يمكن تصنيفها إلى :

1- نماذج مصغرة (محدودة) :

وتتضمن تلك النماذج مجموعة خطوات هي :

◄ تحديد الأهداف.

◄ تحليل مهام التعلم.

◄ تحديد ظروف التعلم.

◄ اختيار طرق التدريس.

◄ اختيار الوسائل التعليمية.

◄ إعداد مخططات التدريس.

والشكل (13) يوضح ذلك ....

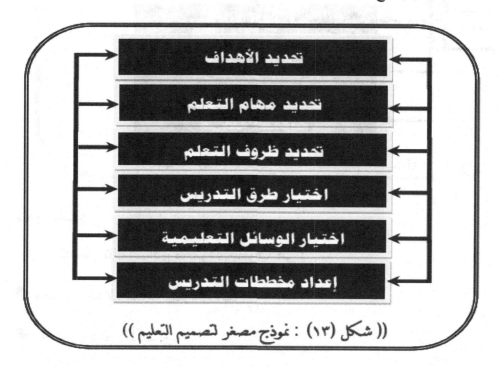

((شكل (١٣) : نموذج مصغر لتصميم التعليم))

2- نماذج مكبرة:

وتتضمن تلك النماذج مجموعة خطوات هي :

◄ مرحلة التحليل.

◄ مرحلة الإعداد.

◄ مرحلة التجريب.

◄ مرحلة الاستخدام.

◄ مرحلة التقويم.

والشكل (14) يوضح ذلك ....

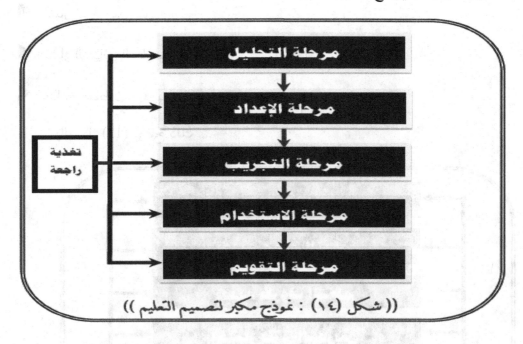

((شكل (١٤) : نموذج مكبر لتصميم التعليم))

2- نماذج شاملة:

وتتضمن تلك النماذج مجموعة خطوات هي :

◄ تحديد الأهداف العامة والموضوعات.

◄ تحديد خصائص المتعلمين.

◄ تحديد الأهداف التعليمية الإجرائية.

◄ تحديد محتوى المادة التعليمية.

◄ تحديد قطة البداية لدى المتعلمين.

◄ تحديدانشطة ومعينات التعليم.

◄ تقويم عناصر منظومة التعليمز

والشكل (15) يوضح ذلك ....

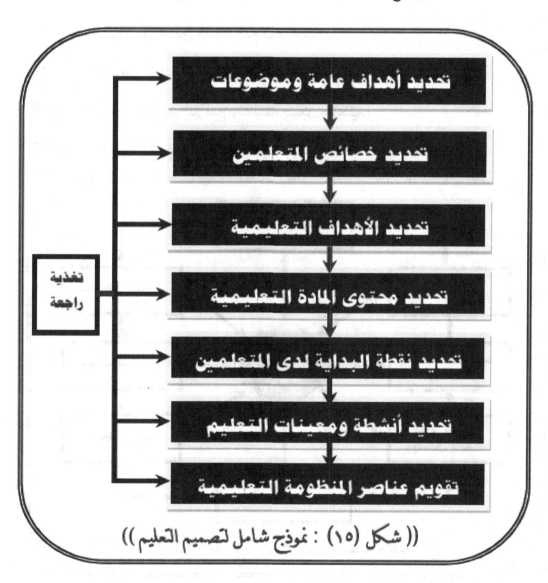

((شكل (١٥) : نموذج شامل لتصميم التعليم))

ومن أكثر نماذج التصميم التعليمي شيوعا في مجال تكنولوجيا التعليم ما يلي : (مزيد من التفصيلات حول نماذج التصميم التعليمي انظر: زينب محمد أمين ، 2000 ، ص ص : 99 - 126، رشدي كامل وزينب أمين ، 2002 ، ص ص : 33 - 48).

1- نموذج كمب :

ويحدد هذا النموذج خطوات تصميم البرنامج التعليمي على النحو التالي والموضح بالـشكل (16):

◄ تحديد الغايات التعليمية العامة ، وقائمة الموضوعات الرئيسة للبرنامج.

◄ تحديد خصائص المتعلمين الذين يقدم لهم البرنامج.

◄ تحديد الأهداف المراد تحقيقها في المتعلم بصورة سلوكية.

◄ اختيار المحتوى الدراسي للبرنامج وتنظيمه بشكل مناسب.

◄ تحديد الخبرات السابقة للمتعلمين بأدوت قياس مناسبة.

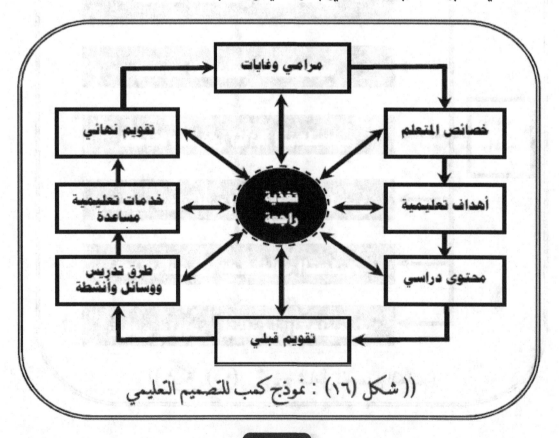

((شكل (١٦) : نموذج كمب للتصميم التعليمي

◄ اختيار طرق التدريس المناسبة والوسائل التعليمية المساعدة وأنشطة التعليم والتعلم المتنوعة.

◄ تحديد الخدمات التعليمية المساعدة والتنسيق فيما بينها لتحقيق أهداف البرنامج.

◄ التقويم النهائي لمخرجات البرنامج لتحديد مدى تحقق أهدافه في المتعلمين الذين درسـوا وفقـا له.

2- نموذج دك وكاري :

ويحدد هذا النموذج خطوات تصميم البرنامج التعليمي كما هوموضح بالشكل (17) :

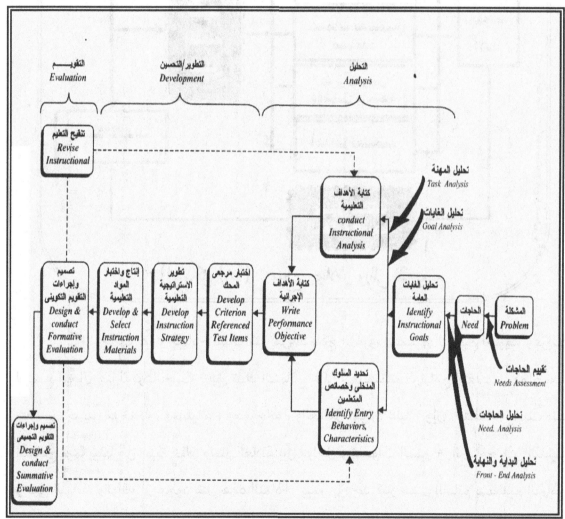

((شكل (17) : نموذج دك وكاري للتصميم التعليمي))

3- نموذج جيرلاش وإيلي :

ويحدد هذا النموذج خطوات تصميم البرنامج التعليمي كما هو موضح بالشكل (18) :

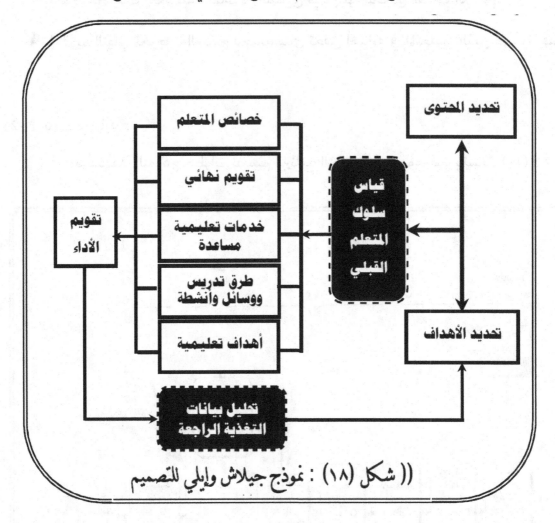

((شكل (١٨) : نموذج جيلاش وإيلي للتصميم

وإلى جانب هذه النماذج هناك كثير من النماذج الأخرى لتصميم التعليم أجنبية وعربية لايتسع المجال هنا لذكرها ،حيث تتفق تلك النماذج على أن تصميم البرنامج التعليمي كمنظومة يتطلب تحديد مدخلاته ، وعملياته ، ومخرجاته ، والعوامل المؤثرة عليه ، وإن اختلفت وتباينت تلك النماذج فيما بينها من حيث بيان مسار العلاقة بين مراحل وخطوات السير في البرنامج من البداية وحتى النهاية. والواقع أن مجود مثل هذه النماذج ييسر إلى حد كبير عمل القائم بتصميم البرامج التعليمية ، خصوصا إذا اتبع النموذج المناسب للتصميم.

● معتقدات خاطئة عن التصميم التعليمي :

هنــاك بعــض المعتقــدات والمفــاهيم الخاطئـة لــدى المعلمـين والمعلمــات حـول التصميم التعليمي من أهمها :

◄ النظر لتصميم التعليم على أنه رفاهية ، وليس من ضروريات نجاح برامج ونظم التعليم.

◄ الاعتقاد بأن تصميم التعليم عمل يمكن لأي أحد القيام به وتنفيذ مهامه بسهولة.

◄ تصور أن التصميم التعليمي ليس مـن شـأن المعلـم أو المعلمـة ، بـل هـو حكـر عـلى الخـبراء والباحثين في مجال التعليم ، ولا يمكن للمعلم أن يتعلمه ويمارسه.

◄ أن التصميم التعليمي عمل شكلي يجب أن يقوم به المعلـم فقـط لـيرضي القيـادات التعليميـة والموجهين والمشرفين التربويين.

◄ أن التصميم التعليمي عمل لايؤثر في جودة البرامج والنظم التعليمية.

◄ أن التصميم التعليمي لايحتاج بالضرورة اتباع نموذج محدد يتم على ضوئه تصميم المواقـف أو البرامج التعليمية.

◄ تحديد الاحتياجات الفعلية للمتعلم ليس من ضروريات تصميم البرامج التعليمية.

◄ تـصميم الـبرامج التعليميـة لايختلـف لجميـع فئـات المتعلمـين بحـسب قـدراتهم ومـراحلهم التعليمية.

◄ أن تصميم التعليم لا يستند بالضرورة لنظرية تعليمية أو تربوية محددة.

◄ الخلط بين الأهداف العامة والأهداف التعليمية الإجرائية عند تصميم البرامج التعليمية.

◄ التركيز على مجال واحد من الأهداف كالأهداف المعرفية عند تصميم البرامج التعليمية.

◄ إهمال ميول ورغبات واتجاهات المتعلمين عند تصميم البرامج التعليمية الخاصة بهم.

◄ إهمال التغذية الراجعة المستمرة وتعديل المسارخلال تصميم البرامج والمواقف التعليمية.

****

الفصل الخامس :
((مراكز مصادر التعلم الشاملة))

- تعددية مصادر التعلم.

- مفهوم مصادر التعلم وأنواعها.

- مفهوم مراكز مصادر التعلم.

- المكتبات العامة مراكز لمصادر التعلم.

- أهداف مراكز مصادر التعلم ووظائفها.

- أنواع مراكز مصادر التعلم ومستوياتها.

- إسهامات تعليمية لمراكز مصادر التعلم.

- وحدات مراكز مصادر التعلم ومحتوياتها.

الفصل الخامس :

((مراكز مصادر التعلم الشاملة))

أدى تأصل مفهوم تكنولوجيا التعليم بمعناه المنظومي إلى كثير من مظاهر التطور في مجال التعليم ، في مقدمتها تعددية مصادر التعلم ، الأمر الذي جعل من الضروري لأية مؤسسة تعليمية أن يكون جزءا أساسيا بها مخصصا كمركز لمصادر التعلم ، ويتناول هذا الفصل مفهوم مصادر التعلم وأنواعها ، موضحا مفهوم مراكز مصادر التعلم ، وأهدافها ، ووظائفها ومستوياتها ، وأهميتها في تعليم الفئات المختلفة من المتعلمين والوحدات الأساسية المكونة لها . وبيان ذلك فيما يلي :

- تكنولوجيا التعليم وتعددية مصادر التعلم :

من الأسس التي تقوم عليها تكنولوجيا التعليم تعددية مصادر التعليم *Multi-Learning Resources* . ونظرا لأن هناك الكثير من المصادر التعليمية التي تتيح للمتعلم اكتساب خبرات متنوعة تتدرج من الخبرة المحسوسة بالعمل ، إلى الخبرة المحسوسة بالملاحظة والاستماع ، إلى الخبرة المجردة فإن الحقيقة التي نود التأكيد عليها في هذا المقام أن تنوع الخبرات التعليمية يرتبط ارتباطاً وثيقاً مباشراً بتعدد مصادر التعلم وأن تعدد مصادر التعلم يتيح للمتعلم العديد من الخبرات البديلة.

وبصفة عامة يمكن تعريف مصادر التعلم بأنها : كل ما يتفاعل معه المتعلم داخل المؤسسات التعليمية أو خارجها ، بشكل مقصود أو عرضي لاكتساب أية خبرات تعليمية. وتصنف مصادر التعلم إلى نوعين هما :

1- مصادر تعلم بشرية : Human Learning Resources

وتتمثل في مجموع الأفراد المحيطين بالمتعلم ، الذين يتفاعل معهم لاكتساب خبرات تعليمية مقصودة أو عرضية . وينقسم هذا النوع إلى نوعين فرعيين هما :

أ- أفراد داخل المؤسسات التعليمية :

وهم الأفراد الذين يهدفون بشكل مقصود إلى إكساب المتعلم خبرات تعليمية محددة ، تحقق أهداف المؤسسات التعليمية التي يعملون بها كالمعلمين ، والفنيين ، والاختصاصيين ، والمديرين ، والموجهين

وكذلك المتعلمين أنفسهم الذين يتفاعلون فيما بينهم فيكسبون بعضهم خبرات تعليمية عن قصد أو عن غير قصد.

ب- أفراد خارج المؤسسات التعليمية :

وهم الأفراد الذين يتعامل معهم المتعلم في حياته اليومية خارج جدران المؤسسة التعليمية ، كأفراد أسرته ، والمحيطين به من المهنيين كالأطباء والمهندسين والمحامين ، والقضاة ، والعسكريين وغيرهم. والفنيين كالسباك ، والنجار ، والكهربائي ، والميكانيكي ، والجزار والسمكري .. وغيرهم ، وهؤلاء الأفراد يكسبون المتعلم خبرات غير نظامية مقصودة أو غير مقصودة خلال تفاعله اليومي معهم ، كما يكونون مصدراً لخبرات نظامية مقصودة حينما يشير المعلم إلى دور كل منهم في المجتمع وهو بصدد شرح موضوعات تعليمية محددة للمتعلم.

2- مصادر تعلم غير بشرية : Non- Human Learning Resources

وتتمثل في كل ما يحيط بالمتعلم في البيئة التعليمية من غير البشر فيكتسب خبرات تعليمية مقصودة أو غير مقصودة نتيجة التفاعل معها ويشمل هذا النوع المصادر التالية :

أ- الأجهزة : Hardware

وتشمل كافة أنواع المعدات والأجهزة والأدوات التي تستخدم في إنتاج مواد تعليمية أو غير تعليمية ، أو عرض هذه المواد وتلك . ومن أمثلتها أجهزة إنتاج الصور ، وأجهزة إنتاج الشفافيات ، وأجهزة إنتاج الشرائح وأجهزة إنتاج برامج الفيديو ، وأجهزة إنتاج برامج الحاسب الآلي وأجهزة العرض السينمائي ، وأجهزة عرض أشرطة الفيديو ، وأجهزة إسقاط الصور المتحركة ، وأجهزة عرض الشفافيات ، وأجهزة عرض المواد المعتمة وأجهزة الطباعة ، ... وغير ذلك من الأجهزة التي يتعامل معها المتعلم عن قصد داخل المؤسسة التعليمية ، أو عن غير قصد خارج جدران تلك المؤسسة. وتمثل الأجهزة مصدراً للتعلم إما باكتساب خبرات حول تلك الأجهزة ذاتها ، واستخداماتها ، وكيفية تشغيلها وصيانتها ، وإما باستخدامها في إنتاج أو عرض مواد تعليمية محددة.

ب- المواد : Software

وتشمل كافة المواد التي تحمل أية معلومات للمتعلم بشكل نظامي أو غير نظامي ، مقصود أو غير مقصود ، ومن أمثلتها : المواد المطبوعة

والمواد المصورة ، والمواد المسموعة ، والمواد المرئية ، والمواد المبرمجة آلياً ، والعينات والنماذج ، والمجسمات ... وغيرها.

وتمثل المواد التعليمية مصدراً للتعلم إما باكتساب خبرات حول تلك المواد وطبيعة كل منها وطرق إنتاجها يدوياً وآلياً ، وإما باكتساب خبرات مما تنطوي عليه من معلومات وأفكار.

ج- الأماكن : Settings

وتشمل كل المواقع التي قد يتواجد فيها المتعلم ، داخل المؤسسات التعليمية ، أو خارجها ، ويتفاعل معها أو مع مصادر أخرى متواجدة بها. وهناك أماكن تعليمية تتيح للمتعلم اكتساب خبرات نظامية مقصودة كالمعامل ، والورش ، والقاعات الدراسية ، وكذلك المكتبات الدراسية والملاعب المدرسية وغيرها. كما أن هناك أماكن أخرى تتيح للمتعلم اكتساب خبرات مقصودة أو غير مقصودة بشكل غير نظامي ، وهذه الأماكن لا توجد بالطبع داخل المؤسسات التعليمية مثل : الحدائق والمنتزهات والمزارع ، والمعارض والمتاحف ، والمسارح ، ودور السينما والمساجد والمكتبات العامة والنوادي .. وغيرها. والخبرة التعليمية التي تتيحها الأماكن للمتعلم تضم : الخبرة المرتبطة بطبيعة هذه الأماكن وخصائصها ومواصفاتها وتجهيزاتها ، والخبرة المرتبطة بما تحويه تلك الأماكن من أجهزة ومواد تعليمية ، والخبرة المرتبطة بما تقدمه تلك الأماكن من محتوى (مضمون) تعليمي.

د- التجهيزات :

وتشمل كافة الاحتياجات التي تجهز بها الأماكن التعليمية وغير التعليمية من الأثاث والمرافق الأساسية ، ففي المعامل والورش الدراسية توجد الطاولات والدواليب والمقاعد و المرافق من كهرباء ومياه وإضاءة وتهوية وصرف غاز وغيرها ، وفي المعارض والمتاحف والمسارح و المساجد و غيرها من الأماكن الأخرى يوجد الأثاث والمرافق التي تناسب طبيعة كل منها. والحقيقة أن التجهيزات هي الأخرى تمثل مصدراً للتعلم حيث تتيح للمتعلم اكتساب خبرات حول طبيعة هذه التجهيزات وأهميتها ومواصفاتها ، وآلية عمل كل منها ، وصيانتها ، وتنوعها تبعاً لتنوع المكان كما أن هذه التجهيزات قد تساعد المتعلم في التفاعل مع مصادر أخرى للتعلم ، فلا يمكن للمتعلم مثلاً التعامل مع أجهزة المعامل أو المواد

المعملية أو إجراء الأنشطة المعملية في معمل غير مجهز بالأثاث والمرافق المطلوبة؟!.

هـ- الأنشطة : Activities

وتشمل كل ما يشترك فيه المتعلم داخل المؤسسات التعليمية وخارجها من أعمال تتطلب مهارات وقدرات عقلية أو يدوية أو عملية نظامية أو غير نظامية ، تعود عليه بمزيد من الخبرات التي تدعم تعلمه لموضوعات متنوعة.

والأنشطة نوعان : منها ما هو مدرسي ، ومنها ما هو غير مدرسي والنشاط المدرسي بدوره ينقسم إلى : نشاط صفي يتم داخل حجرة الدراسة أو المؤسسة التعليمية ليخدم مباشرة موضوعات دراسية محددة ونشاط غير صفي يتم خارج حجرات الدراسة ليخدم بشكل غير مباشر الموضوعات الدراسية المقررة ، أو ليتيح للمتعلم المزيد من الخبرات.

ومن أمثلة الأنشطة المدرسية : الرحلات والزيارات الميدانية لمواقع تعليمية ، وإقامة المعارض التعليمية المدرسية ، وممارسة الأنشطة الرياضية والمباريات داخل المدرسة ، وممارسة الهوايات الفنية والأدبية والعلمية داخل المدرسة ، إلى جانب أنشطة العمل المعملي التي يتم ممارستها داخل معامل وورش المدرسة. ومن أمثلة الأنشطة غير المدرسية : الإطلاع والقراءة الخارجية وزيارة المعارض والمتاحف والمكتبات العامة والقيام بجولات ترفيهية وحضور الندوات العامة ، وقراءة الصحف والمجلات ، وجمع العينات والأشياء، ومتابعة البرامج الإذاعية والتليفزيونية وممارسة الهوايات المنزلية المفيدة كزراعة الأشجار ، وتربية بعض الطيور المفيدة ، ورعاية الزهور ، وتربية أسماك الزينة وصناعة بعض العطور ، أو صناعة الصابون في المنزل إلى آخر هذه الأنشطة . وتمثل الأنشطة مصدراً مهماً من مصادر التعلم ، حيث تتيح للمتعلم اكتساب خبرات مرتبطة بطبيعة تلك الأنشطة ، وهدف كل نشاط وكيفية ممارسته ، وأهمية ومتطلبات ممارسته ، واكتساب مزيد من الخبرات التعليمية نتيجة مشاركة المتعلم في ممارسة تلك الأنشطة ، من معارف ، ومهارات ، وميول ، واتجاهات وغيرها.

ولجمع مثل هذه المصادر التعليمية في مكان واحد ظهر ما يعرف بمراكز مصادر التعلم Learning Resources Centers التي تجمع في بنيتها بين المصادر البشرية من معلمين وفنيين وأخصائيين ومساعدين

والمصادر غير البشرية من أجهزة ومعدات وأدوات ومواد وتجهيزات ، وما يتم داخل هذه المراكز من أنشطة تعليمية صفية وغير صفية.

- ● مفهوم مراكز مصادر التعلم:

لقد ظهرت بعض العوامل التي أدت إلى فكرة إنشاء مراكز مصادر التعلم جميع تلك العوامل ترتكز على المبدأ التربوي القائل إنه كلما زادت المثيرات المحيطة بالمتعلم وتنوعت كلما ازداد تعلم المتعلم كما وجاد كيفاً ، وتولدت لدى المتعلم الرغبة للتعلم وحب الاستطلاع اللذان يدفعانه إلى مزيد من التساؤل والبحث و التعلم ، و من هذه العوامل : التقدم التكنولوجي الواسع ، والثورة المعرفية ، وتطور علم التربية الذي أدى إلى نظرة مختلفة للمدرسة ووظيفتها ، والأدوار الجديدة التي ظهرت لكل من المعلم والمتعلم ، وتطور مفهوم الوسائل التعليمية ، وتأصل مفهوم تكنولوجيا التعليم ، وتطور نظريات التعلم ، و غيرها من العوامل الأخرى.

ومراكز مصادر التعلم ليست أماكن تحوي العديد من المواد والأجهزة التعليمية التي قد يحتاجها كل من المعلم والمتعلم فحسب ، بل هي أماكن مجهزة للعمل ، والنشاط ، والدراسة ، والتفاعل النشط بين أطراف عديدة في العملية التعليمية (المعلم ، والمتعلم ، والفنيين والمساعدين ...إلخ) .

وتوجد العديد من التعريفات لمراكز مصادر التعلم منها ما يركز على كونها مكانا يحوي مصادر تعلم مختلفة من أجهزة وآلات وغيرها ، وأخري تركز على مكونات مصادر التعلم ، و ثالثة تركز على وظيفتها.

ومن التعريفات الشاملة لمراكز مصادر التعلم ذلك التعريف الذي يعرفها بأنها : بيئة تعليمية منظمة ومتكاملة تحتوي على عدة مصادر بشرية (معلم - متعلم - أخصائي تكنولوجيا تعليم - أخصائي مصادر التعلم - فني وسائل تعليمية) ، ومصادر مادية (سمعية - بصرية - مقروءة متعددة الوسائط) ، وأنشطة تعليمية يتفاعل معها المعلم ذاتياً تحت إشراف وتوجيه المعلم لاكتساب المعلومات والمهارات والاتجاهات بغرض تحقيق أهداف تعليمية محددة. (أحمد سالم ، عادل سرايا ، 2003 ، ص 263) .

معنى ذلك أن مراكز مصادر التعلم تتكون من مجموعة عناصر ومكونات هي : مكان مناسب في موقع مناسب ، وحيز مناسب ، ومرافق أساسية ، وأثاث مناسب ، وأجهزة وأدوات تعليمية مناسبة ، ومواد تعليمية متنوعة ، وعنصر بشري مدرب ، حيث تتوقف كفاءة مراكز مصادر التعلم علي كفاءة عناصرها ومكوناتها.

وجدير بالذكر أنه توجد العديد من المسميات التي أطلقت على مركز مصادر التعلم مثل : المكتبة الشاملة ، والمكتبة متعددة الوسائط ومركز الوسائط المتعددة ، ومركز الأوساط التعليمية ، ومركز النشاط التعليمي ، ومركز الخدمات التربوية ، ومركز وسائل التعليم ، ومركز وسائل التدريس ، ومركز التقنيات التربوية ، ومركز تكنولوجيا التعليم ، ومركز مصادر المعلومات والتعلم ، ومركز المصادر الإلكترونية ، ومركز المصادر التربوية ، ومناهل المعرفة ... إلخ.

● من المكتبات العامة إلى مراكز مصادر التعلم:

مع تأصل مفهوم تكنولوجيا التعليم ، والأخذ به في جميع المؤسسات التعليمية ، ومع تفعيل تعددية مصادر التعلم كأساس مهم تقوم عليه منظومة تكنولوجيا التعليم ، كان لابد من مواكبة تلك التطورات ، فقد تعالتالأصوات المنادية بضرورة تحويل المكتبات العامة داخل مؤسسات التعليم وخارجها إلى مراكز شاملة لمصادر التعلم ، وذلك لعدة مبررات من أهمها :

◄ ضعف الإقبال على قراءة الكتب الورقية المطبوعة كمصدر أساسي للمعرفة في المكتبات ، خصوصا مع ظهور الكتب الإلكترونية ، ومصادر التعلم المسموعة والمرئية.

◄ ضرورة مواكبة التقدم التكنولوجي وما يصاحبه من ظهور مصادر ووسائل تعلم متطورة حديثة.

◄ الرغبة في جذب المتعلم لاستخدام مصادر التعلم الإلكترونية المسموعة والمرئية ، والمسموعة المرئية ، ومتعددة الوسائط ، وفائقة الوسائط.

◄ تحقيق مزيد من المتعة للمتعلم خلال عملية التعلم ، وزيادة دافعيته لمزيد من التعلم.

- الرغبة في تطوير خدمات التعلم والبحث ، وتطبيق التكنولوجيا الحديثة لتيسير ذلك.
- توفير إمكانية البحث في أكبر قدر ممكن من المصادر في أقل وقت ممكن وبأقل جهد .
- عجز المكتبات بشكلها التقليدي المعتاد عن تقديم خدمات متنوعة وعروض إلكترونية مسموعة ومرئية تناسب جميع فئات المتعلمين بخصائصهم المختلفة.
- الرغبة في تطوير العمل وإدارة مراكز مصادر التعلم إلكترونيا مما ييسر سهولة البحث في مصادر المعلومات ، وسهولة الحصول على أوعية المعلومات المختلفة.
- تنظيم عمليات الجرد والفهرسة لمصادر المعلومات المختلفة من خلال قواعد البيانات الإلكترونية.
- عدم مناسبة المكتبة بشكلها المعتاد في القيام بكثير من أنشطة العروض الضوئية ، والعروض السينمائية ، وعروض الفيديو ...إلخ.
- الرغبة في تنويع مصادر وأوعية المعلومات ، وتقديم بدائل متعددة منها لكي يختار منها المتعلم ما يحبه ويفضله.

- أهداف مراكز مصادر التعلم ووظائفها :

يمكن إجمال أهداف مراكز مصادر التعلم الشاملة بصورتها المعاصرة في : (عادل سرايا ، *2007* ، ص ص *188 - 190*).

1- الأهداف العامة :

- توفير بيئة تعليمية مناسبة لتنمية مهارات التفكير للطلاب من خلال التقصي والاكتشاف .
- توفير بنية تحتية وتسهيلات لازمة للاستخدام المتنوع لمصادر التعلم بالمؤسسات التعليمية.
- تلبية احتياجات الطلاب العاديين ، وذوي الاحتياجات الخاصة من مصادر التعلم المناسبة لخصائص كل منهم ، والمناسبة لمفردات المقررات الخاصة بهم.
- تشجيع المتعلمين على المشاركة الإيجابية في عمليتي التعليم والتعلم.

◄ معاونة المعلم على ربط خبرات المواقف التعليمية المختلفة بمصادر التعليم والتعلم المتنوعة المتاحة بتلك المراكز.

◄ تهيئة المتعلمين للتفاعل الإيجابي مع متغيرات التكنولوجيا وتطبيقاتها التعليمية المتلاحقة.

◄ تطوير الصورة التقليدية المعتادة للمكتبات العامة لكي تستطيع تقديم كافة خدمات البحث والاطلاع والعرض وفقا للأساليب التكنولوجية الحديثة.

◄ إتاحة فرص التدريب والتوعية ليس فقط للمتعلمين بالمؤسسات التعليمية بل أيضا للعامة من أفراد المجتمعات المحيطة بتلك المؤسسات .

2- الأهداف الخاصة :

وتشمل مجموعة محاور من الأهداف هي :

أ – أهداف خاصة بالمتعلمين :

◄ تلبية احتياجات المتعلمين بجميع فئاتهم وخصائصهم من مصادر التعلم المتنوعة والمناسبة لكل منهم.

◄ توفير بيئة مناسبة للتعلم النشط وتحقيق المتعة في التعلم لدى المتعلمين خصوصا في المراحل التعليمية الأولى.

◄ تعريف المتعلمين بمصادر التعلم وأوعية المعلومات المختلفة وكيفية التعامل معها والاستفادة منها .

◄ تدريب المتعلمين على أساليب التعلم الذاتي والتعلم التعاوني .

◄ تنمية جوانب شخصية المتعلم معرفيا ومهاريا ووجدانيا.

◄ دعم التعلم الواقعي للمتعلمين من خلال ربط خبرات التعليم والتعلم ببيئتهم وواقعهم.

◄ دعم التعلم الفردي والخطو الذاتي لجميع فئات المتعلمين كل وفق قدراته ورغباته واستعداداته.

◄ رفع دافعية المتعلمين وحفزهم لمزيد من التعليم والتعلم.

ب – أهداف خاصة بالمعلمين :

◄ مساعدة المعلمين لتحقيق الأهداف التعليمية المنوط بهم تحقيقها من خلال مقرراتهم التعليمية.

◄ تنمية مهارات المعلمين في البحث العلمي ، والبحث في أوعية المعلومات المختلفة.

◄ تنمية مهارات المعلمين في عرض وإنتاج المواد التعليمية المختلفة .

◄ تنمية مهارات التعامل مع مستحدثات التكنولوجيا لدى المعلمين.

◄ تدريب المعلمين على طرق وأساليب تعليم وتعلم جديدة تتيحها التكنولوجيا المتوفرة بتلك المراكز.

◄ مساعدة المعلمين على تخطيط وتنفيذ طرق التعلم الـذاتي والـتعلم النـشط والـتعلم التعاوني للمتعلمين.

◄ تنمية مستوى الكفاءة المهنية لدى بعض المعلمين ذوي المستوى المنخفض.

ج - أهداف خاصة بالمقررات الدراسية :

◄ توفير مصادر تعلم متنوعة لتبسيط المقررات الدراسية المختلفة.

◄ تنمية الاتجاهات الإيجابية نحو المناهج والمقررات الدراسية.

◄ تعديل الاتجاهات السلبية نحو المناهج والمقررات الدراسية.

◄ توفير تسهيلات دمج التقنية في المناهج الدراسية.

◄ دعم ممارسةالأنشطة التعليمية المصاحبة للمناهج الدراسية.

د - أهداف خاصة بالمؤسسات التعليمية :

◄ تساعد مراكز مصادر التعلم الشاملة المؤسسات التعليمية في تكوين وتأهيل جيل مـن العقـول النشطة والمبتكرة .

◄ تـساعد تلـك المراكز في تحقيـق الأهـداف التـي تـسعى المؤسسات التعليميـة لتحقيقهـا في المتعلمين.

◄ تفعيل عملية التعليم والتعلم المستمر داخل مؤسسات التعليم.

◄ دعم طرق وأساليب التعيم والتعلم الحديثة بالمؤسسات التعليمية.

◄ رفع كفاءة المؤسات التعليمية ، وتحسين العملية التعليمية بها.

◄ تساعد في تحقيق معايير الجودة بالمؤسسات التعليمية.

◄ تدعم المؤسسات التعليميـة بتوفير كل مـاهو حـديث ومـستحدث مـن تكنولوجيا التعليم وتطبيقاتها المتلاحقة على كافة المستويات.

◄ ربط المؤسسات التعليمية ربطا إلكترونيا وفنيا وإداريا بجهات أخرى تعليميـة وغـير تعليميـة لتحقيق جودة الأداء بتلك المؤسسات.

◄ ربط المؤسسات التعليمية بالبيئة المحيطة والمجتمع من خلال تقديم مراكزمصادر التعلم خدماتها للجمهور من غير الطلاب الملتحقين بتلك المؤسسات.

◄ دعم الدور الفعلي الذي يمكن أن تقوم به المؤسسات التعليمية لخدمة البيئة وتنمية المجتمع من خلال مشاركة مراكز مصادر التعلم بتقديم خدمات محو الأمية وتعليم الكبار ، أو نشر برامج التوعية بالقضايا المختلفة ، وغير ذلك من مشكلات المجتمع.

وعلى ضوء أهدافها يمكن إجمال وظائف مراكز مصادر التعلم في:

◄ وظيفة تعليمية : كمساعدة المتعلمين في اكتساب خبرات متنوعة مسموعة ومقروءة ومرئية .

◄ وظيفة تدريبية : كتدريب المعلمين والمتعلمين وغيرهم من أفراد المجتمع على استخدام بعض تطبيقات التقنية التعليمية ، ومصادر المعلومات الإلكترونية .

◄ وظيفة تثقيفية : كعرض أشرطة وأفلام حول قضايا ومشكلات مجتمعية وبيئية متنوعة ، أو عقد ندوات ولقاءات مفتوحة في مجالات ثقافية متنوعة.

◄ وظيفة إعلامية : كتصميم منشورات ولوحات وكتيبات ورسومات وإعلانات إلكترونية ، وعروض ضوئية للإعلان عن قضايا وموضوعات تعليمية وغير تعليمية.

◄ وظيفة توعوية : كعرض أفلام ومنشورات وموقع إلكترونية عبر الإنترنت بهدف توعية أفراد المجتمع من أخطار تهددهم كالمخدرات والإرهاب وغيرها.

◄ وظيفة ترفيهية : كتسلية الأفراد من خلال ممارستهم لأنشطة مفيدة كمشاهدة أفلام تعليمية وتاريخية ، وزيارة المواقع الإلكترونية والمنتديات المفيدة ، وغيرها.

◄ وظيفة خدمية : كمساعدة الأفراد في عرض أية مادة تعليمية أو إنتاجها والسماح بإعارة الأفراد برمجيات وأجهزة تعليمية ومساعدتهم في تصوير المناسبات العلمية بالفيديو ، أو تصوير فوتوغرافي ، ومساعدتهم في معالجة الصور وطباعتها ، وتحويل أشرطة الفيديو إلى اسطوانات مدمجة تعرض على الكمبيوتر.. إلى غير ذلك.

◀ **وظيفة علاجية :** كمساعدة الأفراد ذوي الحاجات الخاصة في تخطي بعض عقبات ومشكلات التعليم والتعلم ، كتدريب ذوي صعوبات التعلم على تجاوز صعوبات تعلمهم ، وتدريب المتعلمين المعاقين بصرياً على القراءة بطريقة برايل ، أو تدريب المعاقين عقليا على تعلم بعض العمليات العقلية ... إلخ... والشكل (19) يلخص تلك الوظائف.

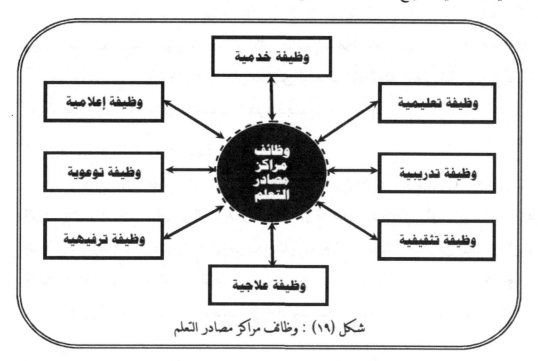

شكل (١٩) : وظائف مراكز مصادر التعلم

● **أنواع مراكز مصادر التعلم ومستوياتها :**

يشير (محمد زياد حمدان ، 1999 ، ص ص 97 – 99) إلى ثلاثة أنواع من مراكز مصادر التعلم هي :

1- مراكز مصادر التعلم السيارة (المتنقلة) :

وهي عبارة عن عربات كبيرة (شاحنات) مغلقة تحوى وحدات صغيرة من مصادر التعلم المختلفة ، كالكتب المطبوعة ، وبعض أجهزة الكمبيوتر ، وأجهزة العرض التعليمية ، وبعض البرامج التعليمية ، والمواد التعليمية المتنوعة المسموعة المرئية ... وغير ذلك ، حيث تجوب تلك المراكز المتنقلة الأماكن المختلفة لتقديم خدماتها لأفراد أي حي أو شارع

في أية منطقة قريبة أو نائية. ومع أن هذا النوع من المراكز لايمكن تضمينه كافة الوحدات والخدمات بشكل موسع فإنه يؤدي دورا مهما لخدمة أفراد المجتمعات والبيئات النائية خصوصا في المناطق الريفية والصحراوية البعيدة.

2- مراكز مصادر التعلم العامة (المقيمة) :

وهي مراكز يتم تأسيسها بصفة دائمة في المؤسسات التعليمية لتساعد في تحقيق أهداف تلك المؤسسات . وهذا النوع من المراكز أكثر فعالية لشمول وحداتها ، وتعدد محتوياتها ، وتنوع أقسامها ، ومن ثم فهي الأكثر قدرة على تحقيق أهداف المؤسسة التعليمية التي تحويها. وهذه المراكز هي الأكثر انتشارا في مؤسسات التعليم بجميع دول العالم.

3- مراكز مصادر التعلم المتخصصة :

وهي مراكز يعني كل منها بتعليم وتعلم موضوع أكاديمي أو سلوكي أو وظيفي محدد مثل الرياضيات أو الاجتماعيات أو العلوم أو اللغات أو التعديل السلوكي ، أو التربية العلاجية للتأخر الدراسي ، أو ضعف التحصيل ، أو الانحراف السلوكي ، أو لخدمة فئة معينة من المعلمين أو المتعلمين كالتلاميذ العاديين أو الفائقين والموهوبين أو المعاقين سمعيا أو بصريا أو عقليا ...إلخ . ومع أهمية مثل هذه المراكز المتخصصة فإن فعاليتها في أداء وظيفتها التربوية تزداد كلما كانت أكثر شمولية وعمومية.

وهناك عدة مستويات لمراكز مصادر التعلم تختلف تبعا لمستوى شمولها واتساعها والقطاعات التي تخدمها ، هذه المستويات هي :

1- مراكز على مستوى المؤسسات التعليمية :

وهي مراكز مصادر التعلم التي تقام لخدمة مؤسسة تعليمية محددة كمدرسة أو كلية أو معهد تعليمي ، وتشمل مصادر تعليم وتعلم متنوعة لخدمة أهداف المؤسة التعليمية مباشرة ، حيث يتوقف حجم تلك المراكز وتجهيزاتها على طبيعة المؤسسة التعليمية وعدد المتعلمين بها.

2- مراكز على مستوى الإدارات والمناطق التعليمية :

وهي مراكز مصادر التعلم التي تقام لخدمة عدد من المؤسسات التعليمية (مدارس ، كليات ، معاهد) تتبع إدارة تعليمية واحدة ، أو تقع في منطقة تعليمية محددة ، ومستوى هذه المراكز يكون أكثر عمومية

وشمولية من مراكز مصادر التعلم الخاصة بكل مؤسسة تعليمية ، حيث يزداد حجم تلك المراكز وتجهيزاتها بما يمكنها من خدمة جميع المؤسسات التعليمية التي تقع في نطاقها. وتقوم تلك المراكز بالتنسيق مع المراكز الموجودة بكل مؤسسة تعليمية ، وتوجهها ، وترسم سياساتها ، وتوفر لها كل ماتحتاجه من التجهيزات والاستشارات ، بما يضمن حسن إدارتها ، وجودة خدماتها.

3- مراكز على مستوى المديريات التعليمية:

وهي مراكز مصادر التعلم التي تقام لخدمة عدد كبير من الإدارات والمناطق التعليمية التي تتبع مديرية تعليمية واحدة ، تخدم إقليم أو محافظة أو عدة أقاليم ، ومستوى هذه المراكز يكون بالطبع أكثر عمومية وشمولية من مراكز مصادر التعلم الخاصة بالإدارات التعليمية ، حيث يزداد حجم تلك المراكز وتجهيزاتها بما يمكنها من خدمة جميع الإدارات والمناطق التعليمية التابعة لها. وتقوم تلك المراكز بالتنسيق مع مراكز الإدارات والمناطق ، وتوجهها ، وترسم سياساتها ، وتوفر لها كل ماتحتاجه من التجهيزات والاستشارات ، بما يضمن حسن إدارتها ، وجودة خدماتها.

4- مراكز على مستوى الوزارت :

وهي أكبر المستويات من حيث الشمول والعمومية ، حيث تقام لخدمة جميع المديريات التعليمية الواقعة في نطاق دولة بعينها ، كمركز

مصادر التعلم بوزارة التربية والتعليم أو بوزارة المعارف ، ومركز مصادر التعلم بوزارة التعليم العالي ، ومستوى هذه المراكز يكون بالطبع أكثر عمومية وشمولية من جميع المراكز السابقة ، فتقوم بدور القيادة لها وتوجهها ، وترسم سياساتها ، وتوفر لها كل ماتحتاجه من التجهيزات والاستشارات ، بما يضمن حسن إدارتها ، وجودة خدماتها.

ويجب أن تعمل جميع مستويات مراكز مصادر التعلم بشكل منظومي وفق قواعد محددة ، ولخدمة أهداف تعليمية محددة تتدرج في مستوى عموميتها من أهداف النظام التعليمي للدولة إلى أهداف المراحل التعليمية ، إلى أهداف الصفوف الدراسية ، إلى أهداف المواد الدراسية المختلفة ومنها إلى أهداف الدروس اليومية.

- الإسهامات التعليمية لمراكز مصادر التعلم :

تقدم مراكز مصادر التعلم الكثير من الإسهامات التعليمية لجميع فئات المتعلمين العاديين منهم ، وذوي الاحتياجات الخاصة ، من أهمها :

◄ تدريب المتعلمين على أساليب التعلم الذاتي والتعاوني.

◄ إضفاء المتعة والتشويق على عمليتي التعلم والتعلم لجميع المتعلمين.

◄ إتاحة الفرص للمتعلم أن يختار مصادر التعلم التي تناسبه.

◄ السماح لمتعلم أن يتعلم وفقا لقدراته الخاصة.

◄ تبسيط الخبرات للمتعلم خصوصا الصعبة منها.

◄ نقل الخبرات المجردة للمتعلم بطريقة محسوسة تيسر استيعابها.

◄ تعويض الحاسة المفقودة وتقديم خبرات بديلة للمتعلمين المعاقين.

◄ تنمية مهارات المتعلمين اليدوية والعقلية والاجتماعية.

◄ تدريب المتعلمين على استخدام التكنولوجيا الحديثة وتطبيقاتها.

◄ إكساب المتعلمين ميول واتجاهات إيجابية نحو المزيد من التعلم.

◄ شغل وقت فراغ المتعلمين بأنشطة ومهام مفيدة.

◄ تدريب المتعلمين على إنتاج وعرض المواد التعليمية المتنوعة.

◄ تدريب المتعلمين على ممارسة وإتقان هوايات مفيدة كالتصوير الفوتوغرافي وتصوير الفيديو ، وإنتاج الصور ، وبرامج الفيديو وبرمجيات الكمبيوتر ، ومواقع الإنترنت .. إلخ.

◄ توفير بدائل مناسبة من الخبرات لتعليم وتعلم الموهوبين والفائقين.

- وحدات مراكز مصادر التعلم ومحتوياتها :

تختلف تصميمات مراكز مصادر التعلم باختلاف المساحات المتاحة لإقامة تلك المراكز ، والأهداف المنوط بها تحقيقها ، ونوعية الخدمات المتوقع تقديمها .

ويجب أن نفرق بداية بين إقامة مركز مصادر تعلم في مكان متوافر بمبنى المؤسسة التعليمية ، وأن نخطط لإقامة المركز عند التخطيط لمباني المؤسسة التعليمية . ففي الحالة الأولى يتحكم المكان المتاح ومساحته في تحديد عدد وحدات المركز، والحيز المتاح لكل منها ، أما في الحالة الثانية - وهي الأفضل- فيتم تخطيط عدد الوحدات المطلوبة والمساحات اللازمة لكل منها كما يجب أن تكون.

وعند إقامة مركز لمصادر التعلم يجب أن يتوافر : مكـان مناسـب ويفضـل أن يكون مبنـى مستقل بمساحات مناسبة ، وفي موقع مناسب بعيدا عن الضوضاء والإزعاج ، به كافة المرافق المطلوبة مـن توصيلات الكهرباء والمياه ، ومصادر الإضاءة الطبيعية والـصناعية ، ومـزود بالأثـاث المناسب مـن المكاتب والمقاعد وطاولات العرض ودواليب التخزين ، عـلى أن يـتم تزويـد كل وحـدة مـن وحـدات المركز بالأجهزة والمواد اللازمة وفقا لطبية تلك الوحدة ، وبالأعداد المناسبة لعدد مرتادي المركـز ، كـما يجب تزويد المركز بتجهيزات الأمن والسلامة اللازمة ، وإلى جانب كل ذلك هناك متطلب آخـر هـو أهم تلك المتطلبات وهو العنصر البشري من اختصاصيين وفنيين ومساعدين .

ورغم أن هناك بعض التباين في الأدبيات حول وحدات مراكز مصادر الـتعلم ومكوناتهـا ، فإن مانؤكد عليه هنا هو أنه لايوجد نموذج واحد هو الأنسب والأفضل لتصميم مراكز مصادر الـتعلم ، لكن هناك النموذج المناسب للإمكانات المتاحة . ومـن أهـم الوحـدات التـي يجبـأن يـشملها مركـز مصادر التعلم ما يلي : (الغريب زاهر ، إقبال بهباني ، 1999، ص ص 210-214 ، محمد زياد حمدان ، 1999 ، ص ص 101 – 107 ، عادل سرايا 2007 ، ص ص 199-2003).

1- الوحدات الإدارية :

وتـشمل مكاتب : مـدير المركـز ، والـسكرتارية ، والفنيـين ، والبـاحثين والاختـصاصيين ، ومهندسي الدعم الفني والصيانة .. إلخ.

2- الوحدات الخدمية : وتشمل :

أ- وحدة التدريب :

ومهمتها تخطيط وتنفيذ برامج التدريب المختلفة للمتدربين من داخل أو خـارج المؤسسة التعليمية .

ب- وحدة القراءة التقليدية :

وتضم عدد كبير من الكتب والمراجع والمجـلات والقـواميس والموسـوعات ودوائـر المعـارف المطبوعة ، وأماكن مناسبة للقراءة والاطلاع .

ج - وحدة القراءة الإلكترونية :

وتضم عدد كبير من الكتب الإلكترونية ومصادر المعلومات الإلكترونية ، وعدد من أجهزة قراءة الميكروفيلم ، والميكروفيش ، وعدد من أجهزة الكمبيوتر لتصفح لكتب الإلكترونية.

د - وحدة التعلم الإلكتروني والأنترنت :

وتضم عدد من أجهزة الكمبيوتر الحديثة المتصلة بخدمة الإنترنت ذات السرعات العاليـة لتصفح المواقع الإلكترونية التعليمية المتنوعة والاستخدامات التعليمية الأخرى للإنترنت.

هـ - وحدة العرض الضوئي :

وتضم عدد من أجهزة العرض الضوئي المختلفة مثل : جهاز عرض الشفافيات ، وجهاز عرض الشرائح الشفافة ، وجهاز عرض المواد المعتمة وجهاز الفيديوبروجكتور ...إلخ.

و - وحدة المشاهدة المتلفزة :

وتضم عدد من أجهزة التليفزيون وشاشات العرض التليفزيوني المكبرة وأجهزة الفيديو كاسيت والفيديو سي دي ، وأجهزة الريسيفر وأماكن للجلوس والمشاهدة.

3- الوحدات الفنية : وتشمل :

أ- وحدة إنتاج الصور ومعالجتها :

وتضم عدد من كاميرات التصوير الفوتوغرافي التي تعمل بأفلام التصوير الحساسة ، وكاميرات التصوير الرقمي التي تعمل على الشرائح الإلكترونية ، وأجهزة طبع وتكبير الصور ، وجهازكمبيوتر متطور مزود ببرامج معالجة الصور .

ب- وحدة إنتاج الفيديو :

وتضم عدد من كاميرات التصوير الفيديوي التي تعمل بالأشرطة وكاميرات الفيديو الرقمية التي تعمل على الاسطوانات المدمجة (سي دي CD ، ودي في دي DVD) ، وأجهزة المونتاج والمكساج وجهازكمبيوتر متطور مزود ببرامج معالجة مقاطع الفيديو ، وتحويلها من الصورة التناظرية إلى الشكل الرقمي .

ج- وحدة إنتاج مواد وبرمجيات التعليم الإلكتروني :

وتضم عدد من أجهزة الكمبيوتر المتطورة وملحقاتها من الكاميرات والماسحات الضوئية والطابعات والبرمجيات المتطورةالتي تتيح إنتاج ونسخ المواد التعليمية الإلكترونية ، وتتيح تصميم الكتب الإلكترونية والمواقع التعليمية الإلكترونية على الإنترنت .

د- وحدة إنتاج الرسومات والمجسمات :

وتضم عدد من الأدوات والخامات والألوان التي تتيح إنتاج الرسومات المتنوعة ، واللوحات ، والنماذج ، والمجسمات ، والعرائس.. إلخ

هـ- وحدة إنتاج الشفافيات والشرائح الشفافة :

وتضم عدد من الأجهزة والأدوات والخامات التي تتيح إنتاج الشفافيات الحرارية ، والشرائح المصورة الشفافة ، حيث يمكن إنتاج تلك المواد بدرجة عالة من الجودة بواسطة الكمبيوتر .

و - وحدة الدعم الفني والصيانة :

وتضم عدد من الأجهزة والأدوات وقطع الغيار التي تساعد في صيانة الأجهزة المختلفة بوحدات المركز ، وتقدم الدعم الفني اللازم عند الطلب. والعنصر الأهم في تلك الوحدة هو العنصر البشري من الفنيين ومهندسي الصيانة.

4- وحدات التخزين : وتشمل :

أ- وحدة تخزين الأجهزة والأدوات :

وتضم أماكن ودواليب مناسبة لحفظ وتخزين الأجهزة التعليمية المختلفة غير المستخدمة في وحدات المركز ، أو الأجهزة الاحتياطية حيث يجب أن يتمالتخزين وفقا لشروط وقواعد التخزين المتعارف عليها عالميا في هذا الشأن .

ب- وحدة تخزين المواد والخامات :

وتضم أماكن ودواليب مناسبة لحفظ وتخزين المواد التعليمية المختلفة غير المستخدمة في وحدات المركز ، والخامات التي يحتاج إليها العمل في وحدات المركز خصوصا الوحدات الإنتاجية ، حيث يجب أن يتم التخزين وفقا لشروط وقواعد التخزين المتعارف عليها في هذا الشأن .

****

الفصل السادس :

((المواد التعليميـــــة))

- مفهوم المواد التعليمية وتصفيفها.
- معايير تصميم المواد التعليمية.
- مراحل تصميم المواد التعليمية وإنتاجها
- المواد التعليمية ذات العرض المباشر.
- المواد التعليمية المعروضة باللوحات.
- اللوحـــاة الوبريـــة ، لوحـــة الجيـــوب ، اللوحـــة المغناطيسية ، اللوحة الكهربائية ، اللوحة الإخباريـة ، اللوحة الطباشيرية.

الفصل السادس :

((المــواد التعليميــة))

سبقت الإشارة على صفحات الفصل الأول من هذا الكتاب إلى أن تكنولوجيا التعليم منظومة مكونة من ثلاثة محاور هي اجهزة والمواد والعنصر البشري ، حيث تمثل المواد التعليمية مكونات تلك المنظومة وعلى صفحات الفصل الحالي نعرض لمفهوم المواد التعليمية ، وتصنيفها وأهم أنواعها ، وطرق إنتاجها وعرضها ، وذلك على النحو التالي:

- مفهوم المواد التعليمية :

المواد *Software / Materials* مصطلح عام يشير إلى أى نوع من المواد التعليمية المرئية والمسموعة والشفافة والمعتمة والثابتة والمتحركة ... الخ .

وتمثل المواد شقا مهما جدا فى مكونات تكنولوجيا التعليم ، فهى المحور الآخر الذى يكمل عمل الأجهزة التعليمية فى منظومة تكنولوجيا التعليم .

ويشير هذا المصطلح فى مجال الحاسوب إلى المواد المبرمجة آليا أو برمجيات الحاسوب على اختلاف أشكالها وصورها ومحتواها وأهدافها.

وبإيجاز شديد يمكن تعريف المواد التعليمية *Instructional Software /Materials* بأنها أى نوع من المواد التى تستخدم لخدمة أغراض تعليمية.

أما مواد التدريس *Courseware* فتشير إلى كافة المواد التى تستخدم خلال عملية التدريس ، أو التى تستخدم كوسائط تدريس ، حيث تخزن المعلومات فى أشكال تتوافق مع تقنيات المعلومات الحديثة. ومن أمثلتها : أشرطة واسطوانات الفيديو ، والفيديو التفاعلى ، والأفلام التعليمية وبرمجيات الحاسوب التعليمية .. الخ .

وهذا يعني أن مواد التدريس هى نوع من المواد التعليمية التي تستخدم فى المواقف التدريسية ، أو لخدمة عملية التدريس وتحقيق أهدافها.

● تصنيف المواد التعليمية :

هناك تصنيفات عديدة للمواد التعليمية على ضوء عدة أسس أهمها : تصنيف المواد التعليمية على ضوء الحاسة التي تخاطبها إلى : مواد مسموعة (صوتية) ، ومواد مرئية (مصورة) ، ومواد سمعبصرية ومواد ملموسة (محسوسة) .

وتصنيفها على ضوء طريقة إنتاجها إلى : مواد منتجة يدويا ، ومواد مطبوعة ، ومواد مرسومة ، ومواد مصورة ، ومواد منتجة آليا .

وتصنيفها على ضوء عرضها ضوئيا إلى : مواد تعرض ضوئيا ، ومواد لا تعرض ضوئيا .

وعلى ضوء عنصر الحركة إلى : مواد متحركة ، ومواد ثابتة . وعلى ضوء عنصر الشفافية إلى : مواد شفافة ، ومواد معتمة.

وعلى ضوء طبيعتها الإلكترونية إلى : مواد إلكترونية ، ومواد غير إلكترونية . وعلى ضوء صورتها الإلكترونية إلى مواد تعليمية تناظرية ومواد تعليمية رقمية.

كما تصنف المواد التعليمية على ضوء كثافة المنبهات التعليمية الحسية إلى : مواد متحركة ناطقة كأفلام السينما والفيديو . ومواد ثابتة آلية كالشفافيات ، والشرائح الشفافة ، والشرائح الميكرسكوبية ، والأفلام الثابتة. ومواد مسطحة كالرسوم الخطية ، والرسوم البيانية ، والرسوم التوضيحية والكاريكاتورية ، واللوحات ، والخرائط. ومواد سمعية كالتسجيلات الصوتية.

وتصنف المواد التعليمية أيضا على ضوء تكلفتها وسهولة الحصول عليها واستخدامها تصاعديا من الأقل تكلفة والأسهل في الحصول عليها واستخدامها إلى : مواد مكتوبة كالمذكرات ، والنشرات . ومواد حائطية كاللوحات والخرائط . ومواد مطبوعة . ومواد صوتية كالتسجيلات الصوتية . ومواد ثابتة آلية كالشفافيات والشرائح والأفلام الثابتة . ومواد متحركة كالأفلام السينمائية ، وأشرطة الفيديو ، والبرامج التليفزيونية. وأخيرا مواد مبرمجة آليا كبرمجيات الكمبيوتر ، ومواقع الإنترنت التعليمية.

كما تصنف المواد التعليمية على ضوءطريقة عرضها إلى : مواد تعرض عرضا مباشرا كالأشياء الحقيقية ، والعينات ، والنماذج ، والمجسمات والعرائس . ومواد تعرض كمعلقات كمواد اللوحة الوبرية ، ومواد اللوحة

المغناطيسية ، ومواد لوحة الجيوب ، ومواد اللوحة الكهربائية ، ومواد الوحة الإخبارية ، ومجلات الحائط ، واللوحات والخرائط ، ومواد تعرض بواسطة أجهزة العرض كالشفافيات ، والشرائح الشفافة ، والمواد الصوتية ومواد الفيديو ، والمواد الإلكترونية الكمبيوترية. وهذا التصنيف الأخير هو الذي يتم التركيز عليه بشيء من التفصيل على صفحات الفصل الحالي.

● معايير تصميم المواد التعليمية :

عند تصميم أو إنتاج أية مادة تعليمية هناك عدة معايير مهمة يؤدي الالتزام بها إلى زيادة فاعلية تلك المواد وجودتها ، من أهم تلك المعايير :

1- البساطة :

يجب التعبير عن الفكرة بأقل عدد ممكن من العناصر ، وأن تستبعد العناصر غير الأساسية في المادة التعليمية المراد إنتاجها ، ولكي تتقن ذلك تأمل ما يلي :

أ - تجنب العناصر غير اللازمة كما هو موضح بالشكل التالي :

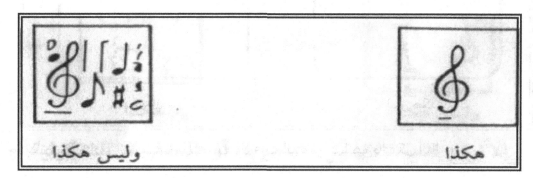

ب - استخدم خلفية بسيطة كما هو موضح بالشكل التالي :

2- هيمنة العنصر الأساسي :

يجب أن يستحوذ العنصر الأساسي في التصميم على انتباه المشاهد دون العناصر المساعدة ،

ولتحقق ذلك يجب اتباع مايلي :

أ- ضع فكرة واحدة فقط في التصميم كما هو موضح بالشكل التالي :

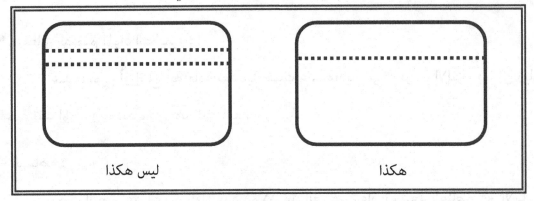

ب - قسم منطقة الرؤية إلى أثلاث ، وليس إلى أنصاف كما هو بالشكل التالي :

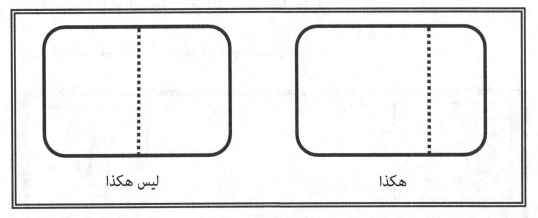

ج- لا تضع العناصر الرئيسية في المنتصف ولا قرب الهامش كما هو بالشكل التالي :

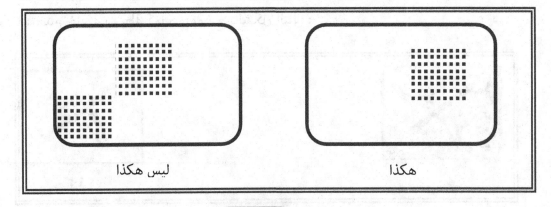

د- استخدم وسائل تمييز لتوضيح العناصر الرئيسية كالأسهم والمربعات والدوائر ...إلخ .

3- التجانس :

يجب أن تنسجم العناصر معاً في تناغم ، ولكي تحقق ذلك افعل ما يلي :

أ- استخدم العوامل المترابطة كما هو بالشكل التالي :

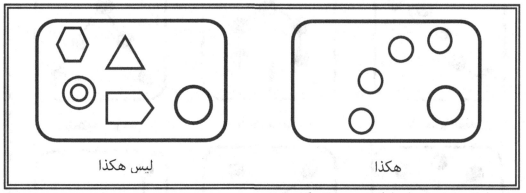

ب - اربط العوامل بخطوط كما هو بالشكل التالي :

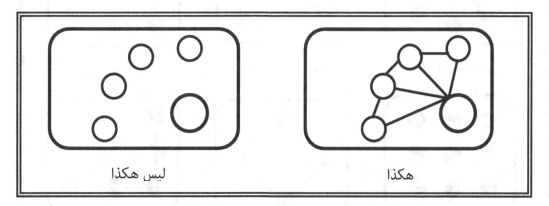

ج- قلل من الاعتماد على أنواع مختلفة من الخطوط أو الخطوط التشكيلية عند إنتاج مواد تعليمية مكتوبة ، أو مطبوعة . (ويفضل الخط النسخ لوضوحه) كما بالشكل التالي :

من الوسائل التعليمية إلى تكنولوجيا التعليم .. الجزء الأول

4- المخطط المتناسق :

يجب أن توزع العناصر في شكل مخطط متناسق. ولكي تتأكد من ذلك افعل ما يلي :

أ- اختر أحد التصميمات الأساسية مثل الموضحة بالأشكال التالية :

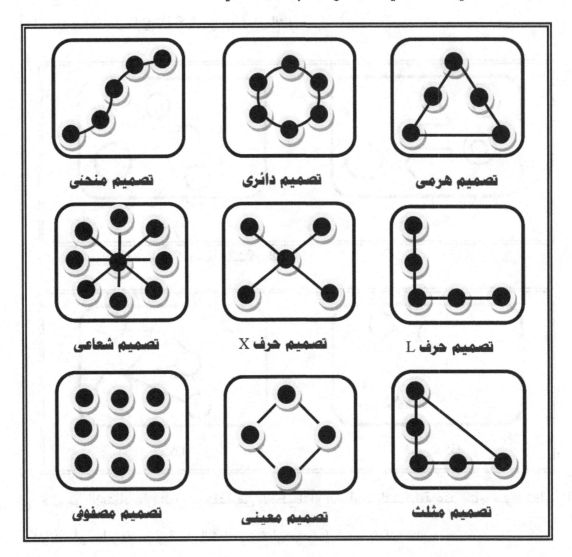

ب - استخدم الخطوط ذات المعاني المتعارف عليها كالسهم المنحني الدال على التدفق ، والخطوط المتموجة الدالة على الموجة ، والخطوط المتفرقة من مركز واحد الدالة على الشعاع ، والخطان المتوازيان الدالين على التوازي ... إلى غير ذلك من الخطوط التي لا تحتمل اللبس في فهم معناها.

5- الاتزان :

والمقصود بالاتزان مراعاة جميع القواعد السابقة بشكل متوازن ولتحقيق ذلك يجب :

أ - وضع الألوان القاتمة ذات المساحات الكبيرة في النصف الأسفل من التصميم ووضع الألوان الفاتحة ذات المساحات الصغيرة في النصف الأعلى من التصميم .

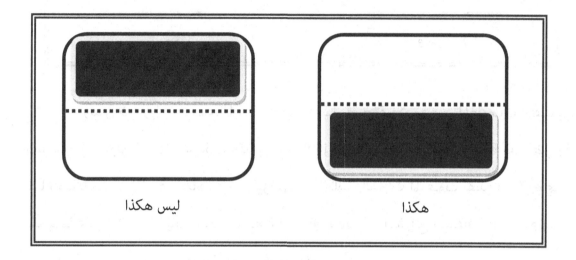

ليس هكذا   هكذا

ب - التنسيق بين المساحات الكبيرة الفاتحة مع العناصر الصغيرة الغامقة كما بالشكل التالي :

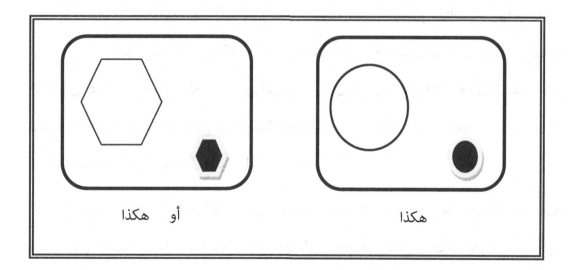

أو   هكذا   هكذا

ج - تنسيق العناصر الكبيرة قرب منتصف التصميم والعناصر الصغيرة قرب حافته كما بالشكل التالي :

من الوسائل التعليمية إلى تكنولوجيا التعليم .. الجزء الأول

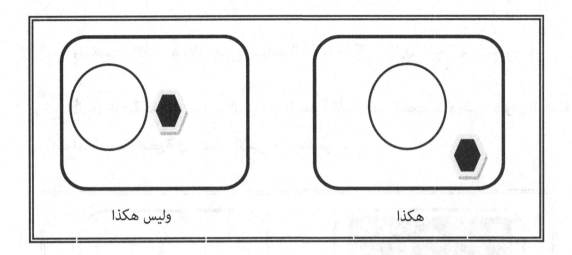

وليس هكذا
هكذا

وليس ضرورياً أن تحوي المادة التعليمية كل صغيرة وكبيرة من المعلومات التفصيلية الدقيقة ، حتى ولو كان ذلك ممكناً . فقد يؤدي ذلك إلى أن تصبح مكتظة ومزدحمة بغير ضرورة ، مما يجعلها مشتتةً لانتباه المشاهدين وتركيزهم ، وإذا كانت الخبرات المرغوب تقديمها كثيرة يمكن تقسيمها على شكل شفافيات متعددة الطبقات ، أو عدد من الشرائح الشفافة أو رسوم وصور متفرقة ، أو رسوم بيانية ، أو جداول يسهل فهمها وتحليلها.

ومن المعلوم أن محتوى المادة التعليمية المنتجة قد يكون بأكمله جملاً مكتوبة ، لكن الغالب أن تحوي المادة التعليمية أشكالاً ، وصوراً مكتوبٌ بجانبها التعليق المناسب ، ولها في كل حالة من الحالتين استخداماتها فأسلوب الجمل المكتوبة مفيد في شرح بعض المفاهيم المجردة كمفاهيم اللغة وفي تقديم التعاريف والحقائق ، ويراعى في ذلك أن تكون الأسطر أفقية وغير متراكمة حتى لا ترهق المشاهد . أما أسلوب المزج بين الأشكال والتعليقات المكتوبة فهو الأسلوب الغالب في إنتاج المواد التعليمية ، حيث يفيد في تعليم المفاهيم المحسوسة .

وعلى الرغم من سعي المؤسسات التعليمية لتوفير المواد التعليمية بشتى أنواعها جاهزة للعديد من التخصصات الدراسية ، فإنك قد تجد نفسك مضطرا لإنتاج مواد تعليمية أخرى ، وذلك للأسباب التالية :

◄ بعض المواد التعليمية الجاهزة قد لاتكون مناسبة لبعض الموضوعات الدراسية من حيث اللغـة المستخدمة ، أو مستوى المتعلمين ، أو ارتباطها بخبراتهم التعليمية .

◄ معظم المواد التعليمية الجاهزة عادة ما تكون مكلفة .

◄ إن عملية إنتاج المواد التعليمية أمر سهل وممتع ، يمكن القيام به بعد تدريب بسيط .

◄ إن عملية الإنتاج في حد ذاتها تمثل عملية تعليم وتعلم للفرد القائم بالإنتاج .

● مراحل تصميم المواد التعليمية وإنتاجها :

لكي نسهم في تسهيل مهمة إنتاج المواد التعليمية لابد من الإشارة إلى أن هناك أصنافاً كثيرة من المواد التعليمية التي يمكن توظيفها واستخدامها لخدمة عمليتي التعليم والتعلم بفعاليـة ، وأن التنوع والاختلاف والكثرة يجعل من الصعوبة بمكان وضع خطة واحدة ، أو اتبـاع خطوات ثابتـة لتصميم وإنتاج كافة المواد التعليمية ، لأن كل مادة تتطلب عند إنتاجها مهارات وإجراءات خاصة ، فالخطوات التي تتبع لإنتاج شرائح أو مجسمات مثلا تختلف عن خطوات إنتاج التسجيلات الصوتية ... ولكن رغم ذلك يمكن أن نشير فيما يلي إلى بعض الخطوات كمبادئ عامة مـشتركة ينبغي اتباعها عند إنتاج معظم المواد التعليمية :

1- تحديد الهدف من المادة التعليمية :

عند إنتاج أية مادة تعليمية لابد بداية من تحديد الأهداف التي يجب تحقيقها ، وتحديد ماذا نريد من المادة التعليمية أن تحققه ؟ فتحديد الهدف من المادة التعليمية يسهل عملية الإنتاج من خلال تحديد المحتويات الأساسية للمادة التعليمية بشكل مناسب ، وغنـي عـن القول إن معرفة الهدف ومحتوى المادة التعليمية يقلل من الإهدار في الجهد والمال والوقت .

2- تحديد طريقة التعليم أوالتعلم :

لـدينا كـما تعـرف أسـاليب وطـرق كثـيرة للتعلـيم والـتعلم ، لكـل منهـا المـواد التعليميـة التـي تناسـبه ، فلابـد مـن تحديـد الهـدف مـن إنتاج الوسيلة

والطريقة التي ستستخدم معها ، أهي فقط لعرض معلومات وخبرات ، أم اكتشاف نتائج وخبرات جديدة ، أو لتحليل خبرات إلى عوامل معينة ؟. وغيرذلك ، كما يمكن اختيار نمط التعلم المناسب لكل من : المتعلمين وطبيعة المادة التعليمية ، ولابد من التجديد في الأنماط المختارة.

3- تحديد الإمكانات المتاحة :

الإمكانات التي نحتاجها لإنتاج المواد التعليمية كثيرة أهمها أجهزة عرض وإنتاج تلك المواد مثل : الكاميرات ، وأجهزة إنتاج الشفافيات وأجهزة الكمبيوتر المتطورة ، والطابعات الملونة المتقدمة والمواد المساعدة لذلك مثل : الأفلام المناسبة ، والألوان الخاصة بكل مادة تعليمية والشفافيات المختلفة ، والأقلام المتنوعة ، وغيرها من الأدوات والخامات والمهارات المطلوبة .

4- تحديد شكل المادة التعليمية :

هناك العديد من أشكال صياغة المواد التعليمية منها : الكتابة ، أو الرسم ، أو الصور .. أو أكثر من شكل معا ، مع مراعاة الآتي :

◄ الصدق العلمي للمحتوى .

◄ البساطة وعدم التعقيد ، بحيث تشتمل على فكرة أو مفهوم واحد وألا يزيد عدد العناصر المصورة فيها عن ثلاثة أو أربعة عناصر.

◄ وجود عنوان قصير في أعلى المنتج من 3 - 5 كلمات .

◄ الاعتماد على الرسوم قدر الإمكان .

5- إعداد مخطط كروكي :

يشتمل على المواصفات الكاملة المرغوب تحقيقها للمادة التعليمية المطلوب إنتاجها ، مع مراعاة النواحي الفنية المناسبة للمادة المنتجة .

6- تلوين المواد التعليمية :

تستخدم الألوان الطبيعية كمثير أصلي لوصف الظواهر والأشياء أو كمثير ثانوي لتركيز الإنتباه على عناصر محددة في المواد التعليمية .

ومن المعلوم أن الألوان تستخدم عالمياً في إنتاج المواد التعليمية حيث تضفي على تلك المواد رونقا وبريقا يجعلها تحاكي الطبيعة بشكل دقيق الأمر الذي يحقق للمشاهد المتعة والتشويق عند عرضها ، ويتوقف ذلك على مدى الدقة والمهارة في عملية التلوين (استخدام الألوان).

وللقيام بعملية التلوين للمواد التعليمية بالمستوى المطلوب ينبغي عليك التعرف على دائرة الألوان *Colors Cycle* ، وهى دائرة تضم اثنى عشر لوناً أساسياً وفرعياً ، فى ترتيب محدد بحيث يقع كل لون مقابل اللون الذى ينسجم معه ، وبالتالى ينتج عن مزج هذين اللونين اللون الرمادى أى أن كل لون يفنى اللون الذى يقابله ، وترتيب الألوان على الدائرة يكون كما يلى: أصفر ، أصفر برتقالى ، أحمر برتقالى ، أحمر ، أحمر بنفسجى ، بنفسجى ، بنفسجى أزرق بنفسجى ، أزرق ، أزرق مخضر ، أخضر ، أصفر مخضر. وتقوم دائرة الألوان بدور مهم جداً فى عمليات خلط الألوان والحصول على ألوان فرعية ثنائية ، أو ثلاثية حسب الطلب. (لمزيد من المعلومات انظر ماهر إسماعيل صبري ، فائزة محمد المغربي ،*1425*، ص ص *64-67*).

ويؤدي استخدام الألوان في إنتاج المواد التعليمية سواء كانت مكتوبة أو مرسومة ، أو مكتوبة ومرسومة معا إلى ربط المدركات الحسية بمدلولاتها ، وإظهار العناصر الأساسية المكونة للموضوع ، وتوضيح أجزائه وإضفاء الصبغة الجمالية عليه ، مما يزيد من تأثيره في عمليات التشويق والإثارة أثناء استخدامه في التعليم ، إلا أن الإسراف والمبالغة في استخدام الألوان قد يؤدي إلى وضع عكسي يقلل من قيمة المواد التعليمية ويشوه معالمها .

وهناك عدة طرق لتلوين المواد التعليمية التي نقوم بإنتاجها ، منها الطرق اليدوية ، ومنها الآلية ، لكن أكثرها شيوعا الطرق اليدوية مثل :

أ - التلوين اليدوي باستخدام المواد الملونة :

وفي هذه الحالة يجب مراعاة الأمور الآتية :

- تعد الفرشاة الأداة الرئيسية في استعمال الألوان السائلة ، وهي على أنواع عديدة فبعضها له شعر مستدير ناعم ، ورأس مدبب ، أو بيضاوي وبعضها له شعر ناعم ورأس منبسط .
- عنداستخدام الفرشاة في التلوين ، يجب أن تكون نظيفة ، كما يجب غسلها بعد الاستعمال .
- يمكن استعمال أقلام فلوماستر *Fit Tip Pens* ، أو أقلام الشفافيات في تلوين مساحات صغيرة من المادة التعليمية ، ولكن بدقة متناهية بحيث تكون كثافة اللون وشدته متماثلة على مساحة السطح الذي تم تلوينه.

◄ يمكن استعمال الأقلام الخشبية الملونة والتي تترك أثرا على الأجسام الملساء ، وعند الاستخدام يجب مسكها بشكل مائل ، والحفاظ على أن تكون رؤوسها مدببة ، حيث يتم تلوين السطح بتحريك رأس القلم ذهاباً وإياباً باتجاهين فقط مع عدم الضغط بشدة ، وبعد إتمام التلوين يمكن أن تفرك ، أو تدلك السطح بورقة نشاف ، أو قطعة من القطن حتى تعمل على توزيع اللون بشكل متجانس على السطح ، ويمكن أن ترش السطح بمادة مثبتة Fixative .

ب - استخدام المرذاذ (البخاخ) في تلوين المواد التعليمية :

يحتوي المرذاذ Spray على سائل مضغوط ذي لون شفاف يمكن أن يضاف إلى سطوح مختلفة ، سواء كانت شفافة كالزجاج والبلاستيك أو معتمة مثل الورق ، والخشب والمعدن ، ويمكن تلوين المادة التعليمية المنتجة باستخدام هذا النوع من الألوان .

ج - تظليل الرسوم باستعمال التنقيط :

يضيف التظليل إلى الرسوم التوضيحية البعد الثالث ، فتبدو للمشاهد كأنها مجسمة ، ويساعد أيضا على إظهار التباين ، وطبيعة ملمس الأشياء التي تمثلها هذه الرسوم ، وهناك أساليب متنوعة يتم بها تظليل الرسوم مثل : أسلوب التنقيط ، والخطوط المتدرجة ، والخطوط القصيرة المتقاطعة ويعد التنقيط أبسط هذه الأساليب , ويتم ذلك بإضافة نقط صغيرة وكثيرة جداً إلى الرسم باستخدام رأس قلم حبر سائل ودقيق ، أو باستخدام البخاخ (المرذاذ) ، وعند استخدام هذا الأسلوب يجب مراعاة :

◄ تحديد مصدر الضوء الذي يسقط على الجسم المطلوب تظليل رسمه حتى يمكن تحديد مناطق الظلال التي سوف تنقط .

◄ يجب أن يكون للنقط حجم ثابت ، وألا تتطابق ، أو تتراكب .

◄ تحدد المسافة بين النقط حسب كثافة الظل ، ففي منطقة الظلال تكون النقط متقاربة ، وفي المنطقة المضيئة تكون النقط متباعدة .

وهناك العديد من الآلات والأجهزة التي تساعد في عملية إنتاج المواد التعليمية ، بعضها يعمل بطريقة مزدوجة للعرض والإنتاج معاً ، من أهمها :

◄ جهاز النسخ الحراري أو الثرموفاكس (إنتاج) .

- ◀ جهاز تصوير الورق العادي (الكهروستاتيكي) (إنتاج) .
- ◀ آلات التصوير والكاميرات (إنتاج) .
- ◀ كاميرا الفيديو المزودة بشاشة عرض (إنتاج وعرض) .
- ◀ كاميرا التصوير الرقمية المزودة بشاشة . (إنتاج وعرض).
- ◀ جهاز الحاسوب (عرض وإنتاج) .
- ◀ جهاز الفيديو (عرض وإنتاج) .
- ◀ جهاز عرض الصور والمواد المعتمة (عرض وإنتاج) .
- ◀ جهاز العرض فوق الرأس (عرض وإنتاج) .
- ◀ جهاز التسجيلات السمعية (عرض وإنتاج) .

- المواد التعليمية ذات العرض المباشر :

هناك العديد من المواد التعليمية التي يمكن للمعلم أو المتعلم عرضها مباشرة دون الحاجة إلى جهاز أو وسيلة للعرض ، ومن امثلة تلك المواد ما يلي :

1- الأشياء الحقيقية :

الأشياء الحقيقية (*Real Things (Objects* يقصد بها ذوات الأشياء كما هي دون تغيير فيها أو تعديل ، وتتوافر فيها جميع صفات الشيء وخصائصه الحقيقية ، ومن أمثلتها : الحيوانات ، والطيور والأسماك والنباتات ، والصناعات ، وغيرها .

وتعطي الأشياء الحقيقية للمتعلم خبرة واقعية مباشرة ، ومن ثم تكون احتمالية تكون أفكار وتصورات خاطئة عن تلك الأشياء ضعيفة جدا حيث يتفاعل المتعلم مع الشيء الحقيقي تفاعلا مباشرا بحواسه المجردة دون تقريب أو تحريف .

ويقوم المعلم بعرض الأشياء الحقيقية أمام المتعلمين عرضا عمليا مباشرا بشكل جماعي يراه جميع المتعلمين ، وبشكل فردي لملاحظة كل متعلم للتفصيلات الدقيقة للشيء المعروض.

ومن أمثلة عروض الأشياء الحقيقية عرض نوع محدد مثلا من ساعات اليد بمواصفات محددة ، أو عرض نوع محدد من كاميرات التصوير الحديثة ، أو عرض نوع محدد من أجهزة الهاتف المحمول لبيان إمكانياتها الفنية ، ومزاياها .. ويجب على المعلم أن يتأكد قواعد السلامة عند قيامه بعرض أي شيء منها.

2- العينات :

العينات Specimens تمثل إحدى المواد التعليمية التي تنتمي إلى وسائل الخبرة المعدلة ، وتعرف بأنها : أجزاء صغيرة من الأشياء الحقيقية تؤخذ من بيئتها الطبيعية التي تدل عليها ، ولايحدث للعينات أي تعديل أو تغيير أو تشكيل في خصائصها ، فهي تحمل نفس صفات وخصائص الأشياء الحقيقية بأقرب مايكون التمثيل ، لذا فهي من المواد التعليمية الجيدة المحسوسة التي يتم اللجوء إلى استخدامها عندما يتعذر وضع المتعلم في مواقف طبيعية يرى خلالها الأشياء الحقيقية والظواهر والكائنات كما هي. ومن أمثلة العينات : عينات حية (نباتات ، ثمار ، أسماك طيور ...الخ) ، وعينات غير حية (صخور ، معادن ...الخ) .

وغالبا ما يتم عرض العينات سواء كانت حية أو غيرحية عرضا مباشرا أمام المتعلمين دون الحاجة لأجهزة عرض ، كمايمكن عرض العينات بواسطة وسائل وأجهزة عرض أخرى.

3- المجسمات :

المجسمات Stereograms هى كل شيء يتم تشكيله بثلاثة أبعاد (طول ، عرض ، عمق) ،

سواء كانت صور مجسمة أو لوحات مجسمة ، أو نماذج مجسمة ، أو رسوم مجسمة . وتعد المجسمات مواد تعليمية مهمة جدا ، حيث تقدم للمتعلم خبرات بديلة عوضا عن الأشياء الحقيقية عندما يتعذر على المعلم توفيرها لتلاميذه ، كتقديم مجسم للجهاز

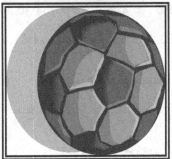

الهضمى فى الإنسان مثلا كبديل عن رؤية الجهاز الهضمى الحقيقى. أو مجسم للمفاعل النووي بديلا عن زيارة مفاعل نووي حقيقي واحتمالية تعرض المتعلمين للخطر ... ويمكن صنع المجسمات بطرق سهلة ، ومن مواد عديدة كالخشب والورق المقوى ، وورق الجرائد ، والطين الصلصال ، والجبس والبلاستيك ، والإسفنج ، وغيرها. ويتم عرض المجسمات أمام المتعلمين بطريقة مباشرة تتيح لكل متعلم مشاهدة المجسم ، ولمسه بيديه ، والتفاعل معه.

4- النماذج :

النموذج Model مصطلح يشير إلى عرض مادى أو تصورى لشيء أو نظام يمثل مظاهر محددة من الأصل. وتعرف النماذج أيضا بأنها محاكاة مجسمة لشيء ما ، قد تكون هذه المحاكاة ذات تفاصيل كاملة ، أى صورة

مطابقة تماما للشيء الأصلى المراد عمل نموذج له ، وقد تكون المحاكاة بسيطة لا تشمل كل التفاصيل الدقيقة ، بل تركز على الخطوط أو الشكل العام للأصل. أى أن النموذج طريقة لتمثيل ظواهر وأحداث وإجراءات وعمليات مرتبطة بشيء ما ، مع بيان طبيعة العلاقات بينها. وتعد النماذج من المواد التعليمية البديلة التي تقرب الواقع لذهان المتعلمين عندما يستحيل أو يصعب توفير الأشياء الحقيقية الواقعية لهم ، أو عندما يكون ذلك محفوفا بمخاطر شديدة . وهناك أنواع وأشكال كثيرة من النماذج تختلف باختلاف طبيعتها والهدف منها والواقع الذى تمثله ومن أهمها :

أ- نماذج الحل والتركيب :

نموذج الحل والتركيب Removable Parts Model نوع من النماذج المجسمة لأشياء حقيقية بكامل تفصيلاتها وأجزائها ، حيث يمكن فك وتركيب تلك الأجزاء ، مما يتيح للمتعلم معرفة الأجزاء والعلاقات بينها من جهة ، وبينها والنموذج الكلى من جهة أخرى.

ب- نماذج شغالة (متحركة) :

النموذج الشغال Working Model/Mockup Model هو نموذج مجسم بالحجم الكامل الطبيعى ، يكون عادة لجهاز أو آلة تعمل بحركة ديناميكية معينة ، حيث يحاكى النموذج الجهاز أو الآلة الأصل فيمكن تشغيل النموذج لبيان فكرة عمل الآلة التى يمثلها. ومن أمثلته : نموذج سيارة ، أو نموذج طائرة ، أو نموذج قطار ، أو نموذج محرك ... الخ . ولا يشمل هذا النوع من النماذج كافة أجزاء وتفاصيل الشيء الأصلى لكنه يشمل الأجزاء الرئيسة التى تنقل الفكرة العامة للتشغيل والحركة.

ج - نماذج شفافة :

النموذج الشفاف Transparent Model هو نوع من النماذج المجسمة مصمم بطريقة تظهر المحتويات والأجزاء الداخلية فيه دون الحاجة إلى فكه وتركيبه أو فتحه لرؤية ما بداخله. وهو عكس النموذج المصمت.

د- نماذج ظاهرية (مصمتة) :

النموذج المصمت Solid Model هو نوع من النماذج الصماء التى تكون فى شكل مجسمات تركز فقط على صورة الشكل أو الهيكل الخارجى للشيء الذى يمثله النموذج ، وذلك دون اهتمام بالتفاصيل الداخلية.

هـ- نماذج قطاعات :

نموذج القطاع Section Model هو نوع من النماذج التى تمثل قطاعات طولية أو عرضية للشيء المراد تمثيله ، فإذا كان القطاع طوليا كان النموذج الذى يمثله هو نموذج قطاع طولى (رأسى) ، وإذا كان القطاع عرضى كان النموذج الذى يمثله هو نموذج قطاع عرضى (أفقى) . ويهتم هذا النوع من النماذج بالتركيب الداخلى للشيء مع التركيز على كافة التفصيلات والأجزاء الدقيقة. ومن أمثلته نماذج القطاعات الطولية والعرضية لأجزاء وأعضاء الكائنات الحية.

و - نماذج مفتوحة :

النموذج المفتوح Cutaway Model هو نوع من النماذج المجسمة له غلاف أو غطاء أو إطار خارجى يحيط بأجزائه وتفصيلاته الداخلية ، حيث يمكن عند نزع الغطاء أو الغلاف رؤية جميع الاجزاء الداخلية للنموذج.

ويتم عرض النماذج بكل أنواعها عرضا مباشرا أمام المتعلمين دون حاجة لأجهزة أو وسائل عرض أخرى.

5- الدمى والعرائس :

العرائس أو الدمى Puppets هى نماذج مجسمة لأشخاص أو شخصيات يتم استخدامها فى ألعاب المحاكاة التى تقدم خبرات ممثلة

درامية على مسرح يعرف بمسرح العرائس. وتحقق تلك العرائس دوراً مهماً وفاعلاً فى تعليم الأطفال حيث يحبونها ويتفاعلون معها بشكل يجعل منها مواد تعليمية فعالة.ومن أهم أنواع العرائس ما يلى

أ- عرائس الخيوط (ماريونيت) : Marionette

وهى أكثر أنواع العرائس استخداماً على مسرح العرائس ، وهى أكثرها إقناعاً للجمهور المشاهد ، وهى عبارة عن دمى مجسمة لأشخاص أو حيوانات وخلافه ، تصنع بشكل مفصلى بحيث تتصل أجزاؤها بواسطة خيوط تعمل على تحريك هذه الأجزاء على نحو يبدو طبيعياً ، ويتم تحريك تلك العرائس ببراعة عن طريق لاعب العرائس الذى يجلس عادة فى مكان ما قرب سقف المسرح دون أن يراه أحد حيث يمسك بقضيب مستعرض متصل به كل الخيوط أو الأسلاك التى تحرك العرائس. ومع أن هذا النوع من العرائس يمكن أن يكون بأى حجم فإن الطول الشائع لها يتراوح بين 16 إلى 24 بوصة (أى 40 إلى 60سم) ، كما أن وضع أثقال فى أقدام الدمى هذه يساعد على إبقائها منتصبة متزنة خلال حركتها. ويحتاج هذا النوع من العرائس إلى مهارة فائقة فى اللعب بها.

ب - عرائس العصى : Stick Puppets

وهى نوع من العرائس والدمى التى تصنع عادة من عصا أو مجموعة عصى تتصل فيما بينها بشكل مفصلى من خلال أسلاك قوية حيث يثبت رأس الدمية على قمة العصا ، وتكسى العصا التى تمثل الأرجل والأذرع والجسم بقماش مناسب يمثل ثوب الدمية ، ويقوم الممثل أو اللاعب بالقبض على العصا وتحريكها بما يتناسب وأحداث القصة التى يمثلها بالعرائس.

ج - عرائس خيال الظل : Shadow Puppets

وتعرف أيضاً بعرائس الظلال وتتكون عادة من قطع من الورق المقوى أو الخشب ، أو أية مادة أخرى تأخذ أشكال لأشخاص ، أو حيوانات وخلافه ، يتم تحريكها خلف قطعة (شاشة) من القماش الأبيض أو البلاستيك نصف الشفاف بحيث تكون مضاءة بواسطة مصدر ضوئى خلفى ، فتسقط أشعة الضوء على العرائس ثم منها إلى شاشة العرض ، فتظهر صور هذه العرائس على الوجه الأمامى للشاشة كما لو كانت ظلال تتحرك وتأتى مثل هذه العرائس على عدة أشكال ، فقد تكون مجسمة بشكل حيوان أو إنسان أو أى شئ آخر ، وقد تتخلل تلك العرائس ثقوب لتظهر

على الشاشة باللونين الأبيض والأسود ، وقد تكون الثقوب فى هذه العرائس مغطاة بألوان شفافة تعكس أضواء شفافة على الشاشة ، فتظهر بثقوب ملونة.

د - عرائس قفازية (يدوية) : **Gloves Puppets**

وهى أبسط أنواع العرائس وأسهلها صنعاً وتحريكاً ، وتكون على شكل كم الثوب ولها رأس وذراعين ، بحيث يدخل اللاعب يده داخل الكم ويضع أصابعه فى أماكن الرأس والذراعين بحيث يتم تحريكها من خلال الأصابع ، وتعرف هذه العرائس أيضاً بالعرائس اليدوية.

وتعد العرئس من أهم المواد التعليمية التي يمكن أن تفيد في تعليم الأطفال على وجه الخصوص ، حيث يحبونها ، ويميلون إلى محاكاتها ، ويستوعبون المضامين التربوية في أقوالها وأفعالها.

6- الرسومات التعليمية :

الرسوم (الرسومات) التعليمية *Instructional Diagrams* هى إحدى أنواع المواد التعليمية المهمة التى تعتمد على الملاحظة ، وتشمل جميع أشكال وأنواع الرموز البصرية التى تعبر عن بيانات ومعلومات وخبرات تسهم فى تحقيق أهداف تعليمية. وهناك العديد من أنواع الرسومات التعليمية مثل :

أ - الرسوم البيانية : **Graphs**

تعرف الرسوم البيانية بأنها إحدى أنواع الرسوم الثابتة التى تمثل توضيحات لبيانات إحصائية ، والتعبير عنها فى شكل خطوط ، أو منحنيات أو دوائر ، أو مسطحات ، أو صور بيانية .

وتعرف أيضاً بأنها : تمثيل بصرى للبيانات والمعلومات والأرقام والجداول التى تتعلق بموضوعات مختلفة. وهى أيضاً رموز مرئية توضح طبيعة العلاقات بين المتغيرات ، والأعداد ، والكميات ، والسنوات والبيانات التى تتصل بالمعارف المختلفة.

وتمتاز الرسوم البيانية بأنها قادرة على إعطاء القارئ تصوراً سريعاً وصحيحاً ودقيقاً عن كثير من الظواهر والبيانات والمعلومات المعقدة ، فهى تختصر هذه البيانات وتلك المعلومات الكثيرة وتعبر عنها فى شكل خط ، أو منحنى ، أو أعمدة ، أو دوائر ، أو صور بيانية.

وتعد الرسوم البيانية من أهم أنواع الرسوم التعليمية خصوصاً فى الموضوعات ذات الطابع الإحصائى ، والتى تهتم بدراسة العلاقات بين متغيرات ، أو كميات أو أرقام ، أو نحو ذلك.

ويمكن تقسيم الرسوم البيانية إلى أربعة أنواع هى : الخطوط البيانية Line Graphs ، والأعمدة البيانية Bar Graphs ، والدوائر البيانية Circle Graphs ، والصور البيانية Pictorial Graphs

ومن أهم أنواع الرسومات البيانية ما يلي :

(1) رسوم بيانية إحصائية : Statistical Graphs

وهى نوع من الرسوم البيانية التى تعبر بالخطوط ، أو بالأعمدة أو بالمساحات وغيرها ، عن مقارنات بين كميات مختلفة لبيان التغيير فيها. وقد تكون هذه الرسوم مسطحة ، أو مجسمة ، مفرغة ، أو مظللة.. إلى غير ذلك.

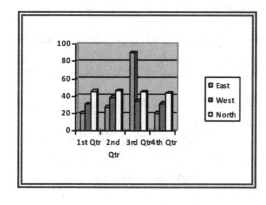

(2) رسوم بيانية بالأعمدة : Bar Graphs

وهى نوع من أنواع الرسوم البيانية يتم فيها تمثيل البيانات بواسطة أعمدة رأسية ، أو أفقية ذات عرض ، أو سمك واحد ، تختلف أطوالها تبعاً لاختلاف ما يرمز إليه كل عمود منها ، وهى من أسهل الرسوم البيانية فى القراءة والفهم وكذلك فى التنفيذ.

(3) رسوم بيانية بالدوائر : Circle Pie - Graphs

هى نوع من الرسوم البيانية يتم خلاله تمثيل البيانات والكميات بدوائر بيانية ، حيث تعد أجزاء الدائرة مكونات جزئية للشكل الذى تمثله الدائرة ، باعتبار الدائرة تمثل المقادير أو الكميات كلها ، أما تقسيماتها أو أجزائها المختلفة فتوزع على حسب نسبتها المئوية من الكمية الكلية.

(4) رسوم بيانية بالصور : Pictorial Graphs

وهى نوع من الرسوم البيانية تستخدم فيها صور الأشياء أو الأشخاص أو غيرها لتمثل كل صورة كاملة على الرسم كمية عددية معينة من القيم المراد مقارنتها ، وهذا النوع من الرسوم البيانية سهل الفهم والاستيعاب من عامة الناس.

(5) رسوم بيانية بالمساحات : **Area Graphs**

وهى نوع من الرسوم البيانية تستخدم فيها الأشكال الهندسية كالمربعات أو المثلثات ، أو الدوائر ، أو المستطيلات ، وغيرها فى التعبير عن مقارنات وإظهار نسب ، أو اختلافات بين الكميات. ويتسم هذا النوع من الرسوم البيانية بدرجة كبيرة من التجريد ، وصعوبة قراءته وفهمه.

(6) رسوم بيانية خطية : **Line Graphs**

وهى نوع من الرسوم البيانية التى تعتمد على الخطوط والمنحنيات لبيان العلاقات بين مجموعات من البيانات ، حيث يمثل كل رسم العلاقة بين مجموعتين من البيانات ، يمثل الإحداثى الأفقى إحدى المجموعتين ، بينما يمثل الإحداثى الرأسى المجموعة الأخرى ، ويمتد الخط المنكسر أو المنحنى فيصل بين النقاط التى تعبر عن القيم المختلفة.

(7) رسوم بيانية دالة : **Function Graphs**

وهى أكثر أشكال الرسوم البيانية الخطية شيوعاً ، حيث توضح علاقة خطية بين متغيرين أحدهما مستقل يرمز له بالرزم (س) ، والآخر تابع يرمز له بالرمز (ص) ، يتغير بتغير (س). وتكون الرسوم البيانية الدالة فى أبسط صورها خطاً مستقيماً يمثل العلاقة بين متغيرين من الدرجة الأولى بالمعادلة ص = د (س) وإذا تغير أحد المتغيرين ليكون معادلة من الدرجة الثانية (س^2) مثلاً أصبح الرسم البيانى الناتج خطاً منحنياً.

ب - رسوم تحضيرية : **Sketches**

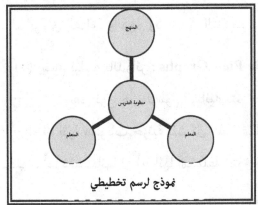

وهى نوع من الرسوم يترجم تصور وانطباعات المصمم ، أو الرسام عن الموضوع المراد التعبير عنه.

نموذج لرسم تخطيطي

ج - رسوم تخطيطية : **Diagrams**

وهى نوع من الرسوم يعرف أيضاً بالكروكيات ، يهتم بإبراز الخطوط العريضة ، والأفكار السريعة عن الموضوع المراد التعبير عنه ، دون الدخول فى التفصيلات المتعمقة والدقيقة. وتعرف الرسوم التخطيطية أيضاً بأنها نوع من الرسوم الخطية البسيطة التى قد تصاحبها أحياناً أشكال هندسية لتوضيح أجزاء أحد

الموضوعات ، وعلاقتها بالإطار الكلى للموضوع المراد التعبير عنه .ولا تعتمد تلك الرسوم على المصورات والملصقات.

د - رسوم تعليمية ثابتة : Still Instructional Diagrams

ويقصد بها جميع أنواع وأشكال الرسوم التى لايتوافر فيها عنصر الحركة ، حيث تنقسم إلى قسمين : القسم الأول يشمل الرسوم الثابتة المعتمة مثل المصورات التعليمية ، والملصقات التعليمية ، والصور الضوئية لرسوم تعليمية ، والرسوم والصور البيانية. أما القسم الثانى فيشمل الرسوم الثابتة الشفافة مثل : الشفافيات ، والشرائح الشفافة المصورة ، والأفلام الثابتة.

هـ - رسوم تعليمية شفافة : Transparent Instructional Diagrams

وهى إحدى أنواع الرسوم التعليمية عموماً ، والتى تمرر الضوء فيمكن إسقاطها ضوئياً ، وعرضها عبر أجهزة العرض الضوئى الخاصة بالرسومات والمواد الشفافة. وتشمل الرسوم التعليمية الشفافة رسوماً ثابتة كالشفافيات والشرائح المصورة ، والأفلام الثابتة ، كما تشمل أيضاً رسوماً متحركة كأفلام الكارتون ، والأفلام السينمائية.

و - رسوم تعليمية متحركة : Cartoons / Animation

وهى إحدى أنواع الرسوم التعليمية المهمة ، حيث يتوافر فيها عنصر الحركة ، ومن ثم تكون أكثر متعة وتشويقاً ، ومن أمثلتها أفلام الكارتون التى يتفاعل معها الأطفال بشكل جيد ، لذا فهى مواد تعليمية فعالة لهؤلاء الأطفال.

ز - رسوم تعليمية معتمة : Opaque Instructional Diagrams

وهى إحدى أنواع الرسوم التعليمية التى لا تمرر الضوء ، ومن ثم يمكن رؤيتها مباشرة دون حاجة لعرضها على أجهزة العرض الضوئى ، وإن كان يمكن عرضها ضوئياً بهدف تكبيرها على أجهزة عرض الصور المعتمة.

ح - رسوم توضيحية : Illustrations

وهى إحدى أكثر أنواع الرسوم الخطية شيوعاً فى المجال التعليمى ، وهى نوع من أنواع التعبير البصرى الذى يمكن تنفيذه باستخدام أدوات كتابة ورسم خطية كالأقلام ، أو ريشة الحبر ، أو الفرشاة وغيرها ، وذلك على سطح ذو بعدين يصلح للرسم كالورق والخشب والحديد والبلاستيك والجدران ونحوها.

وتختلف الرسوم التوضيحية عن الرسوم الكروكية البسيطة ورسوم الكاريكاتور في كونها أكثر مماثلة للواقع الذى ترمز له ، حيث تتحرى الدقة فى المحافظة على النسب بين أجزاء الموضوع الذى يتم التعبير عنه وتعتمد على إظهار العناصر الأساسية فى الشكل الواقعى ، واستبعاد العناصر الأخرى غير المهمة فى توضيح الفكرة المراد التعبير عنها..

ط - رسوم خطية : Lines Diagrams

وهى أكثر أنواع الرسوم التعليمية شيوعاً ، حيث تعتمد على الخطوط والتكوينات الخطية فى التعبير عن الأفكار والأشياء والمواقف وتمتاز بالاختصار ودقة التعبير ، كما تحتوى على قدر من الإثارة والتشويق.

وتعرف الرسوم الخطية بأنها : تمثيل حر بالخطوط لفكرة أو موقف أو شئ أو إحساس ما حيث تمتاز بعدم التقيد بكل التفاصيل الدقيقة للشيء التى تعبر عنه ، إذ تركز عادة على الخطوط الأساسية وإظهارها بنسبها العادية أو إظهارها بشكل مبالغ فيه بقصد التعبير عن المعنى المطلوب بقوة كما هو الحال فى رسوم الكاريكاتور.

وتشمل الرسوم الخطية أنواعاً عديدة منها : الرسوم المبسطة والرسوم الكاريكاتورية ، والرسوم التوضيحية ، والخرائط والرسوم البيانية .

وتختلف الرسوم الخطية عن الصور الفوتوغرافية فى أن الخطوط الأساسية ومظاهر الشكل فى الصور تخضع لقوانين المنظور الفوتوغرافى بهدف إيجاد بديل للواقع يطابقه تماماً أو على الأقل يماثله.

وتتصف الرسوم الخطية بدرجة من التجريد أعلى من الواقع الذى تعبر عنه ، لكن هذا التجريد يختلف عن الرمزية الخاصة برسم الكلمات والحروف مثلاً ، ومن ثم يمكن للأطفال أو الأشخاص الذين لايعرفون القراءة فهم معنى

ومدلول الرسوم الخطية ، خصوصاً عندما تقترب خطوط تلك الرسوم من تمثيل الشكل الظاهرى للواقع الذى تعبر عنه.

ي - رسوم ظلية : Shadow Diagrams

وتعرف أيضاً برسوم السلويت ، وهى نوع من الرسوم يعنى بالتعبير عن فكرة معينة دون الالتفات إلى أية تفاصيل داخلية ، وعادة ما تكون مرسومة بدرجة لونية واحدة كما لو كانت ظلال للأشياء والأشكال.

ك - رسوم كاريكاتورية : Caricature

هى نوع من أنواع الرسوم الخطية التوضيحية غالباً ، التى تعنى بالبساطة وقوة التعبير، ولها تأثير كبير على الرأى العام. وتعرف تلك الرسوم بأنها تعبير

خطى عن أشكال وأفكار تعرض بغرض التأثير على الرأى العام بأسلوب مرح أو مستحب. وتعرف أيضاً بأنها رسوم توضيحية تمثل موضوعات أصلية واقعية بشكل مجمل ، وتعبر فى العادة عن عملية أو حادثة أو مفهوم ، وقد يصاحب تلك الرسوم تعليقات مكتوبة موجزة كما هو الحال فى تمثيل بعض المظاهر

اليومية الاجتماعية بهدف نقدها. وتمتاز الرسوم الكاريكاتورية بتحررها من قيود المنظور وقيود الواقع المادى فى تصوير فكرة ما أو التعبير عنها حيث تتراوح من مجرد فكاهة إلى تعليق أو نقد اجتماعى أو سياسى ، وهى فى هذا أو ذاك تعتمد على النقد الساخر مما يضفى عليها طرافة تجعل الأفراد يصدقونها بل ويتفاعلون معها.

ل- الخرائط التعليمية :

الخرائط Maps هي نوع من المواد البصرية المهمة , حيث تنتمي إلى الرسوم التعليمية إذا كانت مسطحة ، فيما تنتمي إلي المجسمات إذا كانت ثلاثية الأبعاد (مجسمة). والخرائط من أقدم المواد التعليمية استخداما ، وهي فعالة جدا في نقل الكثير من المفاهيم والمعلومات التاريخية ، والجغرافية ، والجيولوجية ، وغيرها .

وقد يعتقد البعض أن الخرائط تستخدم فقط في مجال دراسة الجغرافيا لكن أصحاب هذا الاعتقاد مخطئون تماما , فيمكن استخدام الخرائط في مجالات كثيرة غير الجغرافيا.

والخرائط عموما هي: رسوم تخطيطية تحمل بيانات عديدة متنوعة يتم رسمها بمقياس رسم محدد يختلف باختلاف نوع الخريطة ، وطبيعتها والهدف من استخدامها .

أما الخـرائط التعليميـة Instructional Maps فتـشير إلى أيـة خريطـة مهـما كـان نوعـها ومضمونها تستخدم لأغراض تعليمية ولتحقيق أهداف محددة ، كما تشمل الخرائط التعليمية أيضا : خرائط التدفق التي تعرض النماذج لأي نظام (منظومة) تعليمـي ، والخـرائط العقليـة ، والخـرائط السلوكية , والخـرائط التـى توضح خطوات وإجـراءات بعض نمـاذج التـدريس كخرائط المفـاهيم , وخرائط الشكل (V) ، وغيرها .

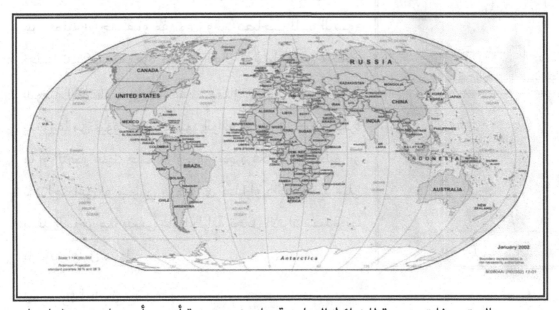

وهناك تصنيفات عديدة للخرائط التعليمية على ضوء عدة أسس أهمها : تصنيفها عـلى ضوء طبيعـة مـضمونها إلى : خـرائط جيولوجيـة وخـرائط مناخيـة ، وخـرائط سياسـية ، وخـرائط المواصلات ، وخرائط سكانية وخرائط اقتصادية ، وخرائط تاريخية ، وخرائط نباتية ، وخرائط الثروة الحيوانية ، وخرائط مصادر الـثروة المعدنيـة . وتـصنيفها عـلى ضوء وظيفتها إلى : خـرائط إيضاح ، وخرائط مفاهيم ، وخـرائط أسـاليب التـعلم ، وخرائط الـشكل (V) ، وخـرائط السـلوك ، والخـرائط العقلية. وتصنيفها على ضوء عنصر اللون إلى خرائط ملونة ، وأخرى غير ملونة . وتصنيفها على ضوء أبعاد الصورة إلى : خرائط مسطحة ، وخرائط مجسمة . وتصنيفها على ضوء المادة المصنوعة منها إلى : خرائط ورقية ، وخرائط معدنية ، وخرائط مـن القمـاش ، وخرائط خـشبية ، وخرائط مـن الجبس . وتصنيفها على ضوء تزويدها بإضاءة كهربائية إلى : خـرائط مزودة بإضـاءة كهربائية ، وخرائط غـير مزودة بإضاءة كهربائية .

● المواد التعليمية المعروضة باللوحات (المعلقات):

هناك الكثير من المواد التعليمية التي يتم عرضها من خلال تعليقها على لوحات أو جدران محددة ، لهذا فتسمى باسم المعلقات ، ومن مثلة تلك الموادما يلي :

1- الملصقات : Posters

الملصقات هى مواد مرئية ثابتة مرسومة أو مصورة مزودة بتعليقات مكتوبة على كل شكل ، يتم لصقها على لوحة ، أو على جدار ، أو على أى سطح آخر . والملصقات هى تعبير عن أفكار أو مواقف عن طريق الرسومات والتعبير الكتابى معا ، فهى تجميع بين تأثير الشكل (الصورة) وقوة الكلمة لكى تثير انفعال الأفراد إيجابيا ، ومن ثم توجههم لأنماط السلوك الإيجابى وآداب التعامل مع كل ما يحيط بهم. وقد يشمل الملصق الواحد أكثر من شكل ، وقد يشمل صورة واحدة مع التعليق المكتوب.

2- اللوحات التعليمية : Charts

اللوحات مصطلح عام يشير إلي أي سطح مستوي مسطح ، أو أية صحيفة يتم من خلالها عرض أية مواد تعليمية مكتوبة أو مرسومة أو مصورة. وهناك العديد من اللوحات التعليمية كلوحات الطباشير ، واللوحات الوبرية واللوحات المغناطيسية ، واللوحات الكهربائية ، ولوحات الإعلانات ولوحات الخرائط ، ولوحات الرسوم التوضيحية ..الخ .

ومن أكثر أنواع اللوحات التعليمية شيوعا ما يلي :

أ - اللوحة الوبرية وموادها التعليمية :

اللوحة (السبورة) الوبرية Flannel Board هى لوحة من الخشب أو الكرتون ، أو نحوهما ، يشد عليها قماش وبرى مثل الجوخ ، أو الصوف أو الفانيلا ، أو الكستور ، أو القطيفة أو غيرها0 وقد تكون ذات وجه واحد وقد تكون ذات وجهين ، حيث تستخدم لعرض صور ، أو رسوم ، أو حروف أو كلمات ، أو نحوها ، مثبتة على شرائح من ورق مقوى ، بحيث يتم لصق قطع من الصنفرة الخشنة أو القماش الخشن اللاصق خلف هذه الشرائح أو الكروت ، وعند عرض الكروت تلتصق قطع الصنفرة بوبرة القماش المشدود على اللوحة الوبرية. وتأخذ اللوحة الوبرية أشكالاً عديدة حسب مساحتها ، ونوع ولون قماشها ، وقابليتها للحركة أو الثبات. ويمكن تصنيع هذه السبورة يدوياً بطريقة سهلة جداً.

ويراعى في قطعة القماش الوبرية التي يغطى بها اللوح الخشبي أو الكرتون أن تكون قاتمة اللون قليلة الاتساخ ، وأنسب الألوان اللون الرمادي ، أو الأخضر الغامق .

ويجب الاهتمام بمساحة اللوحة حتى يكون استعمالها بمواد ذات مقاس مناسب يستطيع مشاهدتها جميع تلاميذ الصف ، وأنسب مقاس لها 100 سم × 70 سم .

ولإنتاج اللوحة الوبرية يدويا لا بد من توفر لوح من الأبلكاش أو الفلين أو الكارتون المضغوط بمساحة مناسبة ، ولا بد من توفر قماش وبري ، حيث يجب شد وتثبيت ذلك القماش على اللوحة ، وتأطيرها بإطار مناسب كشريط خشبي أو شريط لاصق عريض.

ولإنتاج المادة التعليمية للوحة الوبرية لا بد من توفر ورق مقوى ولاصق وصنفرة خشنة وأقلام للكتابة ، حيث يجب تدوين المحتوى على البطاقات التي يتم قصها من الورق المقوى ، وتثبيت قطع صغيرة من الصنفرة الخشنة خلف البطاقة المعدة ، وعلى القائم بإعداد تلك البطاقات مراعاة المعايير التالية :

◄ لا يقوم باستخدام وتكثيف اللون لأنه قد يؤدي إلى تقوس البطاقة.

◄ لا يلتزم بشكل محدد للبطاقة كما أنه لا يلتزم بارتفاع أو عرض محدد للبطاقة وهذا الأمر يتوقف على طبيعة المحتوى الموجود على البطاقة كما يتوقف على عرض وارتفاع اللوحة نفسها.

◄ يقوم بتوزيع الصنفرة الخشنة بنظام معين خلف البطاقات ، وعليه أن يتأكد أن تثبيت الصنفرة الخشنة لا تؤثر على تقوس البطاقة.

◄ عليه أن يحافظ على تباين الألوان المستخدمة مع البطاقة ، ووضوحها للطلاب.

◄ عليه أن يضع إطاراً لكل بطاقة قام بإنتاجها.

ويوصي الخبراء أنه عند استخدام اللوحة الوبرية في عرض موادها التعليمية يجب مراعاة ما يلي :

◄ استعمال اللوحة لفكرة واحده ، وتجنب ازدحامها بالمعلومات .

◄ مراعاة حجم ما يعرض عليها من صور ، ورسومات ، وكلمات ، بحيث يسهل مشاهدتها من قبل كافة المتعلمين .

◄ وضع اللوحة في مكان جيد الإضاءة.

◄ تعليق اللوحة ارتفاعا وانخفاضا بشكل يتناسب مع أعمار المتعلمين .

◄ إعداد المواد وتصنيفها قبل عرضها على اللوحة .

◄ حفظ موادها داخل علب كرتون ، أو ملفات حسب موضوعاتها ، حتى يسهل تناولها عند الحاجة .

وتشير الكتب والمراجع المتخصة إلى عدة مزايا للوحة الوبرية يمكن إجمالها فيما يلي :

◄ يمكن تحضير موادها التعليمية مسبقا مما يوفر وقت التدريس .

◄ يمكن استخدامها أكثر من مرة وبشكل متكررعند الحاجة .

◄ يمكن استخدامها بسهولة شديدة فهي لاتحتاج لتجهيزات معقدة.

◄ يتم تحريك البيانات عليها بسهولة.

◄ يسهل على المتعلمين استخدامها وحدهم ، أو مشاركة المعلم في عرض المواد التعليمية عليها .

◄ تساعد في تثبيت المعلومات ، وتنشيط عملية التعلم .

◄ تجلب انتباه التلاميذ ، وتشوقهم إلى موضوع الدرس .

◄ يمكن إعدادها وموادها التعليمية يدويا بسهولة.

◄ اقتصادية وغير مكلفة.

◄ آمنة في استخدامها لاتسبب تعرض المعلم أو المتعلم للأخطار.

ب - لوحة الجيوب وموادها التعليمية :

لوحة جيوب Pockets Chart هي لوحة خاصة لعرض بطاقات المعلومات المطبوعة ، حيث تتكون تلك اللوحة من لوح خشبي ، أو لوح من الورق المقوي بمقاس مناسب يلصق عليها قطع من ورق برستول بالمقاس المناسب ، بحيث تثبت من ثلاث جهات وتبقي جهة واحدة مفتوحة علي شكل الجيب ، بحيث يسمح كل جيب بدخول بطاقات المعلومات المطبوعة بسهولة داخله ، ويمكن استخدام هذه اللوحة في

مجال التعليم خصوصا في الدروس العملية ، حيث تكتب خطوات العمل لأي نشاط عملي علي كروت توضع في لوحة الجيوب لكي يستعين بها الطلاب في إجراء تلك الأنشطة.

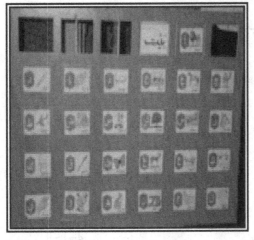

وتماثل لوحة الجيوب اللوحة الوبرية إلى حد كبير في طريقة استعمالها إلا أنها تختلف عنها من حيث إن البطاقات والصور والرسوم لا تثبت عليها بوساطة الالتصاق ، وإنما تنزلق عليها في ممرات أفقيه تشبه الجيوب ، وهذه من أهم ميزاتها ، إذ إنها تتيح للمعلم وضع البيانات وترتيبها في سرعة وسهولة ، وحسب الاحتياجات الفعلية للدرس .

ويمكن إعداد لوحة الجيوب يدويا بطريقة سهلة عند توافر المواد التالية : فرخ ورق برستول مقاس 100×70 سم ، ولوح من الأبلكاش أو الكرتون المقوى المضغوط بنفس المقاس ، ودبابيس مكتب ، وشريط عريض من الورق اللاصق ، وخيط قوي للتعليق .

وتستخدم لوحة الجيوب في مجالات تعليم: اللغات ، والحساب والقراءة ، لتلاميذ المرحلة الابتدائية ، ولا سيما الصفوف الدنيا ، حيث يستطيع المعلم كتابة كل ما يريده من كلمات ، أو حروف ، أو أرقام ، وكل ما يريد رسمه من صور على بطاقات ذات مقاسات مناسبة لارتفاع الجيوب وبحيث تظهر المادة المكتوبة على البطاقة عند وضعها في الجيب . كما يمكن استخدامها في أغراض كثيرة داخل المدرسة ، والمكتبة المدرسية وغرف المعلمين ، والإدارة ، وذلك باستعمالها كصندوق بريد ، أو حافظة كتب ، ومجلات ، أو تصنيف بطاقات المكتبة ، وغيرها . ولايعني ذلك أن لوحة الجيوب مناسبة فقط للمتعلمين الصغار ، بل يمكن استخدامها أيضا مع جميع فئات المتعلمين في مراحل التعليم المختلفة.

ومن أهم أنواع البطاقات التعليمية التي يمكن عرضها في لوحة الجيوب ما يلي :

◀ بطاقات تحمل صور تحتها كلمات ، أو جمل ، لتعليم القراءة .

- بطاقات تحمل تفسيرا لمفردات جديدة ، أو صعبة واردة في الدرس .
- بطاقات تحمل أسئلة يجيب عليها المتعلم بعد القراءة الصامتة .
- بطاقات تحتوي على أسئلة اختيار إجابات من متعدد .
- بطاقات تحمل تدريبات لغوية يجب على لمتعلمين حلها .
- بطاقات متسلسلة تحتوي على مشاهد من قصة مصورة رويت للمتعلمين.
- بطاقات تحمل أسئلة متسلسلة ، تكوّن إجاباتها قصة كاملة عرفها المتعلمين أو استمعوا إليها .

- بطاقات لتوظيف المفاهيم والمبادئ الواردة في الدرس وتطبيقها في مواقف جديدة .
- بطاقات تعالج قضيا إملائية .
- بطاقات المطابقة بين : الكلمة والصورة الدالة عليها ، أو الجملة والصورة الدالة عليها ، أوالكلمة وعكس معناها " تضادها" أو الكلمة ومرادفها .
- بطاقات تعرف على أجهزة علمية بحيث تحوي كل بطاقة صورة للجهاز وشرحا لمكوناته ووظائفه.
- بطاقات شرح خطوات عمل التجارب والأنشطة العملية.
- بطاقات أسئلة المسابقات .
- بطاقات التعليمات العامة.
- بطاقات التهنئة والمناسبات الاجتماعية.
- بطاقات الإعلانات والدعاية.

.... إلى غير ذلك من البطاقات .

وعند استخدام لوحة الجيوب في عرض بطاقاتها التعليمية المتنوعة يجب مراعاة نفس القواعد العامة التي سبقت الإشارة إليها عند الحديث عن اللوحة الوبرية.

وللوحة الجيوب أيضا نفس المزايا المشار إليها للوحة الوبرية فاستخدامهما متقارب عدا فكرة عمل كل منهما .

ج - اللوحة المغناطيسية وموادها التعليمية :

اللوحة (السبورة) مغناطيسية Magnetic Board هى عبارة عن لوح مصنوع من المعدن القابل للمغنطة ، أو من صفائح الفولاذ الرقيقة حيث يوضع خلفها قطع مغناطيسية قوية تجعل سطح السبورة جاهزاً لجذب الكروت المغناطيسية الخاصة بتلك السبورة. ويمكن استخدام تلك اللوحة كسبورة عادية يتم الكتابة عليها بالأقلام القابلة للإزالة. ويوجد أيضاً من اللوحات المغناطيسية أشكال وموديلات عديدة تختلف من حيث المساحة أو اللون ، وعدد الأسطح القابلة للاستخدام ، وهل هى ثابتة أم متحركة. وهى وسيلة إيضاح مهمة فى العملية التعليمية.

والمادة التعليمية التي تعرض على اللوحة المغناطيسية يتم إعدادها على بطاقات من رقائق معدنية مغناطيسية يتم الكتابة والرسم عليها وتلتصق على اللوحة بقوة الجذب المغناطيسية.

ويمكن استخدام اللوحة المغناطيسية في عرض بعض الأشياء المصنوعة من المعدن والتي تنجذب للوحة بقوة الجذب المغناطيسية كبعض أنواع الحلي ، والأقلام ، والساعات ، وغيرها.

كما يمكن استخدام اللوحة في عرض أية مادة تعليمية أو محتوى تعليمي مجهز على أي سطح مثبته قطع المغناطيس الصغيرة.

وللوحة المغناطيسية مزايا عديدة في عرض المواد التعليمية فهي تجذب انتباه لمتعلم ، وتزيد من إيجابيته وفعاليته في المواقف التعليمية. كما أنها سهلة الاستخدام ، ويمكن استعمالها بشكل متكرر عند الطلب فضلا عن إمكانية استخدامها كلوحة للكتابة العادية بالأقلام القابلة للمحو.

ويمكن إعداد اللوحة المغناطيسية يدويا ، وكذلك موادها التعليمية لكنها ليست بالطبع سهلة كسهولة إعداد المواد التعليمية للوحة الوبرية ولوحة الجيوب.

ومن أكثر عيوب اللوحة المغناطيسية شيوعا فقد المغناطيسات المستخدمة لقوتها المغناطيسية بمرور الوقت ، كما أن مادتها التعليمية ليست سهلة في إعدادها ، وتثبيتها على اللوحة كما هو الحال في اللوحات السابقة .

د - اللوحة الكهربائية وموادها التعليمية :

اللوحة الكهربائية (الضوئية) *Electrical Chart* هي لوحة إعلانات ، أو لوحة توضيحية مزورة بإضاءة كهربائية لبيان علاقة ما بين المعلومات أو البيانات المعروضة علي اللوحة ، أو لإبراز بعض هذه المعلومات المهمة خصوصا المعلومات والإشارات التحذيرية .

ويمكن استخدام اللوحة الكهربائية كآلة تعليمية بسيطة يتعلم المتعلم من خلالها ويقوم نتائج تعلمه بطريقة ذاتية ، حيث يمكن إعداد مجموعة أسئلة ذات إجابات اختيارية متعددة ، ومن خلال توصيلات كهربائية محددة علي اللوحة يقوم المتعلم باختيار إجابة لكل سؤال بحيث يضع طرف سلك كهربائي متصل باللوحة علي الإجابة التي اختارها فتضيء لمبة حمراء إن كانت الإجابة خطأ ، وتضيء لمبة خضراء إن كانت الإجابة صحيحة . ويمكن تزويد اللوحة إلي جانب اللمبات بجرس يعطي صوتا عند اختيار الإجابة الصحيحة ، ولا يعطي صوتا عند اختيار الإجابة الخطأ. وتعمل اللوحة الكهربائية إما علي التيار الكهربائي العادي وإما بالبطارية . وهناك أشكال وتصميمات عديدة لمثل هذه اللوحات .

وتفيد اللوحة الكهربائية بشكل كبير في تعليم المتعلين الأسوياء وتفيد أكثر في تعليم المتعلمين من ذوي الإعاقة السمعية والذين يعتمدون على حاسة البصر في تفاعلهم مع الموقف التعليمي.

وتعد اللوحة الكهربائية من أكثر لوحات العرض جذبا للانتباه وتشويقا للمشاهدين خصوصا عندما تستخدم فيها الإضاءة الكهربائية بألوان مختلفة براقة ، لذا فإن معظم استخدامات تلك اللوحة يكون لأغراض الدعاية والإعلان أكثر منها لأغراض تعليمية.

ويمكن إعداد اللوحة الكهربائية بطريقة يدوية بشرط وجود خبرة في توصيلات الكهرباء ، وتوافر عدد من اللمبات الكهربائية المناسبة وعدد من توصيلات الأسلاك الكهربائية اللازمة ، وأشرطة اللحام الكهربائية حيث يتم تركيب اللمبات الكهربائية على قاعدة خشبية خلف منصة العرض للوحة ، ثم يتم الكتابة أو الرسم على واجهة اللوحة التي تكون شفافة ومنفذة للضوء ، حتى إذا تم توصيل الكهرباء للمبات تضيء بطريقة مركزة المادة المعروضة على اللوحة من كتابة أو رسم.

هـ - اللوحة الإخبارية وموادها التعليمية :

تعرف اللوحة الإخبارية أيضا بلوحة المعلومات ، وهي لوحة لها أشكال عديدة من أهمها :

(1) لوحة المعلومات التوثيقية : Graphics Panel

وهي لوحة عرض بيانات ومعلومات مدعمة برسومات بيانية لتوثيق تلك المعلومات ، وقد تكون هذه اللوحات مسطحة ، وقد تكون مجسمة.

(2) لوحة الإشعار : Cue Board

وهي لوحة بيانات يمكن من خلالها إظهار ، أو عرض إشعار ، أو توجيه ، أو علامة ، أو تحذير .

(3) لوحة الإعلانات : Bulletin Board

وهي لوحة صندوقية تصنع من الخشب أو المعدن تغطي أحيانا بغطاء (باب) زجاجي شفاف يسمح بعرض ما بداخله ، توضع هذه اللوحات عند مدخل المؤسسات أو المدارس ، ويعرض بداخلها كافة المعلومات والبيانات والإشعارات والإعلانات التي تهم الأفراد داخل هذه المؤسسات ، حيث يمكنهم قرأتها عبر هذه اللوحة .

(4) لوحة البيانات : Data Table / Chart

وهي لوحة لعرض بيانات مكتوبة أو مرسومة أو مصورة ، حيث يمكن أن تكون هذه اللوحة يدوية بسيطة كلوحات الإعلانات ، ولوحات الإشعار ، وقد تكون هذه اللوحات إلكترونية يمكن إيصالها بأجهزة الحاسب الآلي .

(5) اللوحة الحائطية : Wall Chart

وهي أية صحيفة ، أو لوحة معلومات تحتوي بيانات مكتوبة ، أو رسوم وصور توضيحية ، يتم تعليقها على الجدران والحوائط .

(6) لوحة الحلقة والخطاف : Hook and Loop Board / Teazle Board

وهي نوع من لوحات عرض البيانات والمعلومات الإخبارية تغطي بسطح من النايلون أو القماش ، مثبت في هذا السطح عدد كبير من الحلقات المعدنية ، أو البلاستيكية الصغيرة حيث يمكن تثبيت أية مواد إخبارية من معلومات ، وصور ، وبطاقات ، وعينات ، ونماذج .. إلخ في هذه الحلقات من خلال ربط تلك المواد بأشرطة على شكل خطاف ، أو بتثبيت خطافات معدنية أو بلاستيكية صغيرة في المواد المراد عرضها بحيث يسهل شبك هذه الخطافات في الحلقات المثبتة في اللوحة

(7) اللوحة الزمنية : Time Chart

وهي لوحة عرض بيانات ومعلومات مرتبطة بالزمن والوقت كاللوحات التي تعرض أحداث تاريخية ، وتاريخ حدوث كل منها ، أو

لوحات تعرض اكتشافات علمية وتاريخ كل منها ، أو لوحات عرض بيانات رحلات السيارات والقطارات والطائرات ، وتوقيت القيام والوصول والتي توضع في المحطات الخاصة بكل منها.

والخلاصة أن اللوحة الخبارية هي أي شكل من اللوحات المسطحة ، أو المجسمة ، المعتمة ، أو المضيئة يتم من خلالها عرض معلومات أو بيانات إخبارية .

كما أن موادها التعليمية هي جميع أشكال البطاقات والأوعية التي تحوي هذه المعلومات وتلك البيانات .

واللوحات الإخبارية ليست نوعا من لوحات العرض بقدر ماهي وظيفة وهدف ، فكل لوحة وبرية ، أو لوحة جيوب ، أو لوحة مغناطيسية ، أو لوحة كهربائية ، أو لوحةإلكترونية تعرض بيانات أو معلومات إخبارية فهي لوحة إخبارية.

و - اللوحة الطباشيرية (السبورة) : **Chalk Board**

وهى من أقدم اللوحات التعليمية التى استخدمت للإيضاح أثناء عملية التدريس ، فالسبورة الطباشيرية كانت ولازالت تمثل جزءاً أساسياً من تجهيزات أية حجرة أو قاعة دراسية. ورغم تطور الوسائل التعليمية حديثاً فإن السبورة الطباشيرية تبقى هى الأولى بلا منازع ، حيث يمثل الملخص السبورى أهم وأسهل المواد التعليمية التى لا يمكن للمعلم التخلى عنها خلال عملية التدريس.

وهناك أشكال وموديلات عديدة من السبورة الطباشيرية فمنها ما هو مصنوع من ألواح خشبية مستوية مدهونة باللون الأسود أو الأخضر وتكون ثابتة تعلق على الجدران ، أو توضع على حامل ثابت ، أو على حامل متحرك على عجل ، ومنها ما هو ذو وجه واحد ، ومنها ماهو ذو وجهين ، ومنها متعدد الأوجه الذى ينزلق أفقياً أو رأسياً ، ومنها الدوار ذو السطوح المتعددة .ومنها أيضاً ما يصنع مباشرة على جدران الحوائط الأسمنتية ، وأياً كان شكل أو حجم السبورة الطباشيرية فإنها لا تتعدى كونها سطحاً ممهداً يكتب عليه بواسطة الطباشير الأبيض أو الملون.

ويعود السبب في انتشار استخدام لوحة الطباشير إلى سهولة استعمالها للمعلم والمتعلم ، إضافة إلى مرونتها عند الاستعمال ، إذ يمكن توظيفها لجميع المواد الدراسية من علوم ولغات ورياضيا واجتماعيات وغيرها . ناهيك عن قلة تكاليفها ، وإزالة ما يكتب عليها بسهولة .

وقد تطورت لوحة الطباشير بمؤسسات التعليم حديثا ، حيث استخدمت فيها ألواح من الخشب الأبيض المغطى بطبقة مصقولة تسمح بالكتابة عليها - إلى جانب الطباشير - بالأقلام الملونة القابلة للمحو.

وعند استخدام السبوة بأي شكل من أشكالها هناك عدة شروط يجب مراعاتها مثل :

- ألا يملأ المعلم السبورة بالكتابة ، بل يجب تنسيق الكتابة عليها بخط واضح ، وأن يقسم السبورة حسب ما يدون عليها من معلومات .
- أن يترك جزءا من الجانب الأيسر للسبورة لكتابة المصطلحات الجديدة أو رسم شكل تخطيطي ، أو ما إلى ذلك .
- أن يخصص جزءا من الجانب الأيمن لكتابة البيانات المطلوبة عن الصف الذي يشغله بالدرس ، كاليوم ، والتاريخ ، واسم المادة والحضور والغياب .
- أن يحافظ على تنظيمها في نهاية كل حصة ، ويمحو ما كتب عليها بمجرد الانتهاء منه .
- الاختصار في الكتابة عليها قدر الإمكان ، حتى لا تتشتت أذهان الطلاب بكثرة ما كتب عليها ، وتداخله مع بعضه البعض.

ومن أهم مجالات استخدام السبورة ما يلي :

- نسخ مواد غير موجودة في الكتاب المدرسي ، أو كتابة المواد التي تلزم أثناء مناقشة الدرس .
- ضرورة الكتابة عليها خاصة في المرحلة الابتدائية ، لتجنب إملاء التلاميذ ، ولضمان إملائهم مواد صحيحة خالية من الأخطاء اللغوية .
- إبراز المواد المهمة ، كالكلمات الجديدة ، أو الصعبة في دروس اللغات أو القواعد الإملائية ، أو النحوية ، أو الأفكار الرئيسة في دروس القراءة والنصوص الأدبية ، والعناصر الأساسية في موضوعات التعبير الشفوي والتحريري وغيرها .
- كتابة أسئلة الاختبارات .
- حل التمارين لكثير من المواد الدراسية ، كالقواعد ، والعلوم والرياضيات ، والكيمياء ، والفيزياء ... إلخ.
- رسم بعض الخرائط التوضيحية ، والرسوم الهندسية .
- تدريب المتعلمين على الكتابة والرسم بشكل بسيط وميسر.

****

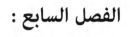

الفصل السابع :

((مواد تعليمية تعرض بأجهزة عرض))

- الشرائح الشفافة إنتاجها وحفظها.

- الشفافيات وطرق إنتاجها وتخزينها.

- المواد المسموعة وخطوات إنتاجها.

- المواد الفيديوية وطرق إنتاجها ونسخها.

الفصل السابع:

(((مواد تعليمية تعرض بأجهزة العرض)))

سبقت الإشارة على صفحات الفصل السابق من هذا الكتاب إلى بعض أنواع المواد التعليمية التي تعرض عرضا مباشرا ، وبعض أنواع المواد التعليمية التي تعرض باللوحات (المعلقات) ، وعلى صفحات هذا الفصل نعرض للمواد التعليمية التي يتم عرضها بأجهزة العرض كالشرائح الشفافة ، والشفافيات التعليمية ، والمواد السمعية ، والمواد الفيديوية المرئية ، وذلك على النحو التالي

● أولا : الشرائح الشفافة :

ما من شك في أن الشرائح الفوتوغرافية الشفافة من الوسائل الفعالة لمحاكاة الأشياء الحقيقية التي يتعذر توافرها خلال عمليتي التعليم والتعلم كما أنها تقوم بدور كبير في تيسير عملية التدريس ، وتحقيق المتعة والتشويق للمتعلم .

كما أصبحت الشرائح الفوتوغرافية الشفافة وسيلة أساسية مهمة في ميادين مختلفة : كالهندسة ، والطب ، والصناعة ، والأبحاث الفضائية والعلوم التطبيقية وغيرها ، حيث أصبحت عملية إنتاجها عملية سهلة باستطاعة الشخص العادي ممارستها وإتقانها إذا توافرت المواد والأدوات والأجهزة اللازمة لإنتاجها ، من أجل ذلك فإن من المناسب عليك عزيزي القارئ التدرب على: إنتاج الشرائح الشفافة ، وتشغيل أجهزة عرضها والتعرف على فكرة عمل تلك الأجهزة ، ومميزاتها وعيوبها ، وذلك من خلال دراستك للفصل الحالي .

● تعريف الشرائح الشفافة :

الشريحة Slide مصطلح يشير غالباً إلى رسوم أو صور ثابتة يتم التقاطها بواسطة كاميرا التصوير الفوتوغرافي على أفلام موجبة ، حيث يتم تحميض (إظهار) تلك الصور ، وقص كل لقطة من الفيلم ، ووضعها في إطار من البلاستيك ، أو الورق المقوى ، لكي تكون جاهزة لعرضها ضوئياً على جهاز عرض الشرائح الشفافة. ويمكن إنتاج الشرائح الشفافة هذه بأكثر من مقاس ، لكن المقاس الشائع استخدامه هو 2 × 2 بوصة .

وقد حققت الشرائح الشفافة تطوراً سريعاً وحظيت بقبول كبير كوسيلة اتصال بصرية فعالة ، لما تتمتع به من مزايا عديدة ، فبعد أن كانت تأتي بمقاس (3×4) للأغراض التعليمية استقر بها المقام اليوم عند مقاس ثابت لإطارها الخارجي هو (5×5) سم وهذا الإطار قد يكون من الورق المقوى أو البلاستيك أو المعدن ، أما الشريحة ذاتها فهي مستطيلة الشكل تمثل جزءاً من فيلم تصوير فوتوغرافي موجب مقاس 35مم غالباً ، ويمكن أن نحصل على الشريحة الثابتة في إطار كامل تبلغ مساحته (24×36) مم أو في نصف إطار مساحته (24×18) مم ومن الطبيعي أنه كلما كبرت المساحة كانت الصور أكثر وضوحاً .

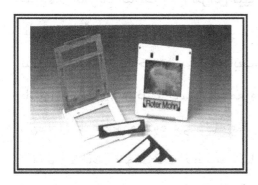

● أهمية الشرائح الشفافة وخصائصها :

من أهم خصائص الشرائح الفوتوغرافية الشفافة أنها :

◄ أداة تعبير أكثر صدقاً من الكلمة المجردة ومثيراً بصرياً يساعد في تثبيت عملية الإدراك .

◄ تحوي سعة كبيرة لمعلومات كثيرة تتميز بتفاصيل كبيرة . ويمكن التغلب بواسطتها على عوائق الزمان والمكان والأخطار المحتملة من التعلم المباشر .

◄ تركيز الانتباه وذلك بإظلام الغرفة حيث يؤدي الإظلام إلى عدم تشتيت الانتباه كذلك إمكانية تصغير وتكبير الخبرات المقدمة .

◄ صغر حجمها فلا تحتاج إلى حيز كبير لتخزينها .

◄ سهولة إنتاجها واستخدامها .

◄ سهولة التحكم في العرض ، والتعليق المباشر أو عن طريق جهاز التسجيل وإمكانية إعادة العرض .

◄ تستخدم مع المجموعات الكبيرة والصغيرة والتعلم الذاتي ، ولجميع المراحل التعليمية ، والموضوعات الدراسية .

◄ استخدام جهاز التزامن Timer أثناء عرض الشرائح .

◄ إمكانية استخدام جهاز التحكم Remote Control عن بعد أثناء العرض .

◄ تسمح بإعادة ترتيب اللقطات إذ أنها عبارة عن مجموعة من الصور المنفصلة ، وذلك يدعو إلى إمكانية إضافة لقطات جديدة وتوسيع محتوى الشرائح دون الحاجة إلى إعادة إنتاج جميع الشرائح وكذلك الأمر إذا تلفت إحدى الشرائح .

وتمتاز الشرائح الشفافة بأنها : رخيصة الثمن ، وسهلة الإنتاج وسهلة الاستعمال ، وقد شاع استعمال الشرائح الناطقة التي تتزامن فيها صورة الشريحة المعروضة ، مع التعليق اللفظي المسجل على شريط كاسيت في المدارس ، وفي مؤسسات التدريب ، لما لها من قيمة تعليمية تتمثل بإثارتها لدافعية المتعلمين ، وحفزهم على متابعة الدراسة ، وتزويدهم بمعلومات عن موضوع الدراسة بأسلوب مشوق ، يخاطب حاستي السمع والبصر في آن واحد ، وبأسلوب يجذب الانتباه إلى العناصر المهمة في الموضوع وعلاوة على ذلك يمكن استخدام هذا الجهاز في مجالات التعليم ومستوياته المختلفة ، خاصة الموضوعات العلمية ، كما يمكن استخدامه في الندوات العلمية والمحاضرات العامة ، وتسجيل التراث التاريخي والأحداث الهامة ، وتنمية القيم الجمالية خاصة إذا كانت الشرائح ملونة .

● إنتاج الشرائح الفوتوغرافية الشفافة :

يمكن الحصول على الشرائح الشفافة المصورة جاهزة من الأسواق لكن هناك موضوعات كثيرة لاتتوافر لها شرائح جاهزة ، الأمر الذي يستلزم قيامك بإنتاج الشرائح اللازمة لها ، حيث يتم إنتاج تلك الشرائح وفقا للقواعد والخطوات التالية : (محمد محمود الحيلة ،1999م ، ص ص 294-300) .

1 - التخطيط لإعداد الشرائح :

قبل القيام بإنتاج مجموعة من الشرائح ، لابد من التخطيط لها مسبقاً وبدقة حتى يمكن تنفيذ عملية الإنتاج على النحو المرغوب.

2- المواد والأدوات والأجهزة اللازمة :

◄ كاميرا تصوير فوتوغرافي أحادية العدسة مقاس 35 مم .

◄ أفلام ملونة (أو غير ملونة) موجبة قليلة الحساسية (25 أو 50 أو ASA 64) ، ومتوسطة الحساسية (100 أو 400) ASA .

◄ وحدة استنساخ الصور فوتوغرافيا (Copy Stand) مزودة بإضاءة اصطناعية .

◄ عدسات إضافية للتكبير والتصغير (عدسات الزوم) .

◄ محاليل تحميض الفيلم الموجب (ملون أو غير ملون) إذا أردت التحميض بنفسك .

◄ حامل ثلاثي للكاميرا.

◄ سلك زناد التصوير .

◄ لوح زجاجي نظيف ورقيق .

◄ حامل إسناد .

◄ المواد التعليمية المراد تصويرها .

◄ إطارات للشرائح .

◄ صمغ أو مواد لاصقة .

3 - خطوات العمل :

أ - اختيار الفيلم المناسب والكاميرا المناسبة :

لقد سبقت الإشارة إلى أن الأفلام الموجبة (Reversal) هي التي تعطي صوراً موجبة على الفيلم مباشرة بعد التصوير والتحميض لتعرض على هيئة أفلام ثابتة film strip ، أو على هيئة شرائح Slides بعد وضع كل منها داخل إطار ، وقد تكون الشرائح ملونة أو غير ملونة ، إلا أن الشرائح الملونة أكثر تأثيراً في المشاهد مما يجعلها أكثر شيوعاً وأوسع انتشاراً .

وعلاوة على إنتاج الشرائح بالتصوير المباشر للأشياء ، فإنه يمكن كذلك إنتاج الشرائح بالنسخ عن طريق تصوير الخرائط والأشكال والرسوم والصور المطبوعة ونقلها من أصولها على فيلم موجب ملون

ب - التصوير :

يمكن استعمال معظم أنواع الكاميرات مع الفيلم الذي يناسبها إلا أننا نتقيد بشكل خاص من الكاميرات ، التي يمكن ضبط عناصرها المؤثرة كالعدسة ، والغالق ، والتركيز البؤري ، فإن هذه المرونة تساعد على تسجيل صورة واضحة ، لمختلف الأشياء والموضوعات تحت أي إضاءة

وفي أي ظروف تتحرك فيها ، ومن أفضل الكاميرات لتصوير الشرائح الكاميرا مقاس 35 مـم . وتتم عملية التصوير وفقا لإجراءات التصوير الفوتوغرافي المتعارف عليها .

كاميرا تصوير ونسخ الشرائح

ج - الإضاءة :

لابد من وجود مصدر إضاءة قوي عند التصوير بـالأفلام الملونـة ومـع تركيـب مرشـحات اللون التي تقوم بموازنة الإضاءة . ويمكـن التـصوير في مختلف ظروف الإضاءة ، و يعد استعمال مصادر الإضاءة الاصطناعية من الأمور المهمـة في تصوير الشرائح ، حيث يؤدي ذلك إلى تـدعيم مـستوى الإضاءة وتقويمها ، وفي هـذا الإطار يمكن استخدام وحدات فلاش إلكتروني أو مصابيح فلاش مع عاكس معدني ، وهي سهلة التشغيل وخاصة في التصوير داخل أماكن محدودة ، ويفضل استخدام ضوء الشمس عند تصوير موضوعات الشرائح خارجيا .

د - تجهيزات إضافية :

◄ مقياس كثافة الضوء لتحديد عناصر اللقطة بدقة .

◄ حامل ثلاثي القوائم لتثبيت الكاميرا(وخاصة عند ضبط سرعة الغالق لأقل من 30/1 ثانية).

◄ مصدر ضوء قوي عند تصوير المناطق الداخلية أو التصوير من كتاب أومجلات وغيرها .

هـ - التحميض :

توجد معامل تحميض متخصصة يُسلم لها الفيلم الإيجابي *Slide Film* الملون ، بعد تصويره ، ونحصل بعد فترة وجيزة على الشرائح وإذا توفر لدينا المكان والتجهيزات الملائمـة ، فـإن كثيراً مـن الأفلام الملفوفة يمكن تحميضها بمواد كيميائية سابقة التجهيـز ممـا يـوفر الوقت بـين تصوير الفيلم والإطلاع على النتيجة.

و - تركيب الإطارات للشرائح :

وبعد الإظهار تفصل هذه الصور عن بعضها البعض ، وتركب داخل إطارات من الكرتون أو البلاستيك أو بأي نوع آخر ، متوافر لديك .

ولتركيب الإطار الورقي للشرائح نحتاج إلى قفازات من القطن ومكواة كهربائية ، وبطاقة مفتوحة ، وشريط ورقي ملون يستخدم كدليل للبطاقة ، ومقص ، بالإضافة إلى الفيلم المطلوب تركيبه . وذلك وفقا للخطوات التالية :

- قص كادرات الفيلم عند الخطوط التي تحدد ما بين لقطات التصوير.
- اضبط وضع قطعة الفيلم داخل الإطار الكرتون المفتوح على شكل بطاقة ورقية .
- باستعمال مكواة كهربائية مضبوطة على درجة منخفضة اضغط على الأضلاع الأربعة لإحكامها حول الإطار المفتوح .

الصق قطعة من الورق الملون بأعلى الطرف الأيسر للبطاقة ، لتستخدم كدليل تمسك الشريحة عنده في الوضع الصحيح . وتتوافر حالياً أجهزة حديثة لقص الشرائح ولصق إطاراتها ، مكونة من أسطح ضاغطة تسخن كهربائياً ، تلقم فيها البطاقة المفتوحة بعد ضبط الفيلم ليضغط بإحكام فوق الإطار، فيتم التركيب خلال ثوان قليلة.

ويجب عليك أن تحرص على إدخال اللقطات المقطعة في إطاراتها بنسق معين واحد بحيث يكون الوجه اللامع إلى جهة واحدة في كل الشرائح.

قم بترقيم الإطارات حسب تسلسل الصور إذا لزم الأمر ، وضع علامة في الزاوية السفلي اليسرى لكل شريحة ، أو أكتب بيانات على الحافة العليا لإطار الشريحة ، وذلك لتسهيل عملية عرض الشرائح بشكل صحيح.

ز - التسجيل الصوتي المصاحب للشرائح :

يتم التعليق الصوتي المصاحب لعرض الشرائح بإحدى الطرق الآتية :

- تعليق شفهي يقرأ عند عرض الشرائح .
- تعليق مسجل على شريط ممغنط ، مع إشارة مسموعة لتوقيت تغيير الشريحة .
- تعليق مقروء مع الشرح ، والتفسير في أثناء العرض .
- تعليق مسجل مع إشارة غير مسموعة تتحكم إلكترونياً في تغيير الشريحة ويستعمل لذلك مجموعة واحدة مدمجة مكونة من مسجل للصوت وجهاز العرض .

● نسخ الشرائح الشفافة وطباعتها :

لعمل نسخ عديدة من الشرائح الشفافة المصورة الجاهزة بالفعل لديك هناك أكثر من طريقة لذلك، دعمت تلك الطرق ظهور تقنيات وأجهزة تصوير متطورة . ومن أهم هذه الطرق ما يلي :

1 – نسخ الشرائح باستخدام كامير التصوير الفوتوغرافي :

وفي هذه الطريقة تستخدم كاميرا التصوير الفوتوغرافي مقاس 35مم المزودة بعدسات الزووم المناسبة ، بعد تركيب فيلم موجب خاص بإنتاج الشرائح الشفافة المصورة ، وبنفس طريقة إنتاج الشرائح المشار إليها سابقا لكن الخلاف هنا هو أن مصدر تصوير الشريحة ليس منظرا طبيعيا ، أو صورة من كتاب أو مجلة أو خلافه كما هو الحال في عملية الإنتاج ، بل إن المصدر هو شريحة أو شرائح مصورة موجودة بالفعل ، حيث يمكن نسخ هذه الشريحة بأي عدد مطلوب ، كل ماعليك فقط أن تثبت الشريحة المطلوب نسخها على مقدمة عدسة كاميرا التصوير ثم تلتقط صورا بالعدد المطلوب لتلك الشريحة من خلال الكاميرا ، ثم يتم تحميض الفيلم الموجب ، وقص لقطاته ، وتركيب الإطارات المناسبة على النحو السابق ذكره ، ليكون لديك نسخا طبق الأصل من الشريحة ، أو الشرائح الموجودة لديك .

وتفيد تلك الطريقة في نسخ مجموعات الشرائح الشفافة النادرة التي يصعب عليك إعادة إنتاجها من مصادرها الطبيعية ، كالشرائح التي تم التقاطها على سطح القمر خلال رحلة فضائية مثلا

نسخ الشرائح باستخدام كاميرا التصوير الفوتوغرافي

2- نسخ الشرائح باستخدام كاميرا التصوير الفيديوي :

في هذه الطريقة يتم النسخ بواسطة كاميرا تصوير الفيديو الخاصة بإنتاج صور متحركة ،

نسخ الشرائح بكاميرا التصوير الفيديوي .

حيث توضع الشرائح المراد نسخها أمام عدسة الكاميرا بنفس الطريقة السابقة ويتم التصوير حيث يمكن تخزين صور الشرائح على أشرطة كاميرا التصوير مباشرة ليتم عرضها على الكاميرا وقت الحاجة إليها خصوصا عندما تكون الكاميرا مزودة بشاشة عرض . أو يتم تحويل تلك الأشرطة إلى أشرطة فيديو مقاس VHS لعرضها على أي جهاز فيديو وشاشة تليفزيون .

وتتيح هذه الطريقة تحويل الشرائح الشفافة المصورة من صورتها المعتادة إلى صورة أخرى يمكن تخزينها على أشرطة الفيديو العادية لعرضها على شاشة تليفزيونية عند الحاجة إليها . ويفيد ذلك في حال عدم وجود أجهزة لعرض الشرائح ، أو عندما تكون تلك الأجهزة معطلة .

3- نسخ وطبع الشرائح باستخدام الكمبيوتر :

يمكن نسخ الشرائح الشفافة وطبعها باستخدام الكمبيوتر من خلال طريقتين هما :

أ- النسخ عن طريق كاميرات التصوير الرقمية :

وفي هذه الحالة تأخذ كاميرا التصوير الرقمية دور الوسيط ، حيث يتم التقاط صور الشرائح الموجودة لديك عن طريق الكاميرا الرقمية ، ثم توصيل تلك الكاميرا بجهاز الكمبيوتر لعرض وتخزين صور تلك الشرائح والاحتفاظ بها عند الحاجة إليها ، ويمكن عمل نسخ عديدة من ملفات الكمبيوتر الموجود بها تلك الصور على ديسكات مرنة ، أو اسطوانات سي دي . كما يمكن نسخها وطباعتها على شفافيات بنفس مقاس الشرائح ، من خلال طابعة الكمبيوتر ، ثم قص هذه الصور الشفافة ، وتركيب إطارات لها لتكون نسخا إضافية للشرائح الأصلية .

ب – النسخ عن طريق الماسحة الضوئية :

في هذه الطريقة يتم تحديد الصور واللقطات المراد تحويلها إلى شرائح ، والموجودة في كتب ، أو مجلات ، أو كتالوجات ... الخ . ثم نقل تلك الصور إلى الكمبيوتر بواسطة الماسحة الضوئية (الاسكانر) ليتم معالجتها وإدخال التعديلات المطلوبة عليها ، وضبط مقاسها على مقاس الشرائح المطلوبة ، ثم طبعها على شفافيات مناسبة بواسطة طابعة الكمبيوتر ثم قصها وتركيب الإطارات المناسبة لها لتكون شرائح أصلية .

● حفظ الشرائح الشفافة وصيانتها :

يساعد حفظ المواد التعليمية في إطالة فترات عمرها الافتراضي مما يوفر الجهد والمال اللازم لإعادة إنتاجها . ويمكن تنظيف الشرائح من الغبار بواسطة فرشاة ناعمة وبلطف أو بواسطة الهواء المضغوط .

ولإطالة عمر الشرائح الشفافة ينصح بوضعها في إطار بلاستيكي أو معدني ، وتركب الشرائح على نطاق تجاري في أطر من ورق مقوى أو بلاستيك ، أو بين رقائق زجاجية ، والطريقة الأخيرة تحميها إذا كانت تستخدم بكثرة ، أو تعرض في الأجهزة القديمة التي يؤثر ارتفاع حرارتها على الفيلم ، فيؤدي إلى التوائه وتجعيده ، وبالتالي إلى تغييرات في تركيز الصورة على الشاشة إلا أن لهذه الأطر الزجاجية عيوباً نذكر منها أنها :

◄ أثقل من الأطر الورقية والبلاستيكية ، وأكثر كلفة ، ويستغرق تركيبها وقتاً طويلاً .

◄ أكثر عرضة للكسر والتلف عند سقوط الشريحة لأي سبب .

◄ أكثر عرضة لتجمع الرطوبة تحت الزجاج.

◄ لا تناسب التجهيزات القياسية لتثبيت الشرائح في معظم أجهزة العرض الحديثة ، وأوعية الحفظ

وفي أجهزة العرض الحديثة ، تلقم الشرائح من الأدراج ، والأوعية أو تعاد إليها في أثناء العرض ، دون أن تمسها الأيدي ، إلا في حالة ترتيبها وإعادة حفظها. وفي جميع الحالات يكون من الضروري لحماية سطح الفيلم من الخدش من جراء كثرة الاستعمال أن نلبس في أيدينا قفازاً قطنياً ناعماً . ويمكن حفظ الشرائح مرتبة في علب ، أو حقائب ، أو ملفات وألبومات خاصة إلى حين الحاجة لاستخدمها ، ونكتب على العلبة بيانات

تساعد في التعرف على محتوياتها (الموضوع أو التاريخ أو المكان ..الخ) أو في مغلفات بلاستيكية على هيئة حقائب مستقلة.

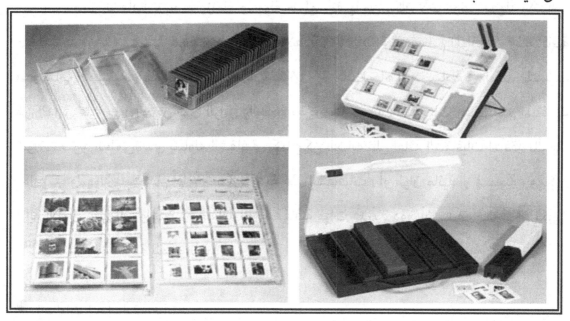

● ثانيا : الشفـــافيـــات :

● ما هية الشفافيات : The Transparencies

في إطار تحديد ماهية الشفافيات يوجد العديد من الآراء التي تناولت تعريف هذا المصطلح بمعناه العام ، ورغم تعدد هذه الآراء ، فإنها لم تختلف فيما بينها ، حيث أجمعت تلك الآراء على أن الشفافيات هي: رقائق لدنة (مرنة) شفافة مصنوعة من الأستيت Acetate الشفاف النفاذ للضوء ، أو من النايلون ، أو من البلاستيك الشفاف العادي معدة للكتابة اليدوية ، أو على شكل لفات (رول) معالجة بطريقة كيميائية للطباعة الحريرية ، أو مشحونة كهربائيا للنسخ التصويري ، أو غير ذلك ؛ وتأتي الشفافيات في أشكال ومقاسات عديدة أشهرها مقاس (5ر8 × 11) بوصة أي ما يعادل (21 سم× 26 سم) . وتعرض ضوئيا على جهاز العرض فوق الرأس Overhead Projector لتحقيق أهداف تعليمية محددة . وعادة ما تثبت الشفافية على إطار من ورق الكرتون ، أو البلاستيك المقوى أعد خصيصاً لهذا الغرض ، وذلك لحمايتها من بصمات اليد عند الاستعمال ولمقاومتها للرطوبة والانحناءات والتلف . وعادة ما تكون الشفافيات على نوعين : شفافيات مفردة ، وشفافيات متعددة الطبقات " تراكمية ".

- خصائص الشفافيات ومميزاتها :

تمتاز الشفافيات بخفة وزنها ، وسهولة حملها ونقلها من مكان لآخر وهي سهلة الإنتاج ، كما تستخدم بأساليب شتى لتحقيق العديد من الأهداف التعليمية في معظم المواقف ، ومع كافة المستويات التعليمية. ويمكن عرض الشفافيات ضوئيا - إن كانت جاهزة - ببساطة في الوقت المناسب من الدرس على جهاز العرض فوق الرأس والخاص بعرض مثل هذه الشفافيات حيث تتم المناقشة حول المحتوى العلمي الذي تتناوله الشفافية ، كما يمكن الكتابة على لفافة الشفافيات المرفقة بالجهاز بكل يسر وسهولة باستخدام أقلام خاصة للكتابة على الشفافيات ، أو ألوان مائية أو شمعية ، ويمكن إزالة الألوان بسهولة ، واستخدام اللفافة ، أو الشفافية مرات عديدة دون أن تتلف بشرط أن تكون الألوان المستخدمة قابلة للمحو بسهولة .

- إجراءات إعداد الشفافيات :

عند قيامك بإعداد أية شفافية عليك المرور بالإجراءات التالية :

1- حدد الهدف من الشفافية :

ويتم ذلك على ضوء : طبيعة الموضوع الذي تعد من أجله الشفافية وطبيعة الموقف الذي تعرض فيه تلك الشفافية ، وطبيعة الأفراد الذين سيشاهدونها ، حيث يجب عليك أن تسأل نفسك : لماذا تصميم هذه الشفافية ؟ ومالفوائد التي يجب أن تحققها ؟ .

2- حدد نمط التعليم والتعلم الذي يستخدم الشفافية :

هناك العديد من أنماط وطرق وأساليب التعليم والتعلم ، لكل منها ما يناسبه من المواد التعليمية ، وبخصوص الشفافيات فإنها تناسب أنماط وطرق التعليم والتعلم في مجموعات كبيرة أو صغيرة ، لكنها قد تكون محدودة الفائدة في أنماط وطرق التعلم الفردي .

3- حدد نوع الشفافية وشكلها :

على ضوء الهدف منها عليك تحديد الشكل المطلوب للشفافية من حيث : نوع الخامات ، والمقاس المناسب ، وهل هي مفردة ؟ أم متراكمة ؟.

4- حدد المحتوى المراد وضعه على الشفافية :

هل هو كلام مكتوب ؟ أم صور ؟ أم رسوم جاهزة ؟ أم رسوم ستقوم أنت برسمها ؟ أم أشكال ومخططات توضيحية ؟ ..... الخ . وحدد الوضع المناسب لتوزيع البيانات على الشفافية (أفقيا ، أو رأسيا) .

5- حدد الإمكانات المتاحة لديك لإنتاج الشفافيات :

حيث يجب عليك تحديد : نوعية الشفافيات الخام المتاحة لديك ومقاسها، والأجهزة ، والمعدات ، والأدوات ، والخامات المتوافرة لديك بالفعل والتي يلزم توافرها لإنتاج الشفافيات .

6- حدد الطريقة المناسبةلإنتاج الشفافية :

على ضوء ماهو متاح لديك من إمكانات حدد الطريقة المناسبة لعمل الشفافية ، وهل ستتبع الطريقة اليدوية البسيطة ؟ أم ستتبع إحدى الطرق الألية المتعارف عليها لإنتاج الشفافيات ؟ .

7- حدد الطريقة المناسبة لتلوين الشفافية :

هناك طرق عديدة لتلوين الشفافيات ، تتوقف على الطرق المتبعة لإنتاج تلك الشفافيات ، فهناك طرق تلوين يدوية ، وهناك طرق أخرى آلية وعليك اختيار الطريقة المناسبة للشفافية التي تقوم بإنتاجها .

8- حدد كيفية تأطير الشفافية :

سبقت الإشارة إلى أهمية عملية تأطير (تركيب إطار) الشفافيات حيث يمكن تركيب أطر جاهزة لتلك الشفافيات ، كما يمكن إعداد أطر وتركيبها يدويا من الخامات المتاحة لديك .

9- ترتيب الشفافيات المنتجة :

إذا قمت بإنتاج عدد من الشفافيات لموضوع واحد ، أو لموضوعات متفرقة لكنها متتابعة ، فإن عليك ضرورة ترتيب تلك الشفافيات ترتيبا متسلسلا وفقا لأولوية عرضها ، حيث يجب وضع ورقة بيضاء بين كل شفافية وأخرى .

10 – حفظ الشفافيات وتخزينها :

الشفافيات من المواد التعليمية التي يمكن استخدامها مرات عديدة حيث يمكن أن تبقى فترات طويلة من الزمن بشرط مراعاة قواعد حفظها وتخزينها ويمكن لك حفظ الشفافيات في الترتيب المطلوب داخل

حقائب متعددة الجيوب مصنوعة من البلاستيك أو الكرتون مخصصة لـذلك ويجب عليك تخزين الشفافيات في أماكن مناسبة بعيدا عن السخونة ودرجات الحرارة العالية .

● مراحل إنتاج الشفافيات :

تمر عملية إنتاج الشفافيات بمجموعة من المراحل بيانها فيما يلي :

1- إعداد مخطط كروكي للشفافيات :

عند قيامك بإنتاج أية شفافية يجب عليك بداية إعداد مخطط كروكي يشتمل على المواصفات المطلوبة للشفافية ، مع مراعاة النواحي الفنية التالية:

أ- منطقة الرسالة الآمنة :

هي تلك المساحة المسموح بالكتابة أو الرسم عليها من الشفافية والتي تتناسب ومساحة منصة العرض في جهاز العرض فوق الرأس ، حيث يجب أن تكون تلك المساحة في حدود 5ر7 × 5ر9 بوصـة ، أي (19سـم × 24 سـم) ، وذلـك للأسباب التالية :

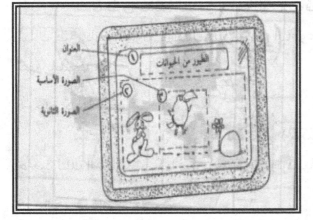

◄ أنه كلما بعدنا عن مركز سطح العرض تدريجياً تقل الإضاءة فلا تظهر الخطوط والرسوم الموجودة على حواف الـشفافية بالوضوح المطلوب.

◄ إن ظهور تشويه في الخطوط والرسوم الموجودة على الحواف ينتج عن انثناء الكتابة ، أو ازدواجيتها ، أو صغرها ، أو اهتزازها قليلاً بفعل تأثير المروحة في جهاز العرض ، أو ظهور ألوان زرقاء على الحواف لكن هذه الأمور لاتحدث غالبا داخل المساحة الآمنة للشفافية .

ب- مواصفات الكتابة على الشفافية :

يؤكد المتخصصون على أن الحروف التي تتم الكتابة بها على الـشفافيات ينبغي أن تكون أكبر ثلاثين ضعفا عند ظهورها على الـشاشة لكي يستطيع الجالسون في آخر صف بحجرة العرض أن يقرأوها بسهولة ويتوقف ذلك بالطبع على مساحة حجرة العرض ، وعدد المشاهدين . ولما

كانت قوة تكبير جهاز عرض الشفافيات لاتتجاوز عادة ستة أضعاف الحروف التي تكتب على الشفافية ، فإن هذه الحروف ينبغي أن تكتب بسمك أكثر من (3 مم) لكي يمكن قراءتها بدون صعوبة ، حيث يفضل أن تكتب بسمك (5 مم) لكي يمكن قراءتها بسهولة ، خصوصا عندما تحتوي الشفافية على عبارات كثيرة مكتوبة ، ويجب أن تكون الكتابة بخط ذي عرض مناسب والمعيار الذي يحدد عرض خط الكتابة هو ؛ قدرة العين على تمييزه وهذه تتوقف على قوة الإضاءة ، والخلفية التي يكتب عليها .

2- عملية تلوين الشفافيات :

يؤدي استخدام الألوان في إنتاج المواد التعليمية (الشفافيات) سواء أكانت مكتوبة ، أو مرسومة ، أو مكتوبة ومرسومة معاً إلى ربط المدركات الحسية بمدلولاتها ، وإظهار العناصر الأساسية المكونة للموضوع وتوضيح أجزائه ، وإضفاء الصبغة الجمالية عليه ، مما يزيد من تأثيره في عمليات التشويق والإثارة لدى المشاهد ، إلا إن الإسراف والمبالغة في استخدام الألوان قد يؤدي إلى وضع عكسي يقلل من جودة الشفافيات ويشوه معالمها .

ويمكن تلوين الشفافيات بعدة طرق منها :

أ- تلوين الشفافيات باستخدام الألوان :

يمكن استخدام الألوان الشفافة المائية (ألوان الرسم على الزجاج) في تلوين الشفافات بالإضافة إلى أقلام الألوان الخاصة بالشفافيات أو أقلام الألوان الفلوماستر.

ب- تلوين الشفافيات باستخدام الصفائح الشفافة الملونة :

توجد طريقة أخرى لتلوين الشفافيات ، فهناك صفائح شفافة ملونة تباع جاهزة في المكتبات يمكن استعمالها في تلوين أي سطح سواء كان شفافاً أو معتماً . وهذه الصفائح قد تكون على شكل أفلام رقيقة شفافة تستعمل في إضافة اللون إلى المادة التعليمية المرئية الشفافة ، أو تكون على شكل أفلام شبه شفافة *Translucent* مثل اللاصق الملون *Coloured Teps* تضاف إلى المواد المرئية المعتمة . وتصنع هذه المواد الملونة من ألوان شفافة تَطبع على وجه فيلم شفاف رقيق ، ثم تضاف عليها مادة لاصقة شفافة في حالة إنتاج الصفائح الشفافة الملونة ، أو شبه شفافة في حالة إنتاج الصفائح الملونة شبه الشفافة ، ثم يغطي هذا الوجه بصفيحة

إسنادية من الورق الرقيق الخفيف ، ويتم إنتاج هذه الصفائح الشفافة وشبه الشفافة بألوان مختلفة

ويمكنك تلوين شفافية باستخدام الصفائح الشفافة وفقا للخطوات الآتية :

- ضع الشفافية على سطح طاولة ثم ضع الصفيحة الملونة عليها .
- اقطع بالمشرط الحاد الصفيحة الملونة بحيث تتخذ شكل الرسم أو الصورة المطبوعة على الشفافية ، بحيث تكون مساحتها أكبر قليلاً من مساحة الرسم أو الصورة . واحذر أن تخدش الشفافية ، لأن ذلك يظهر في أثناء العرض .
- انزع الصفيحة الملونة المقصوصة عن صفيحة الورق الإسنادية المثبتة عليها ، وذلك بظفر الأصبع ، أو بسن المشرط .
- ضع الصفيحة الملونة ووجهها اللاصق إلى أسفل على المادة المرئية بشكل مناسب وبدقة متناهية بحيث تتم عملية اللصق بالشكل المطلوب من أول مرة ، وذلك لأن الصفيحة الملونة قد تترك آثاراً مشوهة في الشفافية إذا رفعت عنها ثم أعيد لصقها . ولاحظ أنه يتم لصق الصفيحة الملونة على ظهر الشفافية حتى لا يحدث تلف لوجهها الحامل للمعلومات.
- اضغط باليد على الصفيحة الملونة حتى يتم اللصق بإحكام . وإذا ظهرت فقاعات هواء أسفل الصفيحة ، فيمكن التخلص منها بوخزها بسن دبوس ، ويمكن وضع ورقة على الصفيحة ثم الضغط عليها براحة اليد أو بالأصابع .
- اقطع بالمشرط الحواف الزائدة من الصفيحة الملونة على الرسم أو الصورة ، ويتم ذلك بحذر شديد بحيث لا تخدش الشفافية .
- انزع الحواف الزائدة التي قطعتها من الصفيحة الملونة ، وبذلك تحصل على شفافية ملونة بلون معين .

هذا ، ويمكنك استعمال أكثر من صفيحة لتلوين الرسم أو الصورة بألوان مختلفة ، كما يمكن أن تتداخل أو تتراكب صفيحتان أو أكثر لإحداث تأثير لوني معين ، مع مراعاة أن ذلك يقلل من درجة وضوح الشفافية . كما يمكنك استخدام المرذاذ (البخاخ) لتظليل ، أو لتلوين الشفافيات.

3- اختيار الطريقة المناسبة لإنتاج الشفافيات :

هناك طرق عديدة لإنتاج الشفافيات ، تتفاوت هذه الطرق في بساطتها ورخص تكاليفها ، ونوعية الشفافيات المنتجة ، أبسط هذه الطرق هي الكتابة والرسم باليد مباشرة على صفحة من البلاستيك العادي باستخدام أقلام مناسبة وتتدرج طرق الإنتاج في التعقيد من الطرق الباردة ، إلى الطرق الحارة إلى الطرق الميكانيكية ، إلى الطرق الآلية الحديثة كإنتاج الشفافيات بواسطة التصوير الفوتوغرافي ، أو عن طريق طابعات جهاز الحاسب الآلي .... الخ.

وفيما يلي عرض لأهم طرق وأساليب إنتاج الشفافيات : (محمد ذبيان غزاوي وآخرون ، 1992م ، ص ص 331-441)

أ- الطريقة اليدوية المباشرة :

وخلال هذه الطريقة يتم إنتاج الشفافيات التعليمية يدويا عن طريق الكتابة ، أو الرسم مباشرة باليد على الشفافية الفارغة ، وذلك باستخدام أقلام فلوماستر (أقلام ذات رؤوس من اللباد) ، وهذه الأقلام قد تكون ذات حبر مؤقت يسهل إزالته عن الشفافية باستخدام قطعة قماش مبللة بالماء ، وقد تكون ذات حبر ثابت ، وفي هذه الحالة لا تتم إزالة الحبر عن الشفافية إلا بممحاة بلاستيكية خاصة ، أو بأي مادة عضوية كالكحول مثلاً . وتتيح عملية إزالة الكتابة والرسوم من الشفافيات إمكانية إعادة استخدام تلك الشفافيات لمرات عديدة .

وتحتاج الطريقة اليدوية لإنتاج الشفافيات إلى التجهيزات التالية :

◄ مصادر مختلفة للصور والأشكال .

◄ أقلام كتابة على الشفافيات .

◄ شفافيات خالية متنوعة الأحجام .

◄ أقلام كتابة على الكالك .

◄ ورق أبيض ذو قطع مناسب .

◄ قطع قماش صغيرة

◄ ورق استشفاف (كالك).

◄ كحول وماسحات حبر .

ولعمل الشفافية الواحدة أو الصفحة الشفافة يدويا يمكن اتباع إحدى طريقتين :

الطريقة الأولى : إذا كان هناك رسم معين ، أو صورة معينة وتريد أن تنقلها إلى الشفافية فما عليك إلا أن تضع الصفيحة الشفافة فوق الورقة التي عليها الرسم أو الصورة ثم استخدم القلم المائي الملون

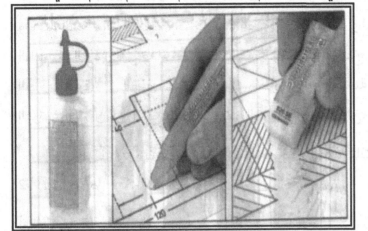

لتخطيط الرسم كما يظهر على الصفيحة الشفافة ، ويمكن عمل عدة شفافيات بنفس الطريقة لرسوم وصور مختلفة. وتسمى هذه الطريقة بطريقة الشف .

الطريقة الثانية : إذا كانت لديك أفكارا معينة ، ونقاطا محددة ، وأشكالا معينة ترغب أنت في وضعها على الشفافية فما عليك إلا أن تقوم برسم الشكل الذي تريد ، وكتابة الأفكار والنقاط التعليمية على الصفيحة الشفافة بخط واضح مع مراعاة عدم ازدحام الكتابة على الصفيحة الشفافة ليسهل قراءتها. وتذكر أنه : يجب وضع ورقة عادية واقية فوق جزء الشفافية الذي تلامسه أصابع اليد أثناء الشف لحمايته من العرق وآثار البصمات .

ب- طريقة الطبع (النسخ) الحراري :

تعد هذه الطريقة من أفضل وأسهل طرق إنتاج الشفافيات ، وهي تحتاج إلى جهاز للطبع الحراري Thermocopier ، وشفافيات حرارية أيضاً ، ويمكن إنتاج الشفافية بهذه الطريقة في ثوان معدودات إذا كان الأصل جاهزاً ، وتتطلب هذه الطريقة أن يكون الرسم والكتابة المطلوب طبعها على الشفافية مكتوبة بمادة تحتوي على جزيئات كربونية مثل القلم الرصاص ، أو الحبر الصيني ، أو شريط الآلة الكاتبة ، أو المواد المطبوعة أما إذا كان الأصل المراد نقله على الشفافية مكتوباً بمادة لا تحتوي على جزيئات كربونية مثل الأقلام الفلوماستر ، أو أقلام الحبر الجاف ، أو مأخوذة من مصادر مختلفة كالمجلات والصحف توضع بالقص واللصق فإنه يمكن تصوير الأصل بآلات النسخ والتصوير العادية لتصبح ماصة للحرارة ثم نستخدم الصورة الجديدة في إنتاج الشفافية . وسواء كان هذا ، أو ذاك فإن إنتاج الشفافيات وفقا لهذه الطريقة يتم بسهولة كبيرة من خلال مطابقة

الأصل المطبوع على الشفافية الفارغة وجها لوجه ، ثم إدخالهما في فتحة الجهاز المخصصة لـذلك ، حيث يتم طبع المحتوى من الأصل إلى الشفافية بنفس التفصيلات والوضوح .

وتتيح طريقة الطبع الحراري مرونـة كبـيرة في إعداد الأصل إذ يمكـن تجميع الرسـوم أو الكلمات من مصادر مختلفة ولصقها جميعها على ورقة واحدة بعد عمل المونتاج اللازم ، كمـا تتيح الاحتفاظ بالأصل لاستخدامه فيما بعد .ملحوظة :

وعند إعداد نسخة الأصل يجب مراعاة القواعد المتعلقـة بحجـم حـروف الكتابـة والرسـوم بالنسبة لبعد الشاشة عن المشاهد ، وقوة تكبير جهاز العرض العلـوي بحيـث تكون مقـروءة بصورة مريحة ، ونذكرك بأن أفضل طريقة هي التجريب .

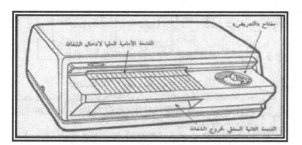

وتحتاج طريقـة النسـخ الحـراري لإنتـاج الشفافيات إلى التجهيزات التاليــــة :

◄ آلة نسخ حراري (ثرموفاكس) .

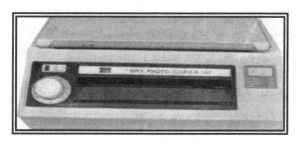

◄ شفافيات حساسة للحرارة متنوعة المقاسات .

◄ أقلام كتابة مناسبة لإعداد نسخة الأصل (مادة كتابتها تمتص الحرارة).

◄ أدوات رسم مناسبة .

◄ مقص وسكين قطع حادة وصمغ للصق .

◄ حامل ذو صفيحة معدنية مصقولة لاحتواء الشفافية الحساسة للحرارة ونسخة الأصل .

◄ مجلات وصحف وكتالوجات .. الخ ، تحوي مواد تعليمية لقصها ولصقها على نسخة أصل حبرها مناسب أسود ماص للحرارة .

خطوات إنتاج الشفافيات باستخدام آلة النسخ الحراري :

◄ قص قطعة مربعة من الورق المقوى الأبيض طول ضلعها (30) سم.

◄ ارسم وسط القطعة السابقة مربعاً يطابق مساحة منصة العرض لجهاز عرض الشفافيات طول ضلعه 24 سم تقريباً ، ثم ارسم داخل هذا المربع وبخطوط منقطة حدود المساحة المسموح بالكتابة والرسم داخلها على الشفافية المنتجة ، وذلك بما يسمح بتركيب إطار لها ، وعرض المادة التعليمية المطبوعة عليها بصورة كاملة .

◄ اسحب نسخاً كافية من اللوحة السابقة عن طريق آلة الاستنساخ الكهروستاتيكية .

◄ قم بإعداد الرسوم والكتابة اللازمة داخل المساحة المسموح بالكتابة والرسم داخلها على إحدى النسخ السابقة مستخدما أقلام الكتابة المناسبة ، مع إجراء التعديل ، والتصحيح الضروري إلى أن تحصل على نسخة أصل جيدة .

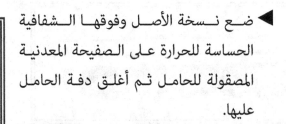

◄ ضع نسخة الأصل التي أعددتها في الخطوة السابقة ، ووجهها للأعلى ثم ضعي فوقها تماماً شفافية فارغة حساسة للحرارة وجهها الحساس للأسفل ويتم التأكد من ذلك عندما تكون الزاوية المقصوصة للشفافية في الأعلى وإلى يمينك .

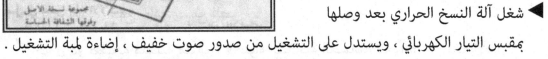

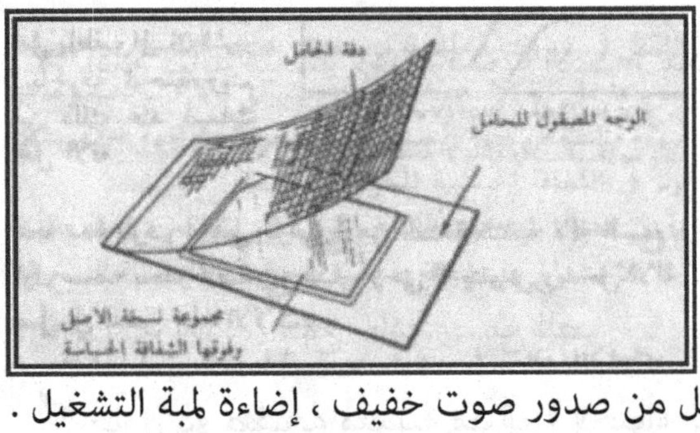

◄ ضع نسخة الأصل وفوقها الشفافية الحساسة للحرارة على الصفيحة المعدنية المصقولة للحامل ثم أغلق دفة الحامل عليها.

◄ شغل آلة النسخ الحراري بعد وصلها بمقبس التيار الكهربائي ، ويستدل على التشغيل من صدور صوت خفيف ، إضاءة لمبة التشغيل .

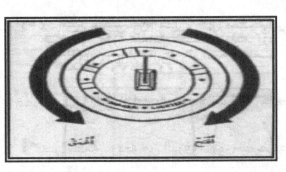

◄ اضبط مفتاح نوع العملية على كلمة شفافية .

◄ اضبط مفتاح التعريض باتجاه : فاتح ، أو قاتم ، وذلك حسب حساسية الشفافية من جهة وحسب درجة غمق الكتابة والرسم على نسخة الأصل من جهة أخرى .

◄ أدخل الحامل وما يحوي (نسخة الأصل والشفافية الحساسة) من طرفه المغلق في الفتحة الأمامية العليا ، وأنت ممسكا به بكلتا يديك بصورة متوازنة (غير مائلة) واستمر في دفع الحامل بلطف إلى أن تشعر أنه بدأ بالحركة وحده ، ويتم التأكد من ذلك عند انبعاث ضوء داخل الآلة .

◄ عندما يبدأ طرف الحامل بالخروج من الفتحة الثانية لآلة النسخ الحراري حاول سحبه بحذر لتصحيح مساره ، ثم افتح دفة الحامل وانزع بلطف وحذر أحد جوانب الشفافية لتتأكد من نسخ الكتابة والرسوم عليها بوضوح فإذا تأكدت من وضوحها أكمل نزع الشفافية عن نسخة الأصل برفق وفي حالة عدم الوضوح أعيد غلق دفة الحامل ، وأدخله ثانية في الجهاز، بعد ضبط مفتاح التعريض باتجاه (أغمق) ، وبذلك تحصل على شفافية جاهزة للعرض ، كما يمكنك تركيب إطار مناسب لها لتسهيل عرضها وحفظها .

أمور يجب مراعاتها عند إنتاج شفافية باستخدام آلة النسخ الحراري :

◄ هناك أنواع مختلفة من الشفافيات الحساسة للحرارة ، ويجب قراءة التعليمات الخاصة بكل نوع قبل استخدامه في آلة النسخ الحراري المتوافرة من حيث طريقة وضعه فوق (نسخة الأصل) ، ودرجة التعريض المناسبة .

◄ نظراً للحرارة الكبيرة المنبعثة عند إضاءة المصباح داخل الآلة ، يجب مراعاة تبريدها ، والحيلولة دون سد منافذ التهوية ، وعدم اتساخ أجزائها الداخلية ، وعدم تشغيلها لمدة طويلة

◄ أنتجت إحدى الشركات اليابانية آلة نسخ حراري تحت اسم (Riso151) وتصلح لإنتاج الشفافيات الحرارية والاستنسل الحراري ولوحات الطباعة ونسخ الأصل لطباعة الديازو , وتعمل بالأشعة تحت الحمراء .

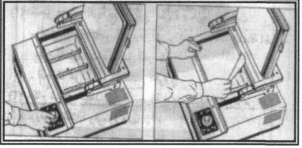

ج - إنتاج الشفافيات باستخدام آلة تصوير المستندات :

تستخدم في هذه الطريقة آلة الاستنساخ (النسخ) الكهروستاتيكي وهي الآلة المستخدمة

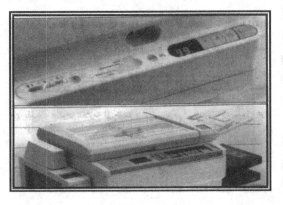

في استنساخ نسخ المستندات الورقية ، ويتم إنتاج الشفافيات بها كعملية التصوير العادية بعد إعداد نسخة الأصل واختيار النوع المناسب من الشفافيات ووضعها في طبق التلقيم بدلا من الورق أوتوماتيكياً .

أمور يجب مراعاتها عند إنتاج الشفافيات بآلة تصوير المستندات الورقية :

◄ يجب التأكد من نظافة الآلة قبل استنساخ الشفافيات ، ويتم ذلك بتجريب الاستنساخ على الورق العادي أولاً ، فإذا ظهرت بعض البقع غير المرغوبة على نسخة الورق وجب إجراء التنظيف اللازم حتى لا تظهر هذه البقع على الشفافيات.

◄ يجب اختيار الشفافيات المناسبة لآلة التصوير ، وبخاصة الشفافيات الحرارية , وعليه يجب الرجوع إلى كتيب التعليمات المرفق مع كل آلة استنساخ كهروستاتيكي ، فليست كل أنواع وماركات هذه الآلات مجهزة لتصوير الشفافيات .

◄ تطلى حالياً الأسطوانة الدوارة في آلة الاستنساخ الكهروستاتيكي بطبقة رقيقة من كبريتيد الكادميوم بدلا من السلينيوم .

◄ تتنوع آلات الاستنساخ الكهروستاتيكي ، وتتنوع معها لوحات مفاتيح التشغيل والتحكم ، وعليك قراءة كتيب التعليمات المرفق مع كل آلة لمعرفة وظيفة كل مفتاح.

د- إنتاج الشفافيات بالكمبيوتر :

يمكن الاستفادة من الإمكانات المتطورة لأجهزة الكمبيوتر والطابعات الملحقة بها في إعداد وإنتاج الشفافيات على مستوى عال من الإتقان والدقة حيث إنه يتوفر العديد من برمجيات الكمبيوتر التي تستخدم لتصميم وإعداد الرسوم

والخطوط والرسوم البيانية والصور التي يمكن طبعها على الشفافيات بألوان جذابة ، ويستطيع المصمم أن يختزن التصميمات على الأقراص الممغنطة لتعديلها بالحذف والإضافة كما يمكنه رؤية التصميم على شاشة الحاسوب قبل طباعتها ، ويتوفر العديد من طابعات الكمبيوتر للطباعة باللون الأسود ، أو بالألوان ، وتحتاج هذه النوعية من الطابعات شفافيات خاصة تتحمل الحرارة والتسخين داخل الطابعة.

4- اختيار وضع الشفافية :

يجب تحديد وضع الشفافية أفقية أو رأسية ، حيث يفضل أن يكون وضع الشفافية أفقياً Horizontal ، وليس رأسياً Vertical ، لما يترتب على الوضع الرأسي من أخطاء وتشوهات بيانها فيما يلي :

◄ أن ظاهرة الانحراف (التشوه) الزاوي للصورة المعروضة رأسياً تظهر بشكل واضح على الوضع الرأسي ، وبشكل أقل على الأفقي .

◄ أن جزءاً كبيراً من أسفل الصورة المعروضة رأسياً يقع تحت مستوى النظر ، وبالتالي لا يتمكن بعض المتعلمين من مشاهدته من فوق رؤوس زملائهم .

◄ وجود منطقتين على الشفافية الرأسية أعلى سطح العرض وأسفله لا تظهر بياناتها بوضوح على الشاشة .

◄ أن الوضع الرأسي غير مألوف وغير جذاب ، فالشفافية المألوفة هي التي تكون أبعادها أربع وحدات ارتفاع × خمس وحدات عرض ، وهذا يصعب تحقيقه في الشفافية الرأسية .

5 - تأطير الشفافيات :

التأطير Framing بصفة عامة هو عملية تستهدف إحاطة أي شيء بإطار. وهي عملية مهمة جدا في مجال إنتاج المواد التعليمية المرسومة والمصورة ، فوضع اللوحات والخرائط والصور .. وغيرها داخل أطر مناسبة يؤدى إلي إبراز محتواها بشكل أفضل . وقد تكون عملية التأطير ضرورة حتمية كما هو الحال عند إنتاج الشرائح الشفافة المصورة ،أو إنتاج الشفافيات التعليمية ، حيث يحمى الإطار هذه المواد الشفافة ، بل يكون

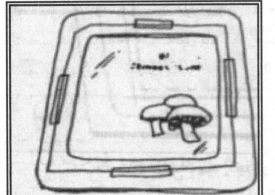

ضرورة لعرضها ضوئيا خصوصا الشرائح الشفافة ، وغالبا ما تصنع الأطر الخاصة باللوحات والصور من الخشب أو المعدن ، لكن الأطر الخاصة بالشافيات تكون من الورق المقوى ، أو البلاستيك ، وكذلك الحال بالنسبة للشرائح الشفافة .

ومع أنه يمكن عرض الشفافيات دون إطار ، خاصة إذا كان البلاستيك المصنوعة منه سميكاً بصورة يجعلها تنبسط مستوية عند وضعها على منصة جهاز العرض فوق الرأس ، إلا أن هناك أسبابا عديدة تدعو إلى تركيب الأطر (تأطير) للشفافيات منها :

- إن تركيب إطار للشفافية يمنع مرور الضوء من الجوانب ، ولا يظهر على الشاشة سوى المحتوى المراد عرضه من الشفافية .
- إن تركيب إطار للشفافية يوفر حوافاً صلبة لها تسهل تناولها ، وتمنع ظهور بصمات اليد على الشفافية ، كما يتيح ربط شفافيات أخرى بها في صورة منضدة فوق بعضها ، كما ييسر ترتيبها ، وحفظها .
- إن تركيب إطار للشفافية يوفر مساحة لكتابة بعض المعلومات عنها .

ويجب أخذ نقاط عدة بعين الاعتبار عند تركيب إطار للشفافية مثل: المادة المصنوع منها الإطار ، وحجمه ، وطريقة تركيب الشفافية عليه وطريقة ربط شفافيات أخرى بها بصورة منضدة .

وتوجد الأطر بقياسات متعددة من مواد مختلفة ، وسبب هذا التنوع هو التوفير في التكاليف ، وطبيعة هذه الشفافيات ، وأجهزة العرض المستخدمة ، وتتراوح أبعاد فتحة الإطار التي يجتازها الضوء بين (24 × 19 سم) ، إلى (25 سم × 25 سم)عادة .

ولتركيب الأطر على الشفافيات يجب اتباع الخطوات التالية :

- ضع الإطار على سطح مستو ، ثم ضع عليه الشفافية المطلوب تأطيرها بحيث تنطبق حوافها الخارجية على المستطيل الأوسط (منتصف الإطار) ، ويكون وجهها الحاوي للمادة التعليمية للأسفل.
- ثبت جوانب الشفافية الأربعة عن طريق شريط لاصق على طول الحواف .

◄ اقلب الإطار ، والشفافية عليه ، ليبدو محتوى المادة التعليمية (الكتابة والرسوم) معتدلاً.

◄ سجل بعض المعلومات عن الشفافية على حافة الإطار السفلي مثل: موضوع الشفافية ، رقم الشفافية المسلسل ، وبذلك تحصل على الشفافية داخل إطار جاهزة للعرض والتخزين .

وهناك أطر جاهزة ذات أشكال مختلفة وبأسعار مناسبة مصنوعة من الورق المقوى ، أو البلاستيك ، كما يمكنك صناعة الإطر بنفسك من الورق المقوى (الكرتون الخفيف) .

● حفظ الشفافيات وتخزينها :

بعد إنتاج الشفافيات يجب حفظها وتخزينها بطريقة صحيحة ، لتكون صالحة للاستخدام مرات عديدة ، فذلك يوفر عليكِ الجهد والمال والوقت.

 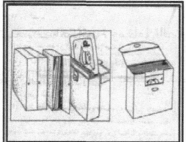 

ويمكن حفظ وتخزين الشفافيات في ملفات ، وحقائب ، وأدراج وخزائن ، حيث يمكن استخدام المتوافر منها لديك لحفظ شفافياتك التعليمية .

● ثالثا : المواد التعليمية المسموعة :

تعد المواد التعليمية المسموعة أحد أهم وأقدم أنواع المواد التعليمية التي تدعم الوسائل السمعية ، فتكمل منظومة تلك الوسائل الأمر الذي يجعلها قادرة على تحقيق الأهداف المنوطة بها ، وقد تم الاعتماد على الوسائل السمعية في عملية الاتصال منذ أقدم العصور ، فقبل إختراع الطباعة ، كانت الكلمة المسموعة هي الوسيلة المطلقة في التواصل بين الأفراد في أي مجتمع . ويؤكد معظم خبراء الاتصال أن الاتصال الصوتي كان ولا يزال من أقوى وسائل الاتصال إن لم يكن بالفعل أقواها تأثيراً على المتعلم ، بالرغم من التطورات التكنولوجية للوسائل المرئية .

وتزداد المواد السمعية أهمية حينما تتكامل مع المواد المرئية في نوع واحد هو المواد السمعبصرية التي تعد من أهم وسائل الاتصال حديثا وقد أتاحت التكنولوجيا الحديثة تطورا فائقا في مجال إنتاج وعرض المواد الصوتية المسموعة ، كما سيتضح فيما يلي .

● تعريف المواد السمعية :

المواد السمعية Audio Materials هي نوع من المواد الصوتية التي يتم عن طريقها نقل الرسائل ، والأفكار ، والمعلومات ، والانفعالات بين المرسل والمستقبل في عملية التواصل (الاتصال) اللفظي.

وتعرف الوسائل السمعية Audio Aids بأنها : وسائل الاتصال التي تعتمد على الأصوات والألفاظ في عرضها ، وتعتمد على حاسة السمع في استقبالها وفهم مضمونها ، ومن أمثلتها : البرامج الإذاعية ، والإذاعة المدرسية ، والتسجيلات الصوتية ، ومعامل الصوتيات الخاصة بدراسة اللغات.. الخ

وترتبط عملية إنتاج المواد السمعية عموما بعملية التسجيل الصوتي تلك التي تمثل نوعا من التسجيلات بصفة عامة .

ويعرف مصطلح التسجيل Recording عموما بأنه : عملية آلية تهدف إلى حفظ الأحداث والمواقف بالصوت أو بالصورة أو بالصوت والصورة معا ، وخزنها على أشرطة أو اسطوانات مدمجة مسموعة أو مرئية وذلك عن طريق أجهزة خاصة بها إمكانية التسجيل . ويشير هذا المصطلح أيضا إلى وظيفة يقوم بها مفتاح خاص في أجهزة الراديو والفيديو كاسيت ، وكاميرات الفيديو ، حيث يدفع الشريط إلى الأمام ويحرك رأس التسجيل لتبدأ عملها في التسجيل على الشريط.

● مصادر الحصول على المواد السمعية :

يمكن الحصول عليها من مصادر مختلفة ، من أهمها الإنسان نفسه فيمكنه تسجيل المعلومات والبيانات المنطوقة بصوته ، أو بصوت أشخاص آخرين ، أو يمكنه نقل برنامج إذاعي أو تليفزيوني أو أي برنامج مسموع أو مقابلات حوارية مباشرة ، أو تسجيل أصوات الأشياء المختلفة من حولنا من مصادرها الطبيعية الحية كالريح والماء والطيور والحيوانات .. وغيرها من الأصوات .

● أهمية المواد السمعية ومميزاتها :

تتمثل أهمية المواد التعليمية السمعية في إمكانية تخزين المعلومات المنطوقة مهما كان مصدرها ، ولذا يصبح بإمكان أي فرد الرجوع إلى هذه الخبرات والاستماع إليها ، والاستفادة بها وقت الحاجة .

وتمتاز التسجيلات السمعية بإيجاد جو اتصالي مملوء بالحيوية والنشاط من خلال اشتراك المتلقي في تصميم المادة المسموعة وإعدادها وإنتاجها ، وإجراء الحوار والمناقشة مع المرسل ، الأمر الذي يؤدي إلى فعالية الموقف الاتصالي .

ومن أهم مميزات المواد السمعية المسجلة أنه يمكن الاستماع إليها عدة مرات وفي أي وقت ، كما يمكن إنتاج مثل هذه المواد بسهولة ويسر وخاصة مع تطور تقنيات عرض وإنتاج التسجيلات الصوتية الحديثة .

● مجالات استخدام التسجيلات السمعية :

هناك مجالات كثيرة تستعمل فيها أشرطة ومواد التسجيل السمعي في المجال التعليمي منها

◄ تسجيل النصوص اللفظية التي تصاحب عرض الشرائح والصور .

◄ تسجيل الدروس والمحاضرات والبرامج التربوية والندوات والاحتفالات والاجتماعات .

◄ تسجيل الأناشيد والقصص وعرضها بأسلوب مثير مشوق .

◄ تعليم التجويد، ونطق الكلمات ، والآيات في دروس القرآن الكريم والأحاديث النبوية .

◄ تسجيل اللغات المختلفة مما يساعد على نطقها بشكل سليم .

◄ تسجيل بعض الاختبارات لكي نقيس قدرة الأفراد على التقاط المادة اللفظية وفهمها .

◄ معالجة عيوب النطق والكلام عند بعض الأفراد .

◄ مساعدة الطلاب المتأخرين دراسياً في المواد التي تحتاج إلى السمع.

◄ تعطي التسجيلات السمعية فرصة لكثير من الأفراد غير المتفرغين للتعلم الذاتي ، والتعلم عن بعد .

◄ تساعد المعلم في الاطلاع على خبرات غيره في طرق تدريس المواد المختلفة من خلال الاستماع إلى هذه التسجيلات ، ومن ثم تزويده بتغذية راجعة قد ترفع من مستواه التدريسي .

◀ تتيح للمعلم إمكانيـة الحكم بموضوعيـة ودقـة على مستوى أدائه التدريسي اللفظي ، ومستوى التفاعل اللفظي بينه وبين طلابه داخل حجرة الدراسة .

◀ المواد التعليمية السمعية لاتحتاج إلى معالجات خاصة ومعقدة مثل المواد المرئيـة ، فيمكن سماع المادة المسجلة مباشرة بعد تسجيلها .

● متطلبات إنتاج التسجيلات السمعية :

قبل التعرف على مراحل وخطوات إنتاج التسجيلات السمعية ينبغي التعرف بدايـة علـى أهم متطلبات الإنتاج التي نعرض لها في النقاط التالية :

1- أجهزة التسجيل السمعية ومكوناتها :

لقد تطورت أجهزة تسجيل وعرض المواد السمعية تطورا كبيرا خلال العقود القليلة الماضية ، فمن جهاز الفونغراف الخاص بالاسطوانات الصوتية كبيرة الحجم ، إلى أجهزة التسجيل ذات الشريط المغناطيسي (الراديو كاسيت) بأشكالها وأنواعها المختلفة والتي مازالت تنتج حتى اليـوم إلى أنظمـة تسجيل وعرض الصوت المتطورة التي تعمل الليزر وتقوم بتسجيل وتشغيل أشكال مختلفة من المـواد السمعية كأشرطة الكاسيت العاديـة واسطوانات الليزر الصوتية المدمجـة ، إلى أجهزة الكمبيـوتر الملتيميديا التي أضافت أفاقا واسعة للتسجيلات الصوتية الرقمية مع إضافة المؤثرات الصوتية عاليـة الجـودة ، مـن حيـث التسـجيل والعرض.

وكـان تطـور أجهـزة التسجيلات السمعية على مسارين هـما : أجهـزة التسـجيل ذاتهـا ، والمواد التي يتم التسجيل عليها من اسطوانات وأشرطة وخلافه .

مكونات أجهزة التسجيل الصوتي :

هناك ثلاثة أنواع شائعة من أجهزة التسجيل هي :

- المسجل ذو البكرات المفتوحة :

وهذا النوع يستخدم بكثرة في محطات الإذاعة ولدى المحترفين .

- المسجل الكارتريدج :

وهو الذي يستخدم معه الأشرطة ذات المسارات الثمانية التي تختلف عن أشرطة الكاسيت العادية .

- المسجل ذو شريط الكاسيت :

وهو النوع الأكثر انتشاراً واستخداماً وشيوعاً في المنازل والمدارس والسيارات. وسنقوم بدراسة هذا النوع بالتفصيل لتوفره بشكل كبير .

وتعد أجهزة التسجيل التي تعمل بنظام أشرطة الكاسيت العادية من أكثر الأجهزة الصوتية انتشاراً لإنتاج ، أو نسخ ، أو تشغيل المواد الصوتية المسموعة وذلك لأسباب من أهمها : صغر حجمها ، وخفة وزنها وإمكانية تنقلها بيسر وسهولة استخدامها ، بالإضافة إلى توافر أشرطتها السمعية بكثرة .

وقد يكون من أبرز صفات هذا النوع من أجهزة التسجيل أيضا أن أشرطتها التي تسجل في جميع بقاع العالم لها مقاس واحد معياري وتعمل بسرعة ثابتة وهي 1.875 بوصة / ثانية أي 4.7 سم /ث تقريباً وذلك مع جميع أشكال وأحجام وموديلات تلك الأجهزة . ومع أنه يمكن لأي فرد أن يعد تسجيلات صوتية خاصة به ، إلا أن التسجيلات الجاهزة في موضوعات متنوعة ومختلفة ، متوفرة لدى المؤسسات المتخصصة بذلك .

ومع اختلاف أجهزة الراديو كاسيت في أشكالها ، وأحجامها وإمكانات تشغيلها ، فإن تركيبها قد يكون واحدا ، ومكوناتها تتشابه وتتقارب إلى حد بعيد .

2- ملحقات أجهزة التسجيل الصوتي (السمعي) :

بعد تعرفك على أجهزة التسجيل الصوتي ومكوناتها ، يجب تعرفك أيضا على الأدوات والمواد والتجهيزات الملحقة بتلك الأجهزة ، والتي تمثل مكونات أساسية لإنتاج ونسخ المواد الصوتية المسموعة ، كما قد تكون من متطلبات عرض تلك المواد . وفي مقدمة تلك الملحقات مايلي :

أ- شريط التسجيل الصوتي :

الشريط *Tape* مصطلح عام يشير غالباً إلى شريط ممغنط يستخدم فى تسجيل الإشارات المسموعة أو المرئية على الأجهزة الخاصة بذلك وهو عبارة عن شريط طويل يختلف طوله على حسب مدته الزمنية ، يبلغ عرضه عادة بضعة مليمترات ، وهو مصنوع من مادة بلاستيكية مرنة ، وله وجهان أحدهما معتم والآخر مصقول ، يتم التسجيل على الوجه المعتم المغطى بطبقة من جزيئات أكسيد الحديد الموزعة عشوائياً ، والتى تكون محصلة عزومها الكلية مساوية للصفر. وتختلف هذه الأشرطة فى النوع والحجم حيث يوجد أجهزة خاصة لكل نوع ولكل مقاس.

أما الشريط السمعى (الصوتى) *Audio Tape* فهو نوع من الأشرطة المغنطة الخاصة بتسجيل الصوت ، وإعادة عرضه ، وذلك على أجهزة التسجيل الصوتية (راديو كاسيت) 0 وتأتي الأشرطة الصوتية المسموعة في أحد شكلين هما :

شريط كاسيت مدمج : **Compact Cassette**

وهو النوع السائد المستخدم من أشرطة الراديو كاسيت ، وهو عبارة عن شريط ممغنط عرضه 4 مم داخل علبة خاصة بها بكرتين صغيرتين تعملان بالتبادل كبكرتى تغذية أو سحب ، وله مقاسات قياسية. ويتم تشغيل هذا النوع من الأشرطة على أجهزة الراديو كاسيت المعروفة.

شريط مفتوح : **Open Reel**

وهو أى شريط صوتى ، أو مرئى لا يوضع فى داخل علبة ، أو وعاء أو خرطوشات خاصة يطلق عليها " كاسيت " ، ويتم عرضه بواسطة بكرتين إحداهما للتغذية والأخرى للسحب. ويستخدم مثل هذا النوع في محطات الإذاعة ، حيث يتم تشغيله على نوع من أجهزة التسجيل يعرف بجهاز المسجل ذي البكرات المفتوحة .

وهكذا فإن شريط الكاسيت الصوتي ماهو إلا فيلم رقيق من البلاستيك المرن مصنوع من مادة السليلوز أو البوليستر ، يطلى أحد وجهيه بمادة أكسيد الحديد المغنطة ، أو مادة ثاني أكسيد الكروم ، وهو الوجه المعتم ، أما الوجه الآخر فيكون عادة لامعاً ، ويلف الشريط على بكرتين

إحداهما للإرسال والأخرى للاستقبال بالتناوب ، حيث تثبت تلك المحتويات داخل علبة (كاسيت) من البلاستيك المتين بمواصفات قياسية. وتقاس سعة تلك الأشرطة بالفترة الزمنية لاستخدامها ، فمنها أشرطة بمدد زمنية مختلفة (30 ، 45 60 ، 90 ، 120) دقيقة .

وصل (لحام) أشرطة الراديو كاسيت المقطوعة :

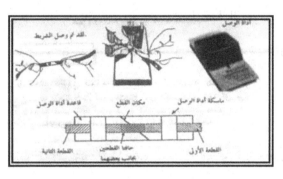

يمكنك وصل الأشرطة السمعية المقطوعة باستخدام أداة خاصة وتكون ذات أشكال وقياسات مختلفة حيث يوضع طرفا الشريط المقطوع في مجرى الأداة ويضغط عليهما فيتم وصلهما ، ويشبه ذلك آلة تغليف الخضار واللحوم في البقالات والمنازل .

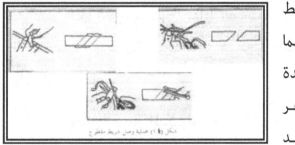

ويمكنك لصق الشريط المقطوع بطريقة يدوية سهلة : اطبق طرفي الشريط المقطوع ، بحيث يكون الوجه اللامع للطرفين باتجاه واحد وقص الجزءين التالفين من طرفي الشريط بزاوية °45 باستخدام مقص مناسب ، ثم ضع طرفي الشريط بجانب بعضهما بعد القص ، ثم ألصق عليهما شريط لصق مناسب ، وقص الحواف الزائدة لشريط اللصق . أو ضع أحد الطرفين فوق الآخر والصقهما بمادة لاصقة قوية ، مع العلم بأنه توجد العديد من المواد اللاصقة المناسبة يمكنك الحصول عليها من السوق.

ب - لا قطة الصوت (الميكروفون) :

وهي جهاز صغير ، يوجد بأشكال وأحجام مختلفة ، يعمل على التقاط ذبذبات الصوت وتحويلها إلى ذبذبات كهرومغناطيسية ، حيت يتم نقلها بواسطة أسلاك إلى مسافات بعيدة أحياناً ، ليعاد تحويلها إلى موجات

صوتية بواسطة سماعة أو تسجيلها على شريط صوتي بواسطة جهاز التسجيل .

وتعرف اللاقطة (الميكروفون) *Microphone* بأنها : محول طاقة كهربائي صوتي يستجيب للموجات الصوتية ويقوم بإطلاق موجات كهربائية مكافئة بصفة أساسية ، ويطلق عليه أيضا اسم " مايك *Mike* " .

وتختلف الميكروفونات من حيث زاوية التقاط الصوت أو مجالة حيث تصنف إلى :

أحادي الاتجاه :

وهو مصمم بحيث يلتقط الصوت من جهة واحدة عندما يكون التركيز على كلام شخص معين ، وحرصاً على نقاء الصوت يستخدم هذا النوع .

ثنائي الاتجاه :

وهو مصمم بحيث يمكن تسجيل الصوت باتجاهين متقابلين ويخدم هذا النوع تسجيل المقابلات أو المناظرات بين شخصين ، ويمكن استبعاد كل الأصوات غير المرغوبة من الاتجاهات الأخرى

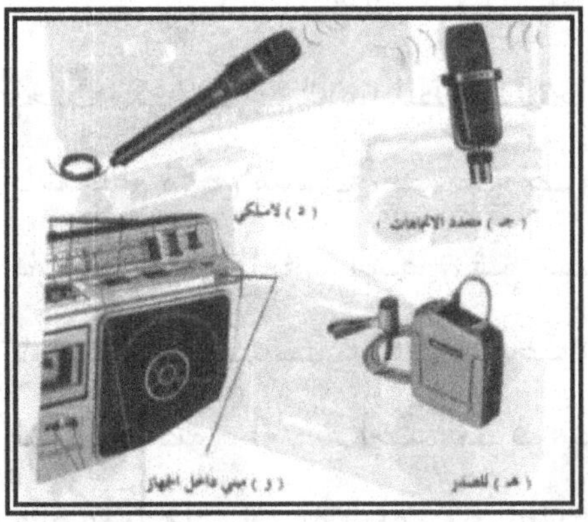

متعدد الاتجاهات :

هذا النوع يستطيع التقاط الصوت من جميع الاتجاهات ، ويكثر استخدامه في تسجيل الندوات والأناشيد الجماعية .

وترتبط لاقطة الميكروفون بجزء آخر مهم هو مضخم الصوت والمضخم *Amplifier* هو جهاز الكترونى وظيفته زيادة قدرة أو سعة أو إشارة الصوت ، أى يعمل على تضخيم الصوت . ويمثل مضخم الصوت *Audio Amplifier* جزءا من القسم الإلكترونى الخاص بأى جهاز أو نظام صوتي. وقد يكون مضخم الصوت مجسما *Stereo Amplifier* فيعمل على تكبير (تضخيم) الترددات الصوتية من خلال قناتان مستقلتان أو أكثر حسب الحاجة في نظام الصوت المجسم بحيث يتم تزويد كل قناة بمدخل ومخرج خاص.

وتختلف الميكروفونات المستخدمة في تسجيل الصوت من حيث طبيعتها ، فهناك بعض الميكروفونات توضع على قاعدة عند القيام بعملية التسجيل ، وقد تتدلى من أسقف الغرف وصالة الاجتماعات وقاعات المسارح وقد توضع على صدر المتحدث أو مقدم البرنامج ويوصل في هذه الحالات مع جهاز التسجيل . وقد يكون الميكروفون مدمجا داخل جهاز التسجيل فلا يحتاج إلى توصيل سلكي خارجي ، وهناك الميكروفون اللاسلكي المنفصل عن جهاز التسجيل والذي يستخدم عادة مع مضخمات الصوت لعرض صوت واضح عبر الهوائي المثبت في جسم المضخم أو السماعات أو جهاز التسجيل   ولكن لا يستخدم في تسجيل الأصوات على أشرطة الكاسيت إذا كان جهاز التسجيل المستخدم للتسجيل من النوع المدمج بداخله ميكروفون .

ج - سماعات الأذن أو الرأس :

تفيد سماعات الأذن في معظم المواقف التعليمية الفردية والجماعية لكي لا يؤدي إلى تشويش وإزعاج المجموعات الأخرى المتواجدة في قاعة الدراسة .

وهناك أجهزة تسجيل يوجد في جسمها عدة مقابس لسماعات الأذن تساعد على سماع المادة التعليمية مباشرة من جهاز التسجيل.

● خطوات إنتاج أشرطة التسجيل السمعية :

سبق وأن تعرفت على أهم متطلبات إنتاج التسجيلات السمعية من أجهزة التسجيل ، وملحقاتها ، وكيفية تشغيلها ، والآن ينبغي عليك التعرف على خطوات ومراحل إنتاج تلك المواد ، فقد تجد نفسك مضطرا لإعداد أية مادة سمعية تخدم مجال عملك ، خصوصا عندما لاتتوافر مثل هذه المادة جاهزة في السوق المحلية ، أو عندما ترتبط بمواقف وأحداث صوتية نادرة قد لاتتكرر أمامك كثيرا ، لذا فلابد لك أن تكون على دراية تامة بكيفية تسجيل أي خبرة صوتية تحتاجها، وذلك وفقا للخطوات التالية:

1- التسجيل على شريط الكاسيت :

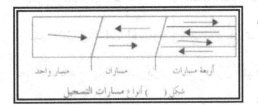

يتم التسجيل عادة على الوجه المعتم لشريط التسجيل والمطلي بمادة أكسيد الحديد المغنط ، ويكون ذلك على هيئة مسارات ، حيث يتم التسجيل علي تلك المسارات بسرعات مختلفة .

شكل ( ) أنواع مسارات التسجيل

وجدير بالذكر أنه كلما زادت سرعة التسجيل كلما كان الصوت أكثر وضوحاً ونقاءاً ، وأكثر سلامة للمادة المسجلة إذا ماقطع الشريط .

شكل ( ) موجات السرعات المتعددة

والتسجيل الصوتي يكون عبارة عن إعادة تنظيم وترتيب لجزيئات الأكسيد الذي يغطي الشريط

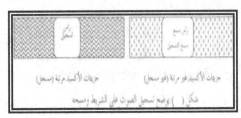

شكل ( ) يوضح تسجيل الصوت على الشريط ومسحه

ويمكنك إجراء عملية التسجيل على شريط الكاسيت وفقا لما يلي :

- المواد والأدوات والأجهزة اللازمة :

◀ جهاز مسجل كاسيت .

◀ ميكروفون ذو سلك توصيل (في حال عدم توافر لاقط الصوت مدمجا في المسجل نفسه) .

◀ شريط كاسيت خالي صالح للتسجيل .

- خطوات العمل :

◀ ضع جهاز المسجل الذي تم اختياره لعملية التسجيل أمامك في مكان مناسب ، ثم صل قابسه بمقبس التيار الكهربائي بعد التأكد من مناسبة فولت التيار لتشغيل الجهاز.

◀ افتح باب غرفة شريط الكاسيت ، وذلك بالضغط على مفتاح إخراج الشريط (*EJECT*).

◀ ضع شريط الكاسيت الخالي في مكانه المخصص بطريقة صحيحة ولاحظ أن الشريط يوضع مقلوبا في بعض موديلات أجهزة التسجيل .

◄ ضع قابس الميكروفون في مقبس المسجل (في حال عدم توافر ميكروفون أو أكثر مدمــج في الجهاز) . ولاحظ أن معظم أجهـزة التسجيل مدمج بها لاقط أو أكثر للصوت .

◄ تأكد من أن المكان الذي سيتم فيه تسجيل المادة الصوتية هادئ حتى لايتأثر التسجيل بالشوشرة والضوضاء المحيطة ، لذا يفضل أن يكون التسجيل في غرفة معزولة عن الصوت الخارجي.

◄ في حال التأكد من أن الميكروفون المدمج في المسجل غير مناسب للغرض مـن التسجيل ، أضـف إليه ميكروفوناً خارجياً مناسباً (سواء كان أحادي الاتجاه أو متعدد الاتجاهات .. طبقاً للظروف

◄ قرب جهاز التسجيل من مصدر الصوت المراد تسجيله خصوصا عندما تعتمد على لاقط الصوت المدمج بالجهاز في التسجيل .

◄ قبل بـدأ عمليـة التسجيل يفضل تحريك مفاتيح ضبط الصـوت والمؤثرات الصوتية إلى أدنى مستوياتها لكي لاتتأثر عملية التسجيل بالشوشرة أو الضجيج الذي قد ينتج عن ذلك .

◄ اضغط على مفتاح التسجيل (REC) ليبدأ الجهاز في التسجيل ، وعليك الانتباه هنا إلى أن بعض المسجلات تتطلب عند إجراء التسجيل الضغط على مفتاحي التسجيل والتشغيل معـا ، وذلك حسب نوع الجهاز

◄ يفضل استخدام مفتاح الإيقاف المؤقت (PAUSE) عند التوقف عـن التسجيل لـسبب مـا ، ثم استئناف التسجيل مرة أخرى ، بدلاً من استخدام مفتاح الإيقاف (STOP) الذي يسبب تشويشاً في التسجيل .

◄ عند الانتهاء من تسجيل المادة الصوتية اضغط على مفتاح الإيقاف ، ثم اختبر جودة التسجيل من خلال الضغط على مفتاح ترجيع الشريط (REW) لسحب جزء من الشريط الذي تم التسجيل عليه ، ثم اضغط على مفتاح الإيقاف ، ثم اضغط بعد ذلك على مفتاح التشغيل (PLAY) لتستمع إلى ماتم تسجيله ، ولاتنسى ضبط مستوى الصوت من المفتاح المخصص لذلك ، فإذا تأكدت من جودة عملية التسجيل فأخرج الشريط للاحتفاظ به لحين الطلب .

هل يمكنك أن تتخيل ما الذي يحدث خلال عملية تسجيل الصوت ؟..

عند تسجيل الصوت يتم الآتي :

◄ يخرج الصوت من مصدره الأصلي في شكل موجات صوتية .

◄ يلتقط الميكروفون هذه الموجات ويحولها إلى إشارات كهربائية متنوعة حسب شدة الصوت .

◄ يقوم الأمبلفاير (مكبرات الصوت أو مضخم الصوت) بتكبير تلك الإشارات ، وتحويلها إلى موجات كهرومغناطيسية أقوى .

◄ تنتقل تلك الموجات القوية إلى الرأس الخاص بالتسجيل فتتحول إلى تأثيرات مغناطيسية ينتج عنها مجالات مغناطيسية مؤقتة تحرك هذا الرأس في مسارات محددة.

◄ يمر الشريط أمام رأس التسجيل فتقوم رأس التسجيل من خلال حركتها بإعادة تنظيم وترتيب جزئيات الأكسيد الممغنط في الشريط ، فتسجل نفس الموجات الصوتية الصادرة من المصدر الأصلي من حيث الشدة والنوع والسرعة.

وعند سماع المادة المسجلة يتم الآتي :

◄ يقوم المحرك بسحب أجزاء الشريط فيتحرك بسرعة محددة - هي نفس سرعة الحركة أثناء التسجيل - أمام رأس الاستماع (التشغيل) .

◄ تتحول التأثيرات المغناطيسية المسجلة على الشريط إلى موجات كهربية.

◄ تمر بمضخم الصوت فتتحول إلى تأثيرات أو موجات كهربية أقوى .

◄ تصل إلى السماعة نفس الأصوات الصادرة من المصدر الأصلي للصوت فنسمع التسجيل الصوتي مطابقا لمصدره الأصلي.

وهكذا يمكنك بسهولة محو التسجيل وإزالته أو تسجيل مواد جديدة على نفس الشريط .. ويمكن أن يستعمل الشريط الواحد مئات المرات دون أن يتلف أو ينقص من جودة الصوت أو في الخواص الطبيعية لشريط التسجيل طالما أحسن استخدامه وأبعد عن العبث وسوء الاستعمال ..

● تطور المواد السمعية وأجهزتها :

لقد كان حديثنا في الصفحات السابقة منصباً على أشرطة تسجيل الكاسيت وذلك لكونها من المواد السمعية الشائع استخدامها بسهولة ويسر فضلا عن رخص ثمنها. ولكن أشرطة الكاسيت جاءت في مرحلة وسط بين اسطوانات الحاكي المعروف بالفونوغراف ، والاسطوانات الرقمية المدمجة التي ظهرت مواكبة لأجهزة الكمبيوتر ذات الوسائط المتعددة .

وعند الحديث عن الاسطوانات الصوتية يتبادر إلى الذهن مباشرة جهاز الحاكي (لاعب

الاسطوانات) Gramophone وهو جهاز قديم نسبيا لم يعد يستخدم الآن , يطلق علية فونوغراف , وهو يستخدم لسماع الصوت المسجل على اسطوانات بلاستيكية كبيرة الحجم من خلال حفر ذبذبات الصوت على تلك الاسطوانات وهذا الجهاز مزود بإبرة من الياقوت أو الفولاذ ، أو الماس لا يتجاوز قطر رأسها 0.018 مم هذه الإبرة محمولة على ذراع خاص يعطيها القوة اللازمة للضغط على مسارات

الصوت الحلزونية في الاسطوانة أثناء دورانها , فتهتز وفقا لعمق هذه المسارات ميكانيكيا محدثة ذبذبات مماثلة للصوت المسجل , حيث تتصل بميكروفون يكبر هذه الذبذبات لنسمعها بالكيفية التي تم تسجيلها عليها . والحاكي هو من أوائل الأجهزة لتسجيل وسماع الصوت , حيث كان بداية لتطورات عديدة في هذا المجال نتج عنها الراديو كاسيت , وأجهزة عرض وتسجيل الاسطوانات الصوتية المدمجة (CD) وغيرها.

ونتيجة للتقدم التكنولوجي في مجال أجهزة التسجيلات الصوتية فقد تم التوصل لأجهزة تسجيل وتشغيل نوع آخر متطور جدا من الاسطوانات الصوتية هي : (ماهر إسماعيل صبري ، 2002م ، ص 114).

● الاسطوانات المدمجة : Compact Disc

وهي اسطوانة صوتية طورت حديثا ، ذات صوت عالي النقاوة والتأثير تسجل الإشارة الصوتية عليها بطريقة رقمية Digital ، لايتعدى

قطر هذه الاسطوانة خمس بوصات ، يتم تشغيلها وقراءة الإشارة الصوتية المسجلة عليها من خلال أجهزة تعمل بأشعة الليزر ، مما يجعلها متميزة في الوضوح والنقاء . وهناك أجهزة خاصة لإنتاج هذه الاسطوانات ونسخها وتشغيلها.

● الاسطوانات الرقمية المتنوعة : (DVD) Digital Versatile Disc

وهي عبارة عن أقراص ضوئية رقمية مكثفة ومبرمجة تمتاز عن الاسطوانات المدمجة العادية بسعتها الكبيرة ، حيث يمكن لاسطوانة واحدة منها أن تسع فيلما مرئيا طويلا تتجاوز مدة عرضه ثلاث ساعات الأمر الذي لم يكن متاحا مع اسطوانات الفيديو المدمجة العادية . وهناك أجهزة خاصة لعرض مثل هذه الاسطوانات .

وتمتاز هذه الأنواع من الاسطوانات الصوتية عن الأشرطة بعدم تأثرها بالمجالات المغناطيسية إذا أحسن حفظها من الرطوبة والحرارة والغبار ، كما أنها تتيح قدرة عالية من الجودة والدقة في الأداء ولفترة زمنية طويلة.

أما عن إمكانية تسجيل ونسخ هذا النوع من الإسطوانات فإنه يمكن ذلك بكل يسر وسهولة عن طريق أجهزة الحاسوب المزودة بوحدات نسخ وتشغيل الاسطوانات CD.Writer ، وهى عبارة عن أجهزة يتم تركيبها داخل أجهزة الكمبيوتر أو يتم توصيلها خارجيا بأجهزة الكمبيوتر يمكن عن طريقها نسخ أية بيانات ومعلومات أو برامج من الجهاز إلى اسطوانات الكمبيوتر المدمجة. وغالبا ما يكون هذا الجهاز مخصصا أيضا لقراءة محتوى هذه الاسطوانات إلى جانب وظيفة النسخ. ويمكن نسخ هذه الاسطوانات ، أو التسجيل عليها من اسطوانات أو أشرطة كاسيت أخرى عبر بعض الأجهزة الصوتية الحديثة التي تتوافر بها إمكانية تشغيل وتسجيل الاسطوانات والأشرطة في آن واحد . وتتوفر في الأسواق آلاف الأقراص المدمجة المسجل عليها خبرات في جميع أنواع المعارف والثقافات المختلفة التعليمية منها والترفيهية.

كما ظهر حديثاً أجهزة تسجيل سمعي ملحق بها جهاز DVD يمكن عن طريقه سماع الخبرات بواسطة أشرطة التسجيل العادية أو بواسطة (CD) الأقراص المدمجة ، كما يمكن توصيلها بجهاز تلفاز لمشاهدات الخبرات المرئية المسجلة على اسطوانات الفيديو المدمجة Video CD .

وتعمل مثل هذه الأجهزة وفقا للتقنية الرقمية المستخدمة في الحاسوب إذ يتم تخزين البيانات الصوتية أو المرئية على الاسطوانات باستخدام إشارة رقمية Digital Signal (صفر،1) ، وهي إشارة تحمل معلومات ممثلة بأرقام منفصلة ، وهى إشارة متطورة جدا تعمل عليها الأجهزة الحديثة ، بدلا من الإشارة القياسية Analog .

● رابعا : مواد الفيديو التعليمية :

تعد أجهزة الفيديو وموادها المختلفة من أكثر المواد السمعية البصرية فعالية وتأثيرا على المشاهدين ، لما لها من صفات ومزايا عديدة فهي إلى جانب قدرتها على عرض الصوت والصورة ، فهي تتسم بتوفير عنصر الحركة الذي يضفي الحياة والواقعية على الصور ، كما أنها تمتاز بصفة الحفظ والتخزين للمعلومات الصوتية والمرئية والحركية ، مما يجعلها تلعب دوراً كبيراً ومؤثراً في توجيه الأفراد في مختلف مجالات المعرفة وخاصة بعد أن انتشرت انتشارا واسعاً في جميع أنحاء العالم على المستويين الترفيهي والتعليمي ، وقد اتسع مؤخرا استخدام تلك المواد في التعليم بصورة كبيرة ، وذلك لسهولة استخدامها ، ومرونة عرض موادها حسب الحاجة فضلا عن قدرتها الفائقة في تشويق المتعلمين وحفزهم لمزيد من التعليم والتعلم .

وقد واكب الثورة التكنولوجية المعاصرة تطورا فاق الخيال في مجال تقنيات إنتاج وعرض المواد الفيديوية ، الأمر الذي يحتم عليك أيها القارئ الكريم التعرف على بعض أساسياتها ، والفصل الحالي يتيح لك ذلك ، حيث يتناول كيفية إنتاج الصور الفيديوية ، وكيفية نسخها والأجهزة الفيديوية المتطورة التي يمكن استخدامها في إنتاج وعرض صور الفيديو المتحركة وطريقة تشغيلها واستخدامها .

● مفهوم المواد الفيديوية وأهميتها :

الفيديو Video مصطلح عام يشير إلي عمليات التصوير والتسجيل والعرض الفيديوي ، ونسخ أشرطة الفيديو. كما يشير المصطلح إلي جهاز عرض وتسجيل أشرطة الفيديو .

أما الفيديو التفاعلي Interactive Video فيمثل إحدي التطبيقات المستحدثة نسبيا للتقنيات المرئية في العملية التعليمية . وهو نظام يقدم المعلومات السمعية البصرية وفقا لاستجابات المتعلم ، حيث يتم عرض

الصوت والصورة من خلال شاشات عرض تمثل جزءا في وحدة متكاملة مكونة من جهاز الفيديو ، وجهاز كمبيوتر ، ووسيلة لإدخال المعلومات ونصوص ورسوم وأصوات تعليمية . وهذا يعني أن الفيديو التفاعلي هو برنامج فيديو مقسم إلي أجزاء صغيرة ومسارات فرعية ، يشمل كل منها : تتابعات حركية وإطارات مرئية ثابتة ، وتعليمات صوتية ، وأسئلة وقوائم وأنشطة يتم عرض أجزاء ومسارات هذا البرنامج من خلال استجابات محددة للمتعلم ينفذها من خلال جهاز الكمبيوتر ، وعلي ضوء تلك الاستجابات يتحدد شكل وطبيعة العرض . ويختلف الفيديو التفاعلي عن الوسائط المتعددة ، فالوسائط المتعددة يتم خلالها عرض الصوت والصورة ومشاهد الفيديو ، والأطر الثابتة والرسوم ، وغيرها ، كل ذلك علي شاشة واحدة ، ويتنقل المتعلم بين جميع هذه العناصر ، بينما يقوم الفيديو التفاعلي بعرض لقطات تلك العناصر عبر شاشات متعددة ، إضافة إلي أن الكمبيوتر يتيح فرص التفاعل بين المتعلم وعناصر المواد التعليمية ، ويتيح له التحكم في مسار العرض تبعا لقدرته وسرعته الذاتية . ويجمع الفيديو التفاعلي بين مزايا وإيجابيات استخدام كل من الفيديو والكمبيوتر في التعليم وذلك بشكل تفاعلي متداخل فيما بينها ، مما يحقق أعلي قدر من المتعة والتشويق والتحكم للمتعلم خلال تعلمه وفقا لهذا النظام .

وتتنوع الصور والمواد المتحركة من : الأفلام السينمائية ، وأفلام الرسوم المتحركة ، وأشرطة الفيديو ، وأسطوانات الفيديو المدمجة وألعاب الفيديو المبرمجة إلكترونيا ... وغيرها ، حيث يتم إنتاج معظم هذه المواد بواسطة كاميرات وأجهزة التصوير المرئي المتحرك على اختلاف أشكالها وموديلاتها ، المزودة بأفلام أو أشرطة خاصة لتسجيل الصور المتحركة بطريقة حية ، ثم يتم بعد ذلك نسخ هذه المواد باستخدام أجهزة نسخ خاصة لكل نوع.

وتتضح أهمية المواد الفيديوية في المجال التعليمي على وجه الخصوص من خلال المميزات التربوية التالية للفيديو :

◄ يتيح استخدام أكثر من وسيط في البرنامج التعليمي الواحد.

◄ يتيح للمعلم التفرغ لأعمال أخرى غير التدريس المباشر مثل : الإرشاد التوجيه ، التخطيط ، إنتاج البرامج التعليمية ...الخ .

◄ سهولة تسجيل البرامج من البث العام أو نقله من شريط آخر أو حتى تصويره بتكاليف زهيدة .

- سهولة حفظ هذه المواد الفيديوية في أماكن عادية (درجة حرارة ورطوبة عادية) أي أنها لا تحتاج إلى عناية فائقة وإجراءات صيانة معقدة .
- تساعد برامج الفيديو على المشاركة الإيجابية والفعالة من المتعلم والتدرب على المهارات التي يصعب إتقانها بالمشاهدة لمرة واحدة .
- إحتواء برامج الفيديو على ميزات فسيولوجية حيث يستخدم المتعلم أكثر من حاسة في التعلم ، وهذا يساعد في تعلم أسهل ، وأكثر مقاومة للنسيان .
- إمكانية إعادة أي جزء من البرنامج ، أو إعادته كاملاً ، أو التوقف عند جزء منه ، أي مرونة استخدام المادة الفيديوية والجهاز بما يناسب العينة المستهدفة.
- تساعد البرامج الفيديوية على حل بعض المشكلات التربوية المعاصرة مثل : النقص في الكفاءات ، توفير الوقت والجهد والمال ، كما يمكن تسجيل أداء بعض المعلمين المهرة لتكون نموذجا لطلاب كليات التربية في برامج التربية العملية .
- تتيح المواد الفيديوية قدرا كبيرا من التشويق المحسوس ، حيث تخاطب حاستي السمع والبصر معا ، كما أنها تتيح عنصر الحركة مما يجعل الصورة أقرب ما يكون للواقع .
- تتيح المواد الفيديوية إمكانية تجاوز حدود الزمان والمكان بنقل الخبرات من الأماكن الخطرة التي يستحيل على الأفراد ارتيادها ونقل الخبرات في أزمنة ماضية يستحيل على الفرد معايشتها .
- تحقق المواد الفيديوية أعلى درجات الإثارة والمتعة في التعلم من خلال تخطي الواقع إلى عالم الخيال عبر الخدع الفيديوية ، وخبرات الخيال العلمي .
- يمكن استخدام برامج الفيديو كنموذج للتعلم الفردي ، بحيث يستطيع المتعلم استنساخ شريط من البرنامج ومشاهدته في أي وقت يشاء ومباشرة دون الحاجة إلى عمليات التحميض والطبع وغيرها .
- تتيح برامج الفيديو للمتعلم إمكانية التعلم على قدر إمكاناته واستعداداته وسرعته الذاتية ، لذا فهي تناسب جميع المستويات العمرية والعقلية .
- تساعد برامج الفيديو المتعلم في الوصول بخبرات التعلم إلى حد التمكن والإتقان .

- تلقي برامج الفيديو على المتعلم القدر الأكبر من المسؤولية والإيجابية خلال عمليتي التعليم والتعلم .
- تتيح المواد الفيديوية وبرامج الفيديو للمتعلم التدرب على الملاحظة وربط الخبرات اللفظية بالخبرات البصرية المرئية .

● متطلبات إنتاج المواد الفيديوية :

قبل التعرف على مراحل وخطوات إنتاج التسجيلات الفيديوية السمعبصرية ينبغي لك التعرف بداية على أهم متطلبات الإنتاج التي نعرض لها في النقاط التالية :

1- أجهزة التسجيل الفيديوي ومكوناتها :

يشير مصطلح تسجيل فيديو *Video Recording* إلى عملية تسجيل الصوت والصورة المتحركة ، أو تسجيل البث التليفزيوني ، ويمكن إعادة تشغيلها إلكترونيا لإعادة عرض الصوت والصورة . كما يشير المصطلح إلى الإشارة التليفزيونية المسجلة ، أو عملية عرض هذا النوع من التسجيلات باستخدام أجهزة التسجيل الفيديوى.

ورغم اختلاف أجهزة الفيديو بأشكالها وأنواعها وقياسات أشرطتها وإمكانية حملها ، ومع التطورات الكبيرة التي أدخلت عليها ، فإن طريقة عملها ، ومكوناتها الأساسية تتشابه إلى حد كبير .

• مكونات أجهزة الفيديو كاسيت :

تتكون معظم أجهزة الفيديو كاسيت من الأجزاء التالية :

الأجزاء الميكانيكية :

- موتور أو محرك داخلي .
- رأس أو رؤس تسجيل الصورة والصوت (الإشارة الفيديوية) وعرضها.
- عداد لأطوال الشريط (وقت التشغيل) .
- لوحة التوصيلات العامة من وإلى الجهاز .
- مجموعة من المفاتيح الخاصة بالتشغيل لكل منها رمز أو اسم محدد يدل على وظيفته .

مفاتيح التشغيل :

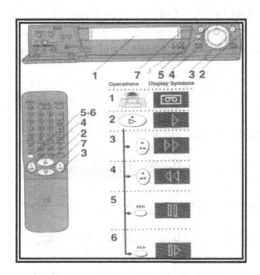

- مفتاح إخراج الشريط . EJECT
- مفتاح التشغيل (العرض) .PLAY
- مفتاح تقديم الشريط (سحبه للأمام *F.F.(FAST FORWORD)*
- مفتاح إرجاع الشريط (سحبه للخلف). *REW (REWIND)*
- مفتاح الإيقاف المؤقت .PAUSE
- مفتاح الإيقاف التام .STOP
- مفتاح التسجيل .REC(RECORD)

مقابس توصيل الدخل والخرج للفيديو كاسيت :

يحتوي أي جهاز فيديو كاسيت على مجموعة من مقابس الدخل والخرج المهمة التي يمكن من خلالها توصيل الجهاز بأجهزة أخرى عبر الوصلات والكابلات المصاحبة للجهاز ، توجد معظم هذه المقابس على الظهر الخلفي للجهاز في الموديلات القديمة ، لكنها توجد على الوجه الأمامي للجهاز في النماذج والموديلات الحديثة لسهولة عملية التوصيل من أهم هذه المقابس :

- مقبس توصيل الجهاز بكاميرا الفيديو .
- مقبس توصيل الجهاز بجهاز التليفزيون ، أو شاشة العرض الفيديوي.

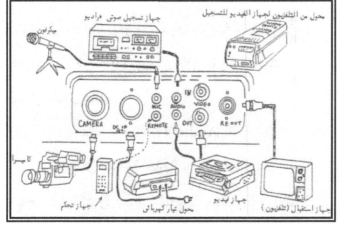

VIDEO
IN

- مقبس توصيل جهاز التحكم *REMOTE* الخاص بالجهاز (في بعض الموديلات القديمة) أما جميع الأجهزة الحديثة فيتم التحكم فيها عن بعد لاسلكيا دون توصيلات سلكية.
- مقبس توصيل التيار الكهربي أو المحول (إذا كان الجهاز يعمل على محول للتيار).
- مقابس الصوت والصورة وهما في معظم الأجهزة أربعة مقابس اثنان منهما للصورة (دخل / خرج) *VIDEO(In / Out)* ، واثنان للصوت

(دخل / خرج) (In / Out) AUDIO ، وفي جميع الأجهزة الحديثة توجد ستة مقابس اثنان منها للصورة ، وأربعة للصوت (الأحادي والاستيريو).

● ملحقات أجهزة الفيديو كاسيت :

يعد شريط الفيديو كاسيت Video Tape هو أهم ملحقات أجهزة الفيديو كاسيت ، حيث يعرف بأنه : نوع من الأشرطة المغناطيسية الخاصة التي يسجل عليها إشارات تليفزيونية أو فيديوية مرئية مرمزة ، وذلك بواسطة أجهزة تسجيل الفيديو (فيديو كاسيت).ويوجد أنواع ومقاسات عديدة من هذه الأشرطة أكثر شيوعاً : شريط بيتا ماكس (صغيرالحجم) وشريط في إتش إس(V. H. S) وهو المقاس الكبير المعتاد والمستخدم حاليا مع جميع أجهزة الفيديو كاسيت.

تركيب شريط الفيديو :

شريط الفيديو هو عبارة عن شريط مغناطيسي رقيق مصنوع من البلاستيك مغطى بطبقة رقيقة من أكسيد الحديد المغناطيسي الذي يحتفظ بالمغناطيسية لفترة زمنية طويلة. وينقسم شريط الفيديو عادة إلى ثلاثة مسارات أساسية ، قد يزيد عدد هذه المسارات على ذلك في الأشرطة الخاصة بالمحطات التليفزيونية . هذه المسارات هي :

(أ) مسارالصورة : Video Track

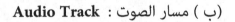

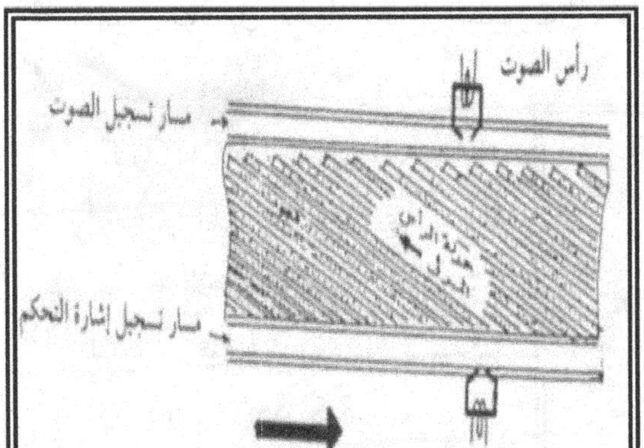

وهو مساحة خاصة تمثل الجزء الأكبر من شريط الفيديو ، يسجل عليها الإشارة الفيديوية الخاصة بالصورة ، وعادة ما يكون هذا المسار بشكل مائل .

(ب) مسار الصوت : Audio Track

ويمثل مساحة خاصة في شريط الفيديو تسجل عليها إشارة الصوت المصاحب للصورة في الإشارة الفيديوية ، حيث يأخذ هذا المسار الشكل الطولي بجوار الحافة العليا للشريط . ويتم تسجيل الصوت في هذا المسار عن طريق رأس تسجيل خاصة بالصوت توجد في أجهزة الفيديو كاسيت كما هو الحال في أجهزة التسجيلات الصوتية (الراديو كاسيت) .

(ج) مسار التحكم : Control Track

ويمثل مساحة أخرى في شريط الفيديو يسجل عليها نبضات خاصة بالتحكم في سرعة الرؤوس الفيديوية الدوارة ، وسرعة سحب الشريط . وهو مسار طولي بجوار الحافة السفلى للشريط . ويتم التسجيل عليه عن طريق رأس التحكم .

تذكر أن :

◄ أشرطة الفيديو كاسيت مختلفة المقاسات ، وأكثرها انتشارا مقاس في إتش إس (VHS) .

◄ لمس وجه الشريط المطلي بطبقة من أكسيد الحديد المغناطيسي يؤدي في موضع اللمس إلى تجمع رواسب أو دهون مما يؤثر على جودة الصورة المعروضة والمسجلة.

◄ الأشرطة السميكة تتحمل استخداماً مكثفاً أكثر بالمقارنة مع الأشرطة الأقل سمكاً ، مثل أشرطة يوماتيك ، التي تتحمل الاستخدام أكثر من الأشرطة الأخرى حسب جودتها وطبيعة المادة المصنوعة منها .

◄ لا يجوز استخدام الشريط ووضعه في الجهاز إن كان رطباً خصوصاً عند نقله من جو بارد مثلاً إلى جو دافئ ، وعلينا الانتظار حوالي ساعتين قبل استخدامه ، وفي حال عدم جفافه ، فإن مصباح الرطوبة يضيء وعندها يجب إيقاف الجهاز فوراً .

◄ هل يمكنك وصل شريط فيديو كاسيت مقطوع ؟ ارجع للخطوات التي سبق وأن ذكرت في الفصل الخامس عن طريقة وصل شريط الراديوكاسيت المقطوع .

◄ نزع لسان الشريط يمنع إمكانية التسجيل عليه ، وإذا أردنا التسجيل على شريط منزوع اللسان علنا تغطية فجوة اللسان بقطعة مناسبة من شريط لاصق .

2- كاميرات التصوير الفيديوي ومكوناتها :

يمثل التصوير الفيديوي ShootingVideo أول وأهم طرق إنتاج المواد الفيديوية ، حيث يعرف بأنه : نوع من التصوير الضوئي المتحرك بواسطة كاميرات خاصة تعرف بكاميرات الفيديو ، على أشرطة مغناطيسية خاصة . وقد تطور هذا النوع من التصوير وتطورت تقنياته بشكل جعل من اليسير على الهواة ممارسته . وقد ظهرت أجيال حديثة من كاميرات الفيديو الرقمية الخفيفة جدا ، يمكن حملها بسهولة شديدة ويمكن إيصالها بأجهزة الكمبيوتر ، مما يعني طفرة في عالم التصوير الفيديوي .

وتعرف كاميرا التصوير الفيديوي Video Camera بأنها : نوع من آلات التصوير يمكنها التقاط الصور المتحركة وتسجيلها على أشرطة فيديو تختلف مقاساتها باختلاف نوعية وموديل الكاميرا الفيديوية المستخدمة. وهناك أشكال وأنواع عديدة من كاميرات الفيديو تتباين فيما بينها من حيث: الحجم ،

والإمكانات ، والتقنية التي تعمل بها ، لكن جميع هذه الآلات تعمل وفقا لنظرية واحدة هي التقاط الصور المتحركة من خلال تحويل المناظر إلى إشارات كهربائية تناظرية (قياسية) Analog ، أو رقمية Digital ، حيث تقوم عدسات الكاميرا بتركيز المنظر المطلوب التقاطه في بؤرة فوق السطح ذي الحساسية الضوئية لصمام الكاميرا ، فيقوم الصمام بتقطيع الصورة البصرية إلى عناصر أو أجزاء صغيرة ثم يحول الشدة الضوئية لكل عنصر بدوره إلى إشارة كهربائية يمكن تسجيلها على أشرطة خاصة بالكاميرا ، أو تسجيلها عبر وصلة خاصة على جهاز الكمبيوتر للاحتفاظ بها وعرضها عند الحاجة إليها .

ومع تطور تكنولوجيا عرض وإنتاج المواد الفيديوية ظهرت حديثا كاميرا التصوير الفيديوي المدمجة Video Handy Camera والتي تمثل جيلا من كاميرات التصوير الفيديوي الحديثة التي تعمل بنظام الإشارة

التناظرية ، أو الإشارة الرقمية ، أو كلاهما ، حيث تتمتع بمزايا وخصائص فائقة مـن حيـث : صغر الحجم ، وخفة الوزن ، ودقة التصوير ، وسهولة الاستخدام ، وإمكانية عملها في الظلام التـام ، أو أقـل قدر من الإضاءة. وتزود الكاميرات الجديدة من هذا النوع بنظام تحكم عن بعد ، واستهلاك منخفض للطاقة ، وبطاريات يمكن إعادة شحنها لاستخدامها في التصوير لعدة ساعات في الأماكن المفتوحة التي لا يوجد بها مصدر كهرباء ، كما تـزود بلوحـة عرض مبـاشرة (شاشـة سـائلة بلوريـة LCD) يتراوح مقاسها من 5ر2 بوصة إلى 5 بوصات على حسب موديل الكاميرا.

ويمكن حمل مثل هذه الكاميرات في اليد بسهولة شديدة فبعضها لا يتجاوز وزنـه ربع الكيلـو جـرام أو يزيد قليـلا ، وحجمـه لا يتجاوز حجم كف اليد الواحدة لدرجة يمكن معهـا حمـل

الكاميرا في الجيب. وهذه الكاميرات وإن كـان يـسهل اسـتخدامها جـدا للهـواة فـإن بهـا كافـة الإمكانـات اللازمة للمحترفين . وهناك شركـات عالميـة عديـدة تنتـج مثل هـذه الكـاميرات أشـهرها وأكثرهـا تطـورا التي تنتجهـا شركة سـوني اليابانيـة خصوصا أحـدث موديلاتهـا مـن

الكاميرات الرقمية . وتزود جميع كاميرات الفيديو بلاقط للصوت ، حيث يمكنها تسجيل الـصوت مـع الصورة بكفاءة عالية , ووضوح تام ، وذلك علي نفس الشريط .

● مكونات كاميرا التصوير الفيديوي :

تتركب كاميرات التصوير الفيديوي مهما كان شـكلها أو حجمها مـن مكونـات ثابتـة مثل : الهيكل الخارجي لجسم الكاميرا ، وعدسة الكاميرا التي تمثل أهم أجزائها ، وصمام الكاميرا ، ومجموعة المفاتيح الخاصة بتشغيل الكاميرا للتصوير والعرض ، والمكان المخصص لوضع شريط الكاميرا الذي يتم تسجيل الصور الملتقطة عليه ، ومنظار الرؤية الذي ينظر من خلاله القائم بالتصوير لتحديد المنظر المراد تصويره .

وإضافة إلى تلك المكونات المهمة توجد بعض الأجـزاء الخاصـة في المـوديـلات الحديثـة مـن كاميرات الفيديو المدمجة (الهاندي كام) أهمها لوحة العرض (الـشاشة الـسائلة البلوريـة) الملحقـة بالكاميرا ، والتي تقوم بعدة مهـام

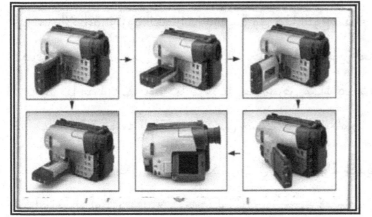

أهمهـا : إمكانيـة عـرض الـصـورة الملتقطة عبر الكاميرا مباشرة عـلى تلك اللوحة (الشاشة) وإمكانيـة الاعتماد عـلى تلك اللوحـة أثنـاء التـصويـر لتحديـد اللقطـات والمناظر بدلا من النظر باستمرار عبر منظار الرؤية ، مما يضفي سهولة ومرونة وراحة خـلال التـصوير مهما طالت مدته .

ومن مزايا اللوحة السائلة البلورية في كاميرات الفيديو المدمجة سهولة فتحها ومرونة تغيـير اتجاهها ، حيث يمكن بسهولة فائقة تحويل تلك اللوحة للاتجاه المطلوب .

تذكر أن :

◄ كاميرا الفيديو يمكن توصيلها مباشرة بأي جهاز تسجيل فيديو عبر كابل الـصورة والـصوت ، وفي هذه الحالة يتم تسجيل الصورة التي تلتقطها الكاميرا مباشرة على شريط الفيديو في الجهاز .

◄ يمكن استخدام وحدة الكاميرا ومسجل الفيديو دون وضع البطاريـة في بيتهـا بـل وضـع المحـول فقط الذي يقوم بتحويل التيار المتردد (100 – 240 فولت) إلى تيار مستمر 12 فولت .

◄ إذا حصل في الكاميرا أي عطل فني ، فلا تفك الأجزاء الداخلية للكاميرا ، وتحاول إصلاح العطل مالم تكن لديك دراية تامة بذلك ويفضل في جميع الحالات عرض الكاميرا عـلى فنـي أو مهنـدس متخصص في صيانة مثل هذه الأجهزة .

◄ تجنب سقوط الكاميرا من أي ارتفاع ، وغطي العدسات بغطائها واحفظهـا داخـل غلافهـا أثنـاء عدم استخدامها لحمايتها من الغبار والرطوبة والحرارة والأمطار .

◀ احذر تعريض الكاميرا للبلل أو الماء ، أو حرارة الشمس المباشرة أو درجات الحرارة العالية .

◀ احذر استخدام الماء الجاري ، أو المنظفات الكيميائية عند تنظيف الكاميرا.

◀ يفضل عدم استخدام الكاميرا في درجات الحرارة العالية أو عندما تكون درجة الرطوبة عالية (وفي هذا الحالة فإن شاشة العرض الإلكترونية المدمجة بالكاميرا تحذر من ذلك).

◀ تجنب استخدام الكاميرا بشروط مخالفة لـشروط استخدامها المحـددة وخصوصاً فيما يتعلـق بفرق الجهد وتردد التيار .

◀ حتى تعطي الكاميرا تسجيلات واضحة فلا بد من توافر إضاءة كافية للهدف المراد تصويره , وتقدر شدة الاستضاءة للمكان بوحدة تسمى لوكس(LUX) ، واللوكس هو جزء من عشرة مما نسميه الشمعة (WATT) ، وتختلـف الكـاميرات في درجـة حسـاسيتها للـضوء أثناء التصوير ، فهناك كاميرات تصور بإضاءة ضعيفة لاتتجاوز واحد لوكس .

● ملحقات كاميرا التصوير الفيديوي :

لتحقيق أقصى استفادة ممكنة ، وأفضل نتائج للتصوير باستخدام كاميرات الفيـديو هنـاك بعض الملحقات الضرورية ذات الصلة بهذا النوع من الكاميرات ، أهمها :

أ – شريط تسجيل الصورة :

يمكن توصيل كاميرا الفيديو مباشرة بجهاز فيديوكاسيت لتسجيل ماتلتقطه مـن صـور على شريط الفيديو ، لكن الأصل في كاميرات الفيديو تزويدها بـشريط مثل شريط الفيديو تماما يوضع داخل تلك الكاميرات ليتم تسجيل الصوت والصورة المتحركة عليه دون الحاجة لجهاز فيديو كاسيت .

ويختلـف مقـاس أشرطـة كـاميرات الفيـديو بـاختلاف موديـل الكـاميرا ونوعها فهناك كاميرات كبـيرة تعمل بأشرطة فيديو مقاس VHS كبيرة يتم تسجيل الصوت والـصورة عليها ، ثم

يتم عرضها على أجهزة الفيديو كاسيت من نفس المقاس . أما كاميرات الفيديو المدمجة صغيرة الحجم فتعمل بأشرطة فيديو صغيرة الحجم تتناسب وحجم مثل هذه الكاميرات.

وتمتاز الأشرطة الحديثة لكاميرات الفيديو المدمجة التي أنتجتها شركة سوني اليابانية بتقنية " فيديو 8 " ، و " فيديو 8 الفائق " عن أشرطة الفيديو العادية بعدة مزايا أهمها :

- صغر الحجم وخفة الوزن فهي في حجم ووزن شريط الراديو كاسيت.
- جودة الصنع وإمكانية التسجيل عليها لمرات عديدة بنفس جودة الصوت والصورة.
- نقاء الصورة المسجلة لأقصى درجات النقاء .
- نقاء الصوت الاستريو .
- الشريط مصنوع من المعدن مقاس 8 مم ليس مصنوعا من أكسيد الحديد العادي ، وهذا يعني أنه مزود بطاقة مغناطيسية تزيد على أربعة أضعاف عن الأشرطة العادية.
- طول زمن التسجيل لمدة قد تتجاوز ضعف مدة التسجيل على الشريط العادي .

ب - بطارية قابلة للشحن :

من أهم ملحقات كاميرا التصوير الفيديوي المدمجة البطارية متكررة الشحن ، والتي يمكن من خلالها تشغيل الكاميرا للتسجيل أو العرض في الأماكن التي لايوجد بها تيار كهربي . وكما هو موضح بالشكل فإن هناك أنواع وأشكال عديدة لمثل تلك البطاريات لكن جميعها صغير الحجم جدا وخفيف الوزن ، وغالبا ماتكون هذه البطاريات من الليثيوم ، حيث ظهرت نماذج حديثة جدا ومتطورة يمكن معها تشغيل كاميرا الفيديو للتسجيل أو العرض لمدة تزيد على عشر ساعات . ويتم شحن البطارية بعد تركيبها في كاميرا الفيديو باتباع الخطوات التالية :

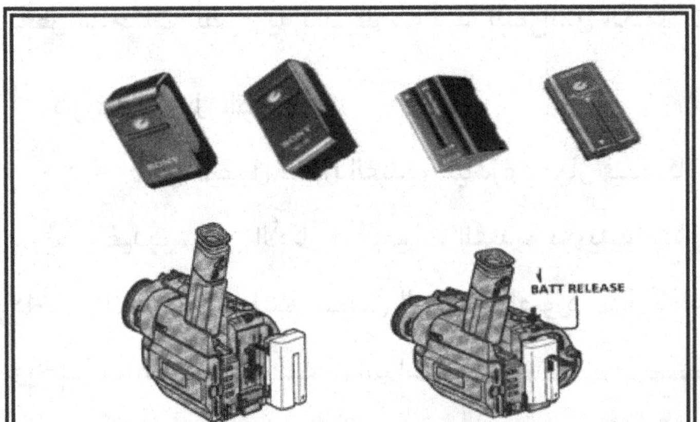

- افتح غطاء مقبس دخل التيار الكهربي المباشر DC IN وقم بتوصيل الكاميرا بمصدر التيار المناسب عبر المحول المرفق مع الكاميرا متبعا في ذلك التعليمات والقواعد اللازمة .

◄ اضبط مفتاح Power في الكاميرا على الوضع إغلاق OFF يبدأ الشحن فورا وتظهر العلامة الدالة

على عملية الشحن والوقت اللازم لإتمام الشحن .

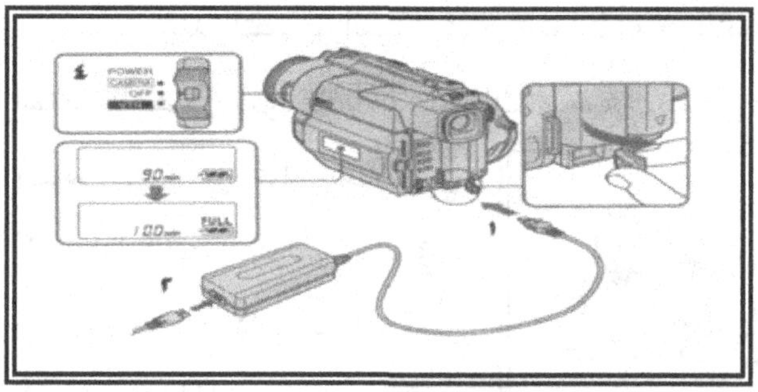

ج- أجهزة التحرير الفيديوي :

وهي أجهزة إلكترونية يمكن من خلالها تحرير أية بيانات أو كلمات على أشرطة الفيديو التي يتم تسجيلها عبر كاميرا التصوير الفيديوي. وهناك أشكال ونماذج عديدة لمثل هذه الأجهزة ، وهي تشبه إلى حد كبير لوحة المفاتيح لجهاز الكمبيوتر حيث يتم التحكم في عمليات التحرير الفيديوي عبر وحدة التحكم الخاصة التي يطلق عليها الاستديو العائلي.

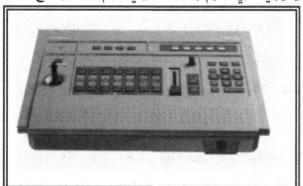

وحدة التحكم في التحرير الفيديوي.

لوحة التحرير الفيديوي.

د - أجهزة مزج الصوت والصورة :

من أهم ملحقات كاميرا التصوير الفيديوي التي تقوم بدور تكميلي مهم عند إنتاج المواد الفيديوية عبر كاميرات الفيديو أجهزة مزج الصوت والصورة ، والتي يتم عن طريقها إدخال أية مواد صوتية أو مؤثرات سمعية أو لقطات وصور مرئية على الصورة الفيديوية التي يتم تصويرها باستخدام كاميرا الفيديو . وهناك العديد من الموديلات والأشكال لمثل هذه الأجهزة لكنها تعمل جميعا بطريقة واحدة .

وتقوم أجهزة التحرير والمزج الفيديوي بدور مهم في عملية المونتاج الفيديوي التي يتم عبرها حذف وإضافة لقطات مرئية أو مقاطع صوتية عند الإخرج النهائي للمادة الفيديوية المصورة .

هـ - مصادر الإضاءة الإضافية :

عند التصوير الفيديوي في الليل ، أو في الأماكن التي لاتتوافر فيها إضاءة كافية يستلزم الأمر استخدم مصدر ضوء لإضاءة اللقطات موضع التصوير ، وغالبا مايكون هذا المصدر على شكل كشاف إضاءة قوي على غرار الفلاش في كاميرات التصوير الفوتوغرافي . ومع أن معظم كاميرات التصوير الفيديوي المدمجة الحديثة تعمل على إضاءة خافتة ، ولاتحتاج بالضرورة إلى مصدر ضوء إضافي فإنها مزودة بمصدر ضوئي إضافي يستخدم عند الضرورة .

و - الكوابل والوصلات :

من ملحقات كاميرا التصوير الفيديوي مجموعة من الكوابل والوصلات السلكية المهمة هي :

- وصلة التيار الكهربي من مأخذ التيار إلى المحول الخاص بالكاميرا .
- وصلة المحول إلى مقبس التيار الكهربي بالكاميرا.
- وصلة ربط الكاميرا بالكمبيوتر (إن كانت الكاميرا رقمية) وتعرف هذه الوصلة باسم : *I- Link*
- الوصلة ثلاثية الأطراف لدخل وخرج الصوت والصورة .

ز - وحدة التحكم عن بعد (الريموت كنترول) :

جميع كاميرات التصوير الفيديوي المدمجة الحديثة مزودة بوحدة تحكم عن بعد (ريموت كنترول) صغيرة الحجم خفيفية الوزن متعددة الوظائف يمكن من خلالها التحكم عن بعد في مهام تشغيل الكاميرا .

وإلى جانب هذه الملحقات هناك ملحقات أخرى مثل : العدسات الإضافية ، وشاحن البطارية ، وحقائب حمل الكاميرا ، والحامل ثلاثي الأرجل الذي يمكن استخدامه لحمل الكاميرا عند التصوير مدة طويلة أو عندما يرغب المصور تصوير نفسه .

- خطوات إنتاج المواد الفيديوية :

يمكن إنتاج ونسخ أشرطة المواد الفيديوية بعدة طرق بيانها فيما يلي :

1- إنتاج أشرطة الفيديو باستخدام كاميرا التصوير الفيديوي:

الأصل في إنتاج المواد الفيديوية هو استخدام كاميرات التصوير الفيديوي ، حيث تتم عملية الإنتاج من خلال عدة مراحل هي :

أ - مرحلة الإعداد للتصوير :

وفي هذه المرحلة يتم تحديد : الهدف من التصوير ، وموقع التصوير ، ومدة التصوير ، وإعداد كاميرا التصوير المناسبة ، وملحقاتها الضرورية ... الخ .

ب - مرحلة التصوير :

وخلال هذه المرحلة يتم التصوير باستخدام كاميرا التصوير بعد وضع الشريط المناسب فيها ، وتهيئتها ، وضبطها على وضع تسجيل الصورة والصوت ، مع توجيه عدسة الكاميرا نحو المنظر أو اللقطة المراد تسجيلها . وفي إطار عملية التصوير الفيديوي يجب التعرف على مفهوم اللقطة وأنواع لقطات التصوير ، حيث تشير الموسوعة العربية لمصطلحات التربية وتكنولوجيا التعليم إلى اللقطة *Clip / Shot* على أنها : مصطلح يشير إلي منظر محدد تم التقاطه ، أو تسجيله بواسطة كاميرا التصوير الضوئي. كما يشير إلي إطار ، أو جزء صغير من فيلم متحرك سينمائي أو شريط فيديو يحمل منظرا محددا .

ج - مرحلة معالجة المواد الفيديوية المصورة :

قد يتصور البعض أن إنتاج المواد الفيديوية ينتهي بانتهاء عملية التصوير والتسجيل عبر كاميرا الفيديو .. لكن ثمة مرحلة مهمة جدا بعد انتهاء التصوير هي مرحلة المعالجة التي تشمل مجموعة من العمليات الفنية الإضافية مثل : عملية التحرير الفيديوي التي تستهدف كتابة بيانات محددة على شريط الفيديو المصور من خلال أجهزة التحرير الفيديوي الملحقة بكاميرات الفيديو . وعملية المونتاج الفيديوي التي تستهدف حذف مناظر غير مرغوبة ، أو إضافة لقطات ومناظر مرغوبة للشريط المصور كما تستهدف الربط المنطقي بين اللقطات والمناظر المختلفة المصورة على شريط الفيديو . وعملية المزج الفيديوي أو ما تعرف بعملية المكساج والتي تستهدف مزج تعليقات صوتية ، أو موسيقى ، أو أية مؤثرات صوتية أخرى على الشريط المصور ، وكذلك مزج أية مؤثرات مرئية باللقطات التي تم تصويرها على الشريط ، وذلك عن طريق أجهزة مزج الصوت

والصورة . وليس مطلوبا من الشخص العادي أن يقوم بتلك العمليات الفنية لأنها تتطلب مهارة وإمكانات قد لاتتوافر إلا لدى الفنيين المتخصصين لذا يمكن لأي منا أن يصور أي حدث أو مناسبة بواسطة كاميرا الفيديو ثم يعطي الشريط لفني متخصص يجري له عمليات المعالجة المطلوبة إذا لزم الأمر .

د – مرحلة الإخراج النهائي :

بعد إجراء كافة العمليات الفنية خلال مرحلة المعالجة لشريط الفيديو المصور ، يتم نقله على شريط فيديو في صورته النهائية ، حيث يمثل هذا الشريط النسخة الأصل، أو النسخة (صفر) ، تلك النسخة التي يتم استنساخها لأي عدد مطلوب بعد ذلك .

2- إنتاج أشرطة الفيديو باستخدام جهاز الفيديو كاسيت :

يمكن إنتاج مواد فيديوية عبر جهاز الفيديو كاسيت ، حيث يمكن من خلال هذا الجهاز تسجيل البث التليفزيوني لأي برنامج مرئي يذاع على أية قناة تليفزيونية محلية أو فضائية ، وذلك وفقا للخطوات التالية :

◄ اضبط جهاز التليفزيون على القناة المراد التسجيل منها ، ثم انتظر قرب بداية البرنامج المطلوب تسجيله .

◄ صل التيار الكهربي المناسب لجهاز الفيديو كاسيت المتاح لديك وصل كابلات دخل وخرج الصوت والصورة بين جهاز التليفزيون وجهاز الفيديو كاسيت على النحو الصحيح .

◄ ضع شريط الفيديو المناسب في موضعه داخل الجهاز (ليس من الضروري أن يكون الشريط خالياً ، فقد يمكنك إعادة التسجيل على جزء من شريط سبق التسجيل عليه من قبل). وتأكد من أن الشريط المتاح لديك يمكن التسجيل عليه . (راجع الجزء الخاص بشريط الفيديو) .

◄ اسحب الشريط للأمام أو للخلف لضبطه على الجزء المراد التسجيل عليه.

◄ عند بداية البرنامج المراد تسجيله اضغط على مفتاح (تسجيل Record) في جهاز الفيديو كاسيت فيبدأ التسجيل فورا .

◄ تأكد من أن عملية التسجيل تتم بالفعل من خلال مراقبة لمبات البيان الموجودة بالجهاز ، أو متابعة شاشة عرض البيانات الخاصة بجهاز الفيديو .

◄ عند رغبتك في التوقف المؤقت عن التسجيل اضغط على مفتاح التوقف المؤقت *Pause* .

◄ لمتابعتك التسجيل مرة أخرى اضغط ثانية على مفتاح التوقف المؤقت.

◄ عند انتهاء البرنامج الذي تم تسجيله أو عند رغبتك في التوقف النهائي عن التسجيل اضغط عـلى مفتاح التوقف النهائي *Stop* .

◄ لمعاينة ما تم تسجيله ، والاطمئنان عـلى جـودة عملية التـسجيل اضغط عـلى مفتاح سـحب الشريط للخلف لمدة محددة ، ثم اضغط على مفتاح التوقف النهائي ، ثـم اضغط عـلى مفتـاح العرض (التشغيل) *Play* .

◄ عند رغبتك في إخراج الشريط من جهاز الفيديو اضغط على المفتاح الخاص بذلك *Eject* .

◄ ضع الشريط بعد إخراجه من الجهاز في العلبة الخاصة به لحفظه .

وتشبه إجراءات عملية التسجيل الفيديوي الإجراءات المتبعة في عملية تسجيل الصوت على أجهزة الراديو كاسيت .

تذكر أن :

◄ إذا كنت ترغب في تسجيل البرنامج التليفزيوني وتريد تسجيل تعليق صوتي بـديل للـصوت الـذي يعرضه التليفزيون ، فيمكنك وضع قابس ميكروفون في مقبس ميكروفون جهاز الفيديو وعنـدها يمكنك تسجيل صوتك أو الأصوات البديلة المختلفة التي تريدها.

◄ بعض أجهزة الفيديو لا تحتوي على إمكانية اختيار نظـام الإرسـال والإسـتقبال آليـاً ، لـذا يجب الضغط على المفتاح المتوافق مع نظام البرنامج الذي يعرضه التليفزيون ، وبعض الأجهزة الأخرى تحتوي بالإضافة إلى عملية الضبط العادي إمكانية الضبط الآلي.

◄ يمكنك تسجيل البرامج المرئية المحفوظة على جهاز الكمبيوتر باسـتخدام جهاز الفيـديو كاسـيت عن طريق توصيل الجهازين بوصلات خرج ودخل الـصوت والـصورة ، وباتبـاع نفـس الخطـوات للتسجيل من التليفزيون ... لكن القيام بهذا الإجراء يتطلب تجهيز جهاز الكمبيوتر بكارت فيديو مناسب .

◄ يمكنك التسجيل مباشرة مـن كـاميرا الفيـديو عـلى جهـاز فيـديو كاسـيت عـن طريـق توصيلهما بوصلات خرج ودخل الصوت والصورة .

3- نسخ الأشرطة والمواد الفيديوية :

يمكن نسخ أشرطة واسطوانات الفيديو بعدة طرق وأساليب هي :

أ – النسخ من شريط لشريط :

من أسهل عمليات نسخ المواد الفيديوية عملية النسخ من شريط فيديو لأخر ، حيث يتم ذلك عن طريق :

◄ توصيل جهازي فيديو ببعضهما عن طريق كابلات دخل وخرج الصوت والصورة ، فيقوم أحد الجهازين بعرض الشريط بينما يتم النسج على شريط آخر في الجهاز الثاني .

◄ توصـيل جهـاز فيـديو كاسـيت بكاميرا الفيديو المدمجـة عـبر وصـلات دخـل وخـرج الصـوت والصورة حيث يتم العرض على الكاميرا من الشريط الخاص بها في حين يتم النسخ على جهاز الفيديو كاسيت.

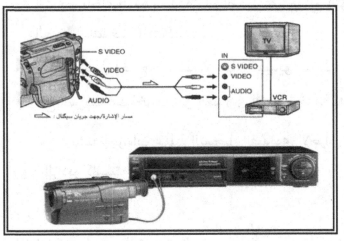

◄ يمكن نسخ أشرطة الفيديو بيـن كاميرا الفيديو وجهاز الفيديو كاسيت لكن على عكس الوضع السابق أي يتم العرض على جهاز الفيديو كاسيت في حين يتم التسجيل على شريط كاميرا الفيديو.

◄ يمكنك نسخ أشرطة الفيديو أيضا من شريط لشريط بطريقة أكثر سرعة عند الرغبة في عمل نسخ عديدة من الشريط ، وذلك عن طريق جهاز واحد هو جهاز نسخ أشرطة الفيديو Video Tape Copier المخصص لعمل نسخ عديدة من أشرطة الفيديو ، حيث يوضـع الـشريط الرئيسى فى مكـان مخـصص فى الجهـاز ، بينما يوضع عدد من الأشرطة فى أمـاكن مخصصة للنـسخ ويتم تشغيل الشريط الرئيسى والأشرطـة الفارغـة الفرعيـة بـسرعة كبـيرة جـدا بحيـث

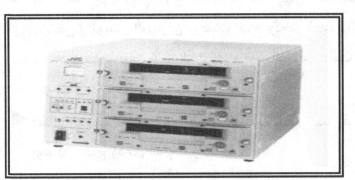

يكون الشريط الرئيسى فى الوضع تشغيل (عرض) ، بينما تكون الأشرطة الفرعية التي يتم النسخ عليها على الوضع " تسجيل " .

ب - النسخ بين شريط فيديو واسطوانة :

لقد تطورت المواد الفيديوية كما تطورت المواد الصوتية المسموعة فمن شريط الفيديو المعتاد إلى اسطوانة الفيديو الرقمية المدمجة ، إلى اسطوانة الفيديو المتنوعة الأكثر تطورا والمعروفة DVD . ومع تطور المواد الفيديوية هذه

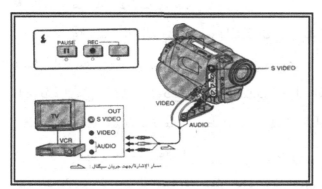

تطورت أيضا أجهزة عرض ونسخ تلك المواد ونظرا لأن أشرطة الفيديو كاسيت مازالت مستخدمة بشكل كبير كان لابد من التوافق بين الأجهزة التي تعمل بالأشرطة والأجهزة الحديثة التي تعمل باسطوانات الفيديو الرقمية حيث أمكن من خلال ذلك ظهور أجهزة فيديو تعمل بنظام الشريط والاسطوانة معا ، ومن ثم أمكن إجراء عمليات النسخ بين أشرطة الفيديو واسطوانات الفيديو بأكثر من طريقة وفقا لما يلي :

● النسخ من اسطوانة لشريط :

وهي عملية تستهدف نقل المادة الفيديوية المسجلة على اسطوانة الفيديو إلى شريط فيديو ، حيث يتم ذلك بأكثر من طريقة :

الطريقة الأولى : تتطلب جهاز لاعب اسطوانات الفيديو وجهاز فيديو كاسيت فيتم توصيل الجهازين ببعضهما عن طريق وصلات دخل وخرج الصوت والصورة ، ثم تشغيل جهاز الاسطوانات على الوضع عرض ، وجهاز الفيديو كاسيت على الوضع تسجيل ، مع ضرورة التأكد من أن لاعب اسطوانات الفيديو به إمكانية خرج إشارة الفيديو ، خصوصا عندما يكون لاعب اسطوانات الفيديو هو جهاز الكمبيوتر .

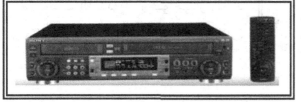

الطريقة الثانية : تتطلب استخدام جهاز واحد يعمل بنظام الشريط والاسطوانة في آن واحد ، حيث يمكن لهذا الجهاز إمكانية النسخ من اسطوانة الفيديو إلى شريط الفيديو على نفس الجهاز . وقد نجحت بعض الشركات مثل شركة سوني اليابانية في إنتاج جهاز فيديو يعمل بنظام الشريط والاسطوانة معا.

الطريقة الثالثة : تتطلب توصيل جهاز فيديو كاسيت بجهاز كمبيوتر مزود بكارت فيديو مناسب ، حيث يتم تشغيل اسطوانات الفيديوعلى جهاز الكمبيوتر في حين يتم النسخ على شريط جهاز الفيديو كاسيت .

● النسخ من شريط لاسطوانة :

وفي هذه الحالة يتم نسخ المادة الفيديوية المسجلة على أشرطة الفيديو المعتادة إلى اسطوانات الفيديو ، حيث يتم ذلك بأكثر من طريقة :

الطريقة الأولى : تتطلب توصيل كاميرا الفيديو بجهاز الفيديو الرقمي المزود بإمكانية نسخ اسطوانات الفيديو ، حيث يتم النسخ من شريط الكاميرا إلى اسطوانة الفيديو .

الطريقة الثانية : تتطلب توصيل كاميرا الفيديو بجهاز كمبيوتر مزود بكارت فيديو مناسب ، حيث يتم النسخ من شريط الكاميرا إلى جهاز الكمبيوتر الذي يمكن من خلاله نسخ المادة الفيديوية الرقمية على اسطوانة ، بشرط أن يكون جهاز الكمبيوتر مزود بوحدة نسخ الاسطوانات .

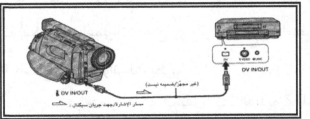

الطريقة الثالثة : توصيل جهاز الفيديو كاسيت بجهاز فيديو رقمي أو جهاز كمبيوتر مزودين بإمكانية نسخ الاسطوانات الفيديوية المدمجة حيث يتم النسخ من شريط الفيديو كاسيت إلى الاسطوانة .

ج - النسخ من اسطوانة فيديو لاسطوانة أخرى :

وفي هذه الحالة يتم نقل محتوى المادة الفيديوية المسجلة على اسطوانة إلى اسطوانات أخرى حيث يتم ذلك بأكثر من طريقة :

الطريقة الأولى : استخدام جهاز نسخ الاسطوانات الفيديوية وهو جهاز واحد به إمكانية عرض ونسخ الاسطوانات الفيديوية في ذات الوقت .

الطريقة الثانية : توصيل جهاز لاعب اسطوانات فيديو بجهاز ناسخ بواسطة الوصلات الرقمية المناسبة ، حيث يتم تشغيل الاسطوانة الأصل على جهاز اللاعب ، والنسخ على اسطوانة فارغة عبر جهاز الناسخ .

الطريقة الثالثة : نسخ اسطوانات الفيديو عبر جهاز الكمبيوتر ، حيث يتم تشغيل الاسطوانة الأصل على جهاز الكمبيوتر من خلال حجرة الاسطوانات CD Rom ، في حين يتم النسخ على اسطوانة فارغة عبر وحدة نسخ الاسطوانات CD Rwiter الملحقة بجهاز الكمبيوتر .

د - تحويل مواد غير فيديوية إلى مواد فيديوية :

لقد أتاحت تقنيات عرض وإنتاج المواد المسموعة والمرئية حديثا إمكانية تحويل بعض المواد غير الفيديوية إلى مواد فيديوية يمكن عرضها ونسخها على أشرطة واسطوانات الفيديو ، ومن أمثلة ذلك مايلي :

● تحويل الصور الفوتوغرافية إلى مواد فيديوية :

حيث يتم ذلك من خلال آلة الفيديو لمعالجة الصور Video Image Processing تلك الآلة أو الجهاز الذي يمكن من خلاله دمج ، أو تحويل الصور الفوتوغرافية المصورة على أفلام موجبة أو سالبة إلى أشرطة فيديو VHS ، أو بيتاماكس . كما يمكن لتلك الآلة نقل أو تسجيل الصوت على تلك الأشرطة ، هذا إلى جانب إمكانية تحويل الأفلام السينمائية مقاس 8مم والسوبر 8مم ، وديسكات التصوير السلبي الإلكتروني إلى أشرطة فيديو يمكن مشاهدتها بسهولة . ويمكن إدخال مؤثرات صوتية كالموسيقى والصوت وكذلك يمكن كتابة بيانات أو معلومات على تلك الأشرطة . ومن أشهر نماذج تلك الآلة هو الموديل " فيب 2400 2400 VIP " الذي أنتجته شركة " Hope Industries " .

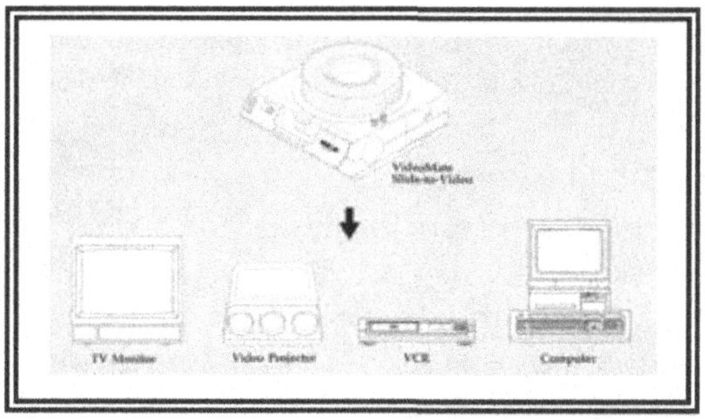

● تحويل الشرائح الشفافة المصورة إلى مواد فيديوية :

وذلك من خلال جهاز رفيق الفيديو الذي يمكنه تحويل الشرائح الشفافة المصورة إلى مادة فيديوية يمكن عرضها ونسخها على أشرطة الفيديو المعتادة.

* * * * * * *

الفصل الثامن :

((التعليــم المفــرد))

- مفهوم التعليم المفرد.
- التعليم المفرد والتعليم الجمعي.
- أجراءات التعليم المفرد ومرتكزاته.
- أدوار المعلم في ظل التعليم المفرد.
- نظم التعليم المفرد واستراتيجياته.

الفصل الثامن :

((التعليـــــــم المفــــرد))

يتناول هـذا الفصل التعليم المفرد ، حيث يعـرض لمفهـوم التعليم المفرد ، وإجراءاتـه ، ومرتكزاته ، وبعضا من نماذجه واستراتيجياته ، وبيان ذلك فيما يلي :

● تكنولوجيا التعليم وتفريد التعليم :

التعلم عملية دينامية متغيرة لا يقفُ منه المتعلم موقف الاستسلام والإذعـان ، بـل موقـف التفاعل والتطوير والابتكار ، وتنبع قيمة التعلم الرئيسة من كونه أداةً يـستثمرها المـتعلم وسبيلاً إلى تمكينه من ممارسة الابتكار ومن إضفاء جهوده الذاتية عليه، وذلك من خلال منهجيةٍ شاملةٍ تأخـذ في الاعتبـار المستحدثات العلمية والتقنية وحاجة الفرد إلى التعامل معها والعمل من خلالها .

ومما لاشك فيه أن طرق التدريس المستخدمة لتوصيل المادة التعليميـة إلى التلاميـذ يكـون لها تأثيرٌ كبيرٌ على مدى استيعاب هذه المادة ولقد كان مفهوماً خاطئاً ظل سائداً لفترةٍ طويلةٍ وهو أن جميع التلاميذ في الصف الواحد يمكن أن يـستفيدوا بـنفس الدرجـة مـن طريقـة تدريـس واحـدة ، ولكنَّ هذا المفهوم قد أصبح غير مقبولٍ الآن في الحقل التربوي فقد أثبتـت الدراسـات أن كـل تلميـذٍ يمكن أن يستفيد في تعلمه من طريقةٍ معينةٍ من طرق التدريس بدرجةٍ أفضل من استفادته وتعلمـه من بقية الطرق نتيجةً لعوامل عدةٍ تتصل أغلبها بالصفات الفردية للتلميذ والتي من أهمها بالنـسبة لعملية التعلم أساليب الفرد المعرفية Cognitive Style ، والتي تعرف أحياناً بأنها سـماتُ عريضةٌ ومنظمةٌ تؤثر في ردود فعل الفرد تجاه المواقف المختلفة كما تعرف بأنها أساليب أداءٍ ثابتةٍ يفضلها في تنظيم الإدراك وتصنيف مفاهيم البيئة الخارجية. (إحسان مصطفى شعراوي 1994م، ص2).

وتنحو تكنولوجيا التعليم حديثاً نحو ما يعرف بتفريد التعليم Individualization ، أو التعليم المفرد Individualized Instruction وهذا هو الأساس الثالث الذي ترتكز عليه منظومة تكنولوجيا التعليم إلى

جانب أساسين آخرين هما : مدخل النظم ، وتعددية مصادر التعلم.

- **مفهوم تفريد التعليم (التعليم المفرد) :**

وردت العديد من التعريفات لمفهوم التعليم المفرد في الأدب التربوي ، فتعرفه (إحسان شعراوي ،1994، 4) بأنه : " التعليم الذي تتكفل فيه كل من المدرسة والمعلم بخدمة الفرد عن طريق إيجاد خبراتٍ تعليميةٍ متتابعةٍ تتفق وحاجات التلميذ في اللحظة المناسبة من نموه". فكما هو واضحٌ يرتبط مفهوم التعليم المفرد في هذا التعريف بثلاث متغيراتٍ مختلفةٍ ؛ وهي المادة التعليمية، وطريقة التدريس ، وسرعة التعلم والتي يجب أن تتغير من تلميذٍ لآخر تبعاً لإمكاناته وقدراته المختلفة.

ويُعَرِّفُه (يعقوب نشوان ،1993، 51) بأنه : " نظامٌ يهدف إلى تعليم المتعلم من خلال قيامه بالأنشطة التعليمية معتمداً على نفسه ، وفق قدراته وإمكاناته وحاجاته ، وبالطريقة التي يراها مناسبةً لاكتساب المعلومات والاتجاهات ، والمهارات ، بالإضافة إلى مهارات التعلم الذاتي ، مع حدٍ أدنى من إشراف المعلم وتوجيهه وإرشاده "

ويعرف علي عبد المنعم (1998) التعليم المفرد بأنه عبارة عن نظام تعليمي Instructional System يتم تصميمه بطريقة منهجية تسمح بمراعاة الفروق الفردية بين المتعلمين داخل إطار جماعية الأداء التعليمي وذلك بغرض أن تصل نسبة كبيرة منهم (90% أو أكثر) إلى مستوى واحد من الإتقان (85% - 95%) كل حسب معدله الذي يتناسب مع قدراته واستعداداته وخطوه الذاتي . (عادل سرايا ،2007، 17).

- **التعلم المفرد بين التعلم الفردي والتعلم الذاتي :**

كثيراً ما يخلط البعض بين مفاهيم : التعلم المفرد ، والتعلم الفردي والتعلم الذاتي ، وفي هذا الصدد يشير (ماهر إسماعيل صبري 2002 228) إلى ذلك بقوله : قد يتصور البعض أن التعلم المفرد هو التعلم الفردي ، أو التعلم الذاتي ، ولكن هناك فروق بينهم رغم أن الأسس والمنطلقات التي يقومون عليها واحدة ، فالتعلم الذاتي يعتمد على تفريد التعليم ، والتركيز على تفرد المتعلم ، سواء تعلم وحده أو وسط مجموعة صغيرة من الأفراد ، أما التعلم الفردي فيعتمد على أنشطة ومصادر

ومواد وأجهزة تعليميـــة تسمح للمتعلم أن يتعلم بمفرده ، وبشكل غير جمعي . ولايعني ذلك بالضرورة أن يتم التعلم الفردي بطريقة ذاتية ، فقد يتعلم المتعلم بمفرده من تفاعله مع الآخرين . أما التعليم المفرد فهو نظام يركز على تعليم المتعلم وفقا لقدراته واستعداداته ورغباته ، سواء تم ذلك بشكل ذاتي أو عن طريق آخرين ، أو تم بشكل فردي أو جمعي.

ويعرف (أحمد اللقاني وعلي الجمل ، *1999*م ، *88)* التعلم الذاتي على أنه : " أسلوب من أساليب التعلم ، يسعى فيه المتعلم لتحقيق أهدافه عن طريق تفاعله مع المادة التعليمية ، ويسير فيها وفق قدراته واستعداداته وإمكاناته الخاصة ، مع اقل توجيه من المعلم .

ويرى (محمد المهدي عبد الرحمن ،*2004، 42*) أن التعلم الذاتي ليس نشاطاً معرفياً أو نمطاً سلوكياً فحسب ولكنه اتجاه شخصي وأسلوب حياة للفرد في تحقيق ذاته فهو أسلوب يسعى فيه المتعلم بأقصى درجة من الإيجابية والدافعية إلى تنمية استعداداته وإمكانياته وقدراته مستجيباً لميوله واهتماماته بما يحقق تنمية شخصيته وتكاملها والتفاعل الناجح مع مجتمعه عن طريق الاعتماد على نفسه والثقة بقدرته في عملية التعليم والتعلم بينما التعليم المفرد عبارة عن نظام يتكون من أربع مكونات المدخلات (المتعلم وخصائصه ، المواد التعليمية ، الظروف والإمكانات المتاحة ، المعلم) العمليات (التفاعلات بين المدخلات) المخرجات (بلوغ المتعلم للأهداف التعليمية) التغذية الراجعة ، ويهدف إلى تعليم المتعلم من خلال قيامه بالأنشطة التعليمية معتمداً على نفسه وفق قدراته وإمكاناته وحاجاته وبالطريقة التي يراها مناسبة لاكتساب المعلومات والاتجاهات والمهارات مع حد أدنى من إشراف المعلم وتوجيهه وإرشاده.

وبصفة عامة فإن نظريات علم النفس التعليمي ، وعلم النفس المعرفي قد انتهت في تطبيقاتها التربوية إلى عدة أنماط للتعليم أهمها : *(عبد الحافظ سلامة ، 1996، ص140-141).*

1- النمط الجمعي التقليدي:

وفي هذا النمط يكون دور المعلم هو التلقين، ودور المتعلم هو الاستقبال حيث يعتمد المعلم على : المحاضرات والشرح اللفظي و الكتابة على السبورة وإجراء عروض عملية توضيحية ، واستخدام الوسائل

التعليمية ، وعادة ما يتم هذا النمط داخل حجرة الدراسة ، ويمكن تسميته بالنمط أحادي الاتجاه نظراً لأن مسار التعليم فيه يمر دائماً من المعلم إلى المتعلم.

2- النمط الجمعي التفاعلي :

وفي هذا النمط يكون عرض المادة التعليمية من خلال الحوار المتبادل والمناقشات التي تحدث بين المعلم والمتعلمين ، أو بين المتعلمين أنفسهم ، ويحدث التفاعل بين المعلم وتلاميذه عبر النشاط التعليمي ، والتساؤلات ، وحل المشكلات ، والتقارير ، وينقل هذا النمط جزءاً من إيجابية الموقف التعليمي إلى المتعلم ، حيث يسير التفاعل من المعلم إلى المتعلم وبالعكس ، بمعنى أن مسار التعلم في هذا النمط يكون في كلا الاتجاهين بين المعلم والمتعلم.

3- أنماط التعليم المفرد :

وتهدف تلك الأنماط إلى نقل محور العملية التعليمية من المحتوى العلمي للمواد الدراسية إلى المتعلم ذاته ، حيث تنطلق مما لدى المتعلم من الميول والقدرات والاستعدادات والمهارات ، لتستثير دوافعه ورغباته الشخصية.

وقد دعت التوجهات التربوية الحديثة للاهتمام بأنماط التعليم والتعلم المفرد ، لأنها تتيح لكل متعلم التقدم والانطلاق في عملية التعلم وفقاً لسرعته الخاصة وإمكاناته الذاتية ، ومن ثم فهي تحل مشكلة الفروق الفردية بين المتعلمين.

وتلقى تلك الأنماط كامل المسئولية والإيجابية في الموقف التعليمي على المتعلم ذاته ، وتجعل من المعلم مرشداً وموجهاً للمتعلم فقط ، ومنظماً للبيئة التعليمية ، مهيئاً لها .

• التعليم المفرد والتعليم الجمعي :

يمتاز التعليم المفرد Individualized Instruction عن التعليم الجمعي Group Instruction بعدة خصائص تعد في نفس الوقت مميزات من أهمها : (عادل سرايا، 2007، 24-25)

◀◀ نقل محور العملية التعليمية للمتعلم.

◀◀ تحميل المتعلم مسؤولية الموقف التعليمي.

◀◀ دفع المتعلم لمزيد من الإيجابية.

◀◀ تعليم المتعلم وفق قدراته ورغباته وخطوه الذاتي.

◀◀ ضرورة بلوغ المتعلم لحد الإتقان في التعلم.

◀◀ تنويع مصادر التعلم ووسائله وأساليبه.

◀◀ التركيز على أنشطة التعليم والتعلم أكثر من المحتوى.

◀◀ تخفيف العبء عن المعلم في كونه موجها ومرشدا.

◀◀ تأكيد مدخل النظم في العملية التعليمية.

◀◀ تأكيد مبدأ تكافؤ الفرص بين المتعلمين.

وتحقق أنماط التعلم الفردي فعالية كبيرة في تعليم الفئات الخاصة مـن بطيئـي الـتعلم ، والموهوبين ، حيث تقلل من حالات الإنفاق في التعلم كما تتسم هـذه الأنمـاط بـالتنويع ، والمرونـة ، والتجديد أكثر من الأساليب الجمعية التقليدية المعتادة.

ورغم هذه المزايا فإن هناك بعض المآخذ على أنماط التعلم الفردي منها : قلة التفاعـل بـين المعلم والمتعلم ، وصعوبة إعداد برامجها وتكلفة تلك البرامج ، كما أنها لا تناسب جميع المعلمين ، ولا يتفاعل معها جميع المتعلمين.

ولكي تحقق برامج التعلم الفردي أهدافها يجب مراعاة أن :

◀◀ تكون أهداف هذه البرامج واضحة تماماً للمتعلمين.

◀◀ تناسب هذه البرامج طبيعة وقدرات المتعلمين من حيث الكم والكيف.

◀◀ تكون هذه البرامج مبرمجة بشكل مكتوب، أو مـصور، أو مـسموع يـدوياً أو آليـاً، لا أن تكون شفوية.

◀◀ تقسم هذه البرامج مهام وواجبات التعلم إلى جزئيات بسيطة متسلسلة.

◀◀ تشمل هذه البرامج توجيهات وإرشادات تساعد المتعلم على المضي في التعلم دون عوائق.

◀◀ يتوافر لتلك البرامج مكملاتها من الأجهزة والمواد التعليميـة، والكتـب والخامـات، وغيرها مـن التجهيزات المطلوبة.

◀◀ تكون أنشطة التعلم في تلك البرامج عديدة ومتنوعة.

◄◄ يكون محتوى هذه البرامج مبرمج بطريقة متقنة وبلغة سهلة ومفهومة.

◄◄ يتابع المعلم خطوات سير المتعلم في هذه البرامج، ويقيم مدى تقدمه فيها.

◄◄ تشمل هذه البرامج اختبارات التقويم القبلي والبعدي لبيان مدى تقدم المتعلم في تعلمها.

◄◄ يتوافر لهذه البرامج نوع من التغذية الراجعة التي تزود المتعلم بمدى اتباعه للمسار الصحيح في التعلم ، ومدى تقدمه فيه.

● إجراءات التعليم المفرد:

يعتمد التعليم المفرد على أسس ومبادئ وإجراءات عامة لابد من مراعاتها عند تصميم أي من استراتيجياته ، أو اتباعها ، من أهم هذه الإجراءات ما يلي : (أحمد سالم ، 2004م ، ص ص 189- 193)

1- النظر للمقرر الدراسي على أنه نظام :

من أهم إجراءات التعليم المفرد التعامل مع المقرر الدراسي على أنه نظام له مدخلاته ، وله عملياته ، وله مخرجاته ، وأن كل منها يؤثر في الآخر ، ويتأثر به .

2- مراعاة الخطو الذاتي للمتعلم :

عند تصميم مواقف التعليم والتعلم المفرد ، وعند اتباع أحدى استراتيجياته لابد من اتخاذ إجراء مهم هو السماح للمتعلم أن يسير في العملية التعليمية وفقا لسرعته الذاتيه التي تتحدد على ضوء قدراته واستعداداته وميوله ورغباته ، حيث يمثل ذلك الإجراء أحد أهم الأسس التي يقوم عليها التعليم المفرد ، وجميع أساليبه واستراتيجياته. ويترتب على هذا الإجراء إجراء آخر هو عدم تحديد وقت قاطع لإنجاز عملية التعلم لكل درس أو لكل وحدة دراسية.

3- تنويع خبرات التعليم والتعلم :

من أهم إجراءات التعليم والتعلم المفرد ضرورة تنويع خبرات التعليم والتعلم بين الخبرات المحسوسة والخبرات المجردة ، بين الخبرات المقروءة ، والمسموعة ، والمرئية ، بين الوسائط المتعددة والفائقة ، بين الأوعية الإلكترونية وغير الإلكترونية . وذلك حتى تتاح للمتعلم حرية التنقل بين هذه الخبرات وتلك بما يتفق ورغباته وميوله وقدراته.

4- تنويع مصادر التعليم والتعلم :

التعليم المفرد وجميع استراتيجياته يبنى على تعددية مصادر التعلم ومن ثم يجب علينا عند تطبيق أنماط التعليم والتعلم المفرد مراعاة تنويع تلك المصادر ، ليشمل الموقف التعليمي الواحد مصادر تعلم بشرية وأخرى غير بشرية ، تتيح للمتعلم سهولة اختيار ما يناسبه ، وحرية الرجوع لي منها وقتما شاء وأينما شاء.

5- تنويع أساليب التعلم :

من الضروري في ظل التعليم المفرد واستراتيجياته توفير أساليب متنوعة للتعليم والتعلم يمكن للمتعلم أن يختار فيما بينها ، ويتنقل بحرية من أسلوب لآخر ، كأساليب التعليم والتعلم في مجموعات كبيرة ، أو التعلم في مجموعات صغيرة تنافسية ، أو التعلم في مجموعات تعاونية ، أو التعلم بطريقة فردية .

6- تنويع أماكن التعليم والتعلم :

من إجراءات التعليم والتعلم المفرد ضرورة مراعاة المعلم تنويع أماكن تقديم الخبرات التعليمية ، فلابد من تعددية تلك الأماكن ن والتنقل بالمتعلمين فيما بينها عند الحاجة ، فمن حجرة الدراسة المعتادة إلى المعمل ، إلى ورشة العمل ، إلى المكتبة أو مركز مصادر التعلم ، إلى ورش الأشغال الفنية ، إلى الملعب المدرسي ، إلى حديقة المدرسة ، إلى الزيارات الميدانية ، والرحلات التعليمية خارج جدران المؤسسة التعليمية ... إلخ . فذلك التنويع ضمان للمزيد من التشويق والإيجابية للمتعلم ومن ثم تحقيق الأهداف التعليمية على النحو المرغوب.

7- تحديد الأهداف التعليمية بدقة :

في إطار التعليم والتعلم المفرد بجميع استراتيجياته لابد من القيام بإجراء مهم هو تحديد أهداف الموقف التعليمي تحديدا سلوكيا دقيقا وإعلام المتعلم بتلك الأهداف التي يجب عليه أن يحققها ويتأكد من تحققها في نهاية الموقف التعليمي. ويأتي تحديد الأهداف على هذا النحو كجزء أساسي من منظومية التعليم المفرد فلا نظام دون أهداف.

8- تحديد نقطة البداية للمتعلم :

إجراء مهم آخر للتعليم والتعلم والمفرد هو ضرورة عقد اختبار تشخيصي يطبق على كل متعلم قبل بداية الدراسة لتحديد خبراته السابقة

حول موضوعات التعلم ووحداته ، وتحديد مدى حاجة المتعلم لدراسة تلك الموضوعات والوحدات ، وتحديد مستوى البداية للمتعلم الذي يدرس تلك الخبرات حتى يتم قياس مدى تقدمه ومدى وصوله لحد التمكن بعد الانتهاء من دراسته. والحقيقة أن هذا الإجراء غاية في الأهمية ، حيث يوفر الكثير من الوقت والجهد المبذولين في تعليم وتعلم خبرات مكررة يتقنها المتعلم ، ويركز فقط على كل جديد ومفيد للمتعلم. كما يوفر الكثير من النفقات المهدرة على تعليم وتعلم خبرات مكررة.

9- التغذية الراجعة المستمرة :

من الإجراءات المهمة للتعليم والتعلم الفردي ضرورة مراعاة القدر اللازم من التغذية الراجعة المستمرة التي تكشف مدى سير المتعلم على المسار الصحيح ، والتي تكشف أولا بأول نقاط التعثر والقصور والضعف مما يساعد في تعديل مساره عند الانحراف عن المسار . وتتم التغذية الراجعة بأساليب تقويم متنوعة منها : التشخيصي ، ومنها البنائي ، ومنها التجميعي الشامل .

10- بلوغ المتعلم حد الإتقان :

تتركز جميع أهداف التعليم والتعلم المفرد ، وجميع إجراءاته لتحقيق هدف واحد هو بلوغ المتعلم لحد الإتقان ، فالتعليم والتعلم المفرد لا يرضى بأقل من الحد الأدنى للإتقان ، ولا يسمح للمتعلم بالانتقال للخبرة اللاحقة ما لم يصل إلى حد الإتقان في الخبرة السابقة . وهذا هو أرقى أنواع التعلم الذي يضمن تحقيق أرقى المخرجات . ويختلف الحد الأدنى للإتقان من مجال دراسي لآخر ومن فرع لآخر داخل المجال الواحد ، بل ومن صف دراسي لآخر ، وتشير الدراسات والبحوث التي أجريت في هذا الصدد إلى أن الحد الأدنى للإتقان لايقل عن (80%) في معظم الأحوال . ويتم التحقق من هذا الإجراء بعملية تقويم بعدي باختبارات وأدوات تقويم متعددة ومتنوعة تحدد مستوى المتعلم بعديا في جوانب التعلم المختلفة (معرفيا ، ومهاريا ، ووجدانيا).

● مرتكزات التعليم المفرد:

يستند التعليم المفرد باستراتيجياته ونظمه على مجموعة من المرتكزات موضحة بالشكل التخطيطي التالي : (عادل سرايا ،2007، 17-19).

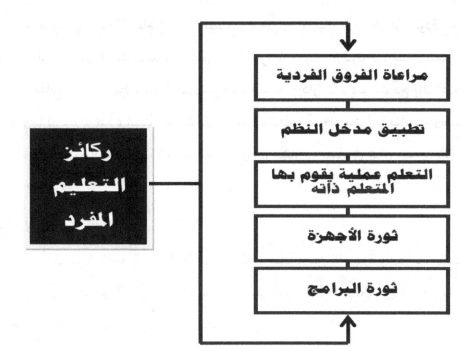

1- مراعاة الفروق الفردية :

من أهم مرتكزات التعليم والتعلم المفرد أنه يراعي الفروق الفردية بـين المتعلمـين بـصورة منهجية ، حيث يعطي لكل متعلم الحرية في اختيار ما يناسبه من مصادر التعلم .

2- تطبيق مدخل النظم :

يرتكز التعليم والتعلم المفرد أيضا على تطبيق مدخل النظم في التعليم ، حيـث لا ينظـر إلى المعالجات التعليمية بمعزل عن المحتوى أو الأهـداف ، وبمعـزل عـن الوسائل التعليميـة أو أسـاليب التقويم ، ولكن ينظر إلى هذه العناصر كوحدة تؤثر وتتأثر ببعضها البعض في إطار منظومي متكامل .

3- التعلم عملية يقوم بها المتعلم ذاته:

وهـــذه الركيـــزة هـي الأسـاس المنطقـي الـذي يقـوم عليـه التعلـيم المفـرد ، حيـث تلقـي مسـؤولية الـتعلم عـلى عـاتق المـتعلم ، شريطـة وجـود نظـام

يوفر له التوجيه والإرشاد للقيام بنشاط التعلم وصولاً إلى تحقيق الأهداف المنشودة ، فالمتعلم لدية المقدرة الطبيعية على التعلم ، تظهر وتنمو تحت شروط معينة ، وترتبط ببيئة التعلم ، وما تشمل عليه من وقائع ، كما ترتبط بكيفية تصميم هذه البيئة وإدارتها ، بما يسمح بالتفاعل المباشر بين المتعلم وبما توفره له هذه البيئة من بدائل وخيارات تعليمية يجد بينها ما يناسبه وهذا الأمر يتيح للمتعلم فرصة اكتساب مهارات التعلم الذاتي ، وهي مهارات بقاء في عالم يتميز بالانفجار المعرفي التكنولوجي .

4- ثورة الأجهزة :

أدت ثورة الأجهزة إلى ظهور مستحدثات عديدة من الأجهزة والأدوات المصممة خصيصاً للاستخدام في الأغراض التعليمية كالسبورة الذكية Smart Board ، والعارض المرئي Visual Presenter ، والحاسوب بتطبيقاته التعليمية .. إلخ.

5- ثورة البرامج والمواد التعليمية :

أدت ثورة البرامج والمواد هي الأخرى إلى ظهور مجموعة متباينة من المواد التعليمية الحديثة المصممة في ضوء المبادئ المستمدة من نظريات التعلم ونتائج البحوث التربوية ، والنفسية مثل برامج الوسائط المتعددة المتفاعلة ، وبرامج التعليم الافتراضي والفصول الذكية ، وبرامج الذكاء الاصطناعي ، وبرامج الوسائط الفائقة ... الخ.

وقد نقلت تقنية الأجهزة والبرامج التعليم والتعلم المفرد نقلات فاقت كل التصورات ، حيث يمكن للمتعلم الفرد ممارسة تعلمه أينما شاء ووقتما شاء ، وكيفما شاء في ظل التطور الرهيب لتقنيات المعلومات والاتصالات.

كما هيأت تلك التقنيات لظهور أساليب تقويم لم تكن معروفة في الأوساط التعليمية من قبل كالحقائب التقويمية الإلكترونية ، والاختبارات الذاتية الإلكترونية عبر الحاسوب ، وخزائن الأسئلة الإلكترونية ، وبنوك الأسئلة ... إلخ.

- أدوار المعلم في ظل التعليم المفرد:

يتصور البعض أن التعليم والتعلم المفرد يلغي دور المعلم في العملية التعليمية ، وأن المتعلم هو الذي يقود دفة العملية من بدايتها

لنهايتها دون رقيب أو حسيب ، وأصحاب هذا التصور بالطبع مخطئون فللمعلم العديد مـن الـدوار المهمة التي يجب أن يقوم بها في ظل التعليم والتعلم المفرد بكل أساليبه واستراتيجياته ، مـن أهـم هذه الأدوار أنه:

◀◀ يخطط للتعليم المفرد.

◀◀ يحدد الأهداف التعليمية سلوكيا لكل موقف تعليمي بدقة.

◀◀ يعلن الأهداف السلوكية للمتعلم قبل الموقف التعليمي.

◀◀ يختر أهم استراتيجيات التعليم المفرد مناسبة ، وينوع بينها.

◀◀ يختر أماكن التعليم والتعلم المناسبة ، وينوع بينها.

◀◀ يشرف على تنفيذ التعليم والتعلم المفرد.

◀◀ يوجه المتعلم ويرشده خلال مراحل التعلم المفرد.

◀◀ يرتب بيئة التعليم والتعلم المفرد.

◀◀ يجهز بيئة التعليم المفرد بكل متطلباتها التعليمية.

◀◀ يتأكد من مناسبة بيئة التعليم والتعلم المفرد .

◀◀ يعد أنشطة التعليم والتعلم المفرد.

◀◀ ينتقي مصادر التعليم والتعلم المدعمة للتعلم المفرد وينوعها.

◀◀ يعد اختيارات وأدوات التقويم القبلي والبعدي .

◀◀ يشرف على تحديد نقطة البداية ومستوى المتعلم.

◀◀ يتابع مسار المتعلم في دراسة خبرات التعليم والتعلم.

◀◀ يحلل نتائج التغذية الراجعة ويوجه المتعلم لتعديل مساره خلال عمليتي التعليم والتعلم.

◀◀ يتابع بلوغ المتعلم إلى حد الإتقان فعليا.

◀◀ يشرف على انتقال المتعلم من مستوى لآخر ، ومن وحدة لأخرى في المحتوى التعليمي.

◀◀ يوجه المتعلم لمصادر تعلم إضافية إثرائية لإتقان تعلمه.

◀◀ يقدم خبرات التعليم والتعلم بصور متنوعة للمتعلم الذي يخفق في بلوغ حد الإتقان.

◀◀ يصدر الحكم على نجاح أو فشل التعليم والتعلم المفرد.

● نظم التعليم الفردي واستراتيجياته :

يشير الأدب التربوي إلى الكثير من نظم التعليم المفرد ، وأساليبه واستراتيجياته ، ولن يتسع بالطبع المجال هنا لسردها جميعا ، بل نكتفي بالإشارة إلى أهمها فيما يلي :

- أولا : نظام التوجيه السمعي : **Audio Tutorial System**

يعرف نظام التوجيه السمعي اختصارا باسم نظام .A.T.S ، كما يعرف هـذا النظام أيضا بنظام بوستلويت نسبة إلى مخترعه الأمريكي البروفسور " صموئيل بوسـتليويت " أستاذ البيولوجيا ، والـذي طبقـه في جامعـة بـوردو عـام 1961م ، في إطار البحـث عـن خطـة علاجيـة للطلاب الـذين لايستطيعون متابعة المحاضرات التي كان يلقيها ، فأجرى تسجيلاً صوتيا لتلك المحاضرات على شرائط الراديو كاسيت ، ليستفيد منه الطلاب الذين يشعرون بحاجتهم إلى مزيد مـن الفهـم والدرايـة . وقد أجريت بعض التعديلات على هذا النظام ، حيث أصبح بإمكان المتعلم استخدام المقصورات السـمعية الموجودة في المكتبات ، ومراكز مصادر الـتعلم التي تحتـوي عـلى تـسجيلات صوتية للخبرات المـراد تعلمها ، بحيث تأخذ الدراسة شكل حوار ممتع ، ومتسلسل ما بين المعلم والطلاب ، ويكون المعلـم موجوداً في مكان قريب ، لتقديم المساعدة التي قد يحتاجون إليها. (**توفيق مرعي ، محمـد الحيلـة ، 1998م**).

- متطلبات نظام التوجيه السمعي :

يتطلب نظام التوجيه السمعي توافر المتطلبات التالية :

◄◄ مكان مخصص للمتعلم في المكتبة أو مركز مصادر التعلم أو المعمل مزود بكل الأجهزة والمواد السمعية المطلوبة.

◄◄ كتيبات ، أو أدلة تعليمية تتناول الأهداف التعليمية وأنشطة التعليم والـتعلم ، والتدريبات ، والتمارين واختبارات التقويم الذاتي.. وغيرها.

◄◄ أشرطة التسجيل الصوتي التي توضح للمتعلم المادة التعليمية وتوجهه إلى مـا يجب أن يقوم به من أنشطة وخبرات التعلم .

◄◄ تقسيم المحتوى التعليمي إلى عدد من الموضوعات الفرعية ليتم تعلم كل موضوع منها خلال مدة زمنية كافية وفقا لسرعة المتعلم الخاصة حيث يتم اختبار المـتعلم شفوياً ، أو تحريريا بعد دراسته للموضوع.

◄◄ دعم المحتوى التعليمي بالعديد من الأنشطة التعليمية الحسية التي تضفي المعنى كـل مـا يتعلمه المتعلم من خبرات .

- ضوابط نظام التوجيه السمعي :

يتم تطبيق نظام التوجيه السمعي في التعليم والتعلم وفقا للقواعد والضوابط التالية :

◀◀ عقد لقاء تمهيدي في مركز مصادر التعلم أو المكان المخصص لتزويد المتعلمين بالقواعد الخاصة بهذا النظام.

◀◀ ترك الحرية للمتعلم في اختيار الوقت الذي يناسبه للتعلم .

◀◀ تجهيز المكان المخصص بالأجهزة والمواد السمعية التي يحتاجها المتعلم .

◀◀ السماح للمتعلم أن يسير في تعلم الخبرات والأنشطة حسب سرعته وقدراته الذاتية.

◀◀ عرض الأهداف التعليمية المرجو بلوغها على المتعلمين من خلال ورقة مكتوبة ، ومثبتة على مداخل القاعة المخصصة .

◀◀ وضع الأنشطة الدراسية بشكل متسلسل ، كي تبقى منسجمة ومتفاعلة مع المحتوى التعليمي

◀◀ تنويع أنشطة التعليم والتعلم الداعمة لمحتوى المادة الدراسية .

◀◀ تنظيم جلسات لمجموعات مصغرة من المتعلمين مع المعلم في للحوار والمناقشة والتوجيه والتشاور.

◀◀ تنظيم جلسات عامة لمجموعات كبيرة من المتعلمين داخل الأماكن المحددة ، للاستماع إلى محاضرة ، أو مشاهدة فيلم ، أو المشاركة في حوار مفتوح حول المحتوى التعليمي الذي تم تعلمه.

ويمتاز نظام التوجيه السمعي بكل مزايا نظم التعليم الفردي واستراتيجياته ، لكن ما لم يتم دعم هذا النظام بخبرات محسوسة أخرى غير سمعية كالأنشطة البصرية وغيرها فإن الفائدة من هذا النظام تبقى محدودة جدا.

ثانيا : الحقائب التعليمية والتدريبية : Instructional Packages

تمثل الحقائب (الرزم) التعليمية والتدريبية إحدى نظم التعليم المفرد واستراتيجياته . وتعرف بأنها : مجموعة من الأجهزة والأدوات والمواد التعليمية التي تخدم مجموعة متماثلة من الأنشطة الصفية وغير الصفية يتم حفظها بشكل آمن ومناسب داخل حقيبة سهلة الحمل والنقل بحيث يتم تصنيفها بداخلها بشكل يمكن الوصول إلى أي قطعة بيسر وسهولة .

وتتعدد تعريفات الحقائب (الرزم) التعليمية تبعاً لمجالها وأسلوب استخدامها إلا أن جميع تلك التعريفات تشترك في المفهوم العام للحقيبة ومكوناتها الأساسية.

ومن التعريفات الشائعة للحقيبة التعليمية أنها : وحدة تعليمية قائمة على نظام التعلم الذاتي توجه نشاط المتعلم ، وتحتوي على مادة معرفية ومواد تعليمية منوعة مرتبطة بأهداف سلوكية ، ومعززة باختبارات ذاتية قبلية وبعدية ، ومدعمة بنشاطات تعليمية متعددة تخدم محتوى المناهج الدراسية وتدعمه.

و من أهم خصائص الحقيبة التعليمية أنها :

◀◀ تتخذ من أسلوب النظم منهجا في إعدادها .
◀◀ محددة الأهداف بصورة سلوكية .
◀◀ فردية وذاتية التعلم.
◀◀ تراعي الفروق الفردية بين المتعلمين.
◀◀ تشتمل على مواد تعليمية متعددة ومتنوعة.
◀◀ تشتمل على أنشطة وخبرات هادفة متنوعة.
◀◀ تتنوع فيها أساليب التقويم ووسائله.
◀◀ تقدم للمتعلم دليلا شاملا لمحتوياتها وطريقة استخدامها.
◀◀ تستهدف بلوغ المتعلم إلى حد الإتقان .

ومن أهم أنواع الحقائب أو الرزم شيوعا واستخداما في العملية التعليمية ما يلي :

◀◀ حقائب النشاط التعليمية .
◀◀ حقائب التعلم الفردي .
◀◀ الأطقم متعددة الوسائط.
◀◀ المجمعات التعليمية أو الوحدات التعليمية النسقية (الموديولات).
◀◀ الحقائب المحورية .
◀◀ حقائب المطبوعات الدراسية .
◀◀ الحقائب المرجعية .
◀◀ حقائب الأنشطة العملية.

● إنتاج الحقائب التعليمية :

عند البدء بإنتاج حقيبة تعليمية لموضوع ما من الموضوعات المقررة لابد من دراسة محتوى المناهج بشكل متعمق ، والتعرف على

الموضوعات والأنشطة المتشابهة التي من الممكن إنتاج حقيبة تعليمية تدعم تعلمها ، ودراسة المزايا التي يمكن تحقيقها من خلال هذه الحقيبة وما مدى انعكاس آثارها الإيجابية على استيعاب الطلاب للمزيد من الخبرات التعليمية .

ولإنتاج حقيبة جيدة ذات مواصفات عالية يجب مراعاة :

◀◀ وضع الأهداف العامة والسلوكية لإنتاج الحقيبة التعليمية .

◀◀ بناء الاختبارات القبلية والبعدية .

◀◀ تحديد المادة العلمية .

◀◀ توفير الوسائل التعليمية بمختلف أنواعها .

ويتم إنتاج الحقيبة التعليمية بإحدى صورتين :

الصورة الأولى إعداد حقيبة تعليمية تخدم موضوعا محددا مثل : (الضوء ، أو المغناطيسية ، أو كيفية الوضوء ، أو كان وأخواتها ، أو الجمع والطرح ، أو مصادر التلوث البيئي ، أو حقول إنتاج النفط بالمملكة العربية السعودية ، أو تاريخ المملكة الحديث ... وغيرها)

أما الصورة الثانية فهي إعداد حقيبة تعليمية تخدم مجموعة من التجارب أو العروض العملية قد تكون متشابهة أو مختلفة في موضوعها ومثال ذلك حقيبة الأنشطة العملية لمنهاج العلوم العامة للصف الأول متوسط .

وفي كلتا الحالتين لابد من التخطيط لإنتاج الحقيبة وفقا للخطوات التالية :

◀◀ تحليل محتوى المناهج الدراسية بهدف التعرف على التجارب المطلوب تنفيذها في كل مبحث دراسي ، ولكل صف على حدة .

◀◀ تفريغ التجارب والأنشطة العملية والتطبيقية المطلوب تنفيذها.

◀◀ حصر الأجهزة والأدوات والمواد التعليمية المطلوبة لكل نشاط على حدة.

◀◀ تحديد الأجهزة والأدوات والمواد التعليمية المشتركة التي تخدم التجارب والأنشطة المتماثلة .

◀◀ وضع الآلية المناسبة لانتاج وتصنيع هذه الأجهزة والأدوات والمواد بحيث يمكن حصرها في حقيبة تعليمية واحدة .

271

◀◀ تحضير الشفافيات والشرائح والصور والأفلام وغيرها من المواد والوسائل التعليمية التي تخدم تعلم موضوع الوحدة.

◀◀ وضع المحتوى التعليمي للحقيبة.

◀◀ تثبيت بطاقة على الحقيبة التعليمية من الخارج تحوي ما يلي :

- عنوان الحقيبة التعليمية (الموضوع الذي تخدمه)

- الصفوف الممكن أن تستفيد من الحقيبة التعليمية .

- المحاور التي تخدمها الحقيبة التعليمية .

- الجهة التي أنتجت الحقيبة التعليمية ، والأشخاص المشتركين في إعدادها .

◀◀ يرفق بالحقيبة التعليمية أدوات تقويم مخرجات التعلم (اختبارات التقويم الذاتي للمتعلم) ، واستبيان لمعرفة انطباع مستخدميها وملاحظاتهم عليها ، وأثرها في العملية التعليمية.

ومن أكثر أنواع الحقائب التعليمية انتشارا ما يعرف بالوحدات التعليمية النسقية (الموديولات) ، تلك التي نتناولها بشيء من التفصيل في الجزء التالي :

ثالثاً: الوحداث النسقية (الموديولات) : Modular Instruction

كلمة "موديول Module " إنجليزية معربة معناها "مقرر مصغر" أو "وحدة تعليمية مصغرة" ، ويطلق على الموديولات مسميات أخرى مثل : الحقائب التعليمية ، أو الرزم التعليمية ، أو المقررات الدراسية المصغرة أو رزم / حقائب نشاطات التعلم ، أو رزم / حقائب التعلم الإفرادي أو التعليم بالوحدات الصغيرة ، لكن أكثر هذه التسميات انتشاراً في الوقت الحالي بين المتخصصين وفي الأدب التربوي هو الموديولات ، حيث أجاز مجمع اللغة العربية بمصر استخدام الكلمة على منطوقها الأجنبي.

ويُشير يعقوب نشوان (1993م ، ص 116) إلى أن أول من ابتكر نظام الموديولات هو " فلانجان ، Flangan " في أوائل الستينات من القرن العشرين .

ويقوم التعلم بالموديولات على نفس أسس التعليم البرنامجي فكلاهما من أساليب التعلم المفرد الذاتي ، لكن الموديولات تغلبت على سلبيات التعليم البرنامجي ، حيث اهتمت بوحدة الموضوع العلمي

وترابط أجزائه ، كما أنها تصلح لمعظم الموضوعات التعليمية ويسهل إعدادها ، وهي أيضاً ترتكز على تعدد وتنوع الخبرات والأنشطة ، وبالتالي فهي أقدر على تحقيق الأهداف الوجدانية من التعليم البرنامجي. هذا إلى جانب أن الموديولات أقل تكلفة من البرامج فهي لا تقتضي بالضرورة الاعتماد على الآلات والأجهزة التعليمية.

- مفهوم الموديول التعليمي :

أورد الأدب التربوي العديد من التعريفات للموديول التعليمي فعرفه هاينك (جمعية الاتصالات التربوية والتكنولوجيا ، *1985* م ، ص *239*) بأنه : مجموعةٌ مرتبةٌ من خبرات التعلم ، تكون عادةً في شكل من أشكال التعلم الذاتي ، يتم تجميعها لتحقيق مجموعةٍ محددةٍ من الأهداف المتصلة ببعضها ، وتستغرق فترةً من التدريس تتراوح بين عدة ساعات وعدة أسابيع ، ويمكن أن يطلق عليها اسم مقررٍ مصغرٍ.

وعرفه (جيمس راسل ، *1991*، *39*) : بأنه :"وحدة تعليمية صغيرة محددة ضمن مجموعة متتابعة ومتكاملة من الوحدات التعليمية الصغيرة التي تكون في مجموعها برنامجاً تعليمياً معيناً وتضم هذه الوحدة مجموعة متنوعة من الأنشطة التعليمية التي تساعد المتعلم على تحقيق أهداف تعليمية محددة مسبقاً بمجهوده الذاتي ، وحسب قدرته وسرعته وتحت إشراف المعلم وتوجيهه ، ويتفاوت الوقت اللازم لإتقان تعلم الوحدة وفقاً لطول ونوعية أهدافها ومحتواها ".

وعرفته (إحسان شعرواي ، *1994*م ،*90*) بأنه : مجموعة أنشطةٍ تعليميةٍ يمكن للمتعلم دراستها دراسةً مستقلةً عن كل نظام ، وهي تزوده بمعرفةٍ أو مهارةٍ معينةٍ ، ويمكن أن يتحقق بنفسه من درجة اكتسابه لها .

وعرفه (عادل منصور السيد ،*1995*، *26*) بأنه : وحدة تعليمية مصغرة تتضمن سلسلة من الأنشطة التعليمية ، وبدائل التعلم ، وأساليب التقويم وذلك بهدف مساعدة كل طالب على اتقان محتوى الوحدة ، وتحقيق الأهداف الخاصة والمحددة مسبقاً للوحدة وفقاً لسرعته.

كما عرفه (ماهر إسماعيل صبري ،*1999*م ، *229*) بأنه : وحدةٌ تعليميةٌ متكاملةٌ ذاتياً تتيح للمتعلم المتعلم بشكلٍ فرديٍ ذاتيٍ ، من خلال

مجموعـة أنشطـةٍ تعليميـةٍ متنوعـةٍ ، وتسمح للمتعلم بتقويم نتائج تعلمه ذاتياً.

وعرفه (مجدي عزيز إبراهيم ،2003، 27) علـى أنـه : وحـدة متفـردة متكاملـة في ذاتهـا ، يمكن أن تضاف إلى وحدات أخرى بقصد انجاز مهمة أكبر أو تحقيق هدف أطول مدى .

وهكذا يتضح أن جميع التعريفات السابقة اتفقت على أن المـوديـول التعليمـي عبـارة عـن وحدة تعلم صغيرة ، تقوم على مبدأ التعلم الذاتي وتفريد التعليم ، وتتضمن هـذه الوحـدة أهـدافاً محددة ، وأنشطة وبدائل وخبرات تعلم معينة يتم تنظيمها في تتابع منطقي لمساعدة المتعلم على تحقيق الأهداف ، وتنمية كفاياته وفقاً لمستويات الإتقان المحدد مسبقاً وبحسب سرعته الذاتية ، وبشرط أن يتقن الطالب محتوى الموديول موضوع الدراسة قبل الانتقال إلى الموديول التالي ، حيث إن الصفة الأساسية للموديولات التعليمية تتمثل في تنظيم الموضوعات في سلسلة متتابعة مـن الوحـدات الصغيرة التي تتكامل معا لتحقيق أهداف محددة.

- عناصر الموديولات التعليمية :

على الرغم من التباينات التي قد تبـدو في شكـل أو تنظيـم المـوديـولات التعليميـة فـإن أي موديول تعليمي – صغيراً كان أم كبيراً – يتكون من عناصر أساسية ومحددة هي :

■ صفحة الغلاف : وتحمل عنـوان الموضـوع التعليمـي مـصاغاً بأسـلوب يجـذب الانتبـاه ، وكذلك عناصر الموضوع.

■ التمهيد : ويعطي فكـرة مـوجزة عـن مـضمون المـوديول، وأهميـة دراسـته وخطـوات السـير في دراسته.

■ الأهداف : وتحدد تحديداً دقيقاً وبشكل سلوكي وفقاً لطبيعة الموضوع وطبيعة الدارسين.

■ الاختبار القبلي : ويشمل مجموعة أسئلة وتمرينات تـرتبط بأهـداف المـوديول ، حيـث يـتم مـن خلاله تحديد نقطة البداية لدى المتعلم.

■ أنشطة التعليم والتعلم : وتمثل قلب الموديول ومحتواه العلمـي ، حيـث يصاغ بـشكل منطقي، ويراعى فيه التنوع والتعدد لكي يسمح للمتعلم باختيار ما يناسبه من بين تلك الأنشطة.

- التقويم البنائي : ويشمل التمرينات والتساؤلات التي تتخلل الموديول بين أجزائه ، لتتيح تقويماً بنائياً وتحدد مسار المتعلم ومدى تقدمه في دراسة الموديول.
- الاختبار البعدي : ويشمل مجموعة تساؤلات وتمرينات ترتبط بأهداف الموديول ومحتواه العلمي ، قد تكون صورة مكافئة للاختبار القبلي وقد تكون هي نفس أسئلة الاختبار القبلي.
- مفتاح إجابات الاختبار : لابد للموديول من تعزيز أو تغذية راجعة تتيح للمتعلم الحكم على مستوى تقدمه في دراسة الموديول ، وتحدد مساره خلال عملية التعلم ، لذا لابد للمتعلم من تقويم ذاته ، ولن يتمكن من ذلك إلا إذا أعطى له مفتاح إجابات الاختبارين القبلي والبعدي ، والإشارة إلى موقعها في الموديول ، لكي يمكن للمتعلم تحديد مدى حاجته لدراسة الموديول ، ومدى إمكانية انتقاله إلى موديول آخر.

ويتم تصميم الموديولات التعليمية وفقاً لمدخل النظم في ثلاث خطوات موضحة بالشكل

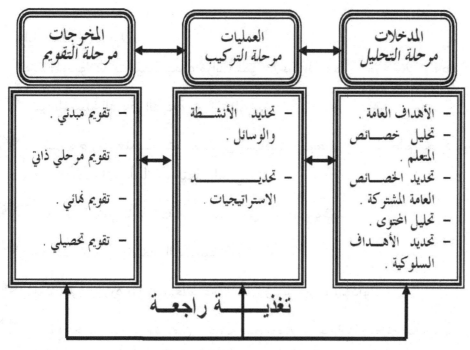

مراحل تصميم الموديولات (نقلا عن : عبد الحافظ سلامة ، ١٩٩٦ ، ص ٥٥٠)

ويتم التعلم بالموديولات من خلال السير بعدة خطوات موضحة بالشكل التخطيطي التالي :

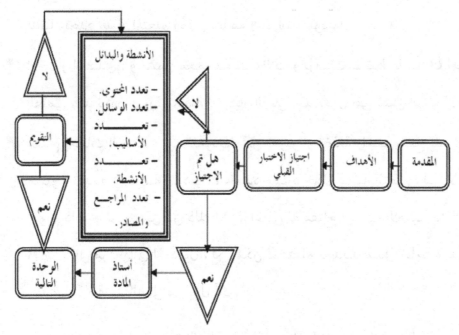

خطوات التعلم بالموديولات (نقلا عن : عبد الحافظ سلامة ، ١٩٩٦ ، ص ٥٥٥)

- مزايا التعلم بالموديولات :

تتسم الموديولات التعليمية بعدة مزايا أهمها : (عبد الحافظ سلامة *1996* ، ص ص *547-548)*.

- مراعاة مبدأ الفروق الفردية بين المتعلمين.
- تنقل محور العلمية التعليمية إلى المتعلم ، وتجعل من المتعلم مجرد مرشد وموجه ، فالموديولات تتبع أساليب التعلم الذاتي.
- التحديد الدقيق للأهداف التى يجب على المتعلم بلوغها.
- تعددية وتنوع الأنشطة التعليمية والتعلمية.
- تركز على ضرورة بلوغ المتعلم حد الإتقان فى كل أجزاء الموديول.
- تصلح لجميع فئات المتعلمين ، حيث يتم تحديد أهدافها ومحتواها وأنشطتها بما يناسب طبيعة هؤلاء المتعلمين.
- تتيح للمتعلم التعلم حسب قدراته ، وإمكاناته ، وفقا لسرعته الذاتية.

- تتيح للمتعلم تقويم ذاته بذاته ، كما تتيح له توجيه مساره خلال عملية التعلم ذاتياً.
- سهول الإعداد والاستخدام والتداول.
- المرونة وقابليتها للتطوير.

• الأسس التربوية للموديول التعليمي :

يقوم التعليم بالموديولات على مجموعة من الأسس التي تعد خصائص مميزة لتلك الموديولات ، من أهمها ما يلي:

- مراعاة الفروق الفردية بين الدارسين .
- الاهتمام بالمتعلم وإيجابيته .
- تحقيق مبدأ التعلم الهادف .
- الترابط والتتابع في بناء المعرفة وتنظيمها .
- التعزيز المباشر للاستجابات .
- التعلم للإتقان والتمكن .
- تعدد نقاط البدء لكل متعلم .
- تشعب المسارات التعليمية .
- تعدد استراتيجيات التعليم .
- تعدد الأنشطة والوسائل التعليمية .
- الأخذ بمدخل النظم .
- مراعاة السرعة الذاتية لكل متعلم .
- نقل محور الاهتمام من المعلم إلى المتعلم .

رابعا : التعلم البرنامجي : **Programmed Learning**

يعرف التعليم المبرمج بأنه نوع من التعليم الذاتي الذي يعمل فيه مع المعلم- لقيادة المتعلم وتوجيه سلوكه للاتجاه المنشود - برنامج تعليمي أعدت فيه المادة إعداداً خاصاً، وعرضت من خلال كتاب مبرمج أو آلة تعليمية. *(سيد خير الله ، 1973، ص126).*

ويعرف أيضاً بأنه أحد طرق التعليم الفردي الذي يمكن للمتعلم من خلاله أن يعلم نفسه بنفسه بطريقة ذاتية، من خلال برنامج معد بأسلوب خاص يسمح بتقسيم المعلومات إلى أجزاء صغيرة وترتيبها ترتيباً منطقياً وسلوكياً بحيث يستجيب لها المتعلم تدريجياً، ويتأكد من صحة استجابته حتى يصل في النهاية إلى السلوك النهائي المرغوب.

التعليم البرنامجي (المبرمج) إذن هو تقنية محددة تهدف إلى تقديم التعليم للمتعلم وفقاً لحاجته وقدراته، واستناداً لمنهجية مقننة، وقد تستخدم وسائل مطبوعة، أو آلات تعليمية بسيطة أو أجهزة الحاسب الآلي، وتتبع أساليب عديدة للتأكد من إتقانه لكل خطوة من خطوات التعلم قبل السماح له بالانتقال إلى خطوة أخرى. (مصطفى فلاته ، 1995، ص330).

وعلى ضوء تلك التعريفات للتعليم البرنامجي يمكن القول أن هذا الأسلوب هو أحد أساليب التعليم والتعلم الفردي، يمكن للمعلم الاعتماد عليه في تعليم المتعلم موضوعاً محدداً، ويمكن للمتعلم من خلاله أن يعلم نفسه ذاتياً.

ومع أن التعليم البرنامجي – بصورته المعروفة حالياً – لم يظهر إلا في عام 1954م ، نتيجة بحوث ودراسات وتجارب قام بها "سكنر" عالم النفس الأمريكي الشهير على الفئران والحمام، وربط نتائج تجاربه بتعلم الإنسان فإن البعض يرى أن جذور هذا الأسلوب التاريخية تمتد إلى عهد فلاسفة اليونان القدماء الذين اعتمدوا في تعليم طلابهم على فنيات تشبه فنيات التعليم المبرمج المعروف حالياً. (أحمد منصور ، 1986، ص ص 63-64).

معنى ذلك أن التعليم البرنامجي يمثل إحدى التطبيقات التربوية لنظرية "سكنر" في التعلم ، ومن ثم فإن هذا الأسلوب ما هو إلا نتاج لتطبيق نظريات علم نفس التعلم في واقع العملية التعليمية ، أي أنه أحد نتاجات تكنولوجيا التعليم.

وقد ارتبط أسلوب التعليم البرنامجي بمفهوم آلات التعليم Teaching Machines، رغم أن ظهور آلات التعليم هذه كان سابقاً على ظهور التعليم البرنامجي بمفهومه الحالي، حيث ظهرت أول آلة تعليمية عام 1912م على يد مصممها "سيدني ل. بريسي Sidney L. Pressey بجامعة مدينة أوهايو Ohio الأمريكية ، لكن هذه الآلة لم يكن الهدف منها هو التعليم، بل كان تصميمها بهدف اختبار ذكاء التلاميذ من خلال مجموعة أسئلة تظهر على شاشة الآلة، وعلى المتعلم اختيار إجابة واحدة للسؤال من بين أربع إجابات اختيارية معطاة. (بنيامين فاين ، 1980 ص42).

● أسس التعليم البرنامجي :

يقوم التعليم البرنامجي على مجموعة من الأسس أهمها : (عبد الحافظ سلامة ، 1996، ص ص 144-145).

1- تحليل العمل : Job Analysis

ويعني تقسيم مهام التعلم إلى أجزاء صغيرة لإنجازها بدقة بحيث لا ينتقل المتعلم إلى جـزء إلا إذا أتقن الجزء السـابق ، معنـى ذلك أن المـتعلم لـن يـصل إلى النهايـة إلا إذا أتقـن تماما جميع الخطوات السابقة.

2- المثيرات والاستجابات : Stimulants & Responses

ويعني أن الموقف التعليمي الذي يمر فيه المـتعلم يمثل مثيراً لـه يتطلـب استجابة، لكن الاستجابة في التعليم المبرمج تكون إيجابية نظراً للتفاعل الذي يحدث بين المتعلم والموقف التعليمـي، حيث لا يـستطيع الانتقـال إلى خطوة تاليـة مـا لم تكـن خطوتـه الأولى إيجابيـة. وهذا لا يحدث في الأسلوب المعتاد للتدريس الذي ينتقل فيه المتعلم أحياناً من جزء إلى آخر دون إتقان لما سبق.

3- التعزيز : Reinforcement

يتيح التعليم البرنامجي للمتعلم تعزيزاً فورياً لاستجاباته، حيث يمكنه مـن معرفـة النتيجـة الفورية لمدى صحة استجابته، مما يحدد هل ينتقل إلى الخطوة التالية ؟ أم يعيد تعلم نفس الخطوة؟ وهذا ما يعرف بالتغذية الراجعة الذاتية.

4- الخطو الذاتي : Self - Pace

يسير المتعلم في التعليم البرنامجي وفقاً لقدراته واستعداداته الشخصية ولا يطلب منـه إنجاز التعلم في وقت محدد، ومن ثم فإن هذا النوع من التعلم يعالج مـشكلة الفـروق الفرديـة بـين المتعلمين.

5- التقييم الذاتي : Self - Assessment

يتيح التعليم البرنامجي للمتعلم إمكانية تقييم نفسه بنفسه مـن خـلال التغذيـة الراجعـة والتعزيز الفوري الذاتي لمدى صحة استجاباته لكل مثير تعليمي، الأمـر الـذي يفيـد في تعديل مـسار المتعلم أولاً بأول.

6- الإتقان : Mastery

يقوم التعليم البرنامجي على مبدأ التعلم للإتقان Mastery Learning حيث يتطلب وصول المتعلم إلى إتقان كل جزء من البرنامج حتى ينتقل إلى الجزء التالي ، ومن ثم ضرورة إتقان البرنامج كاملاً.

● أنواع البرامج وطرق إعدادها :

هناك نوعان أساسيان من البرامج التعليمية ينطلق منهما التعليم البرنامجي : النوع الأول يعرف بالبرامج الخطية Linear Programmes وفيها ينتقل المتعلم من خطوة إلى خطوة في مسار خطي محدد خلال عملية التعلم وذلك في أحد اتجاهين: الاتجاه الرأسي، أو الاتجاه الخطي الأفقي. أما النوع الثاني من البرامج فيعرف بالبرامج المتشعبة Branching Programmes وفيها لا يلتزم المتعلم بمسار واحد محدد، بل يمكن له السير في مسارات عديدة متشعبة حسب ما يتطلبه منه الموقف التعليمي المثير ، ووفقاً لاستجابته لهذا الموقف.

وعملية البرمجة Programming – عموماً – سواء كانت خطية أو متشعبة تعني " ترتيب المادة التعليمية في سلسلة من الخطوات تقود المتعلم في تعلمه الذاتي من خطوة إلى خطوة ، بحيث يبدأ من البسيط السهل ويتدرج شيئاً فشيئاً إلى ما هو صعب ومعقد". وتسمى كل خطوة من خطوات البرنامج " إطار Frame " حيث يتكون كل إطار من أربعة أجزاء هي : التلميحات وهي معلومة تمهيدية يقدمها الإطار، والمثيرات وهي أسئلة يطرحها كل إطار حول المعلومات التمهيدية التي قدمها الإطار والاستجابات ، وهي الإجابات التي يجيب بها المتعلم عن أسئلة كل إطار بالكتابة أو بالصوت ، أو بالضغط على ذر معين في آلة التعليم ، وأخيراً التعزيز الفوري متمثلاً في الإجابة التي تظهر أمام المتعلم لتبين صحة أو خطأ استجابته.

وتتم عملية البرمجة وفقاً لخطوات محددة ، كما يتم إعداد البرامج أيضاً وفق خطوات محددة .

ويمكن عرض البرامج التعليمية بثلاث طرق : الأولى من خلال كتيب مبرمج ، والثانية من خلال الآلات التعليمية ، والثالثة من خلال أجهزة العرض ، حيث يمكن الاعتماد على هذه الطرق منفردة أو مجتمعة.

وبشكل إجرائي يمكن إعداد إطارات البرامج التعليمية الخطية وهـي أسـهل أنـواع الـبرامج ، وفقاً للمثال التالي :

- حدود التعليم البرنامجي :

تتضح حدود التعليم البرنامجي فيما له من مزايـا وإيجابيـات ، وفـيما عليـه مـن سـلبيات. *(عبد الحافظ سلامة ، 1996، ص148).*

ويتسم التعليم البرنامجي بعدد من المزايا أهمها :

- الدقة المتناهية في تحديد الأهداف ووصف السلوك النهائي للمتعلم.
- تقسيم العمل إلى خطوات صغيرة يؤدي إلى تقليل فرص الخطأ وزيادة النجاح.
- حصول المتعلم على التعزيز الداخلي يؤدي إلى تأكيد الاستجابة الـصحيحة وزيـادة دافعيتـه إلى التعلم.
- يتيح الفرصة لكل متعلم أن يتعلم وفق قدراته الخاصة وإمكاناته الذاتية.

* الإطار الأول : - (التمهيد) : المعادن تتمدد بالحرارة - (السؤال) : عند تسخين ساق من النحاس فإنها......	
* الإطار الثاني : - لكل مادة معامل تمدد محدد. - عند تسخين ساقين متساويين أحدهما من الحديد والآخر من النحـاس لدرجـة حرارة واحدة، فهل يتمدد ساق الحديد بنفس مقدار تمدد ساق النحاس	**تتمـــدد**
	لا

◄◄ يتيح الفرصة لكل متعلم في الوصول إلى حد الإتقان مهما كانت قدراته وإمكاناته.

◄◄ يناسب كافة فئات المتعلمين من الفائقين وذوي صعوبات التعلم.

◄◄ يتيح للمتعلم قدراً من المتعة في التعلم أكثر من الطرق المعتادة التقليدية.

ورغم هذه المزايا فإن للتعليم البرنامجي سلبيات أهمها أنه :

■ لا يصلح لجميع الموضوعات التعليمية.

■ لا يكون فعالاً في تحقيق الأهداف الوجدانية ، حيث يركز غالباً على الأهداف المعرفية.

■ يفتت المعلومات بشكل قد يؤدي بالمتعلم إلى عدم الربط بين أجزاء الموضوع الواحد ، أي تشويش الصورة الكلية للموضوع لدى المتعلم.

■ مكلف مادياً خصوصاً إذا صاحبه الاعتماد على الآلات التعليمية وأجهزة العرض.

■ يتطلب كفاءة عالية ممن يقوم بإعداد البرامج ، وقد يصعب توافر المبرمجين ذوي المستوى الجيد

وإلى جانب التعلم البرنامجي ، والتعلم بالموديولات هناك أساليب واستراتيجيات أخرى للتعلم المفرد مثل : استراتيجيات التعلم التعاوني ونظم التعليم الشخصي ، وبرامج التعلم بالحاسوب ، والتعليم الإلكتروني الفردي ، ونظم التوجيه السمعي والمرئي ، والتعلم الإتقاني ... إلخ.

خامسا : التعلم الإتقاني : Mastery Learning

التعلم الإتقاني أو التعلم المتقن هو : نوع من التعلم يستلزم وصول المتعلم إلى حد الإتقان والتمكن لما يكتسبه من خبرات بصرف النظر عن الوقت المستغرق . وهو تعلم قائم على المعنى ، قائم على الفهم ، فالمتعلم خلاله لابد أن يفهم كل معلومة ويدرك معناها .

ويعرف التعلم للإتقان أيضا بأنه : سلسلة متتابعة من الوحدات الدراسية المتكاملة وكل وحده منها تتشكل من مواد تعليمية تغطي فترة زمنية محددة وتحقق هدف معين ، ويحدد المعلم في نهاية الوحدة تقدم المتعلم وانتقاله للوحدة الأعلى ، أم إعادة دراسته للوحدة مرة اخرى لبلوغ حد الإتقان ويكون ذلك استنادا لنتيجة اختبار الوحدة.

- أشكال التعلم الإتقاني :

تشير مصادر الأدب التربوي إلى شكلين للتعلم الإتقاني هما : التعلم المبني على الخطو الذاتي ، والتعلم المبني على الأساس الفردي ، وبيان كل منهما فيما يلي :

1- التعلم القائم على الخطو الذاتي :

الخطو الذاتي يعني تقدم المتعلم في إنجاز تعلم الخبرات الدراسية وفقا لقدراته واستعداداته. ويحدد أسلوب الخطو الذاتي مسؤوليات جميع الأطراف المشاركة في العملية التعليمية : فالمتعلم يتعلم ويقرر خطواته ذاتيا . والمعلم يقدم البرنامج ويوجه المتعلم ويتابع الإجراءات والاختبارات. والمتعلمين يتعاونون فيما بينهم لحل المشكلات التعليمية. والنموذج الممثل لهذا المنحى هو : استراتيجية " بلوم" للتعلم من أجل الإتقان.

حدد "بلوم" الملامح الرئيسية لاستراتيجية التعلم من أجل الإتقان في أن :

- المقرر الدراسي يجزأ إلى سلسلة من وحدات التعليم تحتاج تغطية كل وحدة منها إلى أسبوع أو أسبوعين على الأكثر.
- الأهداف التعليمية تعاد صياغتها بحيث تكون نتائج تعلم كل وحدة شاملة للجوانب : المعرفية ، والوجدانية ، والمهارية التطبيقية.
- مهام التعلم في كل وحدة دراسية تقدم وفق نظام التعلم في مجموعات صغيرة من الدارسين.
- الاختبارات الخاصة بالتقدم الشخصي للدارسين تجري في نهاية كل وحدة دراسية على حدة.
- نتائج الاختبارات في نهاية كل وحدة دراسية تستخدم لتحقيق هدفين :
  - الأول : تعزيز التعلم لدى الدارسين الذين أتقنوا الوحدة.
  - الثاني : تشخيص المتعلمين الذين أخفقوا في بلوغ حد الإتقان خلال الوقت المحدد.
- الإجراءات الخاصة بعملية تصحيح الأخطاء يجب أن تتم بأعلى درجات الدقة.

◄◄ اختبار نهاية المقرر يتم أيضا بالإضافة إلى اختبارات الوحدات.

2- التعلم القائم على الفردية :

ويقصد بهذا المنحى أنه تعلم يعتمد على سرعة سير المتعلم فرديا في الدراسة ، ونشاطه الإيجابي في التحصيل و المراجعة. والنموذجان الممثلان لهذا المنحى هما : خطة "كيلر" أو نظام التعلم الشخصيPSI. وطريقة "بوستلويت" أو نظام التوجيه السمعي UTS الذي سبقت الإشارة إليه كأول نظم التعليم المفرد واستراتيجياته.

● خطة كيلر :

وهي نظام قام بتطويره " فريد كيلر " يعرف بنظام التعلّم الشخصي PSI حيث يسمح للمتعلّم أن يتحرك في دراسة الخبرات التعليميّة للمقرر وفق تقديره الذاتي , بشرط إتقان تلك الخبرات تحت إشراف المراقب الذي يتابع نشاط المتعلّم , ولذلك فإن (المراقبةَ) من الوظائف الجديدة التي استحدثت في هذا النظام والتي تضاف إلى قائمة المهام الجديدة للمعلم .

وتركز خطة كيلر على الأثر أو على إنجاز المتعلم لمهام التعلم , أو على النتيجة أو المحصلة النهائية , ومن ثم فإن خطة كيلر تعتمد على تقسيم المقرر إلى وحدات صغيرة , وإتقان المتطلبات اللازمة لكل وحدة منها ، والتغذية الراجعة السريعة , والمراجعة أو إعادة الدراسة .

وقد حدّد كيلر خمس خصائص للمقررات التي يتم تعلمها وفق خطّته , هذه الخصائص هي:

◄◄ إتقان المتعلم لكل جزء من أجزاء المقرّر .

◄◄ الخطو الذاتي للمتعلم أثناء الدراسة والتقدّم في المقرّر فردياً .

◄◄ تقليل اعتماد المتعلم على اللفظية والزيادة في نشاطه التطبيقي.

◄◄ استعانة المتعلم بالمعلومات الإرشاديّة المطبوعة .

◄◄ متابعة المعلم لإجراءات اختبارات التقويم وتصحيحها .

ويحدد المعلم درجة الإتقان وفقا لخطة كيلر بـ90% أو أقل أو أكثر وفقا لمستوى الجودة المطلوب بلوغ المتعلم له ، بشرط أن يعطي كل متعلم الوقت الكافي لبلوغ مستوى الإتقان المرغوب , حيث يتم تطبيق اختبارات التقويم بعد كل وحدة دراسية بالإضافة إلى الاختبار النهائي

الذي يجرى بعد انتهاء المتعلم من دراسة المقرر بالكامل ويحدد المتعلم وقت الاختبار عندما يـشعر أنه مستعد وقادر على بلوغ درجة الإتقان المطلوبة , ويبلغ المرقب بذلك . وعند انتهاء المتعلم مـن دراسـة الوحـدة الأولى واجتيـازه لاختباراتهـا بالمعدل المطلوب يتلقى إرشـادات الانتقـال إلى دراسـة الوحدة الثانية .. وهكذا.

سادسا : التعلم بمساعدة الحاسوب : **Computer Assisted Instruction**

من أحدث نماذج التعلم المفرد التعلم بمساعدة الحاسوب والذي يعرف اختصارا (.C.A.I) ، حيث يقوم الكمبيوتر أو الحاسوب بدور الوسيط التعليمي الذي يتفاعل معه المتعلم بـشكل فـردي عبر برمجيات خاصة تنقل محتوى الخبرات التعليمية بأعلى درجات التشويق والمتعة.

وقد ساعدت التطور المذهل في تقنيات الحاسوب وبرمجياته في تطور هذا النمط من أنماط التعلم المفرد . وسوف يرد الحـديث بـشيء مـن التفـصيل عـن الحاسـوب التعليمـي واستخداماتـه في عمليتي التعليم والتعلم وأهم برمجياته التعليمية عـلى صـفحات الفصل التـالي مـن كتابنـا هـذا ، في معرض الحديث عن مستحدثات تقنيات التعليم.

****

الفصل التاسع :

((مستحدثات تقنيات التعليم))

- مفهوم مستحدثات تقنيات التعليم.
- خصائص مستحدثات تقنيات التعليم.
- مبررات استخدام المستحدثات التقنية .
- نماذج لمستحدثات تقنيات التعليم.
- الحاسوب التعليمي وتطبيقاته.
- التعلم عن بعد .
- التعلم الإلكتروني.
- الإنترنت في التعليم .
- الوسائط المتعددة والفائقة.
- المعمل المحوسب.

من الوسائل التعليمية إلى تكنولوجيا التعليم .. الجزء الثاني

الفصل التاسع :

((مستحدثات تقنيات التعليم))

يتناول هذا الفصل مستحدثات تقنيات التعليم ، حيث يعرض لمفهوم المستحدثات ، وخصائصها ، ومبررات استخدامها ، وبعضا من نماذج تلك المستحدثات ، وبيان ذلك فيما يلي :

● مفهوم مستحدثات تقنيات التعليم :

تعد كلمة المستحدثات من أكثر المصطلحات جدلا في تعريفها وأحد الأسباب وراء الغموض الذي يكتنف هذا المصطلح وجود العديد من النماذج والأمثلة لهذه المستحدثات التكنولوجية ، وتغلغلها في حياتنا اليومية ، حيث تتفاوت من البساطة إلي التعقيد ، وتتسم بالتداخل والدمج بين أكثر من مصدر تعليمي من مصادر المعرفة ، وهي الطريق إلي المستقبل من خلال بيئات التعليم الإلكترونية ، ومستويات الإتقان ، ومعايير الجودة ، والاعتماد التعليمي.

وتعرف المستحدثات التقنية عموما بأنها كل جديد ومستجد من التطبيقات التي تأتي بها التقنية كل يوم في مجالات الحياة المختلفة .

المستحدثات التقنية إذن ما هي إلا نظم آلية أو إلكترونية تقدم فكرة أو برنامج أو منتج يأتي في صورة نظام متكامل ، أو في صورة نظام فرعي لنظام آخر متكامل للتعامل مع المعلومات إدخالاً ، واسترجاعًا ، ونقلاً وتبادلاً ، وتفاعلاً ، ومعالجة ، ويستلزم بالضرورة سلوكيات غير مألوفة ، وغير منتشرة من المستخدمين/ المستفيدين من هذه الفكرة ، أو البرنامج أو المنتج ، ويشتمل علي وسائل وتقنيات الاتصال والمعالجة الرقمية عن طريق أجهزة الحاسوب وملحقاته ، وما نتج عن اندماجهما من وسائط تقنية عالية الجودة .

وتعرف مستحدثات تقنيات التعليم بأنها : كل جديد أو مستجد في الأجهزة والمواد التعليمية ونظريات عملها وطرق تصميمها وإنتاجها واستخدامها ، لدعم منظومة التعليم ، أو أي من مكوناتها ، من أجل رفع كفاءة النظم التعليمية ، وتحقيق معايير الجودة لمدخلات وعمليات ومخرجات تلك النظم.

ويجب أن نفرق بين الحديث والمستحدث ، فالحديث هو الجديد تماما الذي ليس له مثل من قبل ، أما المستحدث فقد يكون شيئا غير جديد لكنه ظهر في ثوب جديد أو مستجد .

وحين نتعامل مع مستحدثات تقنيات التعليم فإننا نقصد كل ما تأتي به من جديد أو مستجد لخدمة النظم التعليمية وتطوير أدائها ، وذلك في جميع مجالات منظومة تقنيات التعليم من : النظريات ، وأساليب العمل وعمليات التصميم والإنتاج والتقويم ، وما قد ينتج عن ذلك من الأجهزة والمواد التعليمية. ومن أمثلة هذه المستحدثات ما يلي :

* النص الفائق Hypertext.
* الصور الفائقة Hyper Image or Hyper Picture.
* الفيديو الفائق Hyper video.
* الفيديوالتفاعلي Interactive video .
* الوسائط المتعددة المتفاعلة Interactive Multimedia .
* الوسائط الفائقة Hypermedia.
* نظم المحاكاة Simulation systems.
* نظم الواقع الافتراضي Virtual Reality systems ومنها:
   - الطالب الافتراضي.
   - المعلم الافتراضي.
   - قاعة الدرس الافتراضية.
   - الجامعة الافتراضية.
   - المكتبة الافتراضية.
   - المتحف الافتراضي.
   - الفصول الافتراضية.
* النظم الخبيرة Expert systems.
* الإنترنت Internet .
* الجامعات الالكترونية E- University.
* المدارس الإلكترونية E- Schools.
* الكتاب الإلكتروني Electronic book or E-Book .
* الكتاب الرقمي Digital Book.
* المؤتمرات من بعد Teleconferences.
* تقنيات الذكاء الاصطناعي.
* البلوتوث.

● خصائص مستحدثات تقنيات التعليم :

يمكن تلخيص أهم خصائص مستحدثات تقنيات التعليم في أنها : (أحمد سالم ، عادل سرايا ، 2003م ، ص ص 280 – 281)

◄ تعمل على توفير قدر كبير من التفاعل النشط المتبادل بين المتعلم وخبرات التعليم والتعلم (البرنامج التعليمي) ، حيث يمكن للمتعلم أن يتحاور مع خبرات التعليم والتعلم المبرمجة ، ويتنقل فيما بينها وفقا لما هو متاح له من بدائل وخيارات . وذلك على نحو مايحدث في التعلم البرنامجي الذي يستمد جذوره من نظرية الاشتراط الإجرائي ل سكنر.

◄ تتيح تفريد المواقف التعليمية المختلفة ، حيث ترتكز على مبدأ الخطو الذاتي الذي يسمح لكل متعلم أن يسير في إجراءات التعلم وفقا لقدراته واستعداداته .

◄ تثري مواقف التعليم والتعلم المختلفة بالعديد من مصادر التعلم المتنوعة ، بشرية وغير بشرية.

◄ تسعى لربط التعليم بالحواس المجردة لدى المتعلم ، فتخاطب فيه أكبر عدد من تلك الحواس ، مما يضفي متعة وتشويقا على تعلمه من جهة ويفتح أمامه العديد من أساليب التعلم المفضلة لديه ، فضلا عن تنويع مثيرات التعلم .

◄ تدعم تقديم خبرات التعليم والتعلم بشكل منظومي هادف بعيدا عن الإبهار المؤدي لتشتيت الانتباه والتركيز لدى المتعلم.

◄ تتيح للمتعلم أن يتجاوز بمصادر تعلمه الحدود المحلية والإقليمية إلى مصادر التعلم العالمية ويكفي مثالا على ذلك شبكة المعلومات الدولية.

◄ تسعى لتحقيق معايير الجودة في النظم التعليمية.

◄ تتيح أعلى درجات الكفاءة والجودة في تصميم وإنتاج المواد التعليمية.

ويرى كاتب هذه السطور أن النقاط السابقة أقرب للمزايا منها إلى الخصائص .

وتجمل (زينب أمين ، 2005) الخصائص الظاهرية لمستحدثات تقنيات التعليم في الشكل التخطيطي التالي :

من الوسائل التعليمية إلى تكنولوجيا التعليم .. الجزء الثاني

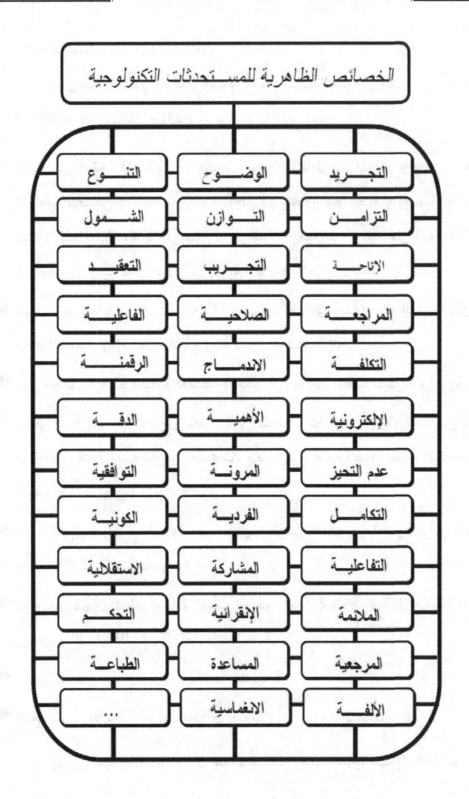

الخصائص الظاهرية للمستحدثات التكنولوجية
التجريد
الوضوح
التنوع
التزامن
التوازن
الشمول
الإتاحة
التجريب
التعقيد
المراجعة
الصلاحية
الفاعلية
التكلفة
الاندماج
الرقمنة
الإلكترونية
الأهمية
الدقة
عدم التحيز
المرونة
التوافقية
التكامل
الفردية
الكونية
التفاعلية
المشاركة
الاستقلالية
الملائمة
الإنقرائية
التحكم
المرجعية
المساعدة
الطباعة
الألفة
الانغماسية
...

والسؤال الذي يطرح نفسه الآن : هل مستحدثات تقنيات التعليم دائماً إيجابية ؟ .. والإجابة تشير إلى أن المستحدث التقني نفسه يكون هدفه إيجابي لكن العنصر البشري هو الذي ينحو به ويوجهه إما للمسار الإيجابي ، وإما للمسار السلبي . ويكفي أن نشير إلى مثال واحد هو شبكة الإنترنت التي يستخدمها البعض استخدامات علمية وبحثية رائعة ، في حين يستخدمها البعض اسوء استخدام في الكثير من الأعمال السلبية كالنصب والسرقة وغيرها من العمال المنافية للخلاق والخادشة للحياء.

● مبررات استخدام مستحدثات تقنيات التعليم :

هل استخدام مستحدثات تقنيات التعليم أصبح ضرورة ؟ أم أنه ترف تعليمي يمكن الاستغناء عنه ؟ .. تشير الإجابة عن هذا السؤال إلى حتمية استخدام المستحدثات التقنية استناداً إلى العديد من الدواعي والمبررات من أهمها :

◄ انتشار صناعة البرمجيات عامة ، والتعليمية التعلمية علي وجه الخصوص لتطوير أساليب التدريس والتدريب. فلم يعد الكتاب الورقي هو المصدر الأوحد للمعرفة، بل أصبحت التقنية من أهم المصادر التي تساعد علي نقل المعارف لأكبر عدد من المتعلمين في أماكن مختلفة ، وفي نفس الوقت.

◄ التطورات المتسارعة في مجال صناعة الحاسوب، وما واكب من تطوير في إنتاج البرامج والبرمجيات لتتناسب مع هذا التقدم الصناعي والتقني.

◄ انتشار الأبحاث والدراسات والندوات والمؤتمرات العلمية المرتبطة بالحاسوب وبرمجياته ، مما شجع التنافس في عملية الإنتاج وفق معايير وأسس تربوية تسعي إلي العالمية، وتهدف إلي حوسبة العملية التعليمية وتفريد التعليم.

◄ إدخال الحاسوب في جميع مراحل التعليم بمستوياته المختلفة علي حد سواء، مما ساعد علي إنتاج البرمجيات التعليمية وتطويرها من قبل هيئات ومؤسسات وأشخاص متخصصين.

◄ تطور وسائل وأساليب التواصل وخاصة الإلكترونية منها عبر شبكة الإنترنت ، والتي يسرت عملية تبادل المعلومات ونقلها بطرق شتي تتسم

من الوسائل التعليمية إلى تكنولوجيا التعليم .. الجزء الثاني

بالسهولة والبساطة مقارنة بطرق التواصل التقليدية النمطية ، مما ساعد علي التوجه نحو الاهتمام بالمستحدثات التكنولوجية وإنتاجها والبحث والتنقيب عن كل ما هو جديد في هذا المجال.

وعلى نحو أكثر تفصيلا يمكن إجمال مبررات ودواعي استخدام مستحدثات تقنيات التعليم فيما يلي :

1- مبررات خاصة بمنظومة التعليم :
ومن أهم تلك المبررات :

◄ الرغبة في تطوير منظومة التعليم بأي مجتمع لتواكب التوجهات العالمية المعمول بها .

◄ تطبيق معايير الجودة والاعتماد على مؤسسات التعليم العامة والخاصة لجميع المراحل التعليمية.

◄ تطور نظريات التربية والتعليم الأمر الذي دعا لاستخدام طرق وأساليب تعليم وتعلم جديدة تستلزم تلك المستحدثات.

◄ التغلب على مشكلة الفروق الفردية بين المتعلمين داخل حجرات الدراسة .

◄ حل مشكلة ارتفاع الكثافة الطلابية في حجرات الدراسة بكثير من دول العالم خصوصا الدول النامية.

◄ حل مشكلة نقص المعلمين في بعض التخصصات .

◄ حل مشكلة الأمية المتفشية لدى كثير من الدول النامية وخصوصا الأمية التقنية.

◄ الرغبة في رفع مستوى كفاءة النظم التعليمية ، وربط خريجيها بمتطلبات سوق العمل.

◄ الرغبة في تطوير نظم إدارة المؤسسات التعليمية بما يحقق أفضل النتائج في أقل وقت وباقل جهد.

2- مبررات خاصة بالمعلم :
ومن أهم تلك المبررات :

◄ تطوير أداء المعلم لتحقيق معايير الجودة الخاصة به.

◄ تغطية بعض جوانب القصور في مهارات المعلم التدريسية.

◄ تقليل اعتماد المعلم على نمط التفاعل اللفظي فقط داخل قاعة الدراسة .

من الوسائل التعليمية إلى تكنولوجيا التعليم .. الجزء الثاني

◄ تنميــة مهــارات المعلــم في التعامــل مــع تلك المستحدثــات ، وحــسن توظيفهـا لخدمـة المواقـف التعليمية.

◄ مواكبة المعلم لما يظهر من تلك المستحدثات ورفع مستوى ثقافته التقنية.

◄ رغبة المعلم في تحقيق أقصى درجات التفاعل الإيجابي بينـه وبـين المتعلم حـول خبرات التعليم والتعلم.

3- مبررات خاصة بالمتعلم :

ومن أهم تلك المبررات :

◄ الرغبة في تحقيق المتعة للمتعلم خلال مواقف التعليم والتعلم.

◄ تبسيط الخبرات للمتعلم وتقديمها بسهولة ويسر.

◄ إتاحة الفرصة للمتعلم أن يتعلم وقتما شاء وأينما شاء وكيفما شاء.

◄ نقل محور العملية التعليمية للمتعلم.

◄ زيادة إيجابية المتعلم ومشاركته في مجريات عمليتي التعليم والتعلم.

◄ تنمية مهارات المتعلم في التعامل مع تلك المستحدثات .

◄ مواكبة المتعلم للتوجهات العالمية في مجال التقنية.

◄ تنويع مثيرات التعلم للمتعلم ، وتقديم مصادر متنوعه لتعليمه وتعلمه.

◄ إتاحة الفرصة للمتعلم كي يتعلم وفقا لقدراته ورغباته بحيث يصل لحد التمكن أو الإتقان.

4- مبررات خاصة ببيئة التعليم والتعلم :

ومن أهم تلك المبررات :

◄ تهيئة وتحديث بيئة التعلم المناسبة للعملية التعليمية.

◄ التغلب على مشكلات بيئة التعليم كضيق الأماكن وضعف تجهيزاتها.

◄ استحداث بيئات تعليم وتعلم افتراضية تتيح تعليم جماهير كبيرة من المتعلمين.

◄ مواكبة البيئة التعليمية لمعايير الجودة والاعتماد في هذا الشأن.

وإلى جانب تلك المبررات هناك مبررات ودواعي أخـرى عديـدة منهـا مـا يتعلـق بالمجتمع الـذي يـتم فيـه التعليـم ، وعاداتـه وتقاليـده وقيمـه وأخلاقيـات أفـراده ، ومنهـا مايتعلق بطبيعـة المستحدثات التقنية ذاتها وطبيعتها الاقتحامية ، وغير ذلـك مـن المبررات التي لايتسـع المجال هنا لسردها كاملة.

من الوسائل التعليمية إلى تكنولوجيا التعليم .. الجزء الثاني

- مميزات المستحدثات التقنية :

تمتاز المستحدثات التقنية كما اوردت الأدبيات بمزايا عديدة من أهمها :

- محاكاة بيئات الحياة الواقعية ، وتوفير بيئة اتصال ثنائية الاتجاه تحكم حواجز قاعة الدراسة وتربطها بالعالم وبيئة المتعلم.
- تمكين المتعلم من الاعتماد علي الذات وتنمية مهارات التعلم الذاتي لديه وجعل التعلم تعلما تفاعليا *Interactive learning* والتأكيد علي بقاء أثره.
- المستحدث التكنولوجي بما يشتمل عليه من مثيرات متنوعة يمكن أن يسهم في جذب انتباه المتعلم وجعل المادة المراد تعلمها في بؤرة الشعور، والتغلب على المشتتات التي توجد في الموقف التعليمي من خلال مخاطبة أكثر من حاسة لدى المتعلم لتنشيط مهام التعلم لديه.
- تقديم بيئة مرتبة آمنه كمطلب للتعليم الفعال ، وتحقيق مبدأ التعلم الهادف الذي يجعل المتعلم على علم بما هو مطلوب منه إنجازه.
- تنمية المهارات التعاونية والتشاركية*Cooperative & Collaborative Skills* حيث يوفر المستحدث التفاعل بين المتعلم وآخرين من نفس الصف أو في صفوف أخرى مختلفة عن طريق الارتباط من شبكة الإنترنت.
- تطبيق فكرة التعلم الملائم من خلال إتاحة الفرصة أمام المستخدم للوصول إلي المزيد من المعلومات بطرق أكثر وأيسر ـ المعرفة حسب الطلب ـ
- النهوض بالتعليم وتطويره في آفاق العالم الحديث، والتنمية المهنية للمتعلم وإكسابه الكفايات الأساسية والضرورية كي يندمج في العالم المحيط به.
- تحقيق مبدأ التعلم للإتقان عن طريق توافر توقعات واضحة ومحكات محددة لما يكون عليه النجاح في أداء المهام والكشف عن أسباب التأخر أو التعثر في التعلم وعلاجه.
- تقليل المشاكل السلوكية في بيئة الصف من خلال زيادة دافعية وإيجابية المتعلم للتعلم ، وتنوع الخبرات التي يهيئها له عن طريق المعلومات والممارسات العملية الفعلية.

◄ تمكن المتعلم من تحسين تعلمه ، عن طريق مساعدته على ترميز المثيرات ، معتمدة في ذلك على العديد من نظريات التعلم ، منها : نظرية الترميز المزدوج *Dual Coding Theory* التي تنادي بأن عملية التعلم تصبح أبقى أثرًا إذا ما تم استقبال المعلومات المتعلمة بقناتين مختلفتين ـ السمع والبصر ـ وبشكل متزامن.

◄ تنمية المهارات فوق المعرفية *Meta Cognition Skills* ، فبيئة المستحدث التعليمي بيئة مرنة تقدم المحتوى التعليمي بعدة مستويات متدرجة ـ من البسيط إلى المعقد، من السهل إلى الصعب من الكل إلى الجزء ، من المحسوس إلى المجرد ... والعكس ـ ويتطلب ذلك من المتعلم القدرة على اتخاذ القرارات والتقييم الذاتي لنفسه، وإدارة وضبط الذات ، ... مما يساعد المتعلم على بناء تعلمه ومعارفه والنموذج العقلي *Mental Model* الخاص به.

◄ زيادة التفاعل الفردي والتقليل من عامل الرهبة من التجريب وتنمية حب الاستطلاع والابتكار والعمل الجماعي وزيادة وعي الفرد علي الفرز النقدي والانتقاء والاختيار بما يتفق والإطار القيمي له.

◄ إعادة تطوير مفهوم الدراسة من خلال التدريب العملي الفعال والممارسة الجيدة للربط بين التدريب والإنتاجية وسوق العمل عوضا عن التدريب قبل الإنتاج ، ومن ثم تحقيق مبدأ التعلم النشط الذي يتم من خلال العمل ، وليس الملاحظة فقط ، والمشاركة الإيجابية بدلاً عن المشاهدة السلبية في التعلم.

● نماذج لمستحدثات تقنيات التعليم :

لايمكن بطبيعة الحال حصر كافة مستحدثات تقنيات التعليم كاملة على تلك الصفحات المعدودة ، فهذا أمر يحتاج لمجلدات وموسوعات فالتقنية تأتي كل يوم بجديد ، بل تأتي كل ساعة بحديث أو مستحدث وقد يلهث الفرد لتتبع مسار تطبيقات التقنية في مجالات الحياة المختلفة ومنها مجال التعليم .

ومن أهم نماذج مستحدثات تقنيات التعليم التي فرضت نفسها على الساحة خلال السنوات الأخيرة : التعليم والتعلم بالحاسوب ، والتعليم والتعلم عن بعد ، والتعليم والتعلم الإلكتروني ، والتعليم والتعلم بالإنترنت

من الوسائل التعليمية إلى تكنولوجيا التعليم .. الجزء الثاني

والوسائط المتعددة (مالتيميديا) ، والوسائط الفائقة (هايبرميديا) ، والنظم الخبيرة ، والفيديو التفاعلي ، والمعامل الحوسبة .. وغيرها .

وسوف نشير لبعض هذه النماذج من المستحدثات بشيء من التفصيل على النحو التالي :

- أولا : الحاسوب التعليمي وتطبيقاته:

لقد انتشرت الحاسبات الآلية الشخصية انتشاراً كبيراً لدرجة أن كل بيت لا يكاد يخلو من هذا النوع من الحاسبات ، ويساعد فى ذلك دقة عمل تلك الأجهزة ، وكثرة أنواعها ، وتنوع برامجها ، ورخص ثمنها. وإذا كان الحاسوب يمثل أحدث صور الآلات التعليمية المتطورة فإن التعليم والتعلم بالحاسوب لا يعدو كونه نوعاً من أنواع التعليم البرنامجي الرقمي يتبع هذا النوع أسلوب النظم بما يشمله من مدخلات وعمليات ومخرجات ويتطلب الاعتماد على برمجيات تعليمية إلى جانب أجهزة الحاسوب بمكوناتها وملحقاتها المتعارف عليها.

وبصفة عامة يمكن للحاسوب القيام بثلاثة أداور تعليمية هى :

1- التعلم عن الحاسوب : ***Learning about Computers***

وفى هذا الدور يكون التركيز على تعليم وتعلم الحاسبات بأنواعها ومكوناتها ، وطرق تشغيلها ، ولغاتها ، وبرامجها. وهناك اهتمام كبير بهذا الجانب ، حيث تم استحدث مقررات عن الحاسوب وتطبيقاته لجميع مراحل التعليم بمعظم دول العالم بما فيها الدول النامية.

2- التعلم من الحاسوب : ***Learning from Computers***

وفى هذا الدور يكون التركيز على استخدام الحاسوب كمصدر للمعلومات اللازمة لتعلم موضوع معين ، فيؤخذ من هذا المصدر ما تتطلبه الحاجة لتعلم هذا الموضوع.

3- التعلم بالحاسوب (مع الحاسوب) : ***Learning with Computers***

وهذا الدور – تحديداً – هو ما نقصده فى هذا المقام ، وخلال هذا الدور يكون الحاسوب شريكاً للمتعلم ، وركنا أساسياً فى منظومة التعلم ويعد هذا الدور أكثر أدوار الحاسوب ارتباطاً بالتعليم ، حيث يتم هذا الدور

اعتماداً على : محتوى تعليمي متمثل فى برمجيات الحاسوب التعليمية وجهاز حاسوب تعليمي بكافة أجزائه ومشتملاته.

وهناك أنماط وأشكال عديدة لبرمجيات الحاسوب التعليمية من أهمها : **(عبد الحافظ سلامة ، *1996* ، ص *515*)**

- برمجيات التعليم الخاص المتفاعل: *Tutorial Interactive Learning*

وتقدم هذه البرامج المواد التعليمية بشكل فقرات أو صفحات على شاشة العرض ، متبوعة بأسئلة ، وتغذية راجعة ، ولا يتم التعلم وفقا لهذه البرامج إلا من خلال تفاعل المتعلم والحاسوب.

- برمجيات التدريب لاكتساب المهارة : *Drill and Practice*

وتقدم هذه البرامج نمطاً مميزاً من التفاعل بين الطالب والحاسوب بشكل سريع ، ثم يعطيه الحاسوب تعزيزاً لمدى صحة أو خطأ استجابته ، فإذا أخطأ المتعلم يعطيه الحاسوب فرصة أخرى لتصحيح إجابته ، أو يحيله مباشرة إلى معلومة معينة يجب مراجعتها قبل استمرار التدريب.

- برمجيات المحاكاة : *Simulation*

وهذا النوع من البرمجيات يقدم تجسيداً ممثلاً لظواهر يصعب أو يستحيل تنفيذها مباشرة فى غرفة الدراسة ، كتتبع مسار قمر صناعي فى مداره حول الأرض. ولأهمية موضوع المحاكاة في التعليم سوف نفرد الفصول الثلاثة الأخيرة من الكتاب الحالي للحديث عنها .

- برمجيات حل المشكلة : *Problem Solving*

وهى برمجيات تتيح للمتعلم التدريب على حل المشكلات والمسائل المرتبطة بموضوعات تعليمية محددة وفقا لاستراتيجيات حل معينة.

- برمجيات الحوار : *Dialogue Mode*

وهى برمجيات تتيح للمتعلم التعلم من خلال حوار بين المتعلم والحاسوب ، كأن يسأل الحاسوب المتعلم سؤلاً فيرد المتعلم على السؤال فتقود الإجابات إلى مزيد من التساؤلات .. وهكذا.

من الوسائل التعليمية إلى تكنولوجيا التعليم .. الجزء الثاني

■ برمجيات الاستقصاء : *Inquiry*

وتوفر هذه البرمجيات للمتعلم معلومات على شكل قاعدة بيانات يرجع إليها عند الحاجة ، كقاموس الكلمات والمعاني ، أو قاموس التعريف بالمصطلحات ، فإذا أراد المتعلم معرفة معني كلمة محددة أدخل الكلمة إلى الحاسوب فيظهر معناها.

■ برمجيات الألعاب التعليمية : *Gaming*

وهى نمط شائع من البرمجيات ، يقدم للمتعلم قمة المتعة والإثارة فى التعلم من خلال ألعاب تعليمية يمكن للمتعلم أن ينافس فيها متعلماً آخر ، كما يمكن أن ينافس جهاز الحاسوب نفسه.

وتبدأ عملية التعلم بالحاسوب بتحميل المادة العلمية المراد تعلمها من البرمجيات السابقة فى ذاكرة الحاسوب ، فتبدأ عملية عرض لتلك المادة التعليمية على شاشة الحاسوب فى شكل صفحات أو إطارات حيث يستهل العرض مقدمة لمحتويات البرمجية ، وقائمة خيارات يختار من بينها المتعلم الجزء المراد تعلمه فى الموضوع ، ثم يسير المتعلم تباعاً فى تعلم الموضوع جزءاً تلو الآخر وفقا لتعليمات التعلم التى تحددها البرمجية والشكل التالي يلخص خطوات التعلم بواسطة الحاسوب.

● ثانياً : التعليم والتعلم عن بعد :

● مفهوم التعلم عن بعد : *Distance Learning*

هو أحد أساليب التعلم الذاتي التى أفرزتها تكنولوجيا التعليم حديثاً وهو فى أصله تعلماً فردياً لكنه أدى إلى تعزيز نظام التعلم المفتوح *Open Learning* ونظام التعليم المستمر *Long Life Learning* .

وقد ظهرت أساليب التعليم والتعلم عن بعد لمواجهة الزيادة الهائلة فى حجم المعارف الإنسانية ، والتطور العلمي وتطور تكنولوجيا الاتصال الحديثة ، ولتوفير فرص التعلم لجمهور كبير من الراغبين فى التعلم الذين لا يستطيعون التفرغ الكامل للالتحاق بالتعليم النظامي .

من الوسائل التعليمية إلى تكنولوجيا التعليم .. الجزء الثاني

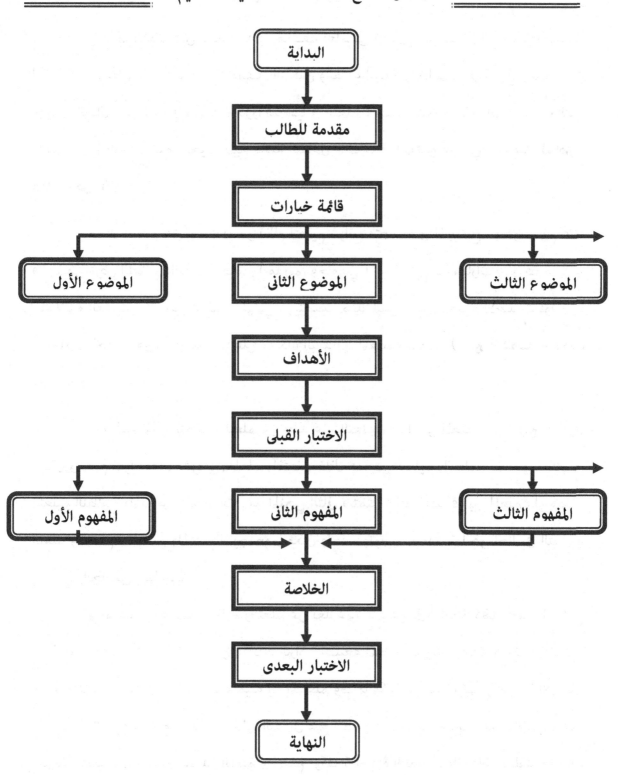

مخطط لسير تنفيذ برنامج تعليمي بواسطة الحاسوب

(عبد الحافظ سلامة ،1996 ، ص 520) .

من الوسائل التعليمية إلى تكنولوجيا التعليم .. الجزء الثاني

ويعرف التعلم عن بعد بأنه : " موقف تعليمي تحتل فيه وسائل الاتصال والتواصل المتوافرة - كالمطبوعات وشبكات الهواتف والتلكس وأنظمة التلفاز والحاسوب الإلكتروني وغيرها من أجهزة الاتصال السلكية واللاسلكية - دوراً أساسياً فى التغلب على مشكلة المسافات البعيدة التى تفصل بين المعلم والمتعلم ، بحيث تتيح فرصة التفاعل المشترك " . **(توفيق مرعي ، محمد الناصر ، *1985* ، ص *30*)** .

مجال التعلم عن بعد إذن هو نظام لتعليم شرائح متعددة فى المجتمع ، وتعويضهم عما فاتهم من فرص التعليم والتعلم النظامي (مدرسي وجامعي) ، وذلك بزيادة مهاراتهم ، ورفع مستوى مؤهلاتهم العلمية ، وتحسين أدائهم المهني ، ويتطلب هذا النوع من التعليم الأخذ بتكنولوجيا الاتصالات الحديثة ووسائلها للتغلب على مشكلة البعد بين المعلم والمتعلم . **(بشير الكلوب ، *1988* ، ص *193*).**

ويختلف نظام التعليم والتعلم عن بعد عن التعليم النظامي المعتاد فى منحيين : **الأول** يتمثل فى عدم المواجهة المباشرة بين المعلم والمتعلم خلال عمليتي التعليم والتعلم ، كما هو الحال فى التعليم النظامي بالمدارس والجامعات . أما **المنحي الثاني** فيتمثل في بعد المسافة بين المعلم ، أو مصدر التعلم والمتعلم ، فالمعلم والمتعلم لا يجمعهما مكان واحد ، وتوقيت محدد كما هو الحال فى التعليم المدرسي والجامعي النظامي.

ويتوقف نجاح نظم التعليم والتعلم عن بعد على عدة عوامل أهمها: دقة إعداد البرامج التعليمية الخاصة بتلك النظم ، ومراعاة تلك البرامج لطبيعة المتعلم وميوله ورغباته ، واختيار أنسب قنوات الاتصال لنقل البرامج التعليمية إلى المتعلم وقتما وكيفما شاء ، وتوافر أجهزة الإرسال والاستقبال التى يمكن للمتعلم من خلالها التفاعل مع مصدر التعلم عندما يستدعي الأمر ذلك ، وسهولة عملية الاتصال بين مصدر التعلم والمتعلم وكفاءة أجهزة الاتصال ، وانخفاض تكلفة الاتصال ورغبة المتعلم ذاته وجديته فى التعلم ، ومدى المتابعة والتقويم المستمر لخطوات تنفيذ التعليم والتعلم عن بعد ، ومدى تنويع المثيرات لجذب انتباه المتعلم وتشويقه للسير فى مثل هذا النظام للتعليم.

من الوسائل التعليمية إلى تكنولوجيا التعليم .. الجزء الثاني

● مجالات التعليم والتعلم عن بعد :

يمكن لأساليب التعليم والتعلم عن بعد أن تسهم بدور فعـال فى مجالات تعليميـة عديـدة أهمها :

1- برامج محو الأمية وتعليم الكبار :

قد لا يجد الأفراد الأميون وقتا لتعلمهم بسبب العمل ، أو الخجل من الانتظام فى الدراسة ، والجلوس مجلس التلاميذ خصوصاً من هم فى سن متقدمة . الحل فى مثل هذه الحالات هـو التعليم والتعلم عن بعد من خلال شراء كتب تعليم القراءة والكتابة ، أو من خلال متابعة برنامج إذاعـي أو تليفزيوني لمحو الأمية ، أو من خلال الاستماع لأشرطة صوتية مسجل عليهـا بـرامج لتعليم الكبار ، أو مشاهدة أشرطة فيديو مسجل عليها برامج تعليمية محددة.

2-التعليم الجامعي :

قد تضطر الظروف كثيراً من الأفراد لعدم إكمال تعليمهم الجامعي بـسبب العمـل للإنفـاق على الأسرة ، أو بسبب عدم المقدرة المالية ، أو بـسبب العجـز أو المـرض ... إلـخ . وفى جميـع هـذه الحالات قد يفقد هؤلاء الأفراد الأمل فى استكمال دراستهم الجامعية ، لكـن التعليـم عـن بعـد يحـل المشكلة ، ويعيد لهؤلاء الأفراد الأمل فى استكمال دراستهم الجامعية مـن خـلال مـا يعـرف بالجامعـة المفتوحة Open University تلك الجامعة التى تعد بـرامج تعليميـة فى تخصصات محددة يمكن للأفراد الراغبين من خلال اجتيازهم لتلك البرامج والاختبارات الخاصة بها الحصـول علـى الـشهادة الجامعية فى تلك التخصصات ، وغالبا ما تكون برامج الجامعة المفتوحة مكتوبة ومسموعة ومرئية.

وهناك جامعات مفتوحة فى بلدان عديدة مثل : استراليا ، والاتحاد السوفيتي ، والجامعة البريطانية التى افتتحت عام 1969 م ، وجامعة يونيد فى أسبانيا التى تأسست عام 1972م ، وجامعات : أفيال فى باكستان وأتياركا فى كندا ، وكل إنسان فى إسرائيل التى تأسست جميعها عام 1975م ، وجامعة القدس المفتوحـة التـى تأسست عام 1986م ، وقد نحت بعض الدول العربية هذا النحو فتأسست جامعة مفتوحة فى مصر منذ عـدة

من الوسائل التعليمية إلى تكنولوجيا التعليم .. الجزء الثاني

سنوات ، وكذلك إنشاء الجامعة العربية المفتوحة ، وقد انتشر هذا النوع من التعليم على مستوى كبير في بعض البلدان العربية خلال السنوات الأخيرة مثل مصر التي يلحق بكل جامعة حكومية فيها مركزا للتعليم المفتوح .

ومن أشهر الجامعات المفتوحة جامعة بريطانيا التى أصبحت برامجها المسجلة تليفزيونيا فى موقع الريادة من البرامج المشابهة لها فى العالم ، هذا الواقع الذى أدى إلى تحقيق مستوى تعلم يقارب مستوى التعليم الجامعي النظامي.

ويوفر التعليم الجامعي المفتوح للمتعلم الحرية فى اختيار الموضوع والمكان والموعد المناسب للدراسة ، وقد دلت الإحصاءات على أن هذا النوع من التعليم أدى إلى تخفيض كلفة الدراسة ومواجهة المنافسة على الأماكن الشاغرة بالجامعات ، ذلك لأن سعته غير محدودة وغير مرتبطة بالمكان والزمان وعدد القوى العاملة ، وتمثل المساقات التعليمية وطرق توصيلها للمتعلم المحور الأساسي لنجاح التعليم الجامعي المفتوح ، الأمر الذى يفرض متابعة هذه البرامج وتقويمها المستمر الدقيق للرقي بها ، وتحقيق أعلي عائد تعلم لها. ***(بشير الكلوب ، 1988 ، ص 194).***

3- التدريب أثناء الخدمة :

يمثل التدريب أثناء الخدمة *Inservice Training* مجالاً مهماً من المجالات التى يقوم فيها التعليم والتعلم عن بعد بدور فعال ، ولسنا فى حاجة لنؤكد أهمية تدريب الخريجين أثناء الخدمة ، فالعلم يأتي كل يوم بجديد ، والتكنولوجيا تقدم لنا فى كل لحظة الجديد والجديد ، وما هو جديد اليوم يصبح قديماً فى الغد ، وما من سبيل للمهنيين فى تطوير أنفسهم إلا بالتدريب المستمر اثناء الخدمة ، فالمعلم والطبيب والمهندس والحرفي والفني وغيرهم لن يطوروا أنفسهم إلا من خلال برامج تدريب أثناء الخدمة ، والتعليم والتعلم عن بعد يتيح ذلك لهم من خلال البرامج المكتوبة والمسموعة والمرئية.

- قنوات التعليم والتعلم عن بعد :

يعتمد التعليم والتعلم عن بعد على قنوات عديدة من أهمها ما يلي :

1- المراسلة :

ويتم التعليم والتعلم خلال تلك القناة عن طريق المراسلة بين المعلم والمتعلم ، وتتنوع الرسائل التعليمية من : الرسائل المكتوبة والمواد المطبوعة ، إلى الرسائل المسموعة الصوتية من أشرطة الراديو كاست واسطوانات الليزر الصوتية ، إلى الرسائل المرئية من أشرطة الفيديو واسطوانات الفيديو ، وأفلام السينما ، والشرائح ، إلى ديسكات واسطوانات الحاسوب . ويمكن أن تتم المراسلة بين المعلم والمتعلم عن طريق البريد العادي ، أو البريد الإلكتروني من خلال شبكات الإنترنت ، أو عبر الفاكس (الهاتف المصور) ، أو أية وسيلة أخرى.

وليس شرطاً أن يرد المعلم على المتعلم أو العكس عبر نفس وسيلة الاتصال ، فقد يرسل المعلم رسالته للمتعلم عبر البريد العادي فيرد المتعلم على الرسالة عبر الفاكس ، أو عبر البريد الإلكتروني وفقا لما هو متاح من وسائل الاتصال ، ووفقا لأهمية الرد في فترة محدودة وقد تكون المراسلة بين أفراد ، وقد تكون بين مؤسسات وهيئات ، وقد تكون بين أفراد ومؤسسات وهيئات.

2- الهاتف التعليمي :

يمكن أن يتم التعليم والتعلم عن بعد بين المعلم والمتعلم - مهما كانت المسافة بينهما - عن طريق الهاتف ، فالمتعلم يمكنه الاتصال بالمعلم والعكس عبر خطوط الهاتف لإرسال واستقبال رسالة تعليمية محددة ، إما صوتية ملفوظة ، وإما مكتوبة عبر الهاتف المصور (الفاكس).

وقد ساعد في تطور هذا الأسلوب ما استحدثته التقنية المعاصرة من تكنولوجيا الاتصال السلكي واللاسلكي ، فهناك الهاتف المزود بنظام تسجيل صوتي لتسجيل الرسائل التعليمية حتى لو لم يكن الفرد موجوداً وهناك الهاتف النقال (الجوال) Mobile الذي يمكن الفرد من الاتصال بأي شخص أو جهة أخرى من أي مكان وفي أي وقت ، وهناك الهاتف المرئي المزود بشاشة عرض تمكن المعلم أو المتعلم من رؤية الآخر خلال عملية الاتصال لكن هذا النوع محدود الانتشار حتى الآن.

من الوسائل التعليمية إلى تكنولوجيا التعليم .. الجزء الثاني

ولم تعد الاتصالات الهاتفية تمثل أدني مشكلة اليوم فى ظل ما وفرته الأقمار الصناعية من إمكانية نقل المكالمات الهاتفية إلى أبعد بقعة فى العالم بدقة كبيرة ودرجة عالية من الوضوح.

وهناك العديد من البرامج التعليمية والإرشادية عبر الهاتف فى كثير من دول العالم ، حيث يمكن للمتعلم الاتصال بمكتبة معينة لطلب معلومات حول موضوع محدد ، فيرد عليه المختص أو الكمبيوتر لتزويده بما يريد . كما أن هناك خدمة طبية على الهاتف فى بعض دول العالم يمكن الاستعانة بها فى حالات الطوارئ والحالات الحرجة. لكن هذه البرامج مازالت قيد الدراسة حتى الآن فى كثير من الدول العربية.

3- القنوات الفضائية التعليمية :

يمثل التليفزيون التعليمي أحد أهم قنوات التعليم والتعلم عن بعد وما يزيد هذه القناة أهمية تفاعلها مع غيرها من التقنيات الأخرى ، وقد ساعد فى انتشار هذا النوع من التعليم والتعلم عن بعد ، واتساع نطاقه ليشمل كافة بقاع الكرة الأرضية ظهور تقنية الأقمار الصناعية واستخدامها فى مجالات الاتصالات والإعلام التليفزيوني ، وما حملته تلك الأقمار من قنوات تليفزيونية فضائية أتاحت للتليفزيون إمكانيات هائلة فى الترفيه والتثقيف والتعليم ، فأمكن للفرد أن يستقبل أى برنامج تعليمي تبثه أية قناة تليفزيونية فضائية مباشرة عن طريق هوائي وجهاز استقبال بسيط يتم توصيلهما بجهاز التليفزيون فى منزله.

وهناك العديد من نظم الاتصالات الفضائية منها ما هو دولي ومنها ما هو إقليمي ، ومن أهم النظم الفضائية الدولية : نظام " انتلست *Intelsate* " الذى يشير اختصارا إلى المنظمة الدولية للاتصالات الفضائية *Telecommunication Satellite Consortium International*

التى تأسست فى عام 1971م بمشاركة ثمانين دولة ، ما لبثت أن زادت إلى (106) دولة ، ويقوم نظام انتلسات على أساس تجاري ، حيث يغطي حوالي ثلثي الاتصالات الدولية بكافة صورها وأشكالها ، وتصل خدمات هذا النظام إلى (144) دولة تقع فى ست قارات تتصل بأقمار انتلسات عبر (30) محطة أرضية ، وقد استخدم هذا النظام منذ نشأته وحتى الآن أجيالاً من الأقمار الصناعية جيلاً تلو الآخر ، بما يوفر شبكة اتصالات دولية سعتها

حوالي 60.000 دائرة هاتفية ، و 24 قناة تليفزيونية ، يشارك في هذه الشبكة (15) دولة عربية. (**على عجوة وآخرون ، 1991 ، ص ص 200 203**).

ومن أهم نظم الاتصالات الفضائية الدولية أيضا شبكة الإنترسبوتنيك (Inter Spuntnik) وتمثل نظاماً للأقمار الصناعية يضم دول الكتلة الشرقية تم إنشائه عام 1968م بهدف توفير الخدمات الخاصة بتبادل برامج الراديو والتليفزيون ووصلات الهاتف والبرق وبث المعلومات بين الدول الأعضاء التي بلغ عددها (13) دولة منها دولتان عربيتان هما اليمن وسوريا . وتتكون هذه الشبكة من قمرين صناعيين روسيين هما : ستاسيونار4–Stasionar-4 ، وستاسيونار – 5 ، وهما ثابتان فوق المحيطين : الأطلنطي ، والهندي ، وأقمار هذه الشبكة أكثر قوة من أقمار نظام إنتلسات ، ومن الدول العربية التي تستفيد من خدمات هذا النظام الجزائر والعراق. (**حمدي قنديل 1984، ص 46**).

وعلى غرار نظم الاتصالات الفضائية الدولية ظهرت شبكات فضائية إقليمية أخرى ، ففي عامي 1982 ، 1983 م أطلقت وكالة الفضاء الأوربية European Space Agency (ESA) قمرين من سلسلة الأقمار الأوربية للاتصالات European Communication Satellites (ESA) ضمن الشبكة المعروفة بشبكة إيروسات Eurosate ، ومن الشبكات الإقليمية أيضا الشبكة العربية الفضائية (عربسات) التي تضم عدداً من القنوات الفضائية للاتصالات الهاتفية المحلية والإقليمية والقنوات التليفزيونية ، وقناة واحدة للبرامج التعليمية وكذلك شبكة " بالبا Palpa " التي بدأت كنظام إندونيسي محلي ثم تطورت إلى شبكة إقليمية لدول جنوب شرق آسيا . (**راسم الجمال 1991 ، ص ص 207-208**)

ومن أحدث نظم الاتصالات الفضائية العربية الإقليمية التي اهتمت بقطاع التعليم " شبكة نايل سات " المصرية ، حيث تضم عدداً من القنوات الفضائية التعليمية والتثقيفية التي تتيح لكثير من الأفراد عملية التعليم والتعلم عن بعد.

من الوسائل التعليمية إلى تكنولوجيا التعليم .. الجزء الثاني

4- شبكات الإنترانت والإنترنت :

من أهم قنوات التعليم والتعلم عن بعد شبكات الحواسب المرتبطة المغلقة (الإنترانت) ، والمفتوحة الدولية (الإنترنت) ، حيث يمكن بث البرامج التعليمية ، ونشرالفصول الافتراضية عـبر تلك الشبكات. كما يمكن متابعة العملية التعليمة وإجراء الاختبارات إلكترونيا عن بعد عبر تلك الشبكات.

وغالبا ماتكون المواقع الخاصة بهذا النوع مـن التعليم عـبر الـشبكة مواقع غـير متاحـة بالكامل لعامة الناس ، لكن خدماتها تتاح فقط للطلاب المسجلين في الدراسـة وفقـا لـضوابط وقواعد محددة ، حيث يخصص لكل طالب اسم مستخدم Username وكلمة سر Password .

- ثالثاً : التعليم والتعلم الإلكتروني :

- مفهوم التعلم الإلكتروني : *E. Learning*

هناك العديد من التعريفات لمصطلح التعلم الإلكتروني ، حيث يشير هذا المصطلح إلى استخدام كافة الأوعية الإلكترونية المتاحة مـن (شبكة المعلومات الدولية الإنترنت ، والفصول الافتراضية ، والأقمار الصناعية والإذاعة ، والأفلام ، والأقراص المدمجة ، ومؤتمرات الفيديو .. إلخ) في العملية التعليمية" .

ويعرفه (منصور غلوم ،2003م)بأنه : نظام تعليمي يستخدم تقنيات المعلومات وشبكات الكمبيوتر في تدعيم وتوسيع نطاق العملية التعليـمية من خلال مجموعة من الوسائل منها : أجهـزة الكمبيوتر، والإنترنت والبرامج الإلكترونية المعدة من قبل المتخصصين .

ويعرفه (جاسر الحربش ، 2003م) بأنه عملية يتم مـن خلالها تقديم الـبرامج التدريبيـة والتعليمية عبر وسائط إلكترونية متنوعة تشمل الأقراص المدمجة وشبكة الإنترنت بأسـلوب متـزامن ، أو غير متزامن ، وباعتماد مبدأ التعلم الذاتي ، أو التعلم بمساعدة مدرس.

ويعرفه (صالح التركي ، 2003م) بأنه مجموعة العمليات المرتبطة بنقل وتوصيل مختلف أنواع المعرفة والعلومات إلى الدارسين في مختلف أنحاء العالم باستخدام تقنية المعلومات .

من الوسائل التعليمية إلى تكنولوجيا التعليم .. الجزء الثاني

ويعرفه (عبد الله الموسي ، 2002م) بأنه عملية يتم من خلالها تقديم برامج تعليمية تقوم على استخدام آليات الاتصال الحديثة من كمبيوتر ، وشبكاته ، ووسائطه المتعددة من صوت ، وصورة ، ورسومات وآليات بحث ، ومكتبات إلكترونية ، وكذلك بوابات الإنترنت سواء كان في الفصل الدراسي ، أو فى خارج الفصل الدراسى ، لإحداث التعلم المنشود بأقصر وقت ، وأقل جهد ، وأكبر فائدة .

وعلى ضوء التعريفات السابقة يمكن تعريف التعلم الإلكتروني بشكل مجمل بأنه : منظومة لتقديم البرامج التعليمية عبر أوعية ووسائط إلكترونية مستمدة من التطبيقات التفاعلية الحديثة لتقنيات المعلومات والاتصالات تتيح بيئة تعليم وتعلم متعددة المصادر ، تستخدم بشكل تزامني أو غير تزامني لتحقيق أهداف تعليمية محددة .

ويعرف (ياسر سعد ، 2006) برامج التعليم الإلكتروني بأنها : خبرات تعليمية متكاملة تقدم من خلال وعاء إلكتروني قائم علي الإفادة من التطبيقات التكنولوجية الحديثة في معالجة المعلومات والاتصالات مثل الكمبيوتر ، والانترنت ، والأقراص المدمجة ... لتوفير بيئة تعليمية/ تعلمية تفعالية متعددة المصادر بطريقة متزامنة في الفصل الدراسي التقليدي وغير متزامنة دون الالتزام بمكان أو زمان ، اعتمادا علي التعلم الذاتي والتفاعل بين المتعلم والمعلم ، أو المتعلم وأقرانه من خلال الوسائط والقنوات الإلكترونية المناسبة ، وتتكامل فيها جوانب الأجهزة والبرمجيات والاتصالات.

ويعتمد التعليم الإلكتروني علي استخدام الوسائط الإلكترونية التفعالية للتواصل بين المتعلم والمعلم ، وبين المتعلم ومحتوي التعلم ويحاول الاستفادة مما تقدمه تكنولوجيا المعلومات والاتصالات من الجديد وتوظيفه في العملية التعليمية.

كما أن التعليم الإلكتروني يغير صورة الفصل التقليدي التي تتمثل في الشرح والإلقاء من قبل المعلم والإنصات والحفظ والاستظهار من قبل الطالب (المتعلم) إلى بيئة تعلم تفعالية تقوم علي التفاعل بين كل عناصر العملية التعليمية.

- لماذا التعليم الإلكتروني ؟ :

يشير هذا السؤال إلى دواعي ومبررات الأخذ بالتعليم الإلكتروني وبرامجه في نظم التعليم الحديثة ، حيث توجد العديد من هذه الدواعي وتلك المبررات منها : (نبيل علي ، 2001)

- ◄ الانشطارالمعرفي وتدفق المعلومات ، حيث إن سمة هذا العصر والذى سمى بعصر المعلومات هو تضاعف المعارف بصورة ضخمة، مما يستدعى إلى البحث عن وسيلة للحفاظ على هذه المعارف واسترجاعها عند الحاجة، وتقنيات الكمبيوتر هى أنسب الاليات لذلك.
- ◄ الحاجة إلى السرعة فى الحصول على المعلومات ومعالجتها ، و هى أيضا إحدى أهم سمات عصر المعلومات ، فالحاجة ماسة إلى معالجة هذا الكم الضخم من المعارف والمعلومات فى وقت قصير لاتاحة الفرصة أمام معالجة المعارف بصورة مفيدة.
- ◄ الحاجة إلى المهارة والاتقان فى أداء الأعمال ، حيث تمتاز برامج التعليم الإلكترونى بقدرتها الفائقة على المساعدة فى إتقان الأعمال وسرعة أدائها وتقليص الأخطاء بها.
- ◄ إيجاد الحلول المناسبة لمشكلات صعوبات التعلم ، حيث إن برامج التعليم الإلكترونى تسهم فى التغلب على بعض أوجه القصور ببرامج التعليم التقليدية.
- ◄ تحسين فرص العمل المستقبلية أمام الطلاب وفق حاجات عصر المعرفة والمعلومات مما يسهم فى إعداد كوادر مؤهلة لحاجة سوق العمل.

- خصائص التعليم الإلكتروني:

تتلخص أهم خصائص التعليم الإلكتروني وبرامجه في أنه : (محمد الهادي ، 2005 ، إبراهيم عبد المنعم ، 2003م)

- ◄ يوفر بيئة تعلم تفعالية بين المتعلم وخبرات التعلم ، وبين المتعلم والمعلم والعكس ، وبين المتعلم وزملائه ، كما يوفر عنصر المتعة في التعلم فلم يعد التعلم جامداً ، أو يعرض بطريقة واحدة بل تنوعت المثيرات مما يؤدي إلى المتعة في التعلم .
- ◄ يركز علي مجهود المتعلم في تعليم نفسه (التعليم الذاتي) ، كذلك يمكن أن يتعلم مع رفاقه في مجموعات صغيرة (تعلم تعاوني) ، أو داخل الفصل في مجموعات كبيرة.

- يتجاوز حدود المكان والزمان ، حيث يستطيع المتعلم أن يحصل عليه من أي مكان في العالم ، وفي أي وقت خلال 24 ساعة في اليوم على مدار أيام الأسبوع.
- يوفر بيئة تعليمية تعلمية آمنة بعيدة عن المخاطر التي يمكن أن يواجهها المتعلم عند المرور بالخبرات المحفوفة بالمخاطر في الواقع الفعلي مثل إجراء تجارب خطرة في المعمل ، أو دراسة انفجار البراكين ، أو حياة بعض الحيوانات المفترسة ... إلخ.
- يتيح للمتعلم التعلم دون الالتزام بعمر زمني محدد فهو يشجع المتعلم علي التعلم المستمر مدي الحياة.
- يتيح إمكانية قياس مخرجات التعلم بالاستعانة بوسائل تقويم إلكترونية مختلفة كالاختبارات بأنواعها ، ومنح المتعلم شهادة معتمدة معترف بها.
- يحتاج إلى تجهيزات تقنية مثل الكمبيوتر وملحقاته ، والإنترنت والشبكات المحلية ، وغيرها لابد من توافرها في بيئة التعلم.
- يتصف بسهولة وسرعة تحديث المحتوى المعلوماتي بما يتناسب مع المتطلبات التربوية ، وذلك عبر شبكة المعلومات الدولية.
- يستلزم تنمية بعض المهارات التقنية الخاصة لدى كل من المتعلم والمعلم.
- ليس بديلا عن المعلم لكنه ينقل محور العملية التعليمية من المعلم إلى المتعلم .

- أهداف التعليم الإلكتروني:

يسعي التعليم الإلكتروني وبرامجه إلى تحقيق العديد من الأهداف أهمها : (***Allen* , *2003***)

- تهيئة بيئة تعليم وتعلم تفعالية من خلال تقنيات إلكترونية جديدة والتنوع في مصادر المعلومات والخبرة.
- دعم عملية التفاعل بين المتعلمين والمعلمين من خلال تبادل الخبرات التربوية ، والآراء ، والمناقشات ، والحوارات الهادفة لتبادل الآراء بالاستعانة بقنوات الاتصال المختلفة مثل : البريد الإلكتروني *E-mail* ، وبرامج المحادثة *Chating* ، وغرف الصف الافتراضية *Virtual Classroom*.

◀ إكساب المعلمين المهارات التقنية اللازمة لاستخدام التقنيات التعليمية الحديثة.

◀ إكساب الطلاب المهارات اللازمة لاستخدام تقنيات الاتصالات والمعلومات.

◀ نمذجة التعليم وتقديمه في صورة معيارية ، فالدروس تقدم في صورة نموذجية ، والممارسات التعليمية المتميزة يمكن إعادة تكرارها والاستفادة المثلى من تقنيات الصوت والصورة ، وما يتصل بها من وسائط إلكترونية.

◀ تطوير دور المعلم في العملية التعليمية حتى يتواكب مع التطورات العلمية والتكنولوجية المستمرة والمتلاحقة.

◀ توسيع دائرة اتصالات الطالب من خلال شبكات الاتصالات العالمية والمحلية وعدم الاقتصار على المعلم كمصدر للمعرفة مع ربط الموقع التعليمي بمصادر تعليمية من خلال المحتوى الرقمى المتوافر على شبكات الانترنت.

◀ تحقيق معايير الجودة لعناصر المنظومة التعليمية ، وزيادة جودة مخرجاتها.

◀ مواكبة النظم التعليمية لمستحدثات تكنولوجيا المعلومات والاتصالات وتنمية ميول واتجاهات الطلاب الإيجابية نحو مزيد من التعليم والتعلم.

● مميزات التعليم الإلكتروني :

يمكن إجمال أهم مزايا التعليم الإلكتروني وبرامجه في أنه: (محسن العبادي ، 2002 م ، إيمان الغراب ، 2003م).

◀ يوفر من الناحية النظرية ثقافة جديدة يمكن تسميتها بثقافة التعليم الرقمي وهي مختلفة عن الثقافة المعتادة أو ما تسمى بثقافة المواد المطبوعة ، حيث تركز هذه الثقافة الجديدة على معالجة المعرفة في حين تركز الثقافة التقليدية على إنتاج المعرفة ، ومن خلال هذه الثقافة الجديدة يستطيع المتعلم التحكم في تعلمه عن طريق بناء عالمه الخاص به عندما يتفاعل مع البيئات الأخرى المتوفرة إلكترونياً في حين يكون المعلم هو المحور في طرق التعليم التقليدية.

من الوسائل التعليمية إلى تكنولوجيا التعليم .. الجزء الثاني

- يساعد الطالب في الاعتماد علي نفسه ، فالمعلم لم يعد ملقنا ومرسلا للمعلومات بل أصبح مرشداً وناصحاً ومحفزاً للحصول علي المعلومات مما يشجع علي استقلالية الطالب واعتماده علي نفسه.
- يمتاز بسهولة تعديل وتحديث المعلومات والموضوعات المقدمة فيه كما تمتاز برامجه بسرعة نقل هذه المعلومات إلى الطلاب بالاعتماد علي الإنترنت.
- يتغلب علي مشكلة الأعداد المتزايدة مع ضيق القاعات وقلة الإمكانات المتاحة.
- يتيح حصول المتعلم علي تغذية راجعة مستمرة خلال عملية التعلم ومعرفة مدي تقدمه حيث تتوافر عملية التقويم البنائي الذاتي والتقويم الختامي.
- غير محدد بأعداد معينة وبأماكن معينة ولكن يسمح لعدد غير محدد من الطلاب بالانضمام إليه والتسجيل للدراسة.
- يكسب الطلاب والمعلمين القدرة الكافية علي استخدام التقنيات الحديثة وتقنية المعلومات.
- يعتمد في تصميم مواده التعليمية علي الوسائط الإلكترونية التفعالية أو الوسائط الفائقة (صوت ، صورة ، أفلام ، صور متحركة) مما يشعر المتعلم بالمتعة ، والتفاعل ، والإثارة ، والدافعية لمزيد من التعليم والتعلم .

- عيوب برامج التعليم الإلكتروني:

على الرغم من مزاياه المشار إليها سابقا فإن للتعليم الإلكتروني عيوبا ونواقص من أهمها : (ياسر سعد ، 2006م).

- قيام الطالب بممارسة أنشطة اجتماعية وثقافية ورياضية في التعليم النظامي يصعب ممارسة مثل تلك الأنشطة في التعليم الإلكتروني ، إلا أنه يمكن التغلب على ذلك من خلال الربط بين نمطى التعليم النظامى والإلكترونى.
- يحتاج تطبيق التعليم الإلكتروني إلي إنشاء بنية تحتية من أجهزة ومعامل وخطوط اتصال بالإنترنت ، وهذا يتطلب تكاليف إضافية قد تتعارض والسياسات التمويلية بالمؤسسات التعليمية ، لكن هذه التكلفة تتقلص لحد كبير فى حال انتشار هذا النوع من التعليم وبرامجه.

◄ يتطلب تطبيق التعليم الإلكتروني تدريب مكثف للمعلمين والطلاب على استخدام التقنيات الحديثة قبل بداية التنفيذ.

◄ يحتاج تطبيق التعليم الإلكتروني إلى نوعية معينة من المعلمين والمتعلمين مؤهلة للتعامل مع المستحدثات التكنولوجية المستخدمة في هذا النوع من التعليم ، وكذا يحتاج إلى هيئة إدارية مؤهلة للقيام بالعملية ، ويحتاج أيضاً إلى متخصصين في إعداد وتصميم البرمجيات التعليمية .

● المقرر الإلكتروني :

يعرف المقرر الإلكتروني *E-Course* بأنه مقرر يستخدم في تصميمه أنشطة ومواد تعليمية إلكترونية تعتمد على الكمبيوتر وغيره من التقنيات الإلكترونية الحديثة ، وهو محتوى غني بمكونات الوسائط المتعددة التفعالية في صورة برمجيات معتمدة ، أو غير معتمدة على شبكة محلية أو شبكة الإنترنت. (عبد الله يحي آل محيا ، 2006م).

ويتكون المقرر الإلكتروني المعتمد على الإنترنت من مجموعة من الأدوات التي تمكن المتعلم من التواصل مع أستاذ المقرر ، ومع زملائه المتعلمين ، وتمكنه من الاطلاع والمشاركة الخاصة بالمقرر ، حيث تؤكد الأدبيات أن أي مقرر إلكتروني يتكون من عناصر أهمها :

■ الصفحة الرئيسة للمقرر : *Course Homepage* :

وتشبه غلاف الكتاب وهي نقطة الانطلاق إلى بقية أجزاء المقرر وبها مجموعة من الأزرار التي تشير إلى محتويات المقرر وأدواته (مثل قائمة محتويات الكتاب) ، ويمكن الضغط عليها لتصفح المقرر أو أجزاء المقرر كما نفتح أي فصل في الكتاب للإطلاع على أجزائه الفرعية.

■ أدوات المقرر : *Course Tools* :

وتستخدم للتواصل بين المعلم والطلاب كأفراد وكمجموعة أو الطلاب مع بعضهم البعض مثل إمكانية الربط من خلال المؤتمرات الفيديوية المضمنة بالمقرر.

■ غرف الحوار : *Chatting Room* :

ومن خلالها يستطيع أحد الطلاب أو مجموعة من الطلاب في المقرر من التواصل مع بعضهم البعض في وقت محدد ، ويمكن الاطلاع

من الوسائل التعليمية إلى تكنولوجيا التعليم .. الجزء الثاني

علي الحوارات السابقة ، وإرسال رسائل خاصة للمعلم أو الزملاء ، وتتبع المواقع ذات العلاقة بموضوعات النقاش ذات العلاقة بالمقرر.

■ معلومات خاصة بالمقرر:

حيث يتم تحديد الموضوعات التي سيدرسها الطلاب في المقرر والمتطلبات السابقة للمقرر ، وطريقة التقويم التي سيتبعها المعلم والمواد التعليمية الخاصة بالمقرر.

■ المصادر الإلكترونية الخارجية : *External Resources* :

وتتكون من قائمة بمواقع الإنترنت ذات الصلة بالمقرر مع تعليق مصاحب لكل موقع ، ويمكن أن يسهم كل من المعلم والطلاب في إعداد القائمة ، ويمكن تبويب مداخل المواقع حسب تاريخ إعدادها وحسب الموضوع الذي تدور حوله أو حسب اسم الشخص الذي أعدها.

■ صندوق الواجبات : *Homework Drop Box* :

حيث يرفق الطلاب واجباتهم أو يطلعون علي الاختبارات والاستبانات الخاصة بالمقرر.

■ أدوات التقويم الإلكتروني :

ومن أهمها الاختبارات الإلكترونية وهى اختبارات معدة خصيصا حول المقرر محل الدراسة ، ويقوم بإعدادها المختصين لقياس كافة جوانب المقرر الإلكترونى.

■ سجل الدرجات: *Garde Book* :

وفيه يطلع الطلاب علي نتائجهم ودرجاتهم ، ويرون طريقة توزيع الدرجات علي كل وحدة في المقرر ، وعلي استخدام الطلاب لكل أداة إلكترونية من أدوات المقرر.

■ السجل الإحصائي للمقرر : *Course Statistics* :

ويقدم إحصائيات عن تكرار استخدام الطلاب لكل مكون من مكونات المقرر ، ويستطيع المعلم أن يطلع علي الصفحات التي زارها الطلاب بكثرة ، والوصلات التي يستخدمونها ، وأوقات استخدام الطلاب للموقع ، وأوقات عدم استخدامهم له.

■ مركز البريد الإلكتروني : *E-mail Center* :

وفيه يستطيع المتعلم أن يرسل رسائل خاصة ، أو ملف ، أو أي مرفقات مع الرسالة إلي المعلم ، أو أحد الزملاء ، أو لمجموعة من الزملاء.

من الوسائل التعليمية إلى تكنولوجيا التعليم .. الجزء الثاني

- الدليل الإرشادي الإلكتروني : ***Technical Support*** :

يحتوي المقرر الإلكتروني علي دليل إرشادي يقدم إجابات علي استفسارات المستخدم ، ويعطي وصفاً مفصلاً لجميع مكونات المقرر الإلكتروني ،كما يحتوي علي دليل تعليمي إلكتروني يوضح لكل من المعلم والمتعلم طريقة استخدام المقرر التعليمي خطوة بخطوة.

- رابعا : الإنترنت في التعليم:

أدى التطور المتلاحق والمستمر فى مجال الحاسبات الآلية إلى ظهور نوع من الشبكات فائقة الإمكانات تعرف بالشبكات العنكبوتية (الإنترنت).

والإنترنت هى شبكة من الحاسبات الآلية مرتبطة ببعضها عن طريق خطوط الهاتف أو عبر الأقمار الصناعية ، تعود بدايتها إلى عام 1969م حينما قامت البنتاجون (وزارة الدفاع) الأمريكية بإنشاء شبكة اتصالات عسكرية للوقاية من الهجمات النووية ، ولدراسة تبادل المعلومات مع مراكز البحوث العلمية فى مختلف أنحاء العالم عبر خطوط الهاتف ، وقد تبنت جامعة كاليفورنيا هذا المشروع وأطلقت عليه اسم (*Arpanet*) أربانت ، إلا أن تلك الشبكة مالبثت أن تطورت بشكل مطرد إلى تجمع هائل من الشبكات المترابطة أطلق عليها اسم إنترنت (*Enternet*) ، وفى ظل التطور المذهل فى نظم الاتصالات أصبحت شبكة الإنترنت تقدم خدمات عديدة للطلاب والمعلمين والباحثين فى أنحاء العالم خصوصاً ما يتعلق بتناقل المعلومات حيث توفر تلك الشبكة لمشتركيها الخدمات التالية : ***(السيد الربيعي ، 1998 ، ص 1 13-17 Sunal , C.S .et. al ., P P.)***

- البريد الإلكتروني :

وهذه الخدمة تتيح للفرد إمكانية إرسال واستقبال رسائل من مختلف أنحاء العالم فى فترة وجيزة من الزمن قد لا تتعدى دقائق معدودة. ويمكن استخدام تلك الخدمة بشكل فعال في المجال التعليمي حيث يمكن التفاعل حول الموضوعات التعليمية من خلال الرسائل المتبادلة عبر البريد الإلكتروني ، ويتم ذلك بشكل عملي مسريع في مجال الدراسات العليا والتواصل بين الطلاب والأساتذة عبر تلك التقنية.

■ الاتصال بحاسوب آخر :

وهذه الخدمة عبارة عن برنامج يساعد المستخدم فى الاتصال بأي حاسوب آخر ، والتعامل معه كما لو كان جالسا أمامه ، حتى لو كان هذا الحاسوب فى قارة أخرى. ويمكن للمتعلم وفق هذا التطبيق الدخول إلى أجهزة الحاسوب الخاصة بالمؤسسات التعلمية التي ينتمون لها عبر شبكات حاسوب داخلية (إنترانت) للحصول على كافة الخدمات المتاحة من خلال تلك التقنية .

■ تبادل الملفات :

وهو عبارة عن برنامج يخول للمستخدم نقل الملفات والبرامج بين حاسوب وآخر. ويتيح ذلك تبادل الخبرات التعليمية بين عدد كبير من المتعلمين في وقت قياسي وبلمسة زر واحدة.

■ الأرشيف :

وهو خدمة تتيح للمستخدم البحث عن برامج أو ملفات أو موضوعات فى أحد المراكز العلمية المتصلة بالشبكة خلال ثوان معدودة. وتتيح هذه التقنية عمليات البحث في مصادر المعلومات ، وجمع المزيد من الخبرات بسهولة ويسر.

■ محطة التحدث :

وهو برنامج يمثل محطة مفترضة فى الشبكة يمكن من خلالها للمستخدمين فى شتي أنحاء العالم التخاطب كتابة أو تحدثاً. وتتيح برامج المحادثة إمكانات فائقة حيث يمكن من خلالها تبادل الحوارات بين عدة أفراد في شتى بقاع الأرض بالصوت والصورة والنصوص المكتوبة . فيمكن لأي متعلم أن يتحاور مباشرة من زملائه أو معلميه مهما بعدت المسافات بينهما بالصوت والصورة ، وذلك بتكلفة زهيدة.

■ رابط الشبكة العنكبوتية العالمية :

وهو تقنية حديثة تمكن المستخدم من الحصول على معلومات كتابية مدعمة بالصوت والصورة عبر صفحات إلكترونية تمثل كتيبا إلكترونيا يتصفحه المستخدم عبر حاسوبه الشخصي. ويتيح ذلك تعددية مصادر التعلم وتنوعها لأي متعلم يستخدم تلك الشبكة.

وهكذا يمكن أن تؤدى شبكات الإنترنت دوراً رائداً فى ميدان التعليم والتعلم عموما ، والتعليم والتعلم عن بعد ، والتعلم الإلكتروني بصفة خاصة ، حيث تزداد فعالية وتأثيرا بربطها مع تقنيات أخرى كالتليفزيون الرقمي الذى ييسر التعامل مع خدمات تلك الشبكة ، والذى بدأ انتشاره فى العالم بحلول عام 2002م. **وكذلك ربطها بالأقمار الصناعية والقنوات الفضائية وغيرها من تقنيات المعلومات والاتصالات .**

ولا يمكن أن تؤدى شبكة الإنترنت دورها التعليمي التعلمي على النحو المرغوب لدول العالم العربي والإسلامي مالم تخضع لرقابة صارمة تمنع وصول الموضوعات اللاأخلاقية التى يروجها الإباحيون عبر تلك الشبكة إلى مستخدميها فى تلك الدول. ولعل تربية الفرد وتنشئته على تعاليم الإسلام ومبادئه سبيل مهم في هذا الجانب.

ورغم أن شبكة الإنترنت من تقنيات الاتصالات الحديثة التى أذهلت العالم فإن لها جوانب قصور وسلبيات أهمها :

- غياب السرية والخصوصية ، حيث يمكن لأى فرد مشترك الإطلاع على رسائل المستخدم مالم يعتمد على طرق خاصة لتشفير تلك الرسائل.
- انتشار البرامج الخلاعية التى يروجها الإباحيون لتدمير النشء.
- إمكانية غرس برامج فيروسات مدمرة تتناقل فى نطاق واسع عبر الشبكات ، فتدمر الكثير من الحاسبات.
- إمكانية استخدام الشبكة فى التجسس والاستخبارات العسكرية.
- إمكانية استخدام الشبكة فى تيسير ترويج المخدرات من خلال شفرات خاصة للعصابات العاملة فى هذا المجال.

ومع هذه السلبيات فإن تلك التقنية آتية لا محالة فى كثير من الدول العربية والإسلامية ، فقد سبقت إليها بعض الدول مثل : الكويت ومصر والإمارات ، تلتها باقي الدول تباعاً كالمملكة العربية السعودية وغيرها حيث يمكن توظيفها لخدمة أهداف تعليمية جليلة على مستوى جميع المراحل التعليمية ، وعلى مستوى جميع المواد والمقررات الدراسية.

- خامسا : الوسائط المتعددة والفائقة:

وهي من أهم مستحدثات تقنيات التعليم التي واكبت التعليم الإلكتروني ، والتعليم عن بعد .

والوسائط المتعدد *Multimedia* هو مصطلح شائع فى مجال الوسائل التعليمية وتكنولوجيا التعليم ، حيث يأخذ هذا المصطلح موقعا وسطا بين مفهومى الوسائل التعليمية ، وتكنولوجيا التعليم ، فالوسائط التعليمية المتعددة هى مرحلة تطورية للوسائل التعليمية بمفهومها التقليدى ، وفى الوقت نفسه هى مرحلة مهدت لتكنولوجيا التعليم بمفهومها الحديث ، فهى التى ارتقت بدور الوسائل التعليمية من مجرد معينات لعمل المعلم ، إلى كونها جزءا مهما فى منظومة واحدة ضمن خطة الدراسة تعمل بشكل دينامى متكامل مع عناصر الموقف التعليمى.

ونظرا لأن الأصل فى الوسائط التعليمية هو التعدد والتنوع فى الموقف التعليمى الواحد ، ونظرا لأنها جزءا فى منظومة التدريس ، فإن التخطيط لاستخدامها فى مواقف التعليم والتعلم لا يتم إلا من خلال نظام متكامل يطلق عليه نظام الوسائط المتعددة *Multimedia System* ويمتاز هذا النظام عن الوسائل التعليمية بمفهومها التقليدى المعتاد بأنه : يعدد وينوع الوسائل بشكل متكامل ، ويجعل من الكتاب المدرسى دليلا يوجه المتعلم لمصادر تعليمية أخرى ، كما أنه يجعل من المعلم وسيطا تعليميا متكاملا مع وسائط أخرى يعينها ويستعين بها.

ويقترب مفهوم الوسائط المتعددة من مفهوم تكنولوجيا التعليم حيث يعتمدان على مدخل النظم وتفاعل عناصر النظام فيما بينها.

وتعرف برامج الوسائط المتعددة بأنها برامج الكمبيوتر التى تتكامل فيها عدة وسائط للاتصال مثل النص والصوت ، والموسيقى ، والصور الثابتة والمتحركة ، والرسوم الثابتة والمتحركة ، والتى يتعامل معها المستخدم بشكل فعال. (زينب امين ، ونبيل جاد ، *2001* ص *12*).

- مميزات الوسائط المتعددة في التعليم :

من أهم مميزات الوسائط المتعددة فى التعليم أنها :

- تجعل المتعلم إيجابيا ونشطا مما يؤدي إلى تحسين مخرجات منظومة التعليم.
- تتيح التفاعل بين المتعلم ومحتوى المادة التعليمية المقدمة له .
- تدعم التغذية الراجعة الفورية لاستجابات المتعلم مما يعزز نواحى القوة ويعالج نقاط الضعف أولا بأول .

◀◀ تزود المتعلمين بخبرات تعليمية تتناسب واستعداداتهم وقدراتهم وميولهم وتراعى الفروق الفردية بينهم.

◀◀ تساعد على بقاء أثر التعلم ، وتجعل خبرات التعلم أكثر ثباتا فى ذهن المتعلم من أجل توظيفها فى مواقف تعليمية وحياتية مستقبلية.

◀◀ تقدم المادة العلمية بطريقة مشوقة وجذابة تحرك جميع حواس المتعلم.

◀◀ تساعد في إثارة الحماس والدافعية لدى المتعلم ، وتهيئة المناخ المناسب لتعلم فعال.

◀◀ تساعد في تحقيق الأهداف التعليمية بشكل أيسر وأفضل ، حيث تعمل على وصول المتعلم إلى حد الإتقان في وقت اقل.

◀◀ توفر بيئة التعلم الافتراضى الصالحة لموضوعات كثيرة يتم تعلمها إلكترونيا كبديل للواقع الفعلى الذى قد يكون فيه صعوبة أو خطورة على تعامل المتعلم معه بشكل مباشر .

◀◀ تقلل من الجهد والزمن المستغرق لتعلم المادة التعليمية مقارنة بالتعليم المعتاد.

وسوف يرد الحديث بشيء من التفصيل عن برامج الوسائط المتعددة التفاعلية ، وخطوات تصميمها ، وإنتاجها على صفحات الفصل التالي من هذا الكتاب .

● الوسائط الفائقة (هايبرميديا) : *Hypermedia*

وتعرف أيضا بالوسائط المتشعبة التى لا تسير فى مسار خطي . وقد ظهر هذا المفهوم حديثا مع تقدم تقنيات المعلومات وتقنيات الحاسبات . والهايبرميديا ليست تجميعا لعدة وسائط – كما هو الحال فى الوسائط المتعددة – بل تقوم على إثراء وتعميق ما يتضمنه برنامج ما من معلومات بوسائط متعددة غير خطية (متشعبة) ، ثم تقديمها فى إطار متكامل يقوم على حث حواس المتعلم ، مع التأكيد على إمكانية تحكم المتعلم فى النظام ، وتفاعله النشط معه.

الهايبرميديا إذن هى برامج لتنظيم وتخزين المعلومات بطريقة غير متتابعة ، وهى أيضا أسلوب للتعلم الفردى فى إطارات متشعبة ومتنوعة تعمل على زيادة دافعية وإيجابية التعلم من خلال تغذية راجعة بتعزيز فورى يعتمد على سرعة المتعلم الذاتية وفقا لقدراته الخاصة.

من الوسائل التعليمية إلى تكنولوجيا التعليم .. الجزء الثاني

وقد وردت العديد من التعريفات لمفهوم الوسائط الفائقة أو المتشعبة ، أو الهايبرميديا لكن جميع هذه التعريفات يمكن إجمالها فى تعريف واحد يرى أنها : المعلومات المتاحة والمتوافرة لمجموعة من الوسائط التعليمية المتعددة التى تستثمر تبادليا بطريقة منظمة فى الموقف التعليمى ، وتشمل : رسوم بيانية ، وصور ، وتسجيلات ضوئية وموسيقية ومشاهد فيديو ثابتة ومتحركة ، وخرائط ، وجداول ، ورموز ... الخ . كل ذلك فى إطار نص معلوماتى يساعد على اكتساب الخبرات حيث تتكامل جميع هذه الوسائط فيما بينها عن طريق جهاز الكمبيوتر ، وذلك بنظام يكفل للمتعلم الفرد تحقيق الأهداف المرجوة بكفاءة وفعالية من خلال تفاعل نشط يسمح للمتعلم بالتحكم فى السرعة والمسار والمعلومات على قدر إمكاناته الذاتية .

وهناك أشكال عديدة لنظم الهايبر ميديا ، وطرائق تفاعل المتعلم مع تلك النظم. ومن أمثلة برامج الهايبرميديا التعليمية : الهايبر كارد أو البطاقة المتشعبة ، والهايبر تكست أوالنص المتشعب . (مزيد من التفصيلات حول هذا المفهوم انظر : محمد رضا البغدادى ، 1998م).

● سادسا : المعامل المحوسبة :

انطلاقاً من أهمية ممارسة المتعلمين للتجارب العلمية Hands-on Activities كان الاهتمام بإدخال تقنية المعامل المحوسبة (المطوَّرة) لتحقيق مبدأ التعليم الإيجابي وتحاشي أساليب الحفظ و التلقين ، و أساس هذا التعليم هو التجريب والمشاهدة و الاستنتاج عن طريق برمجيات تفاعلية في أجهزة حاسب متصل بنهايات طرفية حساسة تسمى المستشعرات Sensors . حيث يتم تكامل مكونات التجارب العملية في مواد العلوم المختلفة مع الحاسب الآلي كوسيلة قياس ، و بذلك يدخل الحاسب كأحد عناصر المعمل .

وتعرف المعامل المحوسبة Computer Based Labs بأنها مختبرات تتيح للمتعلم والمعلم إمكانة إجراء وعرض التجارب وجمع البيانات ، ودراسة وتحليل النتائج بواسطة الحاسب الآلي .

وتتكون المعامل المحوسبة من : أجهزة حاسب آلي موصل بها أجهزة حساسة تسمى مستشعرات بواسطة وصلات (*USB*) ، وينظم عمل هذه المجموعة برنامج حاسوبي خاص حسب نوع المستشعرات المستعملة مثل برنامج (*Data Studio*) .

وقد يتصور البعض أن المعامل المحوسبة مقصورة فقط على معامل العلوم الدراسية وفروعها من كيمياء وفيزياء وأحياء وجيولوجيا لكن المعامل المحوسبة تمتد إلى غير ذلك من المعامل البحثية في مجالات الطب والهندسة والصناعة ، كما تشمل أيضا معامل اللغات المدارة كمبيوتريا.

والمعامل المحوسبة هي الصورة المطورة لجميع المعامل التعليمية والبحثية في المجالات المختلفة ، حيث تستخدم برامج حاسوبية متقدمة تعتمد على نهايات طرفيه حساسة تتيح إجراء التجارب الواقعية و الافتراضية.

- أهمية المعامل المحوسبة :

تتضح أهمية المعامل المحوسبة في أنها :

- تدمج التقنية في عملتي التعليم والتعلم.
- تمكن الطلاب من إجراء التجارب الواقعية والافتراضية.
- تربط النظريات العلمية بالمشاهدات العلمية التي تحدث في بيئة الطالب .
- تنمي قدرة الطلاب على قراءة الرسوم البيانية والجداول .
- تختصر الوقت اللازم لأجراء التجارب مما يعطي الطالب فرصه أكبر لدراسة النتائج .
- تنمي الميول العلمية للطلاب .
- تعطي نتائج صحيحة ودقيقة.
- تمنح المختبر بيئة تربوية تعاونية .
- تحول المعلم إلى مدرب ومصمم ومطور للمادة الدراسية .
- تساعد على التعاملات الرقمية والتعليم الإلكتروني .

من الوسائل التعليمية إلى تكنولوجيا التعليم .. الجزء الثاني

ومع أهمية مثل هذه المعامل الإلكترونية التي جاءت مواكبة لانتشار التعليم الإلكتروني وبرمجياتـه ، وجاءت أحـد أهـم تطبيقات الحاسوب في التعليم ، ومـع مـا لتلك المعامل مـن أهميـة بالغـة في السماح للمتعلمين بممارسة أنشطة العمل المعلي الخطرة دون تعرضهم لأية أخطار فإن هنـاك مـن يعاض مثل هذه المعامل من منطلق أنها تختلف عن المعامل بشكلها التقليدي المعتـاد والتـي تسمح للمتعلم بتـصميم تجاربـه بنفسه واكتـساب مهارات التعامـل مـع الأجهـزة والأدوات المعمليـة تلـك المهارات التب تحتاج لممارسة عملية ويدوية مستمرة.

ولا يجب أن تكون المعامل المحوسبة بـديلا كـاملا عـن المعامل التقليديـة المعتـادة ، لكـن يجب أن تتكامل هذه وتلك وفقا لمعطيات الموقف التعليمي ، وطبيعة إمكاناته .

وعند استخدام المعمل المحوسب وبرمجيات ممارسة التجارب العمليـة الافتراضية ، يجب أن يكون ذلك مجرد مرحلة وخطوة من مراحل وخطوات اكتساب وتنميـة المهـارات العمليـة واليدويـة المرتبطة بمجال عمل تلك المعامل.

****

الفصل العاشر :
((برامج الوسائط المتعددة))

- مفهوم الوسائط التعليمية المتعددة.

- عناصر الوسائط التعليمية المتعددة.

- تصميم الوسائط التعليمية المتعددة .

- إنتاج الوسائط التعليمية المتعددة.

- فنيات تصميم سيناريو تعليمي مبسط.

- استخدام باور بوينت لإنتاج الوسائط .

- تقييم برامج الوسائط المتعددة .

الفصل العاشر :

((برامج الوسائط المتعددة))

يتناول هذا الفصل برامج الوسائط المتعددة ، حيـث يعـرض لمفهوم الوسائط المتعـددة ، وعناصرها ، وتصميمها ، وإنتاجها ، وتقييم برامجها ، وبيان ذلك فيما يلي :

- مفهوم الوسائط المتعدد :

سبقت الإشارة على صفحات الفصل السابق إلى الوسائط المتعددة والفائقة كمستحدث من مستحدثات تقنيات التعليم ، وعلى صفحات هذا الفصل المزيد من التفصيلات حول تلك الوسائط .

وبالنظر إلى مصطلح الوسائط المتعددة يتـضح أنـه يتـألف مـن شـقين: الـشق الأول *Multi* ويعني التعددية ، والشق الثاني *Media* ويشير إلى كل وسيط يحمل معلومات .

وهي نوع من البرمجيات التي توفر للمتعلم أشكالا متعددة من آليـات تكنولوجيا العـرض والتخـزين والاسـترجاع والبـث والمعالجـة لنـسيج مـن المرئيـات والسـمعيات الرقميـة ، والمعلومـات والاتصالات الرقمية المشفرة على الكمبيوتر.

ويقصد بالوسائط المتعددة إمكانية استخدام الكمبيوتر في مزج وتقديم مـادة الـتعلم مـن خلال النص المكتوب ، والصوت المسموع والصورة الثابتة أو المتحركة في نظام متكامـل ، وربـط هـذه الوسائل مع بعضها البعض بحيث يمكن للمتعلم أن ينتقل ويتحرك داخل البرنامج ويتفاعل معـه مـما يجعل عملية التعلم أكثر إثارة ومتعة .

وتمتاز برمجيات الوسائط المتعددة التفاعلية كأسلوب تعلم بمساعدة الكمبيوتر بالخصائص التالية :

◀◀ وضوح معدل تعلم الفرد حيث إنهـا تـسمح لكـل مـتعلم أن يخطـو في تعلمـه حـسب جهـده وقدراته الخاصة.

◀◀ تقديم الرجع ويعنى قدرتها على تقديم معلومات فورية عن الاستجابة الصحيحة أو الخاطئة.

من الوسائل التعليمية إلى تكنولوجيا التعليم .. الجزء الثاني

◀◀ البنية والتتابعات ويعنى تقسيم مادة التعلم الى سلسلة من التتابعات غير الخطية مما يـؤدى الى تحويل المتعلم من مجرد متلقى الى مشارك فى التعلم.

● أنواع الوسائط المتعددة : *Type of Multimedia*

يمكن أن نميز بين ثلاثة أنواع من الوسائط هي :

1- الوسائط الخطية (غير التفاعلية) : *Liner Media*

الوسائط المتعددة غير التفاعلية هي وسائط يسير معها المستخدم من البداية إلى النهاية في مسار خطي دون أن تسمح له بالتنقل والقفز بين أجزاء المحتوى0ومـن ثـم فهـي وسـائط أحاديـة في طريقة الاتصال مع المستخدم. *One - Way Communication* .

وتتسم عروض الوسائط المتعددة غير التفاعلية بعدة خصائص من أهمها : (هاشم سعيد ، 2000 م)

◀◀ دمج عناصر الوسائط المتعددة فى تقديم هذه العروض أو بعضها كالنص المكتوب ، و الصوت ، و الرسومات الخطية... إلخ.

◀◀ بداية البرنامج لا يتحكم فيها المستخدم بينما نهاية البرنامج تخضع لتحكم المستخدم.

◀◀ البرنامج يسير بصورة إجرائية تحت تحكـم المـستخدم بالـضغط علـى الفـأرة أو أحـد المفاتيح لمشاهدة المعلومات التالية بشكل خطي تتابعي.

◀◀ يتغير عرض الشاشات الواحدة تلو الأخرى بطريقة آلية تبعا للزمن المحدد لكل شاشة.

2- وسائط المتعددة التفاعلية : *Interactive Multimedia*

تعد التفاعليـة الميـزة الأساسـية للوسـائط المتعددة حيـث تعطـي إمكانيـة التفاعـل بينهـا وبـين مـستخدميها , فـنحن نتفاعـل مـع أشـكال عديـدة مـن الوسـائط في حياتنـا اليوميـة فمـثلا عنـد تـسجيل برنامجـا تليفزيونيـا يـذاع في وقـت محـدد وتـشاهده فيمـا بعـد فأنـت تـستخدم التكنولوجيـا التي تتيح لك التفاعل مع التلفاز لكن التفاعلية عـادة تنـسب إلى الحاسـوب لمـا لـه مـن

من الوسائل التعليمية إلى تكنولوجيا التعليم .. الجزء الثاني

مميزات في التخزين والعرض والبحث في كميات كبيرة من المعلومات.

والوسائط المتعددة التفاعلية Interactive Multimedia هى وسائط غير خطية Non-liner Media تستخدم جميع وسائط الاتصالات المستخدمة فى الوسائط المتعددة الخطية مـن : نصوص ، وأصوات ، وصور و رسوم ، وجداول ، وفيديو ، لكنها تمكن المتعلم مـن التحكم المباشر فى تتابع المعلومات ،حيث تسمح له بالتحكم فى اختيار و عرض المحتوى والقفز بين أجزئه ، والانتهاء من البرنامج عند أى نقطة ، أو فى أى وقت شاء .

وإذا كانت الوسائط المتعددة الخطية تدعم الاتصال مع المتعلم في اتجاه واحد ، فإن الوسائط المتعددة التفاعلية تتيح الاتصال بين المتعلم والمادة التعليمية بشكل تفاعلي يسير فلي كلا الاتجاهين Two - Way Communication . و هذا يعنى أن الوسائط المتعددة التفاعلية تسمح للمستخدم باستقبال البيانات و المعلومات و المشاركة الفعالة فى عرض محتوياتها .

3- الوسائط المتعددة الفائقة : Hyper Multimedia

تعد الوسائط المتعددة الفائقة Hypermedia تطورا للوسائط المتعددة التفاعلية ، ولتوضيح مفهوم الوسائط المتعددة الفائقة نبدأ مـن مفهوم النص المترابط أو الفائق Hyper Text الذي يعد أساس التجول داخل شبكة المعلومات Internet حيث تظهر في صفحات الإنترنت بعض الكلمات المميزة بلون مختلف عن لون النصوص بداخل الصفحة ، وعندما تشير إليها الفأرة يتحول شكل المؤشر إلى إشارة يد وعند النقر عليها تنقلنا إلى موقع آخر في الشبكة كما يتضح مفهوم النص المترابط عند التجول داخل ملف المساعدة Help لغالبية البرامج النوافذية .

وقد أورد الأدب التربوي الكثير من التعريفات لمصطلح الوسائط الفائقة ، فهناك من يعرفها بأنها : أداة تكنولوجية تعتمد على تقديم المعلومات بواسطة الكمبيوتر ، وتتضمن هذه المعلومات أشكالا متعددة مـن وسائط الاتصال عبر ارتباطات داخلية غير خطية تسمح للمتعلم بتصفح واستعراض المعلومات بطريقة تشعبية سريعة.

من الوسائل التعليمية إلى تكنولوجيا التعليم .. الجزء الثاني

وهناك من يعرف الوسائط الفائقة بأنها : تكنولوجيا كمبيوترية تسمح بتقديم طريقـة غـير خطية لتصفح المعلومات بطريقة إلكترونية. (محمد الهادي ، 1997).

و من أهم الخصائص المميزة للوسائط الفائقة ما يلي : (محمد رضا البغدادي ، 2002 ، ص (257

◄◄ استخدام الـنص الفائق أو النشـط Hyper Text الذى يمكـن مـن خلالـه الوصول المباشر للمعلومات المطلوبة دون الحاجة إلى البحث فى الصفحات ،كما يمكـن مـن خلالـه الرجوع إلى نقاط سابقة أو القفز مباشرة إلى مواضع متقدمة.

◄◄ الوصول غير الخطى للمعلومات و يتم ذلك من خلال الارتباطات والمسارات التشعبية .

◄◄ استخدام الوصلات أو الارتباطات و هى التى ترشد المتعلم إلى المعلومات المرتبطة بالمحتوى .

◄◄ المفردات المعلوماتية Nodes وهى عبارة عن أجزاء منفصلة مـن المعلومات التـى ربمـا تأخـذ شكل النص ، أو الرسوم ، أو الصوت أو الفيديو بينما تقوم الارتباطات Links بعمليـة وصل أجزاء المعلومات هذه مع بعضها البعض لتشكل شبكة من المعلومات.

◄◄ بيئة معلومات الوسائط المتعددة حيث يمكن لأنظمة الوسائط الفائقة تخزين كميات ضخمة من المعلومات فى أشكال متنوعة تشمل : النص المكتوب ، والصوت المسموع ، والصورة الثابتـة أو المتحركة .

ومجمل القول فإن برامج الوسائط المتعـددة Multimedia هـى برمجيـات تـشمل كـل أو بعض عناصر : النص ، و الصوت ، والصور الثابتة والمتحركة ، و الرسوم الثابتة والمتحركة ، و الفيـديو ، عند عرضها بطريقة خطية من خلال الاتصال مع المتعلم في اتجاه واحد تكون وسائط متعـددة غـير تفاعلية ، وعند عرضها بطريقة تفاعلية غير خطية تتيح الاتصال مع المـتعلم في كـلا الاتجـاهين تصبح الوسائط المتعددة تفاعلية Interactive Multimedia ، و عند إضافة طريقة التجوال بشكل تشعبي تصبح الوسائط المتعددة هنا وسائط فائقة Hypermedia .

من الوسائل التعليمية إلى تكنولوجيا التعليم .. الجزء الثاني

وهـذا يعنـي أن الوسائط المتعددة هـى تجميع لعناصر النـص والصوت ، و الـصورة ، ومؤثرات الحركة ، والألوان في العرض الواحد وتكون هذه الوسائط تفاعلية عندما يعطى المستخدم التحكم والحرية فى أسلوب العرض ، وانتقاء المعلومات التى يرغب فيها ، في حين تصبح هذه الوسائط فائقة عندما تزود داخل محتوى العرض بوصلات متشعبة لربط العناصر خلالها بما يمكن المستخدم من الإبحار فى العرض.

- عناصر الوسائط المتعددة : *Multimedia Elements* :

على ضوء ماسبق يمكن تحديد عناصر الوسائط المتعددة في :

1- النص : *Text* :

تعد النصوص المكتوبة من أهم العناصر الفعالة في تطبيقات الوسائط المتعددة ، حيث تزيد فعاليتها من خلال تعدد أنواع الخطوط العربية والأجنبية ، وتعدد أنماطها ، ومقاساتها ، وألوانها ، التي تتيحها برمجيات معالجة النصوص الكمبيوترية.

ومن العوامل المهمة المرتبطة بالنصوص المكتوبة فى برامج الوسائط المتعددة قابلية النص للقراءة والفهم أو ما يعرف بمستوى انقرائية النص والتي ترتبط بمدى السهولة فى تفسير العلاقات الحادثة بين جمل النص ومكوناته ، وسهولة فهمها واستعادتها ، وترتبط الانقرائية بيسر القراءة وهو الهدف الذى يسعى لتحقيقه النص المكتوب ، وتقاس بمقدار السهولة وراحة العين عبر فترة من القراءة المستمرة ، لذلك فإن عملية اختيار خط أو مجموعة من الخطوط بحجم معين ونمط معين ، تحفها كثير من الصعوبات التى تتعلق بالأنسب والأفضل ، وينبغى أن نلاحظ هنا أن مهمة تحديد هذا الأنسب والأفضل ، لا تتعلق بمصمم برنامج الوسائط المتعددة فقط ، ولكن تتعلق أيضا بطبيعة المادة العلمية وطبيعة خصائص المتعلم .

2- الصور الثابتة : *Images* :

وهي عنصر آخر من أهم عناصر الوسائط المتعددة ، وتشمل كافة الصور والرسوم الثابتة التي يتم إعدادها من برامج رسوم ، أو التي تضاف من مصادر خارجية سواء باستخدام الماسح الضوئي ، أو باستخدام بعض

آلات التصوير . وهناك العديد من البرمجيات المستخدمة لإعداد الصور والرسوم الثابتة ، ومعالجتها من أبسطها وأشهرها : برنامج الرسام الملحق بنظام التشغيل *Windows* الذي يستخدم لإعداد بعض الرسومات البسيطة وبرنامج أدوبي فوتوشوب الذي يستخدم لمعالجة الصور الفوتوغرافية التي تحتاج إلى مواصفات عالية من الدقة والوضوح بمقدرته على التحكم بالألوان والإضاءة .. وغيرها من البرامج الأخرى.

3- الصور المتحركة : ***Animation*** :

يمثل عنصر الحركة ومؤثراته عنصرا غاية في الأهمية لتطبيقات الوسائط المتعددة ، والصور أو الرسوم المتحركة هي سلسلة من الصور أو الرسوم الثابتة المنفصلة تسمى كل لقطة منها إطارا ، حيث يتم عرض تلك الأطر بسرعة وتسلسل محددين تشمل عرض كل 24 إطار في ثانية واحدة فتبدو الصورة متحركة كما يحدث في عرض الفيلم السينمائي. وإعداد هذا النوع من التطبيقات يكون من خلال استخدام صور أو رسوم ، أو نصوص ، وإضافة حركة لها من خلال برامج التصميم المختلفة , وكذلك باستخدام آلات التصوير لتسجيل اللقطات المختلفة ثم إجراء التعديل عليها . وهناك برامج كمبيوترية عديدة تتيح إضافة عنصر الحركة على اللقطات والأطر الثابتة من أبسطها : برنامج (موفي ميكر *Movie Maker* ، وبرنامج باوربوينت *Power Point* بنظام التشغيل ويندوز *Windows*) وغيرها من البرامج الأخرى.

4- الصوت : ***Sound*** :

يمثل الصوت والمؤثرات الصوتية عنصرا مهما من عناصر الوسائط المتعددة ، حيث يتم إعداد ملفات الصوت (كلام منطوق ، موسيقى مؤاثرات صوتية) من خلال تسجيله باستخدام برنامج محرر صوت مثل *Sound Recorder* من ملحقات نظام التشغيل *Windows* ، أو غيره من البرمجيات الأخرى ، ويتم تسجيل الصوت من خلال الحاسوب عبر المايك أو عبر نقل ملفات الصوت من صيغتها التناظرية إلى صيغتها الرقمية باستخدام برامج التحويل الخاصة بذلك ، وتتيح هذه البرمجيات إدخال مؤثرات عديدة على الصوت المسجل من إضافة صدى أو مزج الأصوات ... إلخ.

5- الفيديو : *Video* :

مقاطع الفيديو من أهم عناصر الوسائط المتعددة تأثيرا في المستخدم لتلك الوسائط ، حيث تمثل محاكاة طبيعية للخبرات والمواقف الحقيقية ، ويتضمن هذا العنصر عدة أشكال من التطبيقات أهمها الصور المتحركة المتزامنة مع الصوت والتي تعرض على شكل فيلم ، ويتم إعداد لقطات الفيديو باستخدام آلة التصوير الفيديوي (كاميرا الفيديو) الرقمية التي تتيح إدخال ملفات الفيديو المصورة مباشرة إلى جهاز الحاسوب ، أو من خلال كاميرا الفيديو التناظرية التي يتم تحويل ملفاتها إلى ملفات رقمية عبر برامج تحويل ملفات الفيديو *Video Converter*.

ويمكن معالجة ملفات الفيديو ومعالجة لقطاتها ببرامج كمبيوترية عديدة من أبسطها وأهمها برنامج *Video Editor* الذي له القدرة على إجراء العديد من التعديلات على ملفات الفيديو ، وتقليص المساحة المستخدمة لتخزين الملف بعد إجراء عملية ضغط الملف ... وهناك العديد من برامج معالجة لقطات الفيديو المتاحة الآن.

● تصميم الوسائط المتعددة التفاعلية :

تتطلب عملية تصميم برامج الوسائط المتعددة التفاعلية ، أو أي مستحدث تكنولوجي آخر ، معرفة أسس ومعايير التصميم التعليمي وخطواته ، ومكوناته باعتبارها عملية نظامية ، حيث يجب على القائم بالتصميم مراعاة الخطوات التالية :

◀◀ تقدير الحاجات من خلال دراسة مسحية لتحديد الأهمية والاحتياجات الفعلية ووضع الحلول المناسبة لها.

◀◀ تحديد الموضوع أو الفكرة أو العنوان بوضوح.

◀◀ تحديد الأهداف العامة ، وتحليلها واشتقاق الأهداف التعليمية المراد إنتاج المستحدث التكنولوجي لتحقيقها.

◀◀ تحديد الفئة المستهدفة/ المستخدمين للمستحدث (البرمجية التعليمية) وخصائصهم.

◀◀ تحديد المحتوي والعناصر المكونة للبرمجية (الإطار التنظيمي لمحتوي المادة المتعلمة).

من الوسائل التعليمية إلى تكنولوجيا التعليم .. الجزء الثاني

◀◀ تحديد الأنشطة والتدريبات والنـشاطات التعليمية المستخدمة في بنـاء وتصميم المستحدث والمناسبة لخصائص وصفات الفئة المستهدفة.

◀◀ تحديد الاستراتيجيات التعليمية التي يتم من خلالها بناء المستحدث التكنولوجي، والتي تتمثل في تحديد الأساس الفلسفي ، والأساس التربوي ، والأساس النفسي الـذي يتم علي أساسـه بنـاء المستحدث.

◀◀ وضوح التعليمات والإرشادات التي تيسر التعلم ذاتيًا.

◀◀ تصميم الشاشات.

◀◀ تحديد وسائل وأدوات التقويم.

◀◀ تقييم المستحدث ، ومدي تحقيقه للأهداف المسبق تحديدها، ومدي مناسبته للفئة المستهدفة وتطويره وتنقيحه.

ويرتبط تصميم وتنفيذ أي تطبيق للوسائط المتعددة أيا كان نوعها بـثلاث عمليـات رئيسة تعبر عن موثوقية التصميم هـي : الـنص التنفيـذي *Script or Senario* ، واللوحـة المساريـة/ خـرائط التدفق *Flowchart* والقصة المصورة *Story Board* : (**زينب أمين ، 2005م**).

1- النص التنفيذي : *Script or Senario*

النص التنفيذي (السيناريو) هو وصف تفصيلي شامل للشاشات التي يجب تصميمها ، ويعد الأداة الرئيسة التي يستخدمها فريـق العمـل أو المـصمم قبـل البـدء في عمليـة تنفيـذ برمجية الوسائط المتعددة او غيرها من البرمجيات الأخرى ، ويجب أن يتصف السيناريو بالمرونة النسبية مـن حيث إمكانية التعديل ، أو الحذف ، أو الإضافة ، المر الـذي يتيح للقائم بالتنفيـذ قـدرا مـن حريـة الحركة وقدرا من البدائل الاختيارية ، دون أن يؤثر ذلك على فحوى الموضوع .

ويمثل النص التنفيذي أهميـة كـبرى لعمليـة تـصميم الوسائط المتعددة ، حيث يتوقـف مستوى جودة تنفيذ تلك البرامج على مدى دقة هذا النص التنفيـذي ، ومـدى قابليتـه للتنفيـذ . وإذا كان القائم بالتنفيذ شخص غير القائم بإعداد السيناريو فيجـب أن يشمل السيناريو وصفا تفصيليا دقيقا لكل كـبيرة وصغيرة في برنـامج الوسائط المتعددة ، بشكل لايسمح بالاجتهاد الشخصي مـن الشخص القائم بالتنفيذ.

من الوسائل التعليمية إلى تكنولوجيا التعليم .. الجزء الثاني

وهناك نماذج عديدة لتسجيل بيانات النص التنفيذي (السيناريو) والشكل التالي يوضح أحد هذه النماذج .

نموذج إعداد النص التنفيذي

عنوان البرمجية: .... **معد المادة:** ....

التاريخ: .... **كاتب النص:** ....

زمن العرض: .... **مدة العرض:** ....

م	الجانب المسموع أو المقروء	الجانب البصري أو المرئي	وصف الإطار	زمن الإطار

2- اللوحة المسارية : ***Flowchart***

اللوحة المسارية أو خريطة التدفق تعد أحد أساليب التمثيل البصري الخطي الذي يوضح خطوات السير في دراسة برمجية الوسائط المتعددة وغيرها من البرمجيات الأخرى ، وكيفية تنفيذها ، وتعتمد علي رموز وأيقونات للعمليات المنطقية المزمع اتباعها عند تنفيذ البرمجية. والشكل التالي يوضح نموذجا للوحة مسارية.

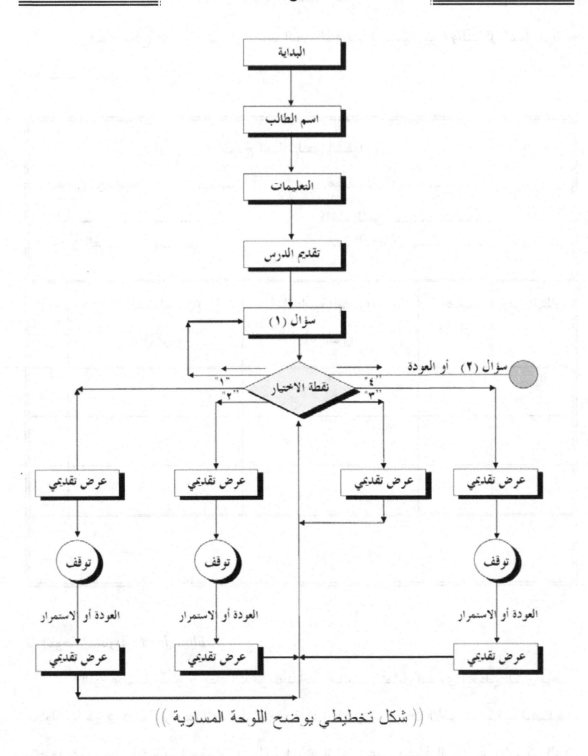

((شكل تخطيطي يوضح اللوحة المسارية))

من الوسائل التعليمية إلى تكنولوجيا التعليم .. الجزء الثاني

3- القصة المصورة : *Story Board*

وتعرف أيضًا بلوحات الإخراج ، أو البرناج في صورة ورقية ، أو المشاهد القبلية. وتستخدم القصة المصورة كمرشد وأداة تواصل بين المصمم/ والمنفذ للبرمجية. وهي رسومات كروكية تقريبية تبين طبيعة وتوصيف المشاهد/ الأطر ، والخطوط الإرشادية لتصميم الشاشات التي سيتم استخدامها في تنفيذ برامج الوسائط المتعددة ، وتحديد الأماكن المخصصة لتوزيع العناصر المكونة للشاشة ، ومواقع أزرار الإبحار. ولذا لابد أن تقدم هذه الكروكيات في تتابع وتسلسل تام منطقي ، بشكل يساعد فريق العمل في أداء مهامه بيسر وسهولة.

● إنتاج الوسائط المتعددة التفاعلية:

لإنتاج الوسائط المتعددة بكل أنواعها في المجال التعليمي وغيره هناك متطلبات للإنتاج ، وهناك مراحل وخطوات تفصيلية لعملية الإنتاج وبيان ذلك فيما يلي :

● متطلبات إنتاج الوسائط المتعددة:

من أهم المتطلبات التي تلزم لإنتاج الوسائط المتعددة بكل أنواعها ما يلي :

1- نظم إنتاج الوسائط المتعددة : *Multimedia Systems*

وهي عبارة عن المعدات والبرمجيات اللازمة التي سيتم من خلالها القيام بإنشاء وإدارة ملفات الوسائط المتعددة. حيث يوجد نوعان من أنظمة الوسائط المتعددة المستخدمة في الحاسوب هما :

◀◀ نظم التشغيل *Playback Systems* : وهى عبارة عن أجهزة الحاسوب المزودة بحد أدنى من الإمكانيات والبرامج الضرورية لتشغيل برامج الوسائط المتعددة .

◀◀ نظم التأليف *Authoring System* : وهي أجهزة الكمبيوتر والعتاد الخارجي والبرمجيات التي يستعملها مطورو برامج الوسائط المتعددة لإنشاء برامجهم ، ويختلف قدر الاحتياجات بناء على تشكيل نظام تأليف الوسائط المتعددة كما يمكن إضافة أو إزالة العتاد أو برمجيات حسب نوع المشروع بدءا من البطاقات الصوتية ، و برامج لتنقيح الأصوات ، وملفات الفيديو

من الوسائل التعليمية إلى تكنولوجيا التعليم .. الجزء الثاني

2- أجهزة إنتاج الوسائط المتعددة : *Multimedia Hardware* :

إلى جانب جهاز الكمبيوتر المناسب في مواصفاته ، هناك أجهزة أخرى تعد من ملحقات الحاسوب اللازمة لإنتاج الوسائط المتعددة منها :

◀◀ شاشة العرض : *Monitor* :

وهى إحدى أدوات العرض التي يمكن من خلالها مشاهدة النواتج على جهاز الحاسوب ، ولكل شاشة مواصفات ومزايا معينة يمكن أن تتحكم بجودتها ودقة عرضها.

◀◀ القرص الضوئي : *Optical Disk* :

يعتبر أحد المكونات الرئيسية للحاسوب بسبب سعته التخزينية العالية , ويعتبر القرص الضوئي من وسائط التخزين وتتم كتابة البيانات عليه وقراءتها منه باستخدام الليزر .

◀◀ الماسح الضوئي : *Scanner* :

وهو جهاز يعمل على نقل الصور الرسومية مثل الصور والأشكال الرسومية والنصوص إلى جهاز الحاسوب الشخصي , وذلك للقيام بإجراء معالجة الصور أو النص المدخل .

◀◀ كرت الصوت : *Sound Card* :

وهو عبارة عن دوائر منطقية تستطيع إخراج نواتج المعلومات والبرامج على شكل صوت .

◀◀ المايك (لاقطة الصوت) : *Microfone* :

وهو أداة يمكن من خلالها إدخال الصوت إلى الكمبيوتر تمهيدا لتسجيله ومعالجته من خلال البرامج المخصصة لذلك ، كما يمكن من خلالها إجراء المحادثات والحوارات الصوتية عبر الكمبيوتر ومن خلال برامج المحادثة عبر الإنترنت.

◀◀ السماعات : *Speakers* :

هي الأداة المستخدمة لسماع صوت البرامج .

◀◀ كاميرا التصوير : *Camera* :

وهي جهاز لإنتاج الصور الرقمية الثابتة ، وصور الفيديو ، ويجد منها كاميرات يمكنها إنتاج كلا النوعين من الصور ، وهي رخيصة الثمن .

من الوسائل التعليمية إلى تكنولوجيا التعليم .. الجزء الثاني

● مراحل إنتاج الوسائط المتعددة :

تمر عملية إنتاج برامج الوسائط المتعددة بمراحل محددة هي : (**زينب امين ، ونبيل جاد ،**
2001م)

1- مرحلة التصميم : *Design* :

وفي هذه المرحلة يتم اتباع مجموعة من العمليات والخطوات التي سبقت الإشارة إليها عند الحديث عن تصميم الوسائط المتعددة. وأهمها كتابة السيناريو ، وإعداد خريطة التدفق ، والقصة المصورة لأطر البرمجية.

2- مرحلة التجهيز أو الإعداد : *Preparation* :

وهي المرحلة التي يتم فيها تجميع متطلبات التصميم ، والأهداف العامة والإجرائية السلوكية ، وخريطة التدفق ، وتقسيم المحتوي ، وتحديد المهام التعليمية ، والأنشطة ، والممارسات التي يجب أن يقوم بها المتعلم وتشمل الآتي :

◄◄ صياغة الأهداف التعليمية بوضوح وبطريقة إجرائية.

◄◄ تحليل محتوي موضوع البرمجية.

◄◄ تحليل خصائص المتعلم.

◄◄ تخطيط الدروس التي سوف تتضمنها البرمجية.

◄◄ تحديد الأنشطة المصاحبة.

◄◄ تحديد ووصف طرق وإستراتيجيات استثارة دافعية الطلاب للتعلم.

◄◄ تحديد طرق التعزيز والتغذية الراجعة.

◄◄ تحديد المراجع والمصادر والمواد التعليمية المناسبة لموضوع البرمجية.

◄◄ تحديد وسائل التقويم المناسبة.

3- مرحلة تنفيذ البرمجية : *Executing* :

قبل بدء التنفيذ يجب القيام بالخطوات التالية :

◄◄ التعرف علي إمكانات الحاسوب والتدريب على تشغيله.

◄◄ سماع المؤثرات الصوتية ومشاهدة الصور الثابتة والمتحركة والرسوم التوضيحية ، ولقطات الفيديو ، كذلك التدرب علي التحكم فيها ونسخها ودمجها

- التدريب علي استخدام الكمبيوتر في عمل المؤثرات الصوتية وتحرير الصور الثابتة وإنتاج الأفلام المتحركة والرسوم التوضيحية.

وعند تنفيذ برمجية الوسائط المتعددة يجب على المنفذ القيام بتنفيذ السيناريو المحدد ، وذلك من خلال مجموعة خطوات رئيسة هي:

- تحديد رقم الشريحة : يتم تحديد رقم كل شريحة داخل البرنامج بحيث تأخذ رقماً واحدا مسلسلا دون تكرار نفس الرقم لشريحة أخرى.

- تحديد المحتوى المرئي : وفيه يتم عرض كل ما يظهر في الشريحة علي الشاشة في لحظة ما سواء كان نص مكتوب ، أو صورة معروضة أو رسوم ثابتة ، أو رسوم متحركة ، أو فيديو ، أو سؤال ، أو إجابة أو تقرير مراجعة ، أو تعليمات ، أو إرشادات ... إلخ.

- تحديد المحتوى المسموع : وفيه يتم تحديد كل الأصوات والموسيقي والمؤثرات الصوتية التي ترتبط بكل إطار في الشريحة في لحظة ما وتلك المؤثرات الصوتية التي ترتبط بالتغذية الراجعة.

- وصف أطر الشريحة ويشمل :
  - وصف كيفية ظهور الإطار .
  - وصف البدائل التي تحدث عند الإجابة عن سؤال من جانب المتعلم ، وكيفية استجابة المتعلم لها بحيث يظهر السيناريو الخطوات والإجراءات التي ينبغي علي المتعلم أن يؤديها لإحداث هذا التفاعل.
  - كيفية ظهور هذه الخطوات علي شاشة الكمبيوتر ، ومدي وضوحها علي الشاشة بالإضافة إلي توضيح أساليب التفاعل ، من حيث كونها نقر علي زر مرسوم علي الشاشة.
  - الضغط علي أحد المفاتيح في لوحة المفاتيح، أو نقر علي زر مرسوم علي الشاشة لكي يصدر منها صوت معين.
  - وصف الحركة في الحالات التي تقدم فيها رسوماً متحركة ، وزمن استمرار هذه الحركة ومتى تتوقف، وتحديد مواضع الحركة علي الشاشة ، واتجاهها ، وسرعتها.

◀◀ تحديد زمن عرض الأطر والشرائح : وهو الزمن الذي يستغرقه كل إطار أو كل شريحة علي شاشة الكمبيوتر حتى يتم استبداله.

5- مرحلة التجريب والتطوير : Development :

وخلال هذه المرحلة تعرض البرمجية التي تم إعدادها علي عدد من الخبراء ، وعينة ممثلة للمجتمع الصلي من الجمهور الذي تستهدفه برمجية الوسائط المتعددة ، وفي ضوء مقترحاتهم يتم إجراء التعديلات اللازمة علي البرمجية حتى تصل إلي مستوي يسمح بنشرها وتعميمها علي نطاق واسع.

● استخدام برنامج باور بوينت في إنتاج الوسائط المتعددة:

هناك برامج عديدة لإنتاج عروض وبرمجيات الوسائط المتعددة بكل أنواعها ، من أبسط هذه البرامج وأكثرها شيوعا برنامج ميكروسوفت أوفيس باوربوينت Microsoft Office PowerPoint ، ذلك البرنامج الذي يمثل أحد برامج أوفيس Offic المتوافق مع نظام التشغيل ويندوز حيث صدر من هذا البرنامج إصدارات عديدة . ويتيح هذا البرنامج لمستخدم الكمبيوتر المبتدئ تنفيذ عروض الوسائط المتعددة الخطية والتفاعلية بطرق غاية في السهولة.

ويوفر لك برنامج العروض التقديمية (باوربوينت) العديد من طرق إعداد العروض التقديمية التي تشمل : العروض على الشاشة ، والعروض عبر الإنترنت ، والأوراق الشفافة (الشفافيات) التي تعرض على جهاز الوفرهيد بروجكتور ، والإخراج المطبوع على الورق ، والشرائح مقاس25 مم التي تعرض على جهاز عرض الشرائح الشفافة.

● كيفية الدخول على البرنامج :

يمكنك تشغيل برنامج بوربوينت وذلك باتباع الأمر التالي :

◀◀ انقر زر " ابدأ " .

◀◀ أشر إلى "البرامج" .

◀◀ انقر رمز برنامج العروض التقديمية .

◀◀ وستظهر لك شاشة عرض برنامج بوربوينت ، وسيظهر لك مساعـــد

من الوسائل التعليمية إلى تكنولوجيا التعليم .. الجزء الثاني

أوفس في أول مرة تقوم فيه بفتح البرنامج . كما سيظهر لك مربع حوار برنامج بوربوينت الذي يتيح لك إنشاء عرض تقديمي جديد.

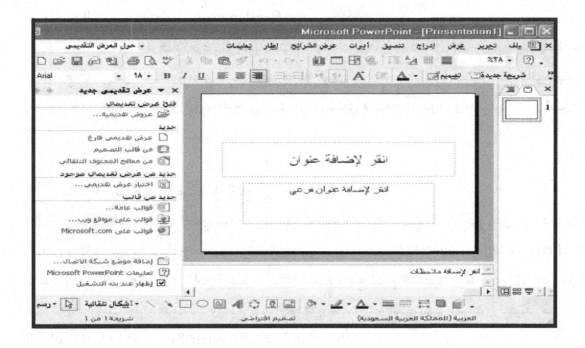

- أنواع العروض التي يتيحها البرنامج :

يتيح برنامج باوربوينت إعداد عروض الوسائط المتعددة بإحدى ثلاث طرق :

1- معالج المحتوى التلقائي :

ويقوم المعالج بإنشاء عرض تقديمي بطريقة آلية عن طريق إجابة الأسئلة التي يطرحها المعالج عليك .

2- قالب تصميم :

يتيح لك اختيار قالب جاهز من بين مجموعة من القوالب الجاهزة لكتابة العرض التقديمي عليها .

3- عرض تقديمي فارغ :

يتيح لك هذا الخيار أن تصمم العرض التقديمي حسب اختيارك واختر " عرض تقديمي فارغ " لبدء عرض تقديمي فارغ وسيظهر لك مربع حوار شريحة جديدة ، اختر الأمر موافق للبدء في إنشاء الشريحة الجديدة.

ويمكن استخدام كافة التأثيرات الخاصة والمزايا المتوفرة في برنامج العروض التقديمية بـاور بوينت لجعل العرض التقديمي على الشاشة مشوقا وكاملاً ، حيث يمكن استخدام المراحـل الانتقاليـة للشرائح ، والتوقيت والأفلام ، والأصوات ، والنصوص ، والألوان ، والحركة ، والارتباطـات التـشعبية ، وذلك لإعداد عروض متعددة الوسائط يتم تقديمها في شكل :

◀◀ عرض حي يقدمه أحد الأشخاص .

◀◀ عرض تقديمي ذاتي التشغيل .

◀◀ عرض تقديمي يبث عبر الإنترنت.

● الشاشة الرئيسة لبرنامج البوربوينت :

يوجد في نافذة برنامج البوربوينـت أشرطـة الأدوات المختلفـة مثـل شريـط الأدوات القيـاسي وشريط أدوات التنسيق وغيرها من الأشرطة التي توجد في برامج ويندوز الأخرى .

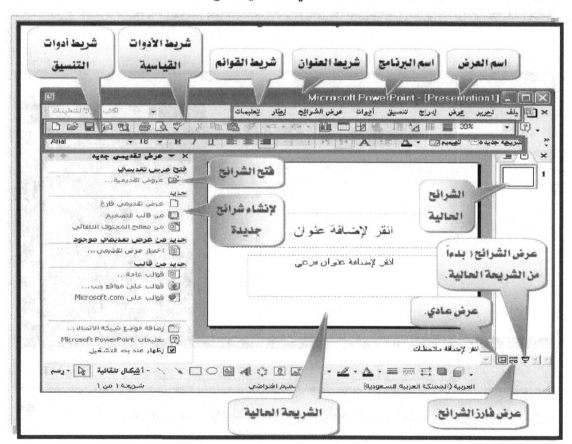

من الوسائل التعليمية إلى تكنولوجيا التعليم .. الجزء الثاني

● إنشاء العرض التقديمي :

عند تشغيل برنامج باوربوينت سيظهر لك مربع حوار يتيح اختيار أحد ثلاثة خيارات هي :

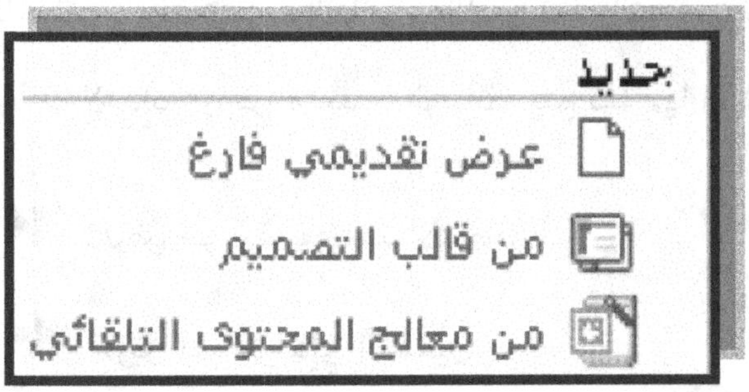

◄◄ معالج المحتوى التلقائي .

◄◄ قالب التصميم .

◄◄ عرض تقديمي فارغ .

● معالج المحتوى التلقائي :

يقوم معالج المحتوى التلقائي بتوجيه مجموعة من الأسئلة ، وبناء على إجاباتها يقوم بإنـشاء العرض التقديمي ، حيث توجد مجموعة من الشرائح القياسية مجهزة مسبقا ، لها جميع الخـصائص ، في كل شريحة نص أولي يمكن استبداله بنص يكتبه القائم بإعداد العرض وذلك بالنقر عليه .

عند اختيار معالج المحتوى التلقائي ضمن مربع حوار باوربوينت سيظهر مربع حـوار المعالج التالي :

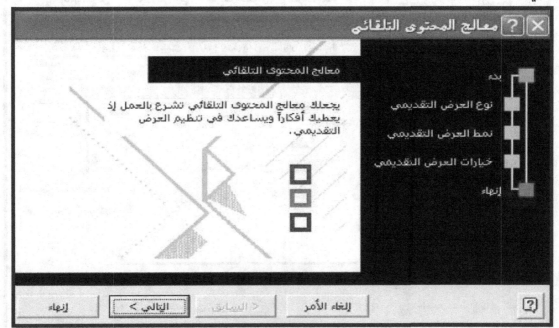

◄◄ حدد نوع العرض التقديمي المراد إعداده (اختر من بين البدائل الموضحة بمربع الحوار التالي :

من الوسائل التعليمية إلى تكنولوجيا التعليم .. الجزء الثاني

◄◄ بعد اختيارك لنوع العرض التقديمي انقر على الأمر (التالي) فيظهر لك مربع الحوار الموضح
بالشكل التالي :

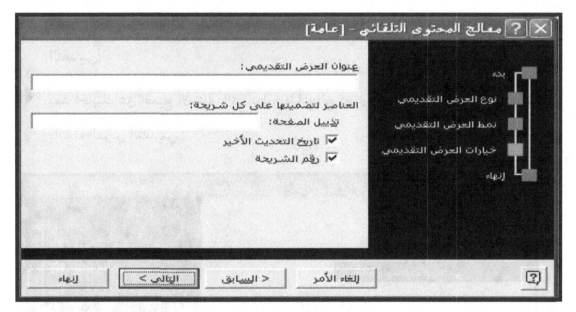

◄◄ اكتب عنوان العرض التقديمي الذي تريد إنشاؤه ، ثم حدد البيانات التي ترغب أن تظهر على
كل شريحة كتاريخ التحديث الأخير ورقم الشريحة ، ثم انقر عليه ، ثم اختر الأمر (التالي)
فيظهر لك مربع الحوار الموضح بالشكل التالي :

من الوسائل التعليمية إلى تكنولوجيا التعليم .. الجزء الثاني

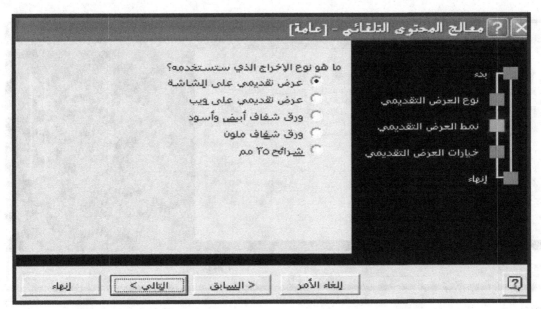

التالي >

- حدد نوع الإخراج الذي تريده للعرض التقديمي من البدائل المتاحة على مربع الحوار ، ثم اختر الأمر (التالي) .

- في حال رغبتك في تغيير أي من الإعدادات السابقة اختر الأمر (السابق) حتى تعود لمربع الحوار الذي تريد تعديل بياناته ، ثم اختر الأمر (التالي) لاستكمال إجراءات إعداد العرض التقديمي.

- بعد أجابتك عن جميع الأسئلة التي يطرحها المعالج اختر الأمر (إنهاء) لكي يقوم المعالج بإنشاء العرض التقديمي .

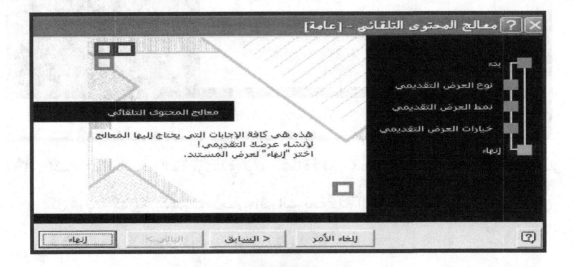

التالي >

من الوسائل التعليمية إلى تكنولوجيا التعليم .. الجزء الثاني

● إعداد عرض تقديمي من قالب التصميم :

عند تشغيل برنامج باوربوينت سيظهر لك مربع حوار يتيح لك حرية اختيار أحد الخيارات التي من بينها قوالب التصميم ، هذا الخيار الذي يتيح لك الاختيار بين عدة تصميمات لخلفيات الشرائح وألوانها :

◀◀ سيظهر لك مربع حوار (عرض تقديمي جديد) .

◀◀ اختر شكل التصميم الذي ترغب به وسيظهر هذا العرض في خانة المعاينة .

◀◀ ثم ستظهر لك الشريحة المطلوبة .

◀◀ انقر في المربعات الخاصة للكتابة لكي تستطيع أن تكتب داخل الشريحة .

◀◀ وفي حالة الرغبة لإنشاء شريحة جديدة يمكنك القيام بذلك بواسطة الأمر شريحة جديدة من قائمة إدراج كما هو موضح بالشكل:

◀◀ انقر إدراج ، ثم انقر شريحة جديدة ، ثم اختر شكل الشريحة من بين عدة بدائل لتصاميم متنوعة لتخطيط شرائح العرض كما هو موضح بمربع الحوار التالي.

من الوسائل التعليمية إلى تكنولوجيا التعليم .. الجزء الثاني

- يمكنك كتابة النصوص وتلوينها على الشريحة ، كما يمكنك إدراج صور ثابتة ، مع تزويدها بمؤثرات الحركة ، وطريقة الدخول ويمكنك إدراج ملفات صوت بها تعليق صوتي ، أو موسيقى تصويرية كما يمكن أن تدرج أيضا مقاطع فيديو جاهزة أو تقوم بإعدادها.

- ويعد قالب التصميم المستوى الوسط في تصميم وإعداد العروض التقديمية متعددة الوسائط باستخدام برنامج باور بوينت ، وذلك بين معالج المحتوى التلقائي الذي ينفذ كافة تعليميات التنفيذ آليا والعرض التقديمي الفارغ الذي لايتيح تنفيذ أية تعليمات بشكل آلي على الإطلاق (القائم بإعداد العرض هو الذي يتولى تنفيذ كافة التعليميات) .

- إعداد عرض تقديمي من عرض فارغ :

الخيار الثالث الذي يتيحه لك برنامج باور بوينت في إعداد العروض متعددة الوسائط هو أن تصمم العرض التقديمي وفق اختيارك ، حيث يقدم لك العرض فارغا وعليك القيام بكل شيء. فقط عليك اختيار شريحة جديدة ، ثم اختر شكل الشريحة المطلوبة ، ثم ابدأ العمل على الشريحة وضع عليها ماتريد من نصوص ، وصور ، وملفات صوتية ، وملفات فيديو .. ولاحظ ضرورة عدم ازدحام الشريحة الواحدة بوسائط عديدة ، كما أنه ليس بالضرورة تضمين كل شريحة جميع هذه الوسائط. وانتبه إلى أن كثرة الإبهار على شرائح العرض ليست مطلوبة ، لأن ذلك يصرف متلقي العرض عن موضوعه الأساسي.

- إضافة ارتباط تشعبي بين شرائح العرض:

من المزايا التي يتيحها برنامج باور بوينت انه يتيح بسهولة شديدة عمل ارتباطات تشعبية متعددة ومتنوعة بين شرائح العرض التقديمي فيمكن الانتقال بسهولة شديدة من الشريحة الأولى مثلا للشريحة الأخيرة

والعودة ، كما يمكن الانتقال في مسار تشعبي بين شرائح العرض الواحد وفقا لما تقتضيه الحاجة ، ويمكن استخدام Power Point مع الإنترنت بعمل ارتباط تشعبي .

● إنشاء ارتباط تشعبي Hyperlink على الانترنت :

◀◀ اختر نمط عرض الشريحة أو نمط العرض العادي ، ثم اختر النص أو الكائن المراد ربطه.

◀◀ انقر زر (ادراج ارتباط تشعبي) الموجود في شريط الأدوات أو فتح قائمة (إدراج) ومنها اختر (ارتباط تشعبي) ، سيظهر المربع الحواري (ادراج ارتباطتشعبي).

◀◀ قم بكتابة اسم الملف الذي تريد الربط به وذلك في خانة) اكتب اسم الملف أو صفحة ويب) أو ممكن أن تختاره من القائمة الموجودة في أسف الخانة السابقة.

◀◀ انقر زر (موافق) سوف يظهر خط اسفل الكائن أو النص الذي تم اختيارة في شريحة العرض . وعند تحريك مؤشر الفأرة على النص أو الكائن سوف يتغير شكل المؤشر إلى يد صغيرة وعند النقر سيتم نقلك إلى الموقع الذي حددته.

● انشاء ارتباط تشعبي مع شريحة أخرى داخل العرض:

◀◀ حدد النص أو الكائن المراد ربطه ، ثم انقر زر ادراج ارتباط تشعبي.

◀◀ من مربع الحوار الذي يظهر نشط التبويب (ملف موجود أو صفحة ويب موجودة) ثم انقر على زر (الملفات الأخيرة) ثم اختر الشريحة التي تريد الفقز إليها أو الارتباط بها ، ثم انقر على زر (إشارة مرجعية) سيتم فتح مربع حواري آخر بعنوان (تحديد مكان في المستند.

◀◀ افتح قائمة عناوين الشرائح من المربع السابق ثم حدد الشريحة المراد القفز إليها ثم انقر زر موافق.

◀◀ من الممكن أيضاً إنشاء ارتباط تشعبي مع مستندات أخرى سواءً كانت موجودة على جهازك أو موجودة على جهاز آخر ، وذلك عن طريق تحديد اسم الملف كاملاً مع المسار ثم النقر على زر (الملفات الأخيرة) والنقر على زر (استعراض الملفات) ، وذلك من خلال عرض الملفات الموجودة على جهازك أو على الشبكة ، وذلك خلال مربع حوار ادراج ارتباط تشعبي.

من الوسائل التعليمية إلى تكنولوجيا التعليم .. الجزء الثاني

● انشاء ارتباط تشعبي مع بريد الكتروني:

ومن الممكن أيضاً إنشاء ارتباط تشعبي مع عنوان بريد إلكتروني وذلك عـن طريـق مربـع الحوار (إدراج ارتباط تـشعبي) ثم تنـشيط التبويـب (عنوان بريد إلكتروني) وكتابـة عنـوان البريـد الإلكتروني في خانة عنوان البريد الإلكتروني أو اختيار عنوان من القائمة.

ومن الممكن إظهار تلميح عند التأشير على الارتباط وذلك عن طريق النقر بزر الفـأرة الأيـمن على الكائن المرتبط ثم اختيار (إدراج ارتباط تشعبي) حيث تظهر قائمة أخرى نختار منها (تحريـر ارتباط تشعبي) حيث سيظهر مربع حوار (تحرير ارتباط تشعبي) انقر عـلى زر (تلميحـة) سـيظهر مربع آخر بعنوان (تعيين تلميح الـشاشة للارتبـاط الـتشعبي) ، اكتب الـنص الـذي تريـده ثم انقر (موافق) .

● نشر العرض على الإنترنت:

يتم نشر العرض على الإنترنت من خلال إحدى خطوتين هما : حفظ العرض بتنسيق HTML وتحويل الناتج إلى خادم ويب ، أو حفظ العرض مباشرة على صفحة ويب :

◄◄ افتح قائمة (ملف) ثم اختر (حفظ كصفحة ويب) سيظهر مربع حواري بعنوان حفظ باسم .

◄◄ حدد المكان الذي تريد الحفظ فيه في خانة حفظ في.

◄◄ ومن خانة حفظ الملف بنوعه اختار صفحات ويب.

◄◄ انقر على زر (حفظ) لحفظ العرض كصفحة ويب.

● حفظ العرض مباشرة على صفحة ويب:

◄◄ افتح قائمة ملف ثم اختر (حفظ كصفحة ويب) سيظهر مربع حواري بعنوان حفظ باسم.

◄◄ انقر على زر (نشر) لتخصيص عـرض صـفحة الويب . سيظهر مربـع حـواري (نـشر كصفحة ويب) ، قم بتحديد ما تريد نشره وقم باعتماد المستعرض ثم انقر زر نشر .

من الوسائل التعليمية إلى تكنولوجيا التعليم .. الجزء الثاني

- إضافة صور وملفات صوت وفيديو إلى شرائح العرض:

من أهم مميزات برنامج العروض التقديمية هو وضع صورة في العرض مما يضيف جاذبية للعرض وسهولة وخاصة إذا كان العرض يقدم معلومات مهمة ويمكنك إضافة صور من احد مصدرين : المصدر الأول هو معرض الصور Clip Art الملحقة بمجموعة أوفيس . والمصدر الثاني هو إضافة صورة مخزنة على القرص :

- إضافة صورة من معرض الصور **Clip Art**:

- ضغط بمؤشر الفارة الأيسر ضغطتين متتاليتين علي شكل الصورة داخل الشريحة .
- يتم فتح برنامج الصور بمجموعة أوفس ليعرض مجموعة من الصور كما بالشكل:
- اضغط بالمفتاح الأيسر للفارة علي الصورة المختارة واختر موافق سيتم إدراج الصورة.
- لاحظ أن الصورة التي تم إدراجها تكون محددة بمربعات يمكن من خلالها التحكم في حجم الصورة (تكبيرها - تصغيرها - تحريكها) في أى مكان داخل الشريحة.

- إضافة صورة من ملف تم تخزينه على الجهاز :

- ضع المؤشر داخل الشريحة المطلوب وضع الصورة بها .
- من القائمة الرئيسية (شريط القوائم) اختر قائمة (إدراج insert).
- اختر إدراج صورة من ملف (from file).

من الوسائل التعليمية إلى تكنولوجيا التعليم .. الجزء الثاني

◀◀ حدد مكان أو مسار ملف الصور واختر الصورة واضغط إدراج.

• إضافة صوت لشرائح العرض :

يتيح لك برنامج العروض التقديمية بإضافة أصوات للشرائح التي تقوم بتصميمها ليضاف إلي العرض قوة ووضوح وجاذبية.

وهناك طريقتين لإضافة أصوات : إضافة صوت من معرض الأصوات ، وإدراج صوت من ملف مخزن علي القرص في جهاز الكمبيوتر .

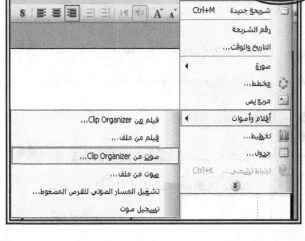

• إضافة صوت من معرض:

◀◀ اختر شريط القوائم (القائمة الرئيسية).

◀◀ اضغط علي أمر " إدراج"

◀◀ اختر " أفلام وأصوات "

◀◀ اضغط علي " صوت من معرض ".

◀◀ شكل السماعة في هذه الشريحة يدل على وجود صوت مصاحب للشريحة.

• إضافة صوت من ملف :

لإضافة صوت للشريحة من ملف نتبع الخطوات الآتية :

◀◀ من شريط القوائم اختر أمر "إدراج".

من الوسائل التعليمية إلى تكنولوجيا التعليم .. الجزء الثاني

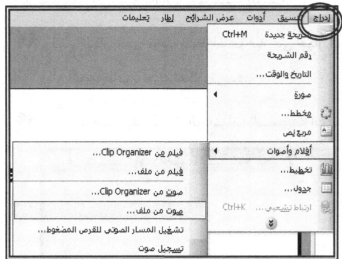

◄◄ ثم اختر " أفلام وأصوات "

◄◄ اضغط علي" صوت من ملف "

◄◄ حـدد مكـان ملفـات الأصـوات علي القرص .

◄◄ اخـتر ملـف الصـوت المـراد إدراجه واضغط موافق.

◄◄ لاحظ ضرورة تزويد الكمبيوتر بكارت صوت وسماعات حتى تسمع ملفات الصوت على الشرائح.

◄◄ يمكنك إعداد ملفات صوت بتسجيلها بصوتك عـن طريـق ميكرفون يـتم توصيله بالكمبيوتر ومـن خـلال برنـامج Sound Recorder الملحـق ببرنـامج تـشغيل الكمبيـوتر ميكروسوفت ويندوز.

◄◄ يمكنك إضافة ملف فيديو على شرائح العرض التقديمي بنفس طرق إدراج ملفات الصوت إما من معرض ملفات الفيديو أو من ملفات الفيديو المصورة والمخزنة على الكمبيوتر.

● حفظ العرض التقديمي:

بعد الانتهاء من إنشاء العرض التقديمي بأي مـن الطـرق الثـلاث الـسابقة ، يمكنك حفظه في الحاسوب باتباع الآتي:

◄◄ افتح قائمة ملف ، ثم اختر الأمر حفظ.

◄◄ عند حفظك للملف أول مرة سيظهر لك مربع حوار حفظ باسم الموضح بالشكل التالي :

◄◄ اكتب اسم الملف الذي تريد حفظه به في المكان المخصص لذلك في مربع الحوار.

◄◄ اخـتر نـوع الملـف الـذي تريـد حفظـه بـه مـن القائمـة المحـددة علـى مربـع الحـوار ، وهـذا الخيـار يحـدد التنـسيق الـذي تريـد حفـظ الملـف بـه

ويتوقف ذلك على استخداماتك المستقبلية للملف.

◀◀ اختر المكان الذي تريد حفظ الملف فيه على جهاز الحاسب (سطح المكتب ، أو المستندات ، أو المحفوظات ، أو أي مكان تريده.

◀◀ بعـد اسـتيفاء كـل البيانـات الـسابقة انقـر المـر حفـظ ليتـم حفـظ ملـف

العرض التقديمي متعدد الوسائط الذي قمت بإعداده وحفظه.

● مشاهدة العرض :

لكي تعرض شرائح عرضك التقديمي متعدد الوسائط اتبع الخطوات التالية :

◀◀ افتح العرض التقديمي المراد مشاهدته .

◀◀ من قائمة عرض الشرائح اختر الأمر إجراء العرض وستظهر أول شريحة ملء الشاشة .

◀◀ لعرض الشريحة التالية : انقر بزر الفأرة الأيسر ، أو أضغط مفتاح page down .

◀◀ لعرض الشريحة السابقة : انقر بزر الفأرة الأيمن ثم أختر السابق.

من الوسائل التعليمية إلى تكنولوجيا التعليم .. الجزء الثاني

◀◀ اضغط مفتاح page up أو مفتاح السهم الأيسر أو مفتاح السهم الذي يشير إلى أعلى .

◀◀ عند انتهائك مـن عـرض الـشرائح اضغط مفتاح الهروب ESC ، أو انقر بزر الفأرة الأيمن ثم أختر الأمر إنهاء العرض.

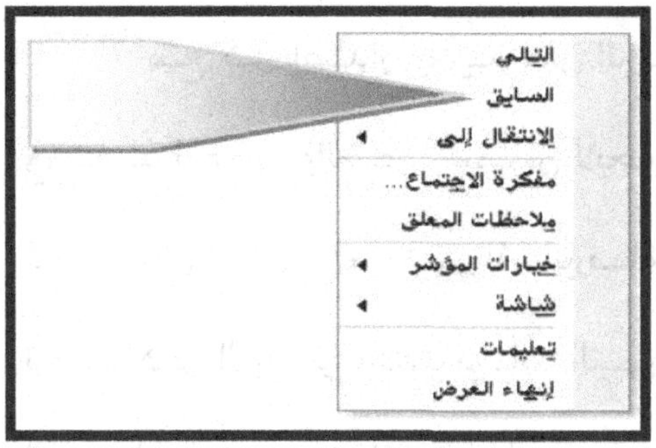

◀◀ كما يمكنك بـدء العرض بطريقـة سريعـة بالنقر على أيقونة عرض الشرائح في الركن الأيمن السفلي لنافذة العرض التقديمي أو مـن خـلال ضـغط مفتاح F5 .

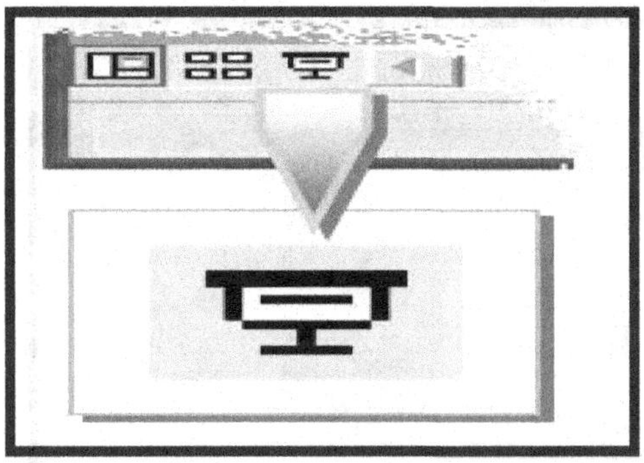

◀◀ يمكنك عـرض الـشرائح عرضا فارزا بحيـث تـتم مشاهدتها في مربعـات صـغيرة متجـاورة ، وهـذا النوع من العرض يتيح التعرف على عدد الشرائح في العـرض ، ويتيح عمليـة ترتيـب وتنـسيق الشرائح.

● إغلاق العرض :

◀◀ اختر قائمة ملف ، ومـن ثـم اضغط عـلى الخيار إغلاق .

● فتح عرض تقديمي سابق :

◀◀ اختر قائمة ملف ، ومـن ثـم اضغط عـلى الخيـار فتح .

◀◀ حدد المجلد الذي تريد فتح الملف منه ، ثم حدد الملف المطلوب ثم اضغط على فتح لتـشاهد العرض .

● الخروج من البرنامج :

◀◀ اختر قائمة ملف ، ومن ثم اضغط على الخيار إنهاء .

● العمل مع الإصدارات المختلفة من باور بوينت :

مـع كـل إصـدار جديـد مـن البرنامـج هنـاك لمسـات تطويريـة ومرونـة وسـهولة وكفـاءة في تنفيـذ المهـام ، والخـص المتمـرس لايجـد صـعوبة في التعامـل مـع الإصـدارات الجديـدة للبرنامـج ، فمـن خــلال تـصفحه لقـوائم البرنامـج أو أشـرطة ادواتـه خـلال دقـائق معـدودة يمكنـه تحيـد كـل الأوامـر والتعليمـيـات التـي تيـسر لـه العمـل بسـهولة مـن خـلال البرنامـج . وفي الإصـدار باوربوينـت 2007م المتوافـق مـع نظـام التـشغيل وينـدوز فيـستا تختلـف واجهـة

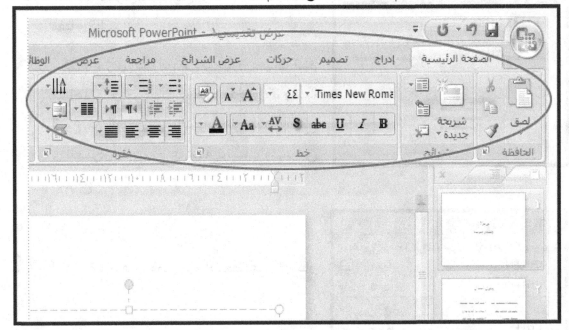

الشاشة الرئيسية للبرنامج ، وأشرطة أدواته كما بالشكل ، لكنه يتيح مرونـة أكـثر وسـهولة في العمـل ، كما يتيح تنفيذ المزيد من مؤثرات الحركة فضلا عن أن حجم الملفات المعدة به يكون أصغر .

● تقويم برمجيات الوسائط المتعدد :

في إطار تقويم البرمجيات التعليمية للحاسوب عموما ، وبرمجيات الوسائط المتعددة خصوصا ينبغى تحديد الجوانب ، والخصائص والسمات التـى يلـزم تقويمهـا في تلـك البرمجيـات ، وذلـك مـن خلال الإجابة عن مجموعة تساؤلات مثل :

◄◄ هل نقوم الشكل العام للبرمجيات ؟

من الوسائل التعليمية إلى تكنولوجيا التعليم .. الجزء الثاني

◄◄ وهل نقوم المضمون الدقيق لمحتوى البرمجيات ؟

◄◄ وهل نقوم الجوانب الفنية فى البرمجيات ؟

◄◄ وهل نقوم الجوانب التعليمية فى تلك البرمجيات ؟

◄◄ وهل نقوم الجوانب التربوية والنفسية التى يجب مراعاتها فى تلك البرمجيات ؟ ،

◄◄ وهل نقوم البرمجيات على ضوء أهدافها ؟ أم على ضوء مثيلاتها من البرمجيات الأخرى؟

◄◄ وهل نقوم لغة كتابة البرمجيات؟

◄◄ وهل نقوم سهولة استخدام المتعلم للبرمجيات؟

◄◄ وهل نقوم مدى تفاعل المتعلم مع البرمجيات ؟
إلى غير ذلك من التساؤلات ...

وعلينا أيضا أن نحدد:

◄◄ هل البرمجيات جاهزة ؟ أم يقوم بإعدادها المعلم أو المتعلم ؟

◄◄ وما مدى خبرة وكفاءة القائم بإعداد البرمجيات ؟

ويرى فلاك ، وآخرون (نقلا عن : محمود بـدر ، 1995، ص 160 ص 165) أن لكل نـوع مـن البرامج ، أو البرمجيات التعليمية محكا خاصا ومعايير خاصة لتقويمه ، فعلى سبيل المثال عند تقويم برمجيات المحاكاة يجب الإجابة عن التساؤلات التالية :

◄◄ ما الأهداف التعليمية للبرنامج ؟

◄◄ كيف تستخدم برامج المحاكاة ؟

◄◄ هل يمكن إعادة بدء البرنامج إذا ما حدثت أخطاء ؟

◄◄ ما المستوى العمرى الذى يستخدم معه البرنامج ؟

◄◄ هل يمكن معالجة معلومات البرنامج فى شكل آخر ؟

◄◄ هل يعطى البرنامج فرصا للمستخدم ، أم لا ؟

◄◄ هل البرنامج تفاعلى خطوة - خطوة أم متعدد الخطوات ؟ (فى بعض أنواع بـرامج المحاكاة تكون القرارات مستقلة بينما فى بعضها الآخر تكون القرارات ذات صلـة مـما يعنى أن تغيير متغير يؤدى إلى تغيير متغير آخر أو أكثر).

◄◄ هل برنامج المحاكاة مباشر التنافس ؟ بمعنى وجـود طـرف خـاسر وطـرف رابح أى يستخدم استراتيجية الألعاب؟ أم أن البرنامج لا ينتهى بطرف رابح أو خاسر؟

من الوسائل التعليمية إلى تكنولوجيا التعليم .. الجزء الثاني

◄◄ هل يستخدم البرنامج فى حل المشكلات؟ ، أم فى التدريب؟ ، أم فيهما معا؟

◄◄ هل أساليب التغذية المرتدة فعالة ؟

◄◄ هل توجد تغذية مرتدة لكل الخطوات ؟

◄◄ ما مدى صدق نموذج المحاكاة ؟

◄◄ ما فاعلية رسوم البرنامج ؟

◄◄ ما الذى يمكن تعلمه من برنامج المحاكاة ؟

◄◄ ما المواد المعاونة ، والمحسنة للبرنامج ؟

◄◄ كيف يمكن تقويم آثار البرنامج ؟

◄◄ ما اقتراحاتكم لرفع فاعلية البرنامج ؟

◄◄ ما النموذج الرياضى المستخدم؟ ، وما صيغته ؟

◄◄ ما نوعية المحاكاة ؟

أما معايير تقويم البرمجيات التربوية عموما فهى كما يلى :

أ- المحتوى التربوى :

◄◄ هل الأهداف السلوكية للبرنامج محددة ؟

◄◄ هل البرنامج مناسب لمستوى الطلاب ؟

◄◄ هل طريقة العرض مناسبة ؟

◄◄ هل يتكامل البرنامج بسهولة مع المنهج المدرسى ؟

◄◄ هل المحتوى العلمى دقيق ؟

ب- صفات الأساليب :

◄◄ هل البرنامج خال من أخطاء البرمجة ؟

◄◄ هل الشاشة جذابة ؟

◄◄ هل يمكن إعادة بدء البرنامج فى أى وقت ؟

◄◄ هل يستخدم البرنامج الألوان ، والصوت، والموسيقى بشكل مناسب ؟

◄◄ هل يتفرع البرنامج للإرشادات بشكل مناسب ؟

◄◄ هل يمكن تعديل البرنامج بسهولة ؟

جـ- سهولة الاستخدام :

◄◄ هل يستطيع الطلاب تشغيل البرنامج بمفردهم ؟

◄◄ هل التعليمات واضحة ؟

◄◄ هل يمكن استعراض التعليمات فى أى وقت ؟

◄◄ هل يمكن الخروج من البرنامج فى أى وقت ؟

◄◄ هل يمكن التحكم فى سرعة ، وخطوات العرض ؟

◄◄ هل تؤدى مفاتيح الوظائف لتنفيذ وظائف خاصة للمتعلم ؟

◄◄ هل يفهم الطالب متى يدخل المطلوب بسهولة ؟

◄◄ هل يقبل البرنامج الاختصارات مثل أول حرف من الكلمة المطلوبة مثلا ؟

◄◄ هل يعالج البرنامج أخطاء المتعلم ؟

◄◄ هل يقبل البرنامج إجابات متعددة ؟

د- التفاعل :

◄◄ هل يوضع اسم التلميذ فى مكانه المناسب ؟ .

◄◄ هل يجد المتعلم البرنامج جذابا كلما استخدمه ؟

◄◄ هل يخبر البرنامج الطالب بصحة ، أو خطأ استجابته ؟

◄◄ هل يقدم البرنامج تغذية مرتدة مناسبة ؟

◄◄ هل التغذية المرتدة متنوعة ، ومتغيرة ؟

◄◄ هل تتضمن التغذية المرتدة إشادات ، ومساعدة ، وفرص أخرى ؟

◄◄ هل يتجنب البرنامج تعزيز الاستجابات الخطأ ؟

هـ- التسجيل :

◄◄ هل يسجل البرنامج ، محاولات ونتائج الطلاب على اسطوانة ؟

◄◄ هل يستطيع المعلم متابعتها ؟

◄◄ هل يمكن طباعتها ؟

◄◄ هل المسجلات تضاف للمسجلات السابقة ؟

◄◄ هل التسجيل مباشر ، أم فى نهاية البرنامج ؟

و- التوثيق :

◄◄ هل التعليمات المصاحبة للبرنامج واضحة وسهلة الفهم ؟

◄◄ هل تحدد التعليمات المعلومات السابقة المطلوبة للمتعلم ؟

◄◄ هل يحتاج البرنامج إلى دليل ، أم أن تعليماته واضحة ؟

◄◄ هل الدليل واضح ومتكامل ؟

● معايير خاصة لتقويم برمجيات الوسائط المتعدد :

إلى جانب المعايير العامة السابقة هناك معايير خاصة ببرمجيات الوسائط المتعددة ، حيث تستخدم تلك المعايير عند تصميم هذه الوسائط وعند تقويمها ، وهي :

من الوسائل التعليمية إلى تكنولوجيا التعليم .. الجزء الثاني

1- معايير خاصة بالنصوص المكتوبة : حيث يجب أن يكون :

◀◀ نوع الخط المكتوب به النص مناسب (يفضل استخدام نوع واحد أو اثنين على الأكثر من الخطوط الواضحة غير المزخرفة).

◀◀ نمط الخط مناسب.

◀◀ مقاس الخط مناسب للعناوين والنص العادي .

◀◀ لون الخط مناسب (يفضل استخدام لون واحد أو اثنين على الشريحة مع مراعاة تناسق الألوان وتباينها).

◀◀ المسافة بين السطور في النص المكتوب كافية.

◀◀ تنسيق النص مناسب من الناحية الجمالية.

◀◀ عدد كلمات النص مناسبة لحيز الكتابة على الشريحة.

◀◀ النص المكتوب دقيق إملائيا ونحويا ، وبسيط مفهوم لغويا.

2- معايير خاصة بالصور والرسوم : حيث يجب أن يكون :

◀◀ الصور والرسوم المدرجة واضحة ومعبرة.

◀◀ الصور والرسوم مرتبطة بموضوع العرض.

◀◀ جذابة ومشوقة بعيدا عن الإبهار.

◀◀ عدد الصور المعروضة مناسب لمساحة الشريحة.

◀◀ مقاس الصورة مناسب لمساحة الشريحة ومساحة النص .

◀◀ ألوان الصور والرسوم متناسقة مع ألوان النصوص وخلفية الشرائح.

3- معايير خاصة بالصوت والمؤثرات الصوتية : حيث يجب أن يكون :

◀◀ ملفات الصوت والمؤثرات الصوتية المستخدمة واضحة ومعبرة ومؤثرة.

◀◀ مرتبطة بموضوع العرض.

◀◀ جذابة ومشوقة بعيدا عن الإبهار والصخب .

◀◀ متطابقة مع عرض باقي محتويات الشريحة من نصوص وصور.

◀◀ المؤثرات الصوتية في الشرائح المصحوبة بتعليق لفظي حي لاتؤدي إلى شوشرة على القائم بالتعليق أثناء العرض .

◀◀ التعليق الصوتي المصاحب للشرائح آلية العرض كافي لشرح محتوى تلك الشرائح.

◀◀ هناك تناغم وتناسق بين التعليق الصوتي اللفظي والمؤثرات الصوتية من موسيقى وخلافه على كل شريحة من شرائح العرض.

4- معايير خاصة بالفيديو : حيث يجب أن يكون :

◀◀ مقاطع الفيديو المستخدمة واضحة ومعبرة ومؤثرة .

من الوسائل التعليمية إلى تكنولوجيا التعليم .. الجزء الثاني

◀◀ مرتبطة بموضوع العرض ، وليست للإبهار البصري فقط.

◀◀ مناسبة المدة فلا تكون طويلة بشكل ممل ولا مختصرة بشكل مخل.

◀◀ متناغمة مع محتويات الشريحة الأخرى من نصوص وصور و صوت.

◀◀ موظفة توظيفا جيدا لخدمة موضوع العرض ، مع عدم الإسراف في استخدامها ، أو الإكثار منها دون داعي.

5- معايير خاصة بمؤثرات الحركة : حيث يجب أن يكون :

◀◀ مؤثرات الحركة المستخدمة معبرة ومؤثرة وهادفة.

◀◀ مناسبة لموضوع العرض ، وليست للإبهار البصري فقط.

◀◀ مريحة لعين المشاهد ، مناسبة من حيث سرعة عرضها.

◀◀ غير مبالغ فيها من حيث كثرتها ، وعدم التنسيق بينها.

◀◀ متناغمة مع باقي مكونات الشريحة الأخرى.

6- معايير خاصة بالألوان : حيث يجب أن يكون :

◀◀ الألوان المستخدمة مناسبة ومعبرة ومؤثرة.

◀◀ موظفة لخدمة موضوع العرض ، وليست للإبهار البصري فقط.

◀◀ متناغمة متناسقة متباينة .

◀◀ غير مبالغ فيها بكل شريحة (يفضل عدم استخدام أكثر من لونين على الشريحة الواحدة).

****

من الوسائل التعليمية إلى تكنولوجيا التعليم .. الجزء الثاني

الفصل الحادي عشر :

((الأجهزة التعليميـــــة))

- مفهوم الأجهزة التعليمية.

- موقع الأجهزة التعليمية في منظومة تقنيات التعليم .

- الإجراءات الوقائيـة والفنيـة عنـد اسـتخدام الأجهـزة
  التعليمية .

- معايير استخدام الأجهزة التعليمية.

- البيئة التعليمية ومواصفاتها المعيارية.

الفصل الحادي عشر :

((الأجهـــزة التعليميـــــة))

يتناول هذا الفصل الأجهزة التعليمية ، حيث يعرض لمفهوم الأجهزة والأجهـزة التعليميـة ، وموقعها في منظومة تقنيات التعليم وإجراءات استخدامها والتعامل معها ، وبيان ذلك فيما يلي :

- مفهوم الأجهزة والأجهزة التعليمية :

الأجهزة *Hardware* مصطلح عام يشير إلى أي آلات ، أو معدات تستخدم لعرض ، أو إنتاج ، أو معالجة أية مادة تعليمية ، أو إعلامية .

أما الأجهزة التعليمية *Instructional Hardware* فتشمل كافة أنواع المعـدات ، والألات ، والأدوات التي تستخدم فـي عرض ، وإنتاج المواد التعليمية باختلاف أشكالها وصورها ، ومـن أمثلتها : أجهزة إنتاج الصور وعرضها ، وأجهـزة إنتـاج الـشفافيات وعرضـها ، وأجهـزة إنتـاج الـشرائح الـشفافة وعرضها، وأجهزة إنتاج برامج الفيديـو وعرضها ، وأجهزة إنتاج برمجيـات الحاسـب الآلـي وعرضـها ، وأجهزة العـرض السينمائـي ، وأجهزة الفيديو التفاعلي ، وأجهـزة الإسقاط الضوئي .... وغير ذلـك مـن الأجهزة التي يتعامل معهـا المتعلم ، أو المعلم ، أو كلاهمـا عن قصـد داخـل المؤسـسـات التعليميـة ، أو عن غير قصد خارج جـدران تلـك المؤسسات .

وتمثل الأجهـزة التعليمية مصدرا أساسيا من مصادر التعليم والـتعلم إمـا باكتـساب خـبرات حول تلك الأجهـزة ذاتها واستخداماتها ، وكيفيـة تشغيلها وصيانتها ، وإمـا باسـتخدامها في إنتـاج أو عرض مواد تعليمية محددة.

وتعد الأجهزة التعليمية تعد عنـصرا مـن ثلاثـة عنـاصر تمثـل مثلـث منظومـة تكنولوجيـا التعليم ، حيث تتكامـل مـع العنـصرين الآخـرين : العنـصر البـشري ، والمـواد التعليميـة ، لبنـاء تلـك المنظومة .

وتتدرج الأجهزة التعليميـة من الأجهزة اليدوية البسيطة ، إلى الأجهزة الميكانيكية المعقدة ، إلى الأجهزة الإلكترونية الحديثة .

وتشهد تقنيات الأجهزة التعليمية قفزات متلاحقة لتطويرها من حيث : صغر الحجم ، وتعددية الوظائف ، وكفاءة العمل ، وجودة الإنتاجية ، واعتمادها علي النظام الرقمي .

ويمكن تصنيف الأجهزة التعليمية على ضوء تطورها إلي : أجهزة تقليدية قديمة ، وأجهزة حديثة .

كما يمكن تصنيفها علي ضوء طريقة عملها إلي : أجهزة يدوية وأجهزة آلية . وتصنيفها علي ضوء تقنية عملها إلي: أجهزة قياسية ، وأجهزة رقمية . وتصنيفها على ضوء عمرها الافتراضي إلي : أجهزة مستهلكة وأجهزة معمرة . وتصنيفها على ضوء إمكانية حملها إلي : أجهزة محمولة وأجهزة غير محمولة . كما يمكن تصنيف الأجهزة التعليمية علي ضوء وظيفتها والهدف من استخدامها إلي : أجهزة تيسر عملية التعليم والتعلم وأجهزة وسيطة تنقل محتوى وخبرات التعلم وأجهزة مكملة لخبرات التعليم والتعلم .

وتأتي أجهزة العرض Projection Equipments كنوع من الأجهزة التعليمية ، التي تعرف أيضا بأجهزة الإسقاط الضوئي ، حيث تشمل جميع الأجهزة التي يمكن من خلالها عرض المواد التعليمية عن طريق إسقاطها ضوئيا ، إما إسقاطا مباشرا ، وإما إسقاطا غير مباشر (إسقاط انعكاسي). ومن أمثلة هذه الأجهزة : جهاز العرض السينمائي 8 مم ، و 16 مم ، وجهاز عرض الشرائح الشفافة ، وجهاز عرض الصور والوثائق المعتمة وجهاز عرض الشفافيات ، أو ما يعرف بجهاز العرض فوق الرأس ، وجهاز إسقاط الفيديو (فيديو بروجكتور) ، وما على شاكلتها من أجهزة .

وقد شهدت الآونة الأخيرة تطورا كبيرا في مجال أجهزة العرض الضوئي ، فظهرت أجيال متلاحقة من هذه الأجهزة غاية في التطور والتقنية تمتاز بعرضها للصور بشكل واضح وجذاب وهي خفيفة الوزن وتعمل بطريقة التحكم عن بعد Remote Control ، كما تعتمد على التقنية الرقمية التي تجعلها تتكامل مع العديد من الأجهزة الأخرى ، كما هو الحال مع أجهزة عرض البيانات Data Projector التي يمكنها عرض البيانات من أجهزة : الكمبيوتر ، والفيديو والتليفزيون ، وكاميرات الفيديو ..الخ.

- موقع الأجهزة التعليمية في منظومة تقنيات التعليم :

يرى البعض أن منظومة تقنيات التعليم تشتمل على شقين رئيسيين هما : الأجهزة *Hardware* ، والمواد *Software* ، ولا تكتمل المنظومة دون اجتماع الشقين معا .

لكن لكي تكتمل تلك المنظومة لابد من وجود مكون آخر هو العنصر البشري ، ذلك العنصر الذي يقوم بإنتاج الأجهزة والمواد التعليمية والذي من أجله توظف هذه الأجهزة وتلك المواد .

ولبيان موقع الأجهزة في منظومة تقنيات التعليم بعناصرها ومكوناتها الثلاثة نتأمل الشكل التخطيطي التالي :

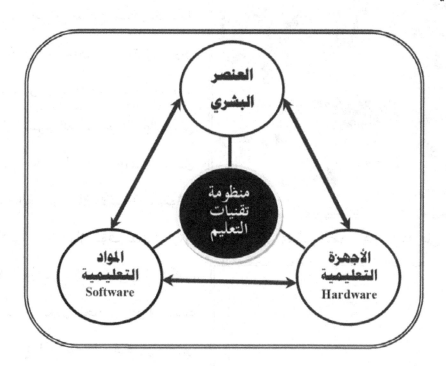

حيث يتضح من الشكل أن الأجهزة التعليمية بكل أنواعها واشكالها تمثل أحد عناصر منظومة تقنيات التعليم ، وأنها تؤثر في العنصريين الآخرين (المواد التعليمية ، والعنصر البشري) ، وتتأثر بهما ، وأن المنظومة لايمكن لها أن تكتمل دون وجود الأجهزة .

● الإجراءات الوقائية والفنية عند استخدام الأجهزة التعليمية :

للتعامل مع أجهزة العرض التعليمية هناك عدة قواعد وأسس عامة ينبغي مراعاتها والالتزام بها ، هذه القواعد هي :

● اختيار منضدة العرض :

هناك أنواع عديدة ، وأشكال مختلفة لمناضد العرض   فمنها المرتفع ومنها المنخفض   كما

هو في الشكل ، ولاحظ أنه كلما كانت منضدة العرض مرتفعة (حوالي 100 سم) بحيث تسمح بمرور الأشعة الضوئية فوق مستوى رؤوس المشاهدين وهم جلوس أثناء العرض .. يكون مستوى العرض جيداً والعكس صحيح فكلما انخفض ارتفاع حامل جهاز العرض فإن الأشعة الضوئية الساقطة من الجهاز سوف تصطدم برؤوس المشاهدين وتظهر الصورة غير كاملة على الشاشة لظهور

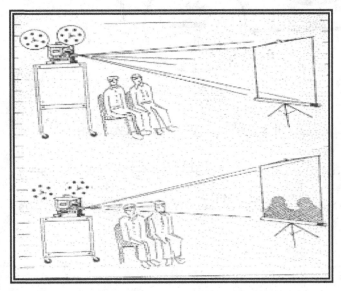

ظلال رؤوسهم كما هو في الشكل ، ويفضل أن يكون الحامل ، أو المنضدة من النوع الذي يسهل رفع أو خفض منصته ، وتحريكه على عجلات ، ويجب أن يكون الجهاز في مقابل الشاشة بحيث يسقط شعاع الضوء على مركز الشاشة بزاوية عمودية 90° درجة حتى لايحدث تشوه انحرافي للصورة الساقطة مما يؤثر سلبا على المشاهد .

أما المناضد المستخدمة لأجهزة الحاسوب فتختلف عن تلك المستخدمة لأجهزة العرض الأخرى ، وذلك لضرورة ثباتها ومتانتها ، وأن يكون مستواها بمستوى المستخدم للحاسوب وهو جالس كما في الشكل .

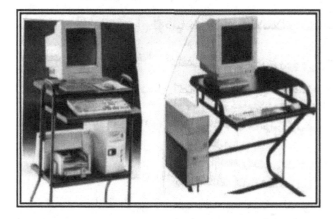

● كيفية رفع الجهاز وحمله :

أجهزة العرض الضوئي أجهزة دقيقة ، تحتوي على أجزاء حساسة فيجب رفعها وحملها برفق تفحص الأجهزة الموجودة لديك قبل حملها ولاحظ أن هناك بعض الأجهزة لها مقبض وأخرى لها مقبضين ، وثالثة لها فتحات لرفعها ، فإذا لم تجد في الجهاز مقبضا عليك أن تضع يدك أسفل قاعدة الجهاز عند حمله أو رفعه كما هو في الشكل .

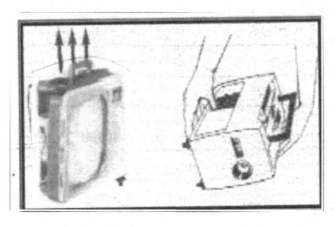

● تأمين الجهاز من السقوط :

تتصل معظم الأجهزة بأسلاك طويلة ، وذلك تسهيلاً لتحريك الجهاز في غرف العرض ، وخاصة إذا كان مكان وضع الجهاز ومصدر التيار الكهربائي بعيدين عن بعضهما فعند تجهيز الجهاز للعرض ووضعه في مكانه المخصص وقبل توصيله بمصدر التيار الكهربائي ، عليك لف السلك

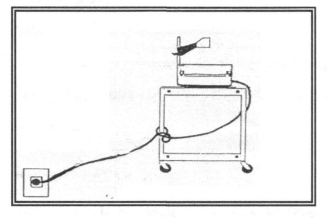

حول أحد أرجل حامل العرض عدة مرات ، أو لفه على مسماري السلك الموجود في مؤخرة الجهاز ، وذلك لتمنع انقطاع كبل الكهرباء ، ولتمنع الجهاز من السقوط إذا تعثر إحد الأفراد بسلك التوصيل .

- خطورة التوصيلات الإضافية :

إن استخدام توصيلات إضافية للأسلاك الأساسية أمر خطير فقد يسبب ذلك زيادة طول السلك وتعثر أحد الأفراد فيه ، أو قد يكون غير موصل بشكل صحيح ، أو مكشوفاً فيسبب صدمة كهربائية لمن يستخدمه أو يسير فوقه ، فعليك تجنب ذلك بقدر المستطاع ، والبحث عن مصدر للتيار الكهربائي يكون قريبا من الجهاز .

- مراعاة قيمة فرق الجهد الكهربائي :

غالبية الأجهزة الكهربائية بها مفتاح لتحويل فرق الجهد *Volt Selector* ، بواسطته يتم اختيار فرق الجهد المناسب لكل جهاز مع مصدر التيار المستخدم ، وعليك أن تتأكد من أن الفولت الذي يعمل عليه الجهاز هو نفس الفولت لمصدر التيار الكهربائي الأساسي فمثلا إذا كان الجهاز يعمل على تيار 110 فولت فإن مصدر التيار الكهربائي الموجود بقاعة العرض يجب أن يكون 110 فولت أيضاً ، وفي حالة اختلاف أحدهما كأن يكون الجهاز يعمل على 110 فولت بينما التيار الكهربائي الموجود بقاعة العرض 220 فولت ففي هذه الحالة يتم توصيل الجهاز بمحول كهربائي ليعادل فرق الجهد . وقد روعي في معظم الأجيال الحديثة من أجهزة العرض التعليمية ما يتم التغلب به على تلك المشكلة ، حيث يمكن لهذه الأجهزة أن تعمل على فرق جهد كهربي متعدد ومتغير من أقل من 110فولت وإلى أكثر من 240فولت أتوماتيكيا ... لكن عليك التأكد من ذلك قبل توصيل الجهاز بمصدر الكهرباء .

وتذكر أن :

مقدار فرق الجهد يسجل عادة في مؤخرة الجهاز ، أو في أي مكان آخر على الجهاز فتفحص الأجهزة التي أمامك وحاول تدوين فرق الجهد المسجل عليها في لوحة ورقية صغيرة توضع بجوار كل جهاز في مكان بارز.

- قابس (فيشة) الجهاز :

قبل تشغيل الجهاز تأكد من أن نوعية قابس (فيشة) *Plug* توصيل الجهاز بالتيار الكهربائي مناسبة لنوعية وطبيعة شكل مقبس مصدر التيار الكهربائي *Socket* في مكان العرض ، فإذا كانت مختلفة عليك استخدام المشترك ذو الفتحات المختلفة لتتخير الفتحة المناسبة المتوافقة بين

القابس والمقبس ، ومن الأخطاء الجسيمة وضع نهاية الأسلاك مباشرة بمصدر التيار بدون فيشة فهذا قد يسبب مع خطورته تلف الجهاز ، أو احتراق المصباح لأنه قابل للانفصال في أي لحظة.

● عدسات الجهاز :

العدسات في أجهزة العرض من الأجزاء الحساسة ، والقابلة للخدش والتلف ، والكسر إذا لم تتم العناية بها عند تنظيفها ، أو استخدام الجهاز فحاول عدم لمس عدسات الجهاز بإصبعك أبداً وعليك أن تنظف العدسات عندما تكون متسخة فقط ، ولتنظيفها يمكنك استخدام قطعة قماش ناعمة خاصة بالعدسات ، وهي غالباً ما تكون خالية من الوبر أو الحبيبات التي ربما تخدش العدسات فتقلل من عكسها للضوء ، كما يمكنك استخدام فرشاة تنظيف العدسات الموجودة مع الجهاز في حال وجودها ، وتجنب استخدام قطع القماش الخشنة لتنظيف العدسات .

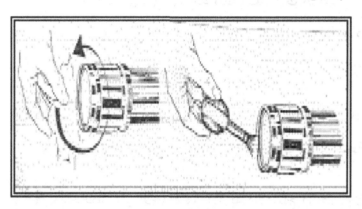

ويرفق مع معظم الأجهزة قطعة من قماش ناعم ، أو فرشاة ناعمة صغيرة لهذا الغرض وعليك أن تقوم بعملية التنظيف هذه بطريقة دائرية مبتدئا بمركز العدسة ومتجها ناحية حوافها الخارجية كما في الشكل

● مكان سماعات الصوت :

يتطلب استخدام بعض أجهزة عرض المواد التعليمية الاستعانة بسماعات صوت ، كما يحدث عند عرض الشرائح الشفافة ، أو عند عرض مادة تعليمية مسجلة على شريط كاسيت ، وفي هذه الحالة فإن مكان وضع السماعة أو السماعات يكون مهماً ، ويجب أن لا يتم وضعها في أي مكان. فمن الأفضل عدم وضعها في نهاية حجرة العرض بجانب جهاز العرض ولكن يمكنك وضعها في مقدمة الحجرة ، بجانب الشاشة في مستوى آذان المستمعين ، مع الانتباه إلى أسلاك توصيل السماعة بالجهاز لكي لا تكون عائقاً لحركة دخول وخروج الأفراد .

● حفظ أجهزة العرض :

للحفاظ على الأجهزة التعليمية في حالة جيدة ، ولمدة طويلة ينبغي عليك الآتي :

◄◄ رفع الأجهزة من مكانها بكل حرص وعناية ، مع اتباع التعليمات المذكورة آنفاً .

◄◄ الحرص على سلامة الأفياش وأسلاك التوصيل المناسبة للأجهزة .

◄◄ يجب التأكد من أن جهد التيار المستخدم يتوافق مع الجهد الذي يعمل عليها الجهاز .

◄◄ في حالة وجود مروحة تبريد يجب البدء بتشغيلها أولاً ، ثم تشغيل لمبة الإسقاط ، وعند الانتهاء من العرض يقطع تيار لمبة الإسقاط أولا ، ثم تترك المروحة تعمل لفترة ، وهناك بعض الأجهزة تعمل فيها المروحة تبعاً لشدة الحرارة المنبعثة من لمبة الإسقاط فإذا ارتفعت الحرارة داخل الجهاز بدأت المروحة في الدوران ، حتى إذا عاد الجهاز إلى حرارته الطبيعية توقفت المروحة عن الدوران أتوماتيكيا .

◄◄ بعد الانتهاء من العرض يرفع القابس من التيار الكهربائي ويلف السلك في المكان المخصص له في الجهاز (في مؤخرة الجهاز) أو يلف ويوضع في فتحة مخصصة لوضع السلك بها .

◄◄ المحافظة على الأجهزة من الأتربة والأوساخ والرطوبة والحرارة العالية والأماكن سيئة التهوية فيجب تغطية الجهاز في حالة عدم الاستعمال ، فإذا كان الجهاز من النوع الذي يحفظ بداخل صندوق يتم وضعه بداخل الصندوق المخصص له ، ويرفع في مكانه الأساسي في غرفة التخزين ، أو دولاب التخزين ، أما إذا كان الجهاز من الأنواع التي لا يمكن وضعها في صندوق يتم تغطيتها بالنايلون المخصص لها إذ توفر بعض الشركات أغطية من البلاستيك للجهاز نفسه ، أو صنع أغطية تحمي الجهاز تماماً من الغبار .

◄◄ احرص على تغطية العدسات إما بالأغطية المخصصة لها ، أو بقطع من النايلون ، أو قطعة قماش مناسبة.

◄◄ احفظ الأجهزة من التعرض للماء ، أو السقوط ، أو دخول أشياء غريبة داخلها .

◄◄ احرص على مد العمر الافتراضي للجهاز مدة أطول ، وكذلك المصباح ، وذلك بعدم تحريك الجهاز أثناء العرض لأن ذلك يتلف المصباح ، وإذا اضطررت لذلك أغلق الجهاز ثم حركه ، ثم أعد فتحه مرة أخرى ، وإذا تلف المصباح يمكنك استبداله بسهولة بالمصباح الاحتياطي المتوفر مع الجهاز ، وذلك بنزع القابس من الكهرباء ثم فتح غطاء الصندوق ، وتبديل المصباح المحترق ، مع الانتباه أن المصباح السابق سيكون ساخناً تماماً فعليكِ استعمال قطعة قماش سميكة ، كما ينبغي مسك المصباح الجديد بقماش أو كيس نايلون حتى لا تترك بصمات يدك على المصباح.

◄◄ عند تغيير لمبة الإضاءة (الإسقاط) التالفة ، يجب مراعاة أن يكون مفتاح التشغيل على ناحية قطع التيار (OFF) ، كما يجب الانتباه إلى مطابقة المصباح الجديد للنوع المطلوب من ناحية الفولتية ، وشدة التيار ، ونقاط التلامس المناسبة.

◄◄ استشارة الجهات المصنعة ، أو الموزعة ، أوالمتخصصة في الصيانة للأجهزة في حالة حدوث عطب للجهاز ، أو أحد ملحقاته .

◄◄ هناك بعض التعليمات من أجل معالجة الأعطال الطارئة أثناء استخدام أجهزة العرض يجب أن تلم بها.

● معايير اختيار الأجهزة التعليمية :
من المعايير التي ينبغي مراعاتها عند اختيار الأجهزة التعليمية ما يلي :

1- حديثة :

فعند اختيارك لأي جهاز تعليمي عليك التأكد من أنه نسخة حديثة مواكبة للوقت الذي تشتري فيه الجهاز .

2- قابلة للتحديث :

تأتي التقنية كل يوم بجديد في مجال الأجهزة التعليمية ، ومن ثم فهناك أجيال متلاحقة من تلك الأجهزة ، وما هو جديد اليوم يصبح قديما في الغد ، لذا يجب عند اختيارك لأي جهاز تعليمي خصوصا الأجهزة الرقمية المتوافقة مع الحاسوب أن يكون الجهاز قابلا للتطوير والتحديث ورفع كفاءته ليواكب التحديث المتوقع مستقبلا في هذا المجال.

3- متوافقة الخصائص الكهربائية :

عند اخيار الأجهزة التعليمية يجب مراعاة خصائص الكهرباء في البلد الذي ستستخدم فيه تلك الأجهزة ، من حيث فرق الجهد الكهربي (الفولت : 110 أو 220) والتردد الكهربي (50 سيكل ، أو 60 سيكل أو 60/50 سيكل) ...إلخ.

4- بسيطة التقنية :

بمعنى أن تكون تقنية تلك الأجهزة غير معقدة ، ومفهومة ، يسهل على المتعلم تشغيلها ، والتعامل معها ، وأن تكون سهلة الضبط والاستخدام .

5- متقنة الصنعة :

بمعنى أن تجمع هذه الأجهزة بين دقة الصنع ، وكفاءة العمل ، إلى جانب جاذبية الشكل وجمال الصنعة ، أي تجمع بين الجوانب العلمية والجوانب الفنية المرغوبة. وأن تكون تلك الأجهزة صناعة عالية الجودة من ماركات عالمية شهيرة مشهود لها بالكفاءة .

6- مناسبة :

بمعنى أن تكون الأجهزة التعليمية مناسبة لطبيعة المتعلم وقدرته العقلية ، وعمره الزمني. وأن تكون مناسبة لطبيعة المعلم وخبرته السابقة في استخدامها. وأن تكون مناسبة لاستخدامها في كثير من المواقف التعليمية.

7- اقتصادية :

بمعنى أن تكون الأجهزة غير مكلفة ، أي غير مبالغ في ثمنها ، وأن يكون تشغيلها واستخدامها بإمكانات بسيطة قدر المستطاع ، و أن يكون المال والوقت المبذولين فيها مساويين على الأقل للعائد منها.

8- كافية العدد :

بمعنى اختيار العدد الكافي من نسخ تلك الأجهزة بما يسمح لكل المتعلمين من استخدامها ، وتوظيفها لمزيد من التعليم والتعلم.

9- متعددة النظم :

عند اختيار الأجهزة التعليمية يجب أن تكون متعددة نظم التشغيل Multisystem بحيث يمكن أن تتوافق مع أكبر عدد من تلك النظم ، والأجهزة التي تعمل وفقا لها.

10- متنوعة الوظائف :

هناك أجهزة تعليمية يمكنها القيام بعدد من الوظائف والمهام المتنوعة في نفس الوقت ، فهناك أجهزة عرض ضوئي يمكنها عرض الشفافيات والشرائح الشفافة ، والصور المعتمة .. إلخ . ويفضل اختيار الأجهزة متعددة ومتنوعة الوظائف بشرط ألا يؤثر هذا التنوع في الوظائف على كفاءة عمل الجهاز .

● معايير استخدام الأجهزة التعليمية :

إلى جانب المعايير التي يجب مراعاتها عند اختيار الأجهزة التعليمية هناك معايير أخرى يجب اتباعها عند استخدام تلك الأجهزة مثل :

1- قبل استخدام الأجهزة يجب :

◄ تحديد الجهاز المناسب .

◄ التأكد من توافره.

◄ التأكد من إمكانية الحصول عليه.

◄ التأكد من صلاحيته (تجريبه قبل استخدامه).

◄ تجهيز متطلبات تشغيله .

◄ تهيئة مكان استخدامه.

2- عند استخدام الأجهزة يجب :

◄ التمهيد لاستخدام الجهاز .

◄ استخدام الجهاز في التوقيت المناسب .

◄ استخدام الجهاز في المكان المناسب .

◄ عرض الجهاز بأسلوب شيق ومثير.

◄ التأكد من رؤية جميع المتعلمين للجهاز خلال استخدامه.

◄ التأكد من تفاعل جميع المتعلمين مع الجهاز أثناء استخدامه.

◄ إتاحة الفرصة لمشاركة بعض المتعلمين في استخدام الجهاز .

◄ عدم التطويل الممل في استخدام الجهاز .

◄ عدم الإيجاز المخل في في استخدام الجهاز .

◄ عدم ازدحام الدرس بعدد كبير من الأجهزة التعليمية دون داعي.

◄ عدم إبقاء الجهاز أمام التلاميذ بعد استخدامه تجنباً لانصرافهم عن متابعة المعلم.

◄ الإجابة عن أية استفسارات ضرورية للمتعلم حول الجهاز .

3- بعد الانتهاء من استخدام الأجهزة يجب :

◄ تقويم استخدامها : للتعرف على فعاليتها أو عدم فعاليتها في تحقيق الهدف منها ، ومدى تفاعل التلاميذ معها ، ومدى الحاجة لاستخدامها أو عدم استخدامها مرة أخرى.

◄ صيانة الأجهزة : أي إصلاح ما قد يحدث لها من أعطال ، واستبدال ما قد يتلف منها من قطع غيار ، وإعادة تنظيفها ، كي تكون جاهزة للاستخدام مرات أخرى.

◄ حفظ الأجهزة : أي تخزينها في مكانها المناسب الذي يحافظ عليها لحين طلبها ، أو استخدامها في مرات قادمة.

وإذا لم يكن هناك فني متخصص في صيانة وتخزين الأجهزة التعليمية فإن ذلك يكون - بالضرورة - مسئولية المعلم.

● البيئة التعليمية ومواصفاتها المعيارية :

البيئة Environment مصطلح يشير إلى معاني عديدة تتوقف على مجال استخدامه . والبيئة عموما هي المحيط الذي يحيط بالكائن بما يشمله هذا المحيط من عوامل وكائنات أخري .

وتمثل بيئة النظام System Environment عنصرا ومكونا من عناصر ومكونات أي نظام ، حيث تعرف بأنها الوسط المحيط بهذا النظام والعوامل الخارجية المحيطة به .

وتعرف البيئة التعليمية Instructional Environment بأنها المحيط الذي تتم فيه عمليتي التعليم والتعلم ، بما يشمله هذا المحيط من عوامل ومؤثرات يتوقف عليها مدى جودة مخرجات ، ونتائج كلتا العمليتين .

وتتعدى البيئة التعليمية حدود المكان ، والموقع ، والمباني والتجهيزات ، والمرافق ، إلى العلاقات الاجتماعية ، والإنسانية ، ولغة الحوار ، وأسلوب التفاهم ، ومدى التعاون ، واحترام أراء الآخرين ، إلى غير ذلك من العوامل . كما تتعدى البيئة التعليمية محيط الهيئات والمؤسسات التعليمية من مدارس ، وجامعات إلى غيرها من المؤسسات الأخرى التي تؤثر مباشرة على العملية التعليمية كالأسرة ، والمؤسسات الدينية ، وجمعيات الشباب ، والنوادي ، ووسائل الإعلام .. وغيرها .

ولما كانت عملية التدريس تمثل منظومة ضمن المنظومات الفرعية لعملية التعليم بصفة عامة ، فإن هناك بيئة تدريس Teaching Environment ، تعرف ببيئة الصف ، أو بيئة حجرة الدراسة Classroom Environment ، وهي مكون من مكونات عملية التدريس ، وتشمل المحيط الحيوي ، والمحيط الاجتماعي ، والمحيط التكنولوجي التي تتم فيها منظومة التدريس ، بما تشمله تلك المحيطات من عوامل ومؤثرات تؤثر على نواتج ومخرجات التدريس .

ولايمكن لعملية التدريس أن تتم بمعزل عن بيئة التدريس ، فهي الوعاء الذي يحوي جميع عناصر ومكونات تلك العملية ، وكما أن التدريس يتم في البيئة ، فإنه ينطلق أيضا من البيئة ، وتعود مخرجاته للبيئة في شكل أفراد ذوي خبرات وخصائص وسلوكيات إيجابية تنعكس على تنمية البيئة وتطورها .

وتضم بيئة الصف (بيئة التدريس) مجموعة من العناصر مثل : المباني الدراسية ، ومواصفات حجرات الدراسة من حيث : المساحة ونوعية المباني ، والتشطيبات ، والمرافق ، والدهانات ، والتهوية ، والإضاءة والأثاث من مقاعد وطاولات وخلافه ، وتجهيزات تلك الحجرات من الأجهزة والمواد والوسائل التعليمية اللازمة . كما تضم بيئة التدريس أيضا مواصفات المباني الكلية للمؤسسة التعليمية من حيث : الموقع العام ومدى مناسبة المبنى لعدد الدارسين (السعة) ، والمرافق من : ملاعب ودورات مياه مجهزة ، ومخازن ، ومعامل ، وورش للتدريب العملي وتجيزاتها من الأثاث والمعدات والأجهزة والأدوات والمواد والخامات اللازمة ... إلى غير ذلك من العوامل .

وتؤثر بيئة التدريس تأثيرا كبيرا في مدى جودة عملية التدريس ومدى جودة مخرجاتها ، حيث يتوقف مستوى تحقيق أهداف التدريس على عوامل من أهمها طبيعة البيئة المحيطة بعملية التدريس ، وخصائصها . وترتبط بيئة التدريس ارتباطا وثيقا بباقي عناصر ومكونات منظومة التدريس الأخرى ، فتؤثر في كل منها ، وتتأثر به .

وإذا كانت الأجهزة التعليمية تمثل جزءا من بيئة التعليم والتدريس فإن لتلك الأجهزة ذاتها بيئة تعرف ببيئة الأجهزة التعليمية متمثلة في المحيط الذي تستعمل فيه تلك الأجهزة ، والمحيط الخاص بصيانتها وحفظها وتخزينها.

ويمكن إجمال معايير البيئة التعليمية الخاصة بالأجهزة فيما يلي:

- وضع الأجهزة في مكان مناسب من حيث مساحته.
- مناسبة الحيز المتاح لحركة الطلاب عند التعامل مع تلك الأجهزة .
- وضع الأجهزة في موقع مناسب للمتعلمين من حيث الرؤية.
- استخدام طاولات مناسبة لعرض الأجهزة واستخدامها.
- توفير توصيلات الكهرباء المناسبة في أماكن تشغيل الأجهزة .
- وضع الكتيبات لخاصة بتعليمات التشغيل بجوار كل جهاز.
- مراعاة قواعد تشغيل كل جهاز بدقة.
- توفير التهوية الكافية ودرجة الحرارة المناسبة لتشغيل كل جهاز.
- مراعاة المدة الزمنية القصوي لتشغيل الأجهزة.
- وضع لوحات إرشادية لمواطن الخطر في الأجهزة وكيفية اتقائها.
- عدم ترك الجهزة في وضع التشغيل لمدة طويلة دون استخدامها.
- توفير مخازن ودواليب مناسبة لحفظ وتخزين الأجهزة.
- توفير فنيي التشغيل والصيانة للأجهزة في مواقع استخدامها.

- بيئة التعليم الإلكتروني :

مع انتشار التعلم الإلكتروني وتطور تقنياته ، اختلف بالطبع مفهوم البيئة التعليمية بمفهومها المعتاد ، وحدثت تغييرات وتطورات لتلك البيئة فأصبحنا نتحدث عن بيئة التعليم والتعلم الإلكتروني.

ويمكن أن نميز بين ثلاثة أنواع من بيئات التعليم والتعلم الإلكتروني تختلف فيما بينها اختلافاً جوهرياً من حيث : وقت التعلم ومكانه ، هذه البيئات الثلاث هي : ***(Burge, E. 2000)***

- بيئة التعلم المغلقة : وتتيح التعليم والتعلم للمتعلمين في الوقت نفسه والمكان نفسه.
- بيئة التعلم المفتوحة : وتتيح التعليم والتعلم للمتعلمين في الوقت نفسه ومن أي مكان.

◄ بيئة التعلم الخائلية (الافتراضية) : وتتيح التعليم والتعلم لمن يرغب من الأفراد في أي وقت ومن أي مكان.

وهكذا يتضح مدى المرونة التي توفرها بيئة التعلم الخائلية ، فهي متاحة طوال الوقت لا تعرف العطلات ولا مواعيد الدراسة ، وتوفر للمتعلم أن يمارس تعلمه في أماكن إقامته وراحته وخلال تنقله .

ولا تقتصر حرية المكان هنا على مكان التعلم ، بل تمتد أيضاً إلى مصادر التعلم ذاتها ، حيث يمكن أن تكون هذه المصادر منتشرة جغرافياً على أكثر من موقع عبر الشبكة.

وعلى برامج التعليم الإلكتروني الجيدة ضرورة مراعاة التنويع بين هذه البيئات الثلاث ، والدمج فيما بينها لتفعيل منظومة التعليم والتعلم من خلال تلك البرامج.

وتشير (هيفاء المبيريك ، 2002م) إلى أن بيئة التعليم والتعلم الإلكتروني تتكون من مجموعة مكونات وتجهيزات أساسية ، أما عن مكونات تلك البيئة فهي :

1- معلم قادر على :

◄ التدريس باستخدام التقنيات الحديثة.

◄ استخدام الحاسوب وتقنياته الإلكترونية كالإنترنت وغيرها بكفاءة في التدريس.

2- متعلم لديه قدرا مناسبا من :

◄ مهارات التعلم الذاتي.

◄ مهارات استخدام الحاسوب وتطبيقاته الإلكترونية المختلفة.

3- طاقم الدعم الفني بحيث يكون :

◄ متخصصا في تقنيات الحاسوب وتطبيقاته الإلكترونيه.

◄ لديه خبرة كافية ببرمجيات الحاسوب والتعلم الإلكتروني والبروتوكولات الخاصة بالتعامل مع شبكات الإنترانت والإنترنت ... إلخ.

4- طاقم الإدارة المركزية :

وهو المنوط بإدارة جميع شؤون التعليم والتعلم الإلكتروني ، وتوفير متطلباته ، ومتابعة نتائجه . ولابد أن يكون أعضاء هذا الطاقم على قدر كبير من الخبرة في هذا المجال.

وإلى جانب تلك المكونات هناك عدة تجهيزات يجب توافرها في بيئة التعليم والتعلم الإلكتروني ، مثل :

◄ الأجهزة الخدمية (المخدمات) .

◄ ومحطات عمل المعلمين.

◄ ومحطات عمل المتعلمين.

◄ وتجهيزات الدخول للإنترنت .

● بيئة التعلم الإلكترونية الشخصية :

مع تطور شبكة الإنترنت وانتشار خدمة الوصول للإنترنت السريعة عبر خطوط المشتركين الرقمية عالية السرعة(DSL) ، ومع انتشار ما يسمى بالجيل الثاني من الويب (Web 2.0) والذي يندرج تحت مظلته البرامج الاجتماعية مثل المدونات (Blogs) والويكي (Wikis) وغيرها. تغير مفهوم التعليم الإلكتروني وطرق عرضه والتفاعل معه ليشمل جوانب أكثر تفاعلية وتخصصية.

وقد صاحب ذلك تأصل مفهوم بيئة التعلم الإلكتروني ، وظهور مفهوم بيئات التعلم الشخصية (Personal Learning Environments) ، تلك البيئات التي وفرت لنا القدرة على بناء عوالمنا التعليمية الخاصة بنا في سبيل تحسين مهاراتنا ومعلوماتنا.

وفي ورقة العمل التي أعدتها (هند الخليفة ، 2008م) ورد أن أول إشارة لمصطلح بيئات التعلم الشخصية كانت عام 2001م في ورقة بحثية قام بعرضها أولفر وليبر في مؤتمر متخصص ، بعدها توجه عدد من الباحثين في مجال تقنيات التعليم إلى محاولة تأصيل هذا المفهوم والخروج بتعريف وتصور واضح له. وهذا ما حدث في عام 2004م حيث انتشر مفهوم بيئات

التعلم الشخصية بين مجموعة أكبر من المهتمين بتقنيات التعليم ، والعامة من الناس.

كما أشارت ورقة العمل ذاتها إلى أنه لا يوجد تعريف محدد لبيئات التعلم الشخصية فقد عرف ستيف داونز - الخبير في مجال تقنيات التعليم - بيئات التعلم الشخصية على أنها" أداة تمكن المتعلم (أو أي شخص) في الانخراط في بيئة موزعة تتكون من شبكة من الأشخاص والخدمات والموارد". أما شون فيتزجيرالد فيعرفها على أنها" مجموعة من الخدمات الإنترنتية المجانية والموزعة، وعادة ما تدور حول استخدام مدونة تجمع فيها المحتوى ويجمع ما بين هذه الخدمات باستخدام تقنية خلاصات المواقع (RSS) وبرمجيات النصوص التشعبية .(HTML scripts)". كما يعرف مارك هارلمن بيئات التعلم الشخصية على أنها "النظم التي تساعد المتعلمين على إدارة التعلم الذاتي والسيطرة عليه."

وقد قام سكوت ويلسون (Scott Wilson) عام 2005م بعمل تصور تخطيطي للمكونات الداخلة في بيئة التعلم الشخصية والذي أطلق عليها اسم بيئات التعلم الافتراضية المستقبلية (VLE of the future).

ومن الملاحظ أن بيئات التعلم الشخصية عبارة عن تجميع مجموعة من الخدمات المتفرقة والمنوعة بمختلف سياقها لخدمة جانب تعليمي أو أكثر، وعلى بيئة التعلم الشخصية أن تقوم بالموافقة بين هذه الخدمات للخروج بالفائدة المطلوبة منها. بمعنى أن بيئات التعلم الشخصية ليست برنامجاً يمكن تركيبه بل هي مفهوم لدمج مجموعة من الخدمات المتفرقة التي يمكن تنظيمها وترتيبها وإضافتها وتعديلها حسب رغبات المتعلم.

تهدف مثل هذه البيئات التعليمية الشخصية على مساعدة الناس على مراقبة وتنظيم عملية التعلم الخاصة بهم وتقديم الدعم لهم عن طريق :

◄ تحديد أهداف التعلم الخاصة بهم.

◄ إدارة عملية التعلم ؛ إدارة المحتوى والعملية على حد سواء.

◄ التواصل مع الآخرين في عملية التعلم وبالتالي تحقيق أهداف التعلم.

كما تساعد مثل هذه البيئات المتعلم على إنتاج واستهلاك الموارد التعليمية حسب الحاجة ، بهذه الطريقة سوف نضمن أن كل متعلم سيحصل على المحتوى المخصص له. كما نجد أن بيئات التعلم الشخصية تحث على تبادل ومشاركة المحتوى بدلاً من الاحتفاظ بها عكس ما يفعله المتعلم في أنظمة إدارة التعلم، حيث تكون مستوى التشاركية بين المتعلمين متدنية.

ويمكن لأي شخص أن ينشئ بيئة التعلم الخاصة به بعدة طرق (إما باستخدام برامج مخصصة أو مواقع متخصصة على الويب). أحد هذه الطرق هو أن يقوم الشخص بفتح مدونة ومن ثم الاشتراك بالخلاصات للمواقع والخدمات المهتم بها وعرضها في مدونته. كما يستطيع الشخص استخدام خدمة صفحات البدء مثل الذي توفره شركة جوجل (Google) ومن ثم تسخير القنوات المتفرقة في صفحة البدء لجلب المصادر والمعلومات التعليمية المناسبة.

وبالطبع خلق بيئة تعلم شخصية ليس بالأمر الهين فالمتعلم بحاجة إلى أن يكون على دراية تامة باحتياجاته التعليمية بحيث يستطيع أن يستخلص الموارد المفيدة من غيرها. كما أن بيئات التعلم الشخصية قد تأخذ أشكالاً أخرى في طريقة عرضها وعملها.

ويمكن تقسيم الأدوات التي تساهم في بناء بيئات تعلم إلكترونية شخصية إلى أربعة أنواع هي

1- أدوات تساعد في تكوين المحتوى التعليمي :

من الأدوات التي تساعد وتدخل في بناء محتوى بيئات التعلم الشخصية مواقع الروابط الاجتماعية، ومواقع الصور، ومواقع الفيديو والمدونات والويكي وغيرها.

2- أدوات تساعد في التواصل:

وهي تلك الدوات التي تأتي مكملة لوظيفة البريد الإلكتروني مثل خدمة تويتر (Twitter)

3- أدوات تساعد في التشبيك الاجتماعي:

وهي خدمات تساعد في ربط الأشخاص بعضهم ببعض لتبادل الخبرات والمعلومات. من أمثلة هذه الأدوات موقع فيس بوك (Facebook) وموقع ماي سبيس (MySpace).

4- أدوات تساعد في فاعلية الأدوات السابقة:

مثل استخدام خلاصات المواقع واستخدام الوسوم (Tags) لتوصيف المصادر المختلفة.

وهكذا فإن هناك من ينظر إلى البيئة التعليمية على أنها الوعاء أو المحيط الذي يحـوي جميـع عناصر ومكونات منظومة التعليم ، من معلم ومتعلم ، وخـبرات تعلـم ، وأجهـزة ، ومـواد ، وأدوات ، وفنيين ومساعدين ومباني ، ومرافـق ، وتجهيـزات ... إلخ وهـذه رؤيـة محـدودة للبيئة التعليميـة. وهناك من يرى جميع تلك المكونات والعناصر أجزاء ومحاور أساسية في بنية البيئة التعليمية ، بمعنى أن البيئة التعليمية تشمل المحيط الحيوي من العنصر البشري (معلمين ، متعلمين ، فنيين ، مساعدين ، إداريين .. إلخ) . والمحيط الاجتماعي (طبيعة العلاقات الاجتماعيـة والتفاعـل بـين جميـع العناصر البشرية المشاركة في العملية التعليمية) . والمحيط التكنولوجي (الأجهزة ، المـواد ، الأدوات ، المبـاني ، المرافق ، التجهيزات) وتلك هي الرؤية الواسعة لمفهوم البيئة التعليمية.

ومن الواضح أن البيئة التعليمية أيا كان نوع التعليم المتبع تقليديا معتـادا أو إلكترونيـا ، تـؤثر تأثيرا كبيرا على جودة عمليتي التعليم والـتعلم وجـودة مخرجـاتهما ، ومـن ثـم يجـب مراعـاة كافة معايير الجودة لتلك البيئة ومكوناتها وتجهيزاتها ، ضمانا لجودة النظم التعليمية ، وجودة مخرجاتها.

****

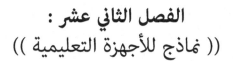

الفصل الثاني عشر :
((نماذج للأجهزة التعليمية))

- جهاز العرض فوق الرأس.
- جهاز عرض الشرائح الشفافة .
- جهاز عرض الصور المعتمة .
- جهاز عرض الصوت والصورة (الفيديو).
- جهاز عرض البيانات (داتا شو).
- جهاز عرض برامج الوسائط المتعددة.
- جهاز السبورة الذكية .
- جهاز العارض البصري .

الفصل الثاني عشر :

((نماذج للأجهزة التعليمية))

يتناول هذا الفصل نماذج للأجهزة التعليمية ، حيث يعرض لأجهزة عرض : الشفافيات ، والشرائح ، والصور المعتمة ، والفيديو ، وأجهزة الداتا شو ، وغيرها من أجهزة العرض الأخرى الكثر شيوعا واستخداما ، وبيان ذلك فيما يلي :

أولا : أجهزة عرض الشفافيات ضوئيا :

يتم عرض الشفافيات ضوئيا على جهاز العرض فوق الرأس Overhead Projector الذي انتشر استخدامه منذ سنوات بشكل ملحوظ فلا تكاد تخلو منه أية مؤسسة تعليمية اليوم حتى أنه أصبح في كثير من الأحيان يستخدم كبديل عن السبورة الطباشيرية التقليدية ، ويُطلق عليه البعض اسم السبورة الضوئية ، وذلك لما له من مميزات عديدة ، وما يوفره من إمكانيات تساعد على توضيح الأفكار المعروضة عليه ، كما وجد فيه المعلمون والمعلمات وأعضاء الهيئة التدريسية في مؤسسات التعليم العالي الوسيلة السهلة الأكثر طواعية في العرض الضوئي للمواد التعليمية المكتوبة أو المرسومة ، أو المصورة والمطبوعة على شفافيات ملونة أوغير ملونة .

ويعرف جهاز عرض الشفافيات بأسماء متعددة ، منها : جهاز العرض فوق الرأس ، وجهاز العرض العلوي ، والمسلاط ، وجهاز الرأس المرتفع والسبورة الضوئية ، وبالرغم من تعدد موديلات هذا الجهاز وأشكاله المختلفة ، إلا أن جميعها يعمل وفقا لنظرية عمل واحدة هي : الإسقاط الضوئي غير المباشر ، أو الإسقاط الضوئي الانعكاسي .

● مكونات أجهزة العرض فوق الرأس :

كانت البداية بالنماذج المختلفة للجهاز من الأنواع القديمة التي تتصف بكبر حجمها وصعوبة نقلها من مكان لآخر .

ونظراً لأهمية الجهاز في عملية التعلم والتعليم أخذت شركات تصنيعه في إنتاج أجيال وأشكال حديثة متعددة منه .

وقد ظهرت حديثا أجهزة للعرض فوق الرأسي بأشكال مختلفة صغيرة الحجم ، خفيفة الوزن يسهل نقلها من مكان لآخر ، حيث يمكن تطبيق الجهاز على شكل شنطة سهلة الحمل والتنقل

ولا تختلف تلك الأجهزة في تركيبها كثيرا عن الأجهزة التقليدية القديمة إلا من حيث شكل وحجم صندوق الجهاز ، ونوع وقوة مصباح الإضاءة والعدسات المكثفة ، والمرايا العاكسة ، و عدسات الإسقاط .

لكن رغم هذه الاختلافات البسيطة في التركيب فإن فكرة العمل واحدة لجميع تلك الأجهزة . وتتركب أجهزة العرض فوق الرأس عموماً كما بالشكل التالي من :

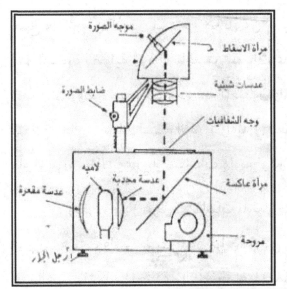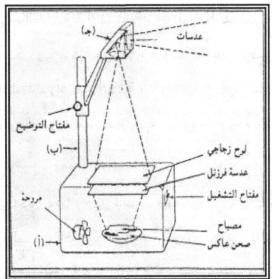

المكونات الداخلية لجهاز العرض فوق الرأس

1- الصندوق :

الشكل العام له عبارة عن صندوق مكعب الشكل تقريباً أبعاده 42 × 37 × 28 سم . وتوجد به فتحات جانبية الغرض منها تبريد الجهاز عند التشغيل ، وقد يختلف حجم وشكل الصندوق من موديل لآخر في تلك الأجهزة . وغالبا ما يركب على الصندوق في بعض الموديلات المكونات التالية :

◀◀ ذراع لربط سلك التوصيل ولفه عليه عند تخزين الجهاز .

◀◀ مفتاح التشغيل : عبارة عن زر واحد (فتح وغلق) يعمل على تشغيل المصباح والمروحة معاً .

◀◀ مفتاح أو رافعة لتبديل المصباح الاحتياطي في حالة تلف المصباح الأساسي خلال العرض دون اللجوء إلى فتح الصندوق وقطع سير الدرس .

◀◀ تجويف أو ذراع لتسهيل حمل الجهاز بقوة وثبات .

◀◀ وجه الصندوق مغطى بطبقة زجاجية شفافة أبعادها 10 بوصة × 10 بوصة ، ويسمى منصة الجهاز وتوضع عليه المواد المعروضة .

◀◀ مسماران لتحديد موقع الشفافية .

◀◀ بكرتان لحمل اللفافة الشفافة على جانبي الصندوق ، ويبلغ عرض الشريط الشفاف 25 سم وطوله 15 متراً ، ويُكتب ويُرسم على الشريط كبديل للسبورة الطباشيرية . مع ملاحظة أن بعض الموديلات الحديثة لجهاز العرض فوق الرأس لاتحتوى على هاتين البكرتين .

◀◀ يستند الجهاز على أرجل تساعد في ضبط وضع الجهاز أفقياً .

ويحوي الصندوق من الداخل مجموعة مكونات هي :

◀◀ صحن مصقول مقعر خلف المصباح يعمل على عكس الأشعة الصادرة منه ، وهي تزيد من كثافة الضوء المتجه إلى الشفافية .

◀◀ لمبة يصدر عنها ضوء قوي تتراوح قدرتها بين 400 وات : 750 وات .

نماذج حديثة سهلة الحمل لجهاز العرض فوق الرأس.

◄◄ لاحظ فتيلة المصباح ، فهي سميكة جداً مقارنة بالمصابيح المنزلية ، وهذا هو سبب شدة توهج وإضاءة المصباح ويوجد في معظم الأجهزة لمبة إضافية داخلية احتياطية للطوارئ .

◄◄ عدسة فرزنل (Fresnel) ؛ نسبة إلى مخترعها .. وهي مثبتة في غطاء الصندوق أسفل اللوح الزجاجي مباشرة ... افتح غطاء الصندوق ولاحظ شكلها .. هي عبارة عن نوع من العدسات المكثفة (المجمعة) المركزة للضوء على شكل تموجات دائرية ، وتقوم بوظيفة تجميع الضوء الصادر من المصباح وتوجهه ناحية المواد المعروضة .

◄◄ المروحة ؛ لاحظ مكان وجودها .. بالقرب من فتحات الجهاز فهي لتخفيف الحرارة المنبعثة من المصباح ، والعمل على تبريد الجهاز .

◄◄ مفتاح أمان ؛ وهو مفتاح داخلي يقطع التيار الكهربائي أوتوماتيكياً عن المصباح بمجرد فتح غطاء الصندوق .

◄◄ مفتاح أمان حراري ؛ وهو عبارة عن مزدوجة حرارية (صحيفة حرارية) في الداخل تقطع التيار الكهربائي أوتوماتيكياً عن المصباح دون المروحة وذلك عندما يسخن الجهاز فوق الحد الطبيعي.

2- الذراع :

وهو عبارة عن ذراع معدني متين يحمل رأس الإسقاط للجهاز مزود بعجلة ، أو مقبض أو مفتاح لضبط البعد البؤري لمجموعة عدسات الإسقاط يمكن تحريكه للحصول على أوضح صورة.

3- الرأس :

تفحص رأس الإسقاط في الجهاز ، أو ما يطلق عليه مجموعة عدسات الإسقاط تجده مكوناً

من :

◄◄ عدستين شيئيتين بينهما مرآة مستوية مائلة بزاوية 45° تساعد على عكس الأشعة المجتمعة من الشفافيات المعروضة لتوصلها لعدسة العرض.

◄◄ يثبت الرأس في نهاية الذراع .. حاول تدوير عجلة ضبط الصورة - كما سبق وأن أشرنا- فتجده يتحرك إلى أعلى وإلى أسفل ، وأحياناً نجده قابلاً للدوران حول محور أفقي بزاوية تصل إلى 30 درجة تقريبا ، أو يمكن الدوران دورة كاملة حول محور رأسي .

◀◀ كما أنه قابل للحركة بصورة أفقية عند نهاية الذراع ، وفي بعض الأجهزة يمكن تدوير الرأس دورة كاملة حول محور رأسي .. ولهذه الحركات المتعددة فوائد من أهمها :

- تقليل انحراف شكل الصورة على شاشة العرض وذلك بتدوير المرآة في الجهاز أو تدوير رأس الجهاز .

- لرفع أو خفض كمية الضوء الساقط على الشاشة لتحصل على الارتفاع المطلوب .

● ملحوظة :

الأجزاء المشار إليها أساسية في تركيب أجهزة العرض فوق الرأس لكنها قد توجد في بعض موديلات هذه الأجهزة مع اختلاف بسيط من حيث : مكان وجودها ، أو شكلها ، أو حجمها ، أو عدم وجود بعضها.

● تطوير أجهزة العرض فوق الرأس :

لم يقف تطوير أجهزة عرض الشفافيات عند حد ظهور موديلات ونماذج جديدة من هذه الأجهزة تمتاز بصغر الحجم ، وخفة الوزن وكفاءة العمل فحسب ، بل أدخلت عدة تطويرات مهمة على تلك الأجهزة في مقدمتها :

1- الحركة المستقطبة :

من أهم نقاط القصور في جهاز العرض فوق الرأس عدم قدرته على عرض الرسومات والأشكال المطبوعة على الشفافيات بشكل متحرك ، أي أنه يفتقد لعنصر الحركة في عرض المواد التعليمية ، ذلك العنصر الذي يجعل التعلم أكثر واقعية ، ويجعل الخبرة التعليمية أكثر تشويقا .

وللتغلب على هذه المشكلة تم تطوير أجهزة عرض الشفافيات من خلال إضافة جهاز الحركة المستقطبة ، حيث تتلخص فكرة عمل هذا الجهاز ببساطة شديدة في تزويد جهاز العرض فوق الرأس بقرص دوار يعمل هذا القرص على إظهار حركة وهمية في نوع من الشفافيات المغطاة بمادة الاستقطاب الضوئي ، أي يوحي للمشاهد أن الصورة تتحرك ، وهذه الطريقة مكنت من إجراء إضافات مثيرة للغاية على الشفافيات المنتجة تحدث حركة ظاهرية ذات مدلول تعليمي جذاب يقربها للواقع

فإذا وضعت شفافية من هذا النوع تحمل موضوع (الدورة الدموية مثلاً) على جهاز عرض الشفافيات المزود بقرص الحركة ، وأدير القرص أثناء استخدام الجهاز فإن الدماء المرسومة على الشفافية مثلاً بمادة الاستقطاب الضوئي داخل الأوردة والشرايين بلونها الأزرق والأحمر تظهر على شاشة العرض متحركة ، حيث تتحرك الألوان الحمراء إلى أجزاء الجسم والألوان الزرقاء إلى القلب هذه الحركة تزيد من فعالية الجهاز في تثبيت عملية إدراك المتعلم حول مفهوم الدورة الدموية أكثر مما لو كانت المادة المعروضة مجرد شفافية عادية ثابتة .

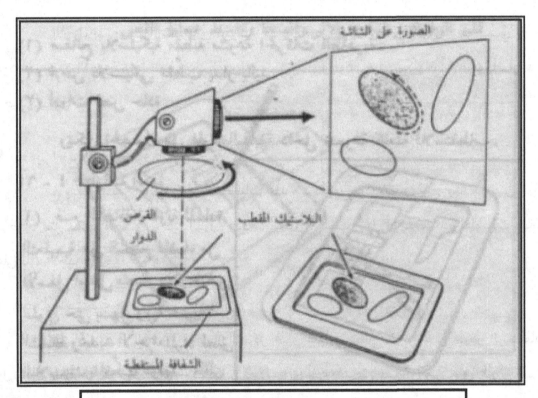

جهاز الاستقطاب الضوئي الملحق بجهاز العرض فوق الرأس

2- لوحة العرض الفيديوي والرقمي :

من أهم نقاط القصور في أجهزة عرض الشفافيات أن تلك الأجهزة بصورتها المعتادة غير متوافقة ، أو متكاملة مع أجهزة الفيديو والكمبيوتر أي أنها لاتعرض الصور الفيديوية المتحركة ، كما لاتعرض البيانات مباشرة من

أجهزة الكمبيوتر ، لذا كان لابد من البحث عن حل لهذه المشكلة وبالفعل تم التغلب على المشكلة من خلال تزويد تلك الأجهزة بوحدة إضافية تعرف باسم : اللوحة الإلكترونية ، أو لوحة العرض البلورية السائلة L.C.D.Panel تلك اللوحة التي توضع فوق منصة عرض جهاز العرض فوق الرأس ويمكن توصيلها بأي جهاز فيديو ، أو جهاز كمبيوتر من خلال كابلات خاصة ، فيتم عرض الصور الفيديوية ، أو البيانات الكمبيوترية مباشرة عبر تلك اللوحة وإسقاطها ضوئيا بجهاز العرض فوق الرأس (انظر الشكل التالي) .

دمج جهاز العرض العلوي مع جهاز الكمبيوتر عبر اللوحة الإلكترونية

3- ملقم الشفافيات الآلي :

من أهم مظاهر التطوير التي أدخلت على أجهزة العرض فوق الرأس تزويد تلك الأجهزة بملقم يتم من خلاله عرض مجموعة من الشفافيات أتوماتيكيا وفقا لتسلسل تصاعدي أو تنازلي حيث يتم التحكم في هذا الملقم عن بعد باستخدام ريموت كنترول صغير الحجم .

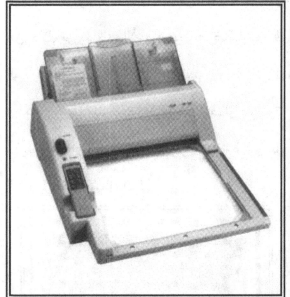

ملقم الشفافيات الآلي لجهاز العرض فوق الرأس

- تشغيل أجهزة العرض فوق الرأس :

من خلال ما سبق لك دراسته ومعرفتك للأجزاء الرئيسة للجهاز يمكنك تشغيل الجهاز بيسر وسهولة وفقا للخطوات التالية :

◄◄ تأكد من وضع الجهاز على حامل ، أو طاولة مناسبة ، في مكان مناسب ، وفي مستوى أفقي أمام المشاهدين في قاعة العرض .

◄◄ تخير شاشة العرض المناسبة ، ثم ضعها في المكان المناسب .

◄◄ تأكد من أن فرق جهد التيار الكهربي المتاح لديك مناسب لتشغيل الجهاز.

◄◄ صل قابس الجهاز بمقبس الكهرباء ، ثم قم بتحويل مفتاح التشغيل إلى الوضع : تشغيل ، فتضيئ لمبة الجهاز.

◄◄ تحكم في سقوط الضوء في المكان المناسب على الشاشة ، ثم أضبط المسافة بين الجهاز والشاشة لتحصل على أكبر صورة واضحة .

◄◄ تأكد من عدم انحراف شكل الصورة من خلال ملاحظتها على شاشة العرض ، ويمكن الاستعانة بمقبض تدوير مرآة الإسقاط في الجهاز أو تدوير رأس الجهاز ، وذلك لرفع أو خفض كمية الضوء الساقطة على الشاشة ولكي تحصل على الارتفاع المناسب للعرض الضوئي.

◀◀ ضـع الـشفافيات حسب ترتيب عـرض الموضـوع بـشكل متسلسل واحـرص عـلى مواجهة المشاهدين بعيداً عن مسار الضوء الساقط إلى الشاشة لتتجنب احتجاب عرض الصورة ، ومـن الأفضل أن تقف على يسار الجهاز .

◀◀ يفضل عدم النظر إلى الشاشة أثناء الشرح ، حيـث يجب النظر إلى الـشفافية والإشارة إليها باستخدام : مؤشر ، أو قلم رصاص مدبب بوضعه مباشرة على الشفافيات ، أوالإشارة إلى الأجزاء التي ترغب في التركيز عليها على شاشة العرض باستخدام أقلام الليزر .

◀◀ يفضل إطفاء المصباح عند تغيير عرض الشفافيات ، وأثناء شرح فكرة معينة ليس لها علاقة بالشفافية المعروضة ، حتى لا يتشتت انتباه المشاهدين بين الصور المعروضة والشرح .

◀◀ عند الإنتهاء من استخدام الجهاز يجب التأكد من إطفاء لمبة الإضاءة وترك المروحة تعمـل لمدة مناسبة حتى يتم تبريد الجهاز ، وفي بعض المـوديلات لايتم قطع الكهرباء عـن المروحة أتوماتيكيا إلا عندما يتم تبريد الجهاز للحد الآمـن ، عليـك إذن الانتباه لنوعية الجهاز الـذي لديك وفهم خصائصه ، وإمكانات تشغيله .

● مجالات استخدام أجهزة العرض فوق الرأس :
إن مجالات استخدام جهاز العرض فوق الرأس متعددة ، نعرض لأهم هـذه المجـالات فيما يلي:

1- عرض الشفافيات :
المجال الأول والأساسي من مجالات استخدام جهاز العرض فوق الرأس هو عرض الشفافيات ضوئيا .

2- عرض الصور الفيديوية :
يمكن استخدام جهاز العرض فوق الرأس لعـرض الـصور الفيديويـة والتليفزيونيـة المتحركة لكن ذلك لايتم إلا بتزويد الجهاز بلوحة العرض الإلكترونية التي سبقت الإشارة إليها .

3- عرض البيانات من الكمبيوتر :
يمكن أيضا استخدام جهاز العرض فوق الرأس لعرض البيانـات الكمبيوتريـة المتنوعـة مـن : رسوم ، وصور ، وكلام مكتوب ، وغيرها ، وذلك من خلال تزويد الجهاز بلوحة العرض الإلكترونية .

4- تكبير الصور والرسومات :

يمكن استخدام جهاز العرض فوق الرأس أيضا لتكبير الصور والرسومات كإنتاج خريطة كبيرة تصلح للعرض في غرفة الصف مأخوذة من كتاب مدرسي مثلاً ، بشرط أن تكون الصورة مرسومة على شفافية حيث يتم إسقاط الرسم أو الصورة ضوئيا ، ويتم وضع لوحة كبيرة على شاشة العرض لتسقط عليها الصورة مكبرة ، فيتم رسمها بالقلم ، أو بالألوان.

ثانيا : أجهزة عرض الشرائح الشفافة:

يتم عرض الشرائح الشفافة ضوئيا على أجهزة عرض خاصة بها تعرف بأجهزة عرض الشرائح . ويعرف جهاز عرض الشرائح Slides Projector بأنه : أحد أجهزة العرض الضوئي للمواد التعليمية , حيث يستخدم لعرض الشرائح الشفافة المصورة بواسطة كاميرا التصوير الفوتوغرافي على أفلام إيجابية (موجبة) مقاس 35مم . ويعتمد هذا الجهاز على نظرية الإسقاط الضوئي المباشر على النحو الموضح بالشكل.

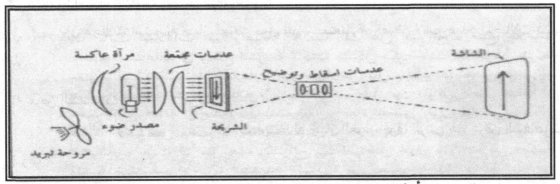

وهناك صور وأشكال عديدة لهذا الجهاز منها اليدوي البسيط ومنها المزود بشاشة عرض ذاتية , ومنها ذو منصة الشرائح الاسطوانية ومنها ذو صينية الشرائح الدائرية ، وقد تم تطوير هذا الجهاز وفقا للتقنية الحديثة فأصبح مزودا بريموت كنترول ، وظهرت أجيال جديدة من هذا الجهاز متوافقة مع أجهزة الفيديو سميت رفيقة الفيديو Videomate يمكنها تحويل صور الشرائح إلى أشرطة فيديو كما يمكنها عرض الشرائح مباشرة على شاشة عرض . كما ظهرت نماذج من تلك الأجهزة مزودة بنظام صوتي متطور لكي يصاحب عرض الشرائح التعليق اللفظي المناسب .

ويختلف جهاز عرض الشرائح الشفافة عن جهاز عرض الشرائح المجهرية Microscopic Slide Projector الذي يعرف بأنه : أحد أجهزة العرض الضوئي التي تستخدم بصفة خاصة لعرض صور الشرائح المجهرية الزجاجية المعتادة ، من خلال إسقاطها ضوئياً على شاشة عرض عادية وذلك بشكل مكبر يمكن لعدد كبير من المتعلمين مشاهدتها والتفاعل معها. وهذا الجهاز يحول الشرائح المجهرية من مواد تعليمية ووسائل فردية إلى شكلها الجماعي , فرؤية الشريحة تحت المجهر (الميكروسكوب) لا يمكن أن تتم لأكثر من فرد واحد في نفس الوقت لكن عرضها ضوئيا عن طريق هذا الجهاز يتيح لعدد كبير من الأفراد رؤيتها في نفس الوقت . ومع تطور التقنية وظهور كاميرات التصوير الميكروسكوبي أمكن الاستغناء عن مثل هذه الأجهزة ، حيث أصبح من اليسير تحويل الشرائح الميكروسكوبية إلى صور أو شرائح فوتوغرافية ، أو تحويلها إلي أشرطة فيديو ، أو إدخالها إلى الحاسب الآلي (الكمبيوتر) باستخدام كاميرات رقمية , والاحتفاظ بها وعرضها عند الحاجة إليها.

• النماذج المختلفة لأجهزة عرض الشرائح الشفافة :

سبقت الإشارة إلى أن هناك العديد من النماذج والموديلات لأجهزة عرض الشرائح الشفافة تتدرج بين البساطة والتعقيد ، ومن أكثر تلك النماذج شيوعا ما يلي :

1- الأجهزة اليدوية المزودة بعدسة مكبرة :

وهي من أبسط وسائل عرض الشرائح الشفافة المصورة ، حيث تتركب من منصة عرض صغيرة سعة شريحة واحدة ، أو عدد محدود من الشرائح لايتجاوز 3-5 شرائح ، وعدسة مكبرة يمكنك من خلال النظر في فتحتها رؤية محتوى الشريحة المعروضة . ومثل هذه الوسائل قد لاتحتاج لمصدر إضاءة صناعي (لمبات إسقاط) ، لكنها تحتاج بالضرورة لإضاءة طبيعية مناسبة وقد يتم تزويد بعضها بلمبات كهربائية لتوفير الإضاءة عند استخدامها أثناء الليل ، أو في الظروف التي لاتكون فيها الإضاءة الطبيعية مناسبة .

وهناك بعض الأشكال المختلفة من هذه الوسائل والأجهزة التي تتفق فيما بينها من حيث التركيب وفكرة العمل .

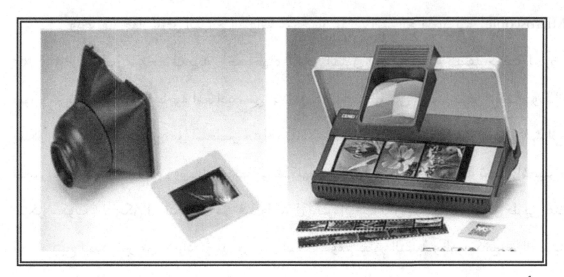

2- الأجهزة اليدوية المزودة بشاشة عرض :

وهي أيضا أجهزة بسيطة التركيب تعمل في الغالب بطريقة يدوية حيث يتم وضع الشرائح في مكان مخصص داخل الجهاز شريحة واحدة تلو الأخرى ، وبتشغيل لمبة الإضاءة بالجهاز يتم إسقاط محتوى الشريحة على شاسة عرض صغيرة تشبه شاشة التليفزيون ، فيمكنك رؤية تلك الشرائح بوضوح .

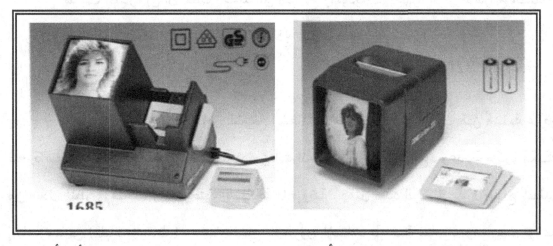

والملاحظ على هذا النوع من أجهزة عرض الشرائح الشفافة وكذلك النوع الأول أنها فردية تناسب فردا واحدا ، فلايمكن لأكثر من فرد مشاهدة محتوى الشرائح بسهولة ووضوح ، فضلا عن أنها يدوية تحتاج لتلقيم الشرائح شريحة شريحة بطريقة يدوية تحتاج لوقت وجهد ، الأمر الذي دعا لتطوير تلك الأجهزة ، ومن ثم ظهرت نماذج أخرى تعمل بشكل آلي .

3- أجهزة عرض الشرائح الآلية :

وهي أجهزة تعمل بنفس فكرة الإسقاط الـضوئي المبـاشر ، لكنهـا أكـثر تطـورا مـن الأجهـزة اليدوية السابقة ، حيث تمتاز بعدة مزايا هي :

◀◀ عرض الشرائح آليا بسهولة ويسر وسرعة ، مع إمكانية التحكم عن بعد.

◀◀ إسقاط الشرائح ضوئيا على شاشة عرض كبيرة تتيح لعدد مناسب مـن المـشاهدين متابعـة العرض بوضوح .

◀◀ عرض عدد كبير من الشرائح بشكل تتابعي متسلسل يبرز وحدة الموضوع وتكامل خبراته .

وتتركب أجهزة عرض الشرائح الشفافة الآلية من : صندوق معدني على شكل غرفة معتمـة بداخلها : مصدر إضاءة قوية تعرف بلمبة الإسقاط مثبت خلفها مرآة مقعرة لتكثيف الضوء وأمامها مجموعة عدسات لتركيز الضوء قبل سقوطه علـى منصة عرض الـشرائح ، ومروحـة لتبريد الجهـاز وخفض الحرارة حتى لا تتلف الشرائح ، و مجموعة عدسات الإسقاط في مقدمة الجهـاز التـي تعـرض صورة الشرائح على شاشات العرض.

وهناك أشكال ونماذج عديدة لأجهـزة عـرض الـشرائح الـشفافة آليـا أهمهـا : جهـاز عـرض الشرائح الاسطواني ذو الصينية الاسطوانية (المستطيلة) ، وجهاز عرض الـشرائح الدائري ذو الـصينية الدائرية وفحوى الاختلاف بينهما يكـون فقط في شكل صينية عرض الـشرائح وسعتها حيـث تـسع الصينية الدائرية عددا أكـثر مـن الـشرائح يصل إلى 80 شريحة أو أكـثر ، وذلك مقارنـة بالصينية الاسطوانية .

 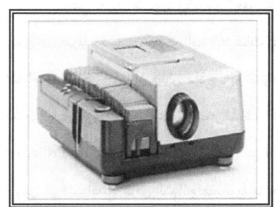

4- أجهزة عرض الشرائح رفيقة الفيديو :

وهي نماذج لأجيال متطورة مـن أجهـزة عـرض الـشرائح الـشفافة يمكنها إضافة إلى عرض الشرائح على شاشات العرض الكبيرة ، تحويل تلك الـشرائح إلى صـورة فيديويـة يمكـن تسجيلها على أشرطة الفيديو وعرضها على شاشات التليفزيون .

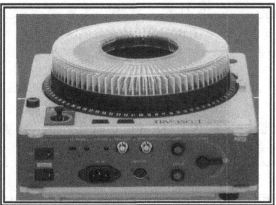

وتعرف مثل هذه الأجهزة اختصارا باسم رفيقة الفيديو Videomate وهي أجهـزة عـرض شرائح فوتوغرافيـة شـفافة ، متوافقـة مـع أجهـزة العـرض والتـسجيل الفيـديوى بنظاميها التنـاظرى والرقمى ، حيث يمكن إيصالها بتلك الأجهزة لتسجيل ومعالجة وعرض صور هذه الشرائح فيديوياً على أشرطة الفيديو ، أو اسطوانات الفيديو العادية ، وكذلك إمكانية نقل صور هذه الشرائح إلى الكمبيوتر لمعالجتها ، أو إعادة إنتاجها أو لإعادة عرضها ضوئيا عبر أجهزة الفيديو بروجكتور.

5- أجهزة عرض الشرائح المزودة بنظام صوتي :

وهي أجيال متطورة أيضا من أجهزة عرض الشرائح الشفافة مدمج بها نظاما صوتيا متطورا يمكن عن طريقه تسجيل وعرض أيـة تعليقـات لفظيـة مصاحبة لعرض الـشرائح ، كالـشرح اللفظـي المصاحب للعرض . كما أن بعض نماذج هذا النـوع مـن الأجهـزة لايحتاج إلى شاشـات عـرض ، حيـث يكون الجهاز مزودا بشاشة عرض تشبه الشاشة التليفزيونيـة ويسمى هذا النـوع Audio Viewer Slide Projector ، وقد أضاف هذا الجيل من أجهزة عرض الشرائح جانبا مهما هو الجانب الـسمعي ، ومن ثم فقد أصبح عرض الشرائح مصحوبة بالتعليق الصوتي يمثل وسيلة سمعبصرية ، الأمـر الـذي يزيد من فعاليتها .

وتذكر أن :

هناك أنواع عديدة من أجهزة عرض الشرائح الشفافة إلا أن جميعها لها نفس فكرة العمل ، وتتشابه إلى حد كبير في التركيب الداخلي ، كما تتشابه أيضا في تركيبها الخارجي .

● خطوات وقواعد تشغيل أجهزة عرض الشرائح :

1- إعداد الجهاز للتشغيل :

◀◀ ضع الجهاز على منضدة العرض بحيث يكون على بعد مناسب من شاشة العرض وتكون عدسته في مواجهة الشاشة.

◀◀ انزع غطاء العدسة إذا كان عليها ، واحفظه في مكان محدد حتى لا يفقد .

◀◀ ضع سلك توصيل الكهرباء في المكان المخصص لذلك في مؤخرة الجهاز .

◀◀ لف السلك عدة لفات حول أحد أرجل حامل العرض (المنضدة) لتأمين الجهاز من السقوط .

◀◀ صل السلك بأقرب مصدر للتيار الكهربائي وتأكد من مناسبة فولت التيار الكهربي لخصائص الجهاز.

◀◀ اضغط على المفتاح Power (التشغيل) لكي تعمل المروحة وتضيء لمبة الجهاز.

◀◀ ارفع صينية الشرائح من على سطح الجهاز إذا كان صفر التدريج الذي عليها أمام السهم الذي يوجد على الجهاز نفسه ، وإذا لم يكن كذلك فعليك عمل الآتي :

- اضغط على زر تقديم الشرائح واستمر في الضغط وفي نفس الوقت لفّ صينية الشرائح حتى يكون صفر التدريج الذي عليها أمام السهم ثم ارفع الصينية .
- اضغط على مفتاح التشغيل لكي تطفئ لمبة الجهاز .
- رتب مجموعة الشرائح حسب تسلسل عرضها .
- لف الغطاء البلاستيك الذي يوجد على صينية الشرائح في اتجاه مضاد لحركة عقارب الساعة ثم ارفعه من عليها .
- اقلب صينية الشرائح ، ثم لف القرص المعدني الذي يظهر أمامك حتى تسمع صوت تكة.
- ضع صينية الشرائح معتدلة وفي مستوى أفقي على منضدة ، ثم ضع كل شريحة في المكان المخصص لها على صينية الشرائح مبتدئا بالفتحة رقم (1) الموجودة على الصينية مع مراعاة أن تضع كل شريحة وهي مقلوبة حتى تظهر معتدلة على الشاشة .

ملحوظة :

لتيسير عملية تعبئة الشرائح في صينية الشرائح عليك وضع علامة في الركن الأيمن العلوي للشريحة وهي مقلوبة معكوسة ، هذه العلامة تحدد وضع الشريحة في حامل الشرائح ويجب أن تظهر العلامة بعد وضع الشريحة في المكان المخصص لها دلالة على أنها قد وضعت بالطريقة الصحيحة .

- ضع الغطاء البلاستيكي فوق صينية الشرائح ولفه في اتجاه حركة عقارب الساعة حتى يستقر مكانه ، وذلك لتثبيت الشرائح في مكانها والحيلولة دون سقوطها وتبعثرها عند تحريك الجهاز أو نقله.
- ضع صينية الشرائح في مكانها على سطح الجهاز بحيث يكون صفر التدريج الذي عليها أمام السهم الذي يوجد على الجهاز. ثم اضغط عليها برفق حتى تستقر تماماً .
- تأكد أن الصينية مثبتة في مكانها بحيث يتعشق الشق المستطيل في قاع الصينية مع موضع البداية في الفتحة.
- تأكد أن إطارات الشرائح المختارة في حالة جيدة ، مستوية .

2- العرض باستخدام الجهاز :

- اضغط على مفتاح التشغيل الذي يوجد في مؤخرة الجهاز حتى تعمل المروحة وتضيء لمبة الجهاز .

◀◀ اضغط على زر تقديم الشرائح الذي يحرك الشرائح إلى الأمام حتى تظهر الصورة على الشاشة.

◀◀ انظر إلى الصورة الساقطة على الشاشة فإذا كانت لا تملأ الجزء الأكبر منها فعليك بتحريك العدسة حتى تحصل على المساحة المطلوبة أو عن طريق زيادة المسافة بين الجهاز والشاشة.

◀◀ اضبط درجة وضوح الصورة حتى تحصل على أوضح صورة ممكنة عن طريق إدارة قرص العدسة (ضبط البعد البؤري للعدسة) .

◀◀ لتحريك الشرائح إلى الأمام وعرض الشريحة التالية اضغط على زر تقديم الشرائح .

◀◀ كرر الضغط حتى تعرض جميع الشرائح الموجودة بالصينية ، مع مراعاة الفاصل الزمني بين كل شريحة وأخرى .

◀◀ تدرب عدة مرات على الخطوات السابقة حتى تتقنها .

◀◀ لإرجاع الشرائح اضغط على زر إرجاع الشرائح .

◀◀ لعرض شريحة معينة موجودة على صينية الشرائح ولتكن رقم(5) مثلاً اضغط على زر تقديم الشرائح واستمر في الضغط وفي نفس الوقت لف صينية الشرائح حتى يظهر الرقم(5) أمام العلامة الحمراء التي توجد على سطح الجهاز ثم أوقف الضغط فتظهر الشريحة المطلوبة على الشاشة .

◀◀ لعرض الشرائح عن بعد يوضع سلك أداة التحكم عن بعد (الريموت كنترول السلكي) في المكان المخصص له في مؤخرة الجهاز ، حيث يمكن التحكم عن بعد في عملية عرض الشرائح كما يمكن التحكم عن بعد في تشغيل الجهاز من خلال الريموت كنترول اللاسلكي

3- عند انتهاء العرض على الجهاز :

◀◀ ارفع صينية الشرائح من على سطح الجهاز متبعا ما جاء في خطوات التشغيل .

◀◀ اضغط على مفتاح التشغيل حتى تطفئ لمبة الجهاز .

◀◀ اترك سلك التوصيل متصلاً بمصدر التيار الكهربائي فترة من الوقت لتستمر المروحة في تبريد الجهاز .

◀◀ ارفع الغطاء البلاستيكي من على صينية الشرائح ، ثم اسحب الشرائح من على الصينية وضعها في العلبة المخصصة لصيانتها ، ولا تنس أن تضع الغطاء البلاستيكي على صينية الشرائح.

◄◄ اسحب سلك التوصيل من مصدر التيار الكهربائي .

◄◄ اسحب سلك أداة التحكم عن بعد من مكانه في مؤخرة الجهاز وضعه بجانب الجهاز.

◄◄ احفظ الجهاز في مكان مناسب لحين الحاجة إلى استخدامه مرات أخرى .

وتذكر أن :

❖ الإمساك بالشرائح يتطلب حملها من حوافها بأطراف الأصابع لأن حملها بوضع الأصابع على الصورة يترك بصماتها على الصورة ، أو قد تخدش الصورة ، مما يؤدي إلى عدم وضوحها .

❖ معظم أجهزة عرض الشرائح مزودة بوحدة توقيت تسمح بعرض الشرائح أوتوماتيكياً بفاصل زمني محدد بين كل شريحة وأخرى ، ويمكنك اختيار الفاصل الزمني المناسب .

❖ يفضل وضع شريحة معتمة في بداية ونهاية عرض أي مجموعة من الشرائح ، حيث إن مثل هذه الشرائح تعمل كفواصل تحول دون تعرض جمهور المشاهدين لوهج الإضاءة الشديدة الصادرة من مصباح الجهاز والمنعكسة على الشاشة اللامعة .

ثالثا : أجهزة عرض الصور المعتمة ضوئيا :

يتم عرض الصور الفوتوغرافية ضوئيا على جهاز عرض الصور والمواد المعتمة Opaque Projector والذي يعرف أيضا بالفانوس السحري (الإيبسكوب) Episcope ، وهو أحد أجهزة العرض الضوئي الشائعة في المجال التعليمي ، حيث يستخدم لعرض الصور والرسوم والمواد المعتمة عن طريق إسقاطها ضوئيا على شاشة عرض وتعتمد فكرة عمل الجهاز على الإسقاط الضوئي الانعكاسي (غير المباشر) .

وهناك أشكال عديدة لهذا الجهاز منها اليدوي كبير الحجم الذي يصعب حمله ، ومنها الأتوماتيكي خفيف الوزن. وقد تم تطوير هذا الجهاز بشكل كبير فأصبحت الأجيال الحديثة منه - إلى جانب كونها صغيرة الحجم ، خفيفة الوزن جدا - على أعلى درجات الجودة والكفاءة في العمل ، وقد زودت بريموت كنترول ومنصات عرض خاصة توضع بها المواد المراد عرضها كالأوراق مثلا لتعرضها أتوماتيكيا بشكل متتابع ومتسلسل على حسب الطريقة التي وضعت بها .

● تركيب جهاز عرض الصور المعتمة :

يتركب جهاز عرض الصور والمواد المعتمة من صندوق معتم به مجموعة من المكونات والأجزاء الخارجية هي:

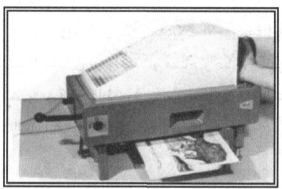

1- عدسة الإسقاط :

وهي عدسة مركبة من عدستين كل منهما محدبة الوجهين ، وبينهما عدسة مقعرة الوجهين . ووظيفتهما تكوين صورة حقيقية مكبرة مقلوبة على الشاشة ، ويتم تحريك العدسة إلى الأمام وإلى الخلف حتى تتكون صورة واضحة على الشاشة .

2- غطاء العدسة :

وهو مصنوع من مادة معدنية من نفس مادة صندوق الجهاز ووظيفته المحافظة على نظافة العدسة من الغبار ولمس الأيدي .

3- مفتاح ضبط الصورة :

يقوم بتحريك عدسة الإسقاط حركة دائرية فتتقدم إلى الأمام أو الخلف حتى نحصل على صورة أوضح ما يمكن .

4- المؤشر الضوئي :

يوجد في بعض الأجهزة مؤشر ضوئي يشبه أقلام الليزر يساعد في تحديد بعض النقاط على الصورة أثناء العرض ، والتعليق دون الحاجة إلى وجود الشخص القائم بالعرض في موقع قريب من شاشة العرض .

5- فتحات للتهوية :

وهي فتحات في صندوق جسم الجهاز المصنوع من المعدن توجد في الوجه الأمامي للجهاز أو في جانبيه ، وظيفتها التهوية وتبريد حرارة الجهاز الناتجة عن لمبة الإسقاط أثناء التشغيل .

6- براغي (أرجل متحركة) :

لتثبيت الجهاز ورفعه أوخفضه أوتثبيته من الأمام عند مستوى معين للعرض .

7- مفتاح التشغيل :

ويكون في بعض موديلات الأجهزة مفتاح واحد يتم من خلاله تشغيل مروحة التبريد ، ولمبة الإضاءة في آن واحد . أو مفتاح واحد له وضعين : الوضع الأول لتشغيل المروحة ، والوضع الآخر لتشغيل لمبة الإسقاط . وفي بعض الموديلات يتم التشغيل باستخدام مفتاحين : الأول لتشغيل المروحة ، والثاني لتشغيل لمبة الإسقاط .

8- منصة العرض :

وهي عبارة عن لوح معدني مسطح مغطى بقطعة قماش سوداء معتمة يتحرك هذا اللوح حسب حركة ذراع يسمح بفتح وغلق منصة العرض هذه لوضع واستبدال المواد المعتمة المراد عرضها ضوئيا على الجهاز .

وإلى جانب تلك المكونات والأجزاء الخارجية هناك مكونات وأجزاء داخلية هي :

1- الأسطح العاكسة:

تبطن الجوانب الداخلية لصندوق الجهاز بأسطح عاكسة من المرايا أو من المعدن المصقول وذلك حتى تكثف الأشعة المشتتة من المصدر الضوئي ، وتركزها نحو المرآة المستوية ومنها إلى عدسة الإسقاط .

2- مصدر الضوء :

عبارة عن مصباح إضاءة كهربائي له قوة إضاءة عالية ، يوضع خلفه عدسة لتجميع الأشعة وإسقاطها على المواد المعتمة المعروضة ، ومنها إلى المرآة العاكسة التي تعكس صورة تلك المواد إلى عدسة الإسقاط ، ومنها إلى شاشة العرض.

3- مروحة التهوية :

نظرا لأن هذا النوع من أجهزة العرض يعتمد على لمبات إضاءة قوية جدا ، فإن تشغيلها ينتج عنه ارتفاع في درجات الحرارة مما قد يسبب

تلف لمكونات الجهاز الداخلية ، أو تلف للمواد المعروضة عليه ، الأمر الذي يستلزم تبريد دائم للجهاز أثناء وبعد التشغيل . لذا فإن هذه الأجهزة تزود بمروحة صغيرة قوية وظيفتها العمل على تبريد الجهاز ، حيث تعمل هذه المروحة في معظم النماذج الحديثة من الجهاز بشكل أتوماتيكي بمجرد تشغيل لمبة الجهاز ، وتستمر في العمل بعد إيقاف الجهاز حتى يبرد تماما .

أما النماذج الحديثة لهذا الجهاز فتمتاز بالمواصفات الآتية :

◄◄ صغر الحجم وخفة الوزن ، مما ييسر حمل الجهاز والتنقل به بكل سهولة.

◄◄ عدسات إسقاط قوية تساعد على إعطاء صورة واضحة للمادة التي يتم عرضها.

◄◄ التحكم آليا في ضبط البعد البؤري للحصول على أوضح صورة .

◄◄ لمبات إضاءة قوية جدا تضمن جودة الصورة المسقطة ، وبيان أدق تفصيلاتها .

◄◄ منصة عرض علوية مزودة بغطاء تيسر استخدام الجهاز بكل بساطة .

◄◄ يمكن تزويدها بملقم أتوماتيكي يعرض الصور والمواد المعتمة عرضا آليا تتابعيا.

◄◄ مزودة بمنظم تيار كهربي يجعلها تعمل على تيار 110- 240 فولت .

◄◄ بعض النماذج مزودة بنظام ريموت كنترول للتحكم عن بعد .

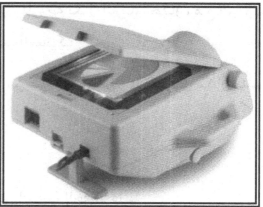
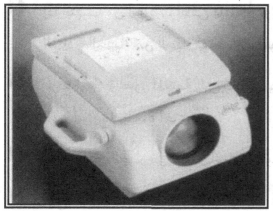

(نماذج حديثة لأجهزة عرض الصور والمواد المعتمة ضوئيا)

- خطوات تشغيل جهاز عرض الصور المعتمة :

يتم تشغيل أجهزة عرض الصور المعتمة واستخدامها وفقا للخطوات التالية :

- تأكد من الاحتياطات العامة المتعارف عليها عند تشغيل أجهزة العرض الضوئية.
- ضع الجهاز على بعد مناسب من شاشة العرض .
- ارفع غطاء عدسة الإسقاط في الجهاز .
- حرك مفتاح التشغيل إلى الوضع : تشغيل ، عندئذ ستسمع صوت المروحة أولا ، ثم تشاهد ضوء المصباح .
- حرك الجهاز بحذر لضبط حيز الاسقاط وحجم الصورة المطلوب مستخدما في ذلك الأرجل الأمامية المتحركة للتحكم في رفع أو خفض الجهاز.
- ارفع غطاء منصة العرض ، ثم ضع المادة المعتمة المراد عرضها (صورة ، صفحة من كتاب أو مجلة ... الخ) على المنصة ، وتأكد من الاتجاه الصحيح الذي يجب عليك اتباعه في هذا الأمر .
- اغلق غطاء منصة العرض بإحكام على المادة المعتمة التي تم وضعها.
- تأكد من أن الصورة الساقطة جيدة ، وبمستوى الوضوح المطلوب وابدأ عرض ما لديك من مواد معتمة بالطريقة التي تراها مناسبة وفقا للتسلسل المرغوب .
- إذا انتهيت من العرض ، أطفئ المصباح واترك المروحة تعمل لتبريد الجهاز ، مع العلم بأن النماذج الحديثة من الجهاز تقوم بتلك المهمة أتوماتيكيا.
- ارفع المواد والصور المعتمة التي تم عرضها من على منصة الجهاز واحفظها في مكان مناسب لحين استخدامها مرة أخرى .
- انزع قابس الجهاز من مصدر التيار (المقبس) .
- ضع غطاء عدسة الإسقاط وثبتها بإحكام على العدسة للحفاظ عليها .
- ضع الغطاء المضاد للأتربة على الجهاز لحمايته .
- احفظ الجهاز في مكان مناسب لحين استخدامه مرة أخرى .

وتذكر أن :

❖ المسافة بين الجهاز وشاشة العرض تتناسب طردياً مع مساحة الصورة المسقطة .

❖ تعتيم غرفة العرض يزيد من وضوح الصورة المسقطة ضوئيا .

❖ تحريك الجهاز أثناء تشغيله أمر غير مستحب حتى لا تتلف فتيلة المصباح .

❖ استمرار تشغيل المروحة لفترة كافية بعد استخدام الجهاز أمر مهم لتبريد أجزائه.

● استخدام جهاز عرض المواد المعتمة في تكبير الرسوم والصور:

إلى جانب استخدام جهاز عرض الصور المعتمة أساسا في عرض كافة المواد المعتمة يمكن استخدامه أيضا لتكبير الصور والرسوم بصورة سهلة وسريعة ، ويتم ذلك وفقا للخطوات التالية :

◄◄ قم بإعداد الجهاز وتشغيله وفق خطوات التشغيل التي سبقت الإشارة إليها.

◄◄ ثبت لوحة من الورق المقوى بالمقاس المطلوب أمام الجهاز على الجدار بحيث تسقط الصورة عليه بوضوح تام .

◄◄ حدد مقدار التكبير بتحريك الجهاز إلى الأمام وإلى الخلف مع الحذر التام عند تحريكه.

◄◄ ابدأ برسم معالم الصورة وذلك بتتبع الخطوط الظاهرة على الورقة بالقلم الرصاص ، ثم أكمل تفصيلات الرسم.

◀◀ ضع الرسم على الطاولة وأعد توضيح الخطوط المرسومة بقلم حبر أو فلوماستر.

◀◀ لون الرسم ، واكتب عليه البيانات والمعلومات الضرورية .

رابعا : أجهزة عرض مواد الفيديو :

عرض المواد الفيديوية من أشرطة واسطوانات الفيديو يتم من خلال أجهزة لعب (تشغيل) تلك المواد ، التي غالبا ما تكون أجهزة عرض وتسجيل في آن واحد ، أو تكون أجهزة عرض فقط . وهناك العديد من طرق وأجهزة عرض المواد الفيديوية من أهمها ما يلي :

● عرض المواد الفيديوية عبر كاميرا الفيديو :

قد يتصور البعض أن كاميرا الفيديو تستخدم فقط للتصوير الفيديوي لكن هناك دور مهم لكاميرا الفيديو قد يغفله البعض هو دورها في عرض المواد الفيديوية التي سبق تصويرها وتسجيلها على أشرطة الفيديو الخاصة بالكاميرا . ويتم عرض المواد الفيديوية بواسطة كاميرا الفيديو بعدة طرق هي :

1- العرض على شاشة الكاميرا :

سبقت الإشارة إلى أن الموديلات الحديثة من كاميرات الفيديو المدمجة مزودة بشاشة عرض سائلة بلورية ، حيث يمكن عرض المادة الفيديوية المسجلة على شريط الكاميرا من خلال تلك الشاشة مباشرة أثناء التصوير والتسجيل ، أو بعد انتهاء التصوير في أي وقت .

2 - العرض من الكاميرا على شاشة تليفزيونية :

العرض على شاشة الكاميرا يؤدي إلى تعب العينين لأن الشاشة صغيرة وربما لاتكون الصورة عليها واضحة ، كما أن العديد من موديلات كاميرات الفيديو غير مزودة بشاشة عرض مدمجة بالكاميرا ، لذا فإن الأمر يستلزم البحث عن طريقة أخرى للعرض من كاميرا الفيديو وأسهل الطرق المعتادة والمعروفة هي توصيل الكاميرا مباشرة بأي جهاز تليفزيون ، أو أية شاشة عرض تليفزيونية عبر وصلات دخل وخرج الصوت والصورة ، ثم ضبط قناة الفيديو بجهاز التليفزيون ، ثم ضبط كاميرا الفيديو على وضع لعب (تشغيل) الشريط فيتم عرض المادة الفيديوية المسجلة على شريط الكاميرا فنشاهدها على شاشة التليفزيون . كما يمكن توصيل الكاميرا بجهاز فيديو كاسيت ومنه لجهاز التليفزيون فيتم العرض والنسخ في آن واحد .

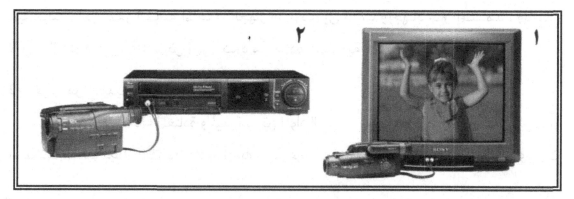

3- العرض من الكاميرا على شاشة الكمبيوتر :

إذا كانت كاميرا الفيديو رقمية ، فإنها تكون مزودة بوصلة يمكن من خلالها ربط الكاميرا بجهاز الكمبيوتر ، كما يلحق بالكاميرا برمجية تنقل لجهاز الكمبيوتر فيمكنه عرض المادة الفيديوية المسجلة من الكاميرا مباشرة على شاشة الجهاز ، كما يمكنه معالجة وحفظ تلك المادة ، ومن ثم نسخها على اسطوانة رقمية مدمجة من خلال وحدة نسخ الاسطوانات .

● عرض المواد الفيديوية عبر الفيديو كاسيت:

إذا كانت المادة الفيديوية المتاحة لديك مسجلة على شريط فيديو أو اسطوانة مدمجة VCD أو اسطوانة رقمية متنوعة DVD فيمكنك

عرضها من خلال أجهزة الفيديو المخصصة لعرض مثل هذه المواد ، حيث يتم ذلك بأكثر من طريقة منها :

1- العرض على شاشة الفيديو كاسيت :

نجحت بعض شركات تصنيع الأجهزة الإلكترونية في التوصل لأجهزة فيديو كاسيت يمكنها عرض شرائط واسطوانات الفيديو ، حيث زودت تلك الأجهزة بشاشة عرض سائلة بلورية مدمجة بمقاس يتراوح من 3 إلى 5 بوصات ، يمكن من خلال تلك الشاشة الصغيرة عرض المواد الفيديوية من أشرطة أو اسطوانات على نفس الجهاز وفقا لإمكانياته وذلك دون حاجة لتوصيل الجهاز بجهاز تليفزيون ، أو شاشة عرض تليفزيونية . ويتم ذلك غالبا بهدف سهولة الحكم على مدى جودة المادة الفيديوية المسجلة أو لسهولة الوصول إلى لقطة أو منظر محدد من المادة الفيديوية المعروضة كما يمكن استخدام شاشة الجهاز في حالات الضرورة التي لاتتوافر خلالها أجهزة أو شاشات عرض تليفزيونية . لكن صغر الشاشة الملحقة بالجهاز قد يؤدي إلى تعب وإجهاد عين المشاهد ، وبالتالي لايجب الاعتماد عليها عند عرض أجزاء كبيرة من المادة الفيديوية .

2- العرض من الفيديو كاسيت على شاشة تليفزيونية :

وهذه هي الحالة المعتادة والميسرة لعرض المواد الفيديوية حيث يتم توصيل جهاز عرض أشرطة أو اسطوانات الفيديو بجهاز تليفزيون عادي أو أية شاشة عرض تليفزيونية TV Monitor عن طريق وصلات

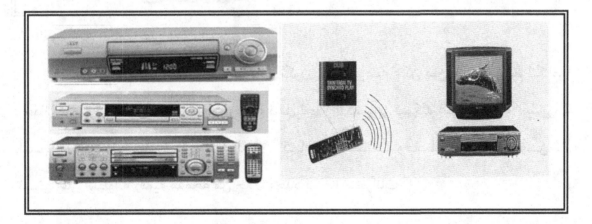

دخل وخرج الصوت والصورة الفيديوية ، ثم ضبط قناة استقبال الفيديو في جهاز التليفزيون ، ثم وضع المادة الفيديوية (شريط ، اسطوانة) في المكان المخصص في جهاز الفيديو المناسب ، ثم ضبط الجهاز على

الوضع عرض (تشغيل) Play ، فيبدأ عرض المادة الفيديوية المسجلة على الشريط أو الاسطوانة فورا على شاشة جهاز التليفزيون .

وقد زودت أجهزة العرض الفيديوي الحديثة ، وأجهزة التليفزيون بمقابس صوت وصورة متعددة توجد في الوجه الأمامي لتلك الأجهزة مما ييسر توصيلها.

3- العرض من الفيديو كاسيت على شاشة الكمبيوتر :

إذا كان جهاز الكمبيوتر المتاح لديك مزود بكارت فيديو مناسب فيمكن لك توصيله بأي جهاز فيديو لعرض أشرطة أو اسطوانات الفيديو من خلال الجهاز على شاشة جهاز الكمبيوتر ، كما يمكن تحويل الإشارة الفيديوية من شكلها التناظري Analog إلى شكلها الرقمي Digital فيمكن حفظها على القرص الصلب لجهاز الكمبيوتر ، ومن ثم يمكن عرضها مباشرة على شاشة الجهاز دون حاجة لجهاز الفيديو ، كما يمكن نسخها على اسطوانات مدمجة عبر وحدة نسخ الاسطوانات .

- عرض الصور المتحركة والمواد الفيديوية ضوئيا :

قد يتصور البعض أن الصور المتحركة والمواد الفيديوية لايمكن عرضها عن طريق إسقاطها ضوئيا مثلما يحدث مع الصور والرسوم الثابتة من: شفافيات ، وشرائح شفافة ، وصور فوتوغرافية وخلافه ، لكن تطور أجهزة عرض المواد المسموعة والمرئية قد تجاوز بإمكانيات تلك الأجهزة حد المستحيل ، فتخرج التكنولوجيا لنا كل يوم بجديد من هذه الأجهزة . وفي إطار حديثنا عن تكنولوجيا عرض الصور المتحركة والمواد الفيديوية ضوئيا نتناول نموذجين هما :

1- عرض الصور المتحركة على جهاز العرض السينمائي :

لقد كان السبيل الوحيد لعرض الصور المتحركة بإسقاطها ضوئيا عبر جهاز العرض السينمائي بمقاساته المختلفة 8 مم ، و16مم ، 35مم.. وبنماذجه وموديلاته التي تختلف باختلاف نوعية وطبيعة الأفلام السينمائية التي تعرض عليه .

ويشير جهاز العرض السينمائى Cine Projector إلى : أجهزة عرض الأفلام المتحركة السينمائية مقاس 35مم وهى الشائعة تجاريا في دور

العرض السينمائي المعتادة , وأجهزة عرض الأفلام السينمائية مقاس 16مم وهى الشائعة في مجال التعليم , وأخيرا أجهزة عرض الأفلام السينمائية مقاس 8 مم بشكليها الحلقي (الملفوف على بكرة) والعادى. وتتيح أجهزة العرض السينمائي التعليمية المتعة والتشويق للمتعلمين فهي تعرض أفلاما تتكامل فيها عناصر : الصورة والصوت , والحركة , والألوان.

وتعرض أجهزة العرض السينمائي الأفلام السينمائية Cinematic Film ، حيث تعرف تلك الأفلام بأنها : نوع من الأفلام يتم تصويرها بواسطة كاميرات التصوير السينمائي ، وتكون عبارة عن لقطات وإطارات ثابتة متتابعة علي شريط الفيلم ، حيث يتم عرضها علي أجهزة العرض السينمائي فيراها المشاهد صورا متحركة . وهناك مقاسات مختلفة للأفلام السينمائية أهمها الأفلام مقاس 8 مم ، ومقاس 16مم ، ومقاس 35مم .

ويتركب جهاز العرض السينمائي من : صندوق معدني متين يمثل جسم الجهاز يحتوي من الداخل على مصدر ضوئي قوي ومجموعة

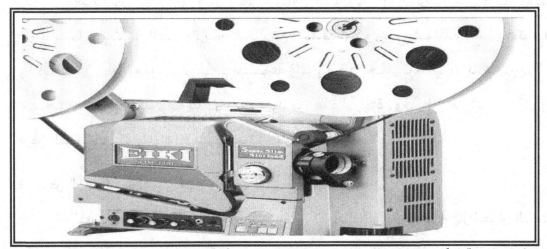

مكثفات ضوئية لتركيز ضوء المصدر الضوئي قبل سقوطه على الفيلم السينمائي ، كما يوجد داخل هذا الصندوق مروحة للتبريد مثبت على صندوق الجهاز من الخارج ذراعين أحدهما جهة الأمام لحمل بكرة التغذية الملفوف عليها شريط الفيلم السينمائي ، يقابله الذراع الآخر جهة الخلف لحمل بكرة السحب التي يلف حولها شريط الفيلم السينمائي الذي

تم عرضه ضوئيا . كما يظهر على الجانب الخارجي لصندوق الجهاز المجرى الذي يتم تركيب شريط الفيلم خلاله بما يحويه من تروس تساعد في سحب شريط الفيلم عند عرضه ، حيث يقع شريط الفيلم بين الضوء الساقط من صندوق الجهاز ومجموعة عدسات الإسقاط الموجودة في مقدمة الجهاز كما يوجد على الوجه الخارجي لصندوق الجهاز مجموعة مفاتيح التشغيل .

وعند تشغيل الجهاز يتم سقوط الضوء القوي على شريط الفيلم من الخلف ومنه إلى عدسات الإسقاط (العرض) ، إلى شاشة العرض السينمائي حيث يتم خلال ذلك قيام مجموعة الأجزاء والتروس الميكانيكية للجهاز بسحب شريط الفيلم وتحريكه بسرعة محددة أمام عدسة العرض فتمر اللقطات (الكادرات ، أو الإطارات) بشكل متتابع ، مما يوحي لعين المشاهد أن الصورة متحركة .

ومن أهم مشكلات جهاز العرض السينمائي واستخداماته خصوصا في مجال التعليم أن الأفلام التعليمية السينمائية ليست متوافرة لكثير من الموضوعات ، إضافة إلى تكلفة وصعوبة إنتاج مثل هذه الأفلام ، فضلا عن تلف تلك الأفلام وتمزقها عند العرض بمرور الوقت ، ومن ثم كان لابد من بديل عملي ....

2- عرض الصور المتحركة على جهاز عرض البيانات (داتا بروجكتور) :

رغبة في إيجاد البديل البسيط العملي لجهاز العرض السينمائي فقد توصلت التكنولوجيا الحديثة إلى جهاز إسقاط البيانات Data Projector وهو أحد أجهزة العرض الضوئي للعديد من المواد المصورة , يطلق علية أيضا فيديوبروجكتور Video Projector . وهو جهاز متطور ظهرت منه أجيال حديثة جداً يمكنه إسقاط بيانات من أجهزه الكمبيوتر ، ومن أجهزة الفيديو ، ومن أجهزة التليفزيون , ومن كاميرات الفيديو , وغيرها , حيث يتم توصيل هذا الجهاز بأي من الأجهزة المشار إليها ليسقط صوراً ضوئية كبيرة الحجم على شاشة خارجية , يمكن التحكم في حجمها وألوانها ودرجة وضوحها . كما يتكامل هذا الجهاز مع جهاز الكمبيوتر ولوحة العرض الذكية التي تعرف باسم السبورة الذكية أو اللوحة البيضاء التفاعلية لتكوين منظومة عرض متعددة الوظائف والاستخدامات .

خامسا : أجهزة عرض البيانات (داتا شو):

جهاز عرض البيانات Data Projector ، أو جهاز الفيديو بروجكتـور Video Projector ،

أو الداتا شو Data هو جهاز عرض ضوئي متطور يمكنه إسقاط بيانات إلكترونية من أجهزة الكمبيوتر

، ومواد فيديوية من أجهزة الفيديو , ومن أجهزة التليفزيون , ومن كاميرات الفيديو , وغيرهـا , حيث

يتم توصيل هـذا الجهاز بأي من الأجهزة المشار إليها ليسقط صوراً ضوئيـة كبيرة الحجم على شاشـة

عرض خارجية , يمكن التحكم في حجمها وألوانها ودرجة وضوحها .

وهناك العديد من ماركات وموديلات هذا الجهاز ، حيث بـدأت بأحجـام كبيرة وإمكانـات

بسيطة ، فإذا بالشركات المنتجة تتبارى وتتنافس فيما بينها حتى أنتجت أجيالا فائقة التطور صغيرة

الحجم لايتجاوز وزن بعضها كيلوجرام واحـد ، بإمكانـات فائقـة للعـرض ، وبأبـسط طرق التوصيل

والتشغيل . كما توجد موديلات من الجهاز يمكن تركيبها في أسقف حجرات العرض .

ويتركب جهاز الفيديو بروجكتور بموديلاته المختلفة من : صندوق معدني متين يمثل الجسم الخارجي للجهاز ، يحتوي هذا الصندوق من الداخل على : لوحة إلكترونية ، ومصدر ضوئي قوي ومفرق (مشتت) ضوئي مستقطب ، ومجموعة عدسات الإسقاط المزودة بإمكانية ضبط البؤرة أتوماتيكيا .

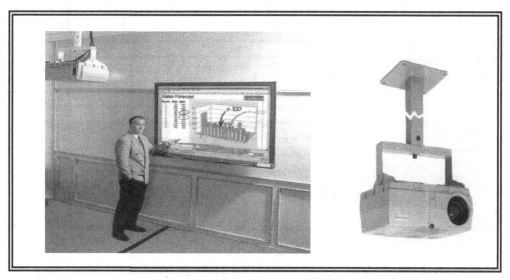

وتقوم اللوحة الإلكترونية في جهاز الفيديو بروجكتور بدور مهم جدا في آلية تشغيل الجهاز حيث تمثل نوعا من لوحات السائل البلوري الانعكاسية فائقة الجودة ، وتتركب تلك اللوحة من مجموعة طبقات

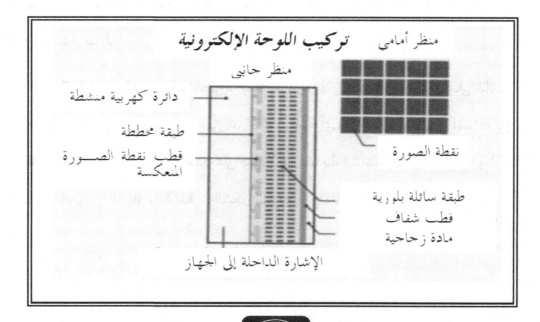

وأقطاب ودوائر كهربية تستقبل الإشارة الفيديوية التناظرية أو الرقمية من الجهاز المتصل بجهاز الفيديو بروجكتور . ومن ثم تحولها لمجموعة من نقاط الصورة التي تتم إضاءتها ثم إسقاطها بالطريقة الموضحة بالشكل التالي:

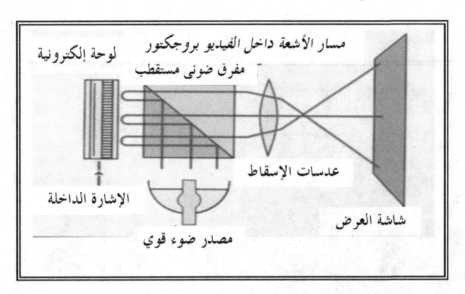

وإلى جانب تلك المكونات الفنية الداخلية الدقيقة لجهاز الفيديوبروجكتور هناك مكونات أخرى أهمها: النظام الصوتي المدمج بالجهاز حيث يزود بسماعات استريو تعمل بنظام تجسيم الصوت ، هذا بالإضافة إلى مجموعة مفاتيح التشغيل والتحكم ، ومقابس توصيل الجهاز بالأجهزة الأخرى ، فضلا عن وحدة التحكم عن بعد أو الريموت كنترول الذي يمكن من خلاله التحكم في جميع عمليات التشغيل والضبط من بعد.

ويمكن التحكم في حجم الصورة الساقطة من جهاز الفيديو بروجكتور على شاشة العرض من خلال التحكم في قرب أو بعد الجهاز عن تلك الشاشة أي من خلال التحكم في المسافة بين موضع الجهاز وموضع الشاشة ، حيث يتحدد على ضوء ذلك مساحة الشاشة المناسبة للعرض والمسافة التي يجب أن تكون بين الجهاز والشاشة ، والشكل التالي يوضح ذلك .

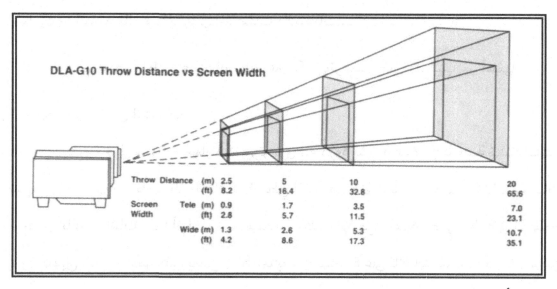

سادسا : أجهزة عرض الوسائط المتعددة (الحاسوب):

من أهم الأدوار التعليمية التي يمكن أن يقوم بها الكمبيوتر ما أتاحته إمكانات هذا الجهاز الفائقة في عملية عرض المواد التعليمية متعددة الوسائط ، وفائقة الوسائط ، بقدر كبير من الجـودة ، والمتعة والتشويق.

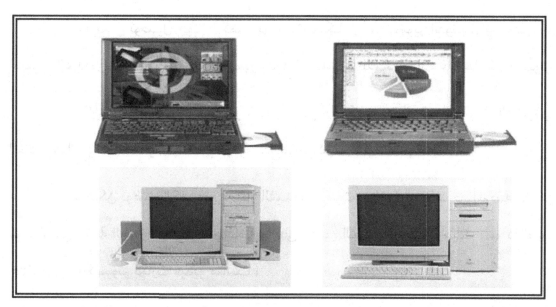

وهناك نماذج وأشكال عديدة لأجهزة الكمبيوتر الشخصية أهمها جهاز الكمبيوتر الشخصي الثابت ، وجهاز الكمبيوتر الشخصي المحمول حيث تتفق هذه الأجهزة وتلك مـن حيث الـشكل العـام والمكونات

الأساسية ، لكنها تختلف فيما بينها في المواصفات والإمكانات .

وتتم عروض المواد متعددة الوسائط عبر الكمبيوتر بعدة طرق وأساليب من أهمها :

1- العرض المباشر على الكمبيوتر :

بالرجوع إلى مكونات جهاز الكمبيوتر نرى أنه مزود بشاشة عرض إلكترونية تشبه شاشة التليفزيون ، حيث تم تطوير تلك الشاشات لتعطي أفضل نتائج المشاهدة ، فأصبح هناك مقاسات كبيرة من تلك الشاشات ، كما أنها أصبحت مسطحة ، قليلة الإشعاع ، تعرض صورا غاية في الوضوح بألون تطابق الواقع ، الأمر الذي يحقق متعة المتابعة والمشاهدة على تلك الشاشات ، ومن ثم أمكن الاعتماد على أجهزة الكمبيوتر المزودة بتلك الشاشات في عرض كافة المواد التعليمية المرئية ، أو المسموعة المرئية من: صور ، ورسوم ، وخطوط ، وأفلام متحركة ، ومواد سمعية غاية في نقاء الصوت ، فضلا عن عرض البرمجيات التعليمية المختلفة المعدة بنظام الوسائط المتعددة من خلال مايتيحه الكمبيوتر من مزايا : الصوت والصورة والحركة والألوان والمؤثرات الأخرى .

كما يمكن توصيل جهاز الكمبيوتر مباشرة بكاميرات التصوير الفوتوغرافي ، وكاميرات التصوير الفيديوي الرقمية ، ليتم عرض الصور الملتقطة بواسطة تلك الكاميرات على شاشة الكمبيوتر .

ويمكن استخدام جهاز الكمبيوتر كجهاز تليفزيون يمكنه استقبال قنوات البث التليفزيوني العادية ، والقنوات الفضائية ، عندما يتم تزويد الجهاز بكارت TV مناسب .

كما يمكن توصيل الكمبيوتر بجهاز الفيديو كاسيت مباشرة ليتم عرض أشرطة الفيديو مباشرة على شاشة الجهاز ، وكذلك الاحتفاظ بها على القرص الصلب للجهاز ، حيث يتم ذلك من خلال تزويد الكمبيوتر بكارت فيديو مناسب .

2- عروض الفيديو التفاعلي :

الفيديوالتفاعلي Interactive Vedio ، هو نظام عرض تفاعلي تتكامل فيه تقنيات الفيديو مع تقنيات الكمبيوتر .

وتأكيدا لهذا المعنى تشير (زينب محمد أمين ، 2000م ، ص ص 175- 180) إلى أن الفيديو التفاعلي هو دمج بين تكنولوجيا الفيديو والكمبيوتر من خلال المزج بين المعلومات التي تحويها اسطوانات وشرائط الفيديو ، والمعلومات التي يقدمها الكمبيوتر ، وذلك لتوفير بيئة تفاعلية تتمثل في تمكن المتعلم من التحكم في برامج الفيديو بالتناسق مع برامج الكمبيوتر باستجاباته واختياراته وقراراته ، ومن ثم يؤثر على كيفية عمل البرنامج والتحكم والإبحار فيه ، حيث يمكن تقسيم مستويات الفيديو التفاعلي وفقا لدرجة التحكم والمشاركة بين المتعلم والبرنامج إلى أربعة مستويات هي :

◀◀ المستوى الصفري الذي يقابل الفيديو الخطي دون تحكم أو مشاركة.

◀◀ المستوى الأول الذي يمكن للمتعلم خلاله أن يتحكم في نقاط توقف الصور والمشاهد عبر لوحة المفاتيح.

◀◀ المستوى الثاني الذي يتم خلاله التحكم عبر لوحة المفاتيح وبرمجيات الكمبيوتر ، لكن ذلك يكون محددا بحجم وسعة ذاكرة الكمبيوتر.

◀◀ المستوى الثالث الذي يتمثل في تطبيقات تفاعلية يتحكم فيها برنامج كمبيوتر خارجي ، ويستخدم مشغل أقراص الفيديو كجهاز تابع له كما هو موضح بالشكل :

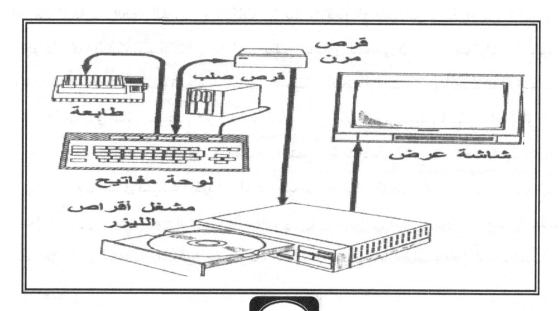

من الوسائل التعليمية إلى تكنولوجيا التعليم .. الجزء الثاني

المستوى الرابع الذي يسمح للمتعلم بأعلى مستوى من التفاعل والتحكم أكثر من المستويات السابقة ، حيث يشمل هذا المستوى تفريعات عديدة للمحتوى العلمي للبرنامج ، وتضمنه لمعطيات تغذية راجعة ، ويتيح هذا المستوى للمتعلم أن يتحكم في عرض البرنامج من خلال : استخدام لوحة المفاتيح ، أو لمس الشاشة ، أو الفأرة ، أو القلم الضوئي ، أو من خلال قارئ شفرة الأعمدة .

ويمكن تقديم عروض الفيديو التفاعلي بأكثر من أسلوب مثل : عروض الفيديو فقط ، وعروض الفيديو المتضمنة أسئلة وأنشطة تعلم وعروض الفيديو المتضمنة أسئلة وتغذية راجعة ، وأخيرا عروض الفيديو المتضمنة : أسئلة ، وتغذية راجعة ، وتعزيز فوري ، حيث يمثل ذلك أعلى مستويات التفاعل في عروض برامج الفيديو التفاعلي . (رشدي كامل زينب أمين ، 2002م ، ص ص 309 – 310) .

3- عروض شبكات التحاور الجمعي :

تقوم أجهزة الكمبيوتر بدور مهم جدا في عروض التحاور الجمعي أو التحاور الجماعي Group Conference الذي يعرف بأنه : عملية يتم من خلالها اتصال الأفراد فيما بينهم في وقت واحد كما يحدث في معامل اللغة والندوات والمؤتمرات المدارة آليا . وقد أسهمت التكنولوجيا الحديثة في تطور أساليب التحاور الجماعي بشكل لم يسبق له مثيل فأمكن للأفراد في أي موقع على الكرة الأرضية المشاركة والحوار الفعال عبر شبكات الإنترنت والأقمار الصناعية من خلال أجهزة الكمبيوتر المجهزة ، مهما بعدت المسافات . ومن أهم نظم التحاور الجمعي الحديثة المؤتمرات الفيديوية Video Conference التي تتم من خلالها عمليات التحاور والتشاور والمناقشات المرئية بين مجموعة أفراد في أماكن متباعدة عبر تقنيات المعلومات والاتصالات الحديثة ، فيمكن لباحث أو عالم أو خبير أن يشارك بالصوت والصورة في فعاليات اجتماع ، أو ندوة ، أو مؤتمر عبر كاميرا رقمية متصلة بجهاز حاسوب متصل بشبكة الإنترنت ، أو عبر شبكات الكابلات المصنوعة من الألياف الضوئية . مثلما يحدث في متابعة برامج التدريب والندوات والاجتماعات التي تنعقد بوزارة التربية والتعليم بمصر من خلال القاعات والمراكز المجهزة بتلك التقنية في جميع المحافظات والأقاليم على مستوى الجمهورية .

4- العرض الضوئي من الكمبيوتر :

يمكن عرض المواد التعليمية المحفوظة بذاكرة الكمبيوتر من مواد مسموعة ، أو مرئيـة ، أو مسموعة مرئية ، ثابتة ، أو متحركة على مجموعة كبيرة مـن المتعلمين في آن واحـد ، مـع مزيد مـن المتعة والتشويق ، وذلك بتوصيل جهاز الكمبيوتر بجهاز عـرض البيانات المعـروف باسـم الفيديو بروجكتور والذي سبق الحديث عنه تفصيليا في موضع سابق ، حيث يتيح هـذا الجهاز عرضا ضوئيا قويا على شاشة عرض كبيرة تشبه شاشة العرض السينمائي ، فيتيح مـشاهدة ممتعـة لأكبر عدد مـن المتعلمين في نفس الوقت. ويزداد العرض الضوئي من الكمبيوتر متعة عندما يـتم بـشكل تفـاعلي عـبر منظومة اللوحة الذكية (السبورة الإلكترونيـة التفاعليـة البيضاء) التي يـتم مـن خلالهـا التحكم في جميع وظائف الكمبيوتر وإسقاط المواد التعليميـة الإلكترونيـة عـبر جهـاز الفيـديو بروجكتور Data Projector .

سابعا : أجهزة السبورة الذكية (اللوحة البيضاء التفاعلية):

تعد اللوحـة الذكيـة Smart Board أو الـسبورة البيـضاء التفاعليـة Interactive White Board أحد أجهزة العرض الإلكترونية وهو لا يعمـل مـستقلاً بـل يعمـل مـن خـلال توصيله بجهـاز الكمبيوتر الشخصي وجهاز عرض البيانات Data Projector ، حيث يمكن القيـام بالعديـد مـن المهـام التعليمية الممتعة عبر هذا النظام المتفاعل .

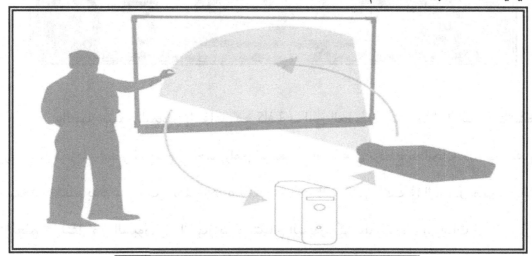

منظومة العرض باستخدام اللوحة الذكية.

ويأتي مسمى " سبورة " نظراً لاستخدامه كالسبورة البيضاء التقليدية حيث يمكن للمعلم أن يكتب عليه باستخدام أقلام خاصة مرفقة بالجهاز ويمسح ما كتب إلا أنه من حيث كونه "تفاعلي" فإن مسارات المعلومات في الجهاز تسير في اتجاهين فالكتابة لا تتم عليه بالحبر التقليدي ولا بالطباشير بل من خلال اللمس فحين يقوم المعلم بسحب قلم من لوحة الأدوات والكتابة على سطح الجهاز " المزود بمستشعرات خاصة باللمس " يقوم الجهاز بإرسال تلك البيانات إلى برنامج خاص بالكمبيوتر ليحول النقاط التي تم لمسها إلى لون يعرض من خلال جهاز عرض البيانات على الجهاز ومن ثم فالبيانات تتجه من السبورة البيضاء التفاعلية إلى الكمبيوتر ومن الكمبيوتر إلى جهاز عرض البيانات لتعرض مرة أخرى على السبورة.

والجهاز يسمح للمعلم بالتفاعل مع كافة برامج الحاسب من خلال السبورة فلتشغيل برنامج أو تحريك عنصر أو رسم في أحد برامج الرسم أو الكتابة في برنامج معالجة الكلمات يكفي أن يستخدم المعلم يده عوضاً عن مؤشر الفأرة لينقر على العناصر التي يرغب في التعامل معها وبالتالي فالمعلم لا ينتقل من السبورة إلى الجهاز بل يستخدم السبورة كوسيلة لإدخال البيانات إلى الجهاز إلى جانب وظيفتها في عرض محتوى الكمبيوتر.

- أجزاء اللوحة الذكية :

هناك موديلات وماركات ومقاسات عديدة ومتنوعة من تلك اللوحات لكنها تتشابه إلى حد ما في الركيب ، حيث تتركب من :

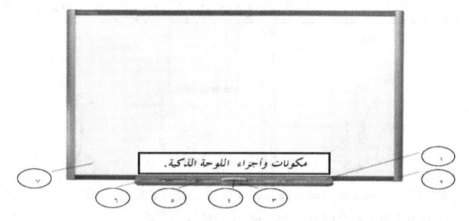

مكونات وأجزاء اللوحة الذكية.

- الدرج الخاص بالأقلام والأدوات ويسمى Smart Pen Tray .
- مكان توصيل كابل USB.
- أزرار التحكم بلوحة المفاتيح والفأرة وزر طلب المساعدة.
- الممحاة.
- مكان وضع الأقلام.
- مكان مخصص لتثبيت أدوات إضافية بالجهاز.
- سطح الجهاز المزود بمستشعرات اللمس .

- طريقة تهيئة اللوحة للعمل :

لتهيئة اللوحة الذكية للعمل اتبع الخطوات التالية :

- ادخل القرص المدمج المرفق بجهاز الكمبيوتر ، سيعمل برنامج تهيئة الجهاز تلقائياً ، وفي حالة عدم عمل البرنامج قم بتشغيل ملف Autorun.exe من على القرص المدمج.
- عند بدء برنامج التحميل سيسألك لو رغبت في وضع أيقونة Smart board في مجلد Startup وهذا يعنى أنه في كل مرة يتم تشغيل

جهاز الكمبيوتر سيعمل البرنامج تلقائياً، يوصى بالموافقة على هذا الطلب.

◀◀ بعد انتهاء التحميل قم بإغلاق جهاز الكمبيوتر دون أن تخرج القرص المدمج منه.

◀◀ قم بتوصيل كابلات الجهاز كما هو موضح بالشكل.

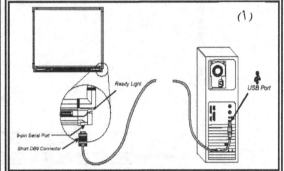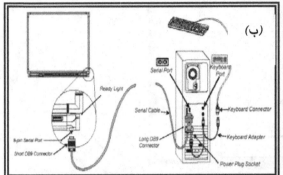

توصيل اللوحة الذكية بالكمبيوتر عبر كابل USB (أ) أو كابل Serial (ب).

◀◀ بعد انتهاء التركيب شغل جهاز الكمبيوتر، لاحظ أن مصباح الطاقة بجهاز السبورة التفاعلية سيتحول إلى اللون الأحمر وهي علامة على أن الجهاز يتلقى الطاقة من الكمبيوتر.

◀◀ عند تشغيل برنامج Windows XP لأول مرة بعد تركيب الجهاز سيظهر لك وجود جهاز جديد موصل ويشغل برنامج البحث على الأجهزة الجديدة ليعينك على تعريف الجهاز لنظام النوافذ.

◀◀ وجه البرنامج لكي يبحث في مجلد برنامج Smart board عن المحرك اللازم لتعريف الجهاز. بمجرد الانتهاء من تلك المهمة بنجاح ستحول اللون الأحمر بالسبورة إلى اللون الأخضر.

◀◀ إذا كنت قد وافقت على إضافة أيقونة Smart board لمجلد بدء التشغيل في نظام النوافذ عند تحميل البرنامج فإن لوحدة أدوات Smart board ستعمل تلقائياً.

◀◀ أنقر على أيقونة Smart board واختر وظيفة Orient والتي ستساعدك على ضبط أبعاد العرض على السبورة التفاعلية.

◀◀ يمكن طلب تهيئة العرض من الجهاز مباشرة من خلال الضغط على أزرار السبورة معاً وفي نفس الوقت حيث سيتم فتح برنامج التهيئة تلقائياً.

416

● ضبط النقاط الساخنة (نقاط التفاعل) باللوحة :

يعد تهيئة أبعاد العرض الضوئي الساقط على السبورة من جهاز عرض البيانات أساساً لنجاح عملية التفاعل بين السبورة والكمبيوتر حيث يجب أن يعلم البرنامج المثبت على الكمبيوتر أبعاد العرض الساقط على السبورة حتى يتمكن من تحديد نقاط التفاعل ولعمل ذلك نختار وظيفة التهيئة Orientation بإحدى الطريقتين السابق الإشارة إليهما، فتظهر لنا الشاشة الموضحة بالشكل :

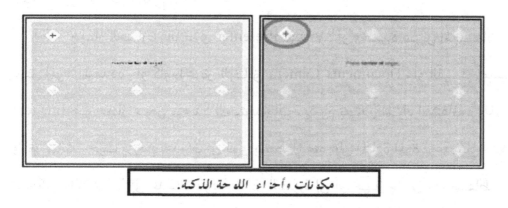

مكونات وأجزاء اللوحة الذكية.

كل ما عليك هو أن تلمس بإصبعك الأماكن المشار إليها بالدائرة على السبورة حيث تحتاج عملية تهيئة العرض إلى تحديد أماكن النقاط التسع الموضحة بالشكل ويجب الالتزام بالترتيب الذي يطلبه البرنامج.

لاحظ أنه يمكنك من خلال لوحة التحكم الخاصة ببرنامج Smart board زيادة عدد النقاط وذلك للحصول على دقة عرض أعلى.

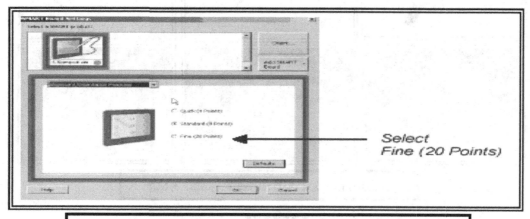

التحكم في عدد النقاط التفاعلية الساخنة باللوحة الذكية .

● استخدام الإصبع كمؤشر للفأرة :

قم بالضغط على زر الفأرة على السبورة ثم قم بالتفاعل مع جميع عناصر الشاشة باستخدام اللمس كما لو كنت تستخدم مؤشر الفأرة من حيث مهارات النقر المنفرد والمزدوج وتحريك العناصر على الشاشة أو تشغيل برامج الكمبيوتر المختلفة مباشرة من على السبورة.

ثامنا : أجهزة العارض البصري :

جهاز العارض البصري Visual Presenter ، أو وحدة عرض المجسمات ، أو وحدة عرض المواد المتعددة ، أو كاميرا عرض الوثائق Documents Camera ، أو الفيديو إميجر Vedio Imager هو جهاز عرض متعدد الاستخدامات ، يقوم بعرض المواد الشفافة ، والمواد المعتمة والمجسمات ، حيث يزود بمصدر ضوئي قوي يسلط أشعته على المادة الموضوعة على منصة العرض فتنعكس تلك الأشعة إلى عدسات قوية تنقل الصورة إلى أي جهاز عرض ، أو إسقاط ، أو تسجيل فيديوي ، فيمكن توصيل هذه الوحدة بأية شاشة عرض تليفزيونية ، أو جهاز إسقاط بيانات (فيديو بروجكتور) . وتستخدم هذه الوحدة في عملية التدريس عبر القنوات التعليمية التليفزيونية ، والشبكات التليفزيونية المغلقة . وهي سهلة الاستخدام ويوجد منها العديد من الأنواع والموديلات..

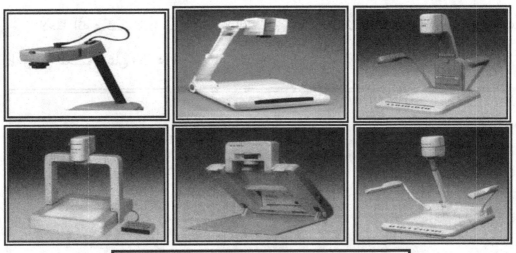

نماذج لكاميرا عرض الوثائق، والمواد المعتمة .

****

الفصل الثالث عشر :

((المجالات التطبيقية لتقنية المعلومات))

- مجال تطبيقات الحاسب الآلي .

- مجال مصادر المعلومات .

- مجال المجتمع المعلوماتي .

الفصل الثالث عشر :

((المجالات التطبيقية لتقنية المعلومات))

يتناول هذا الفصل أهم المجالات التطبيقية لتقنية المعلومات حيث يعرض لمجال تطبيقات الحاسوب ، ومجال مصادر المعلومات ومجال المجتمع المعلوماتي ، وبيان ذلك فيما يلي :

أولا : مجال تطبيقات الحاسب الآلي:

لقد أتاح الحاسب الآلي العديد من التطبيقات التقنية التي أمكن توظيفها بشكل مهم في عمليتي التعليم والتعلم ، ومن أهم هذه التطبيقات ما يلي :

1- الطباعة باللمس:

إن استخدام الحاسب يحتم عليك استخدام لوحة المفاتيح سواء كان استخدامه بالمنزل أو المكتب أو أي مكان كنت تريد استخدامه. أن الطريقة الصحيحة للكتابة تسمى طريقة اللمس والتي تعتمد على الكتابة بالأصابع عن طريق اللمس دون النظر .

وهناك ثلاثة صفوف رئيسية لحروف الكتابة على لوحة المفاتيح هذه الصفوف هي :

◀◀ الصف الثاني وهو صف الارتكاز .

◀◀ الصف الثالث وهو الصف المجاور لصف الأرقام.

◀◀ الصف الأول وهو الصف الذي يكون بعد صف الارتكاز.

ويتم حساب سرعة الكتابة بعدد الكلمات الصحيحة التي يستطيع الفرد كتابتها عبر لوحة المفاتيح ، ومن ثم إدخالها للكمبيوتر في الدقيقة الواحدة ، حيث يتم حساب تلك السرعة باتباع ما يلي :

◀◀ يتم حساب كل ضربة من ضربات الكتابة ومسطرة المسافات .

◀◀ حساب إجمالي عدد الضربات التي نضربها في وقت محدد .

◀◀ قسمة عدد الضربات على 5 فينتج عدد الكلمات المكتوبة .

◀◀ يحذف من مجموع الكلمات عشر كلمات مقابل كل غلطة في الكتابة.

◀◀ قسمة الناتج من الخطوة السابقة على زمن الكتابة بالدقائق ينتج سرعة الكاتب وهي عدد الكلمات في الدقيقة .

- تعليمات عامة في الطباعة باللمس :

عند قيامك بالكتابة والطباعة باللمس عبر الكمبيوتر عليك مراعاة التعليمات التالية :

- اجلس على كرسي مريح ومناسب لوضع الكمبيوتر بحيث يكون ظهرك مستقيما وملاصقا لمسند الكرسي.
- اضبط ارتفاع الكرسي بحيث يكون معصميك وكفيك في مستوى لوحة المفاتيح بسهولة.
- اضبط شاشة الكمبيوتر لتكون بشكل معتدل ويكون مستوى نظرك عموديا عليها تماما.
- اثن أصابعك قليلا على لوحة المفاتيح.
- تجنب رفع معصميك لأعلى أو خفضهما لأسفل أكثر مما يجب.
- مد رجليك للمام قليلا.
- تأكد من انحناء أصابعك بالراحة على لوحة المفاتيح.
- اضبط أصابع يديك على صفوف الكتابة كما سنوضح لاحقا.
- اضغط على مفاتيح الكتابة بأطراف أصابعك بخفة وقوة.
- يجب أن تظل أصابعك عند صف مفاتيح الحروف الرئيسية إلا في حالة الضغط على مفتاح ليس من المفاتيح الرئيسة.
- من الأنسب ارتكاز اليدين بإصبعي الخنصر عند مفتاحي الحرفين " ك " ، " ش ".

- صف الارتكاز :

صف الارتكاز هو الصف الثاني من أسفل لوحة المفاتيح . . مرن نفسك عدة مرات على وضع أصابع اليدين على صف الارتكاز حسب المكان المخصص لكل إصبع وفقا للجدول وللشكل التالي

اليد اليمنى				اليد اليسرى			
اضغط				اضغط			
بالخنصر	بالبنصر	بالوسطى	بالسبابة	بالسبابة	بالوسطى	بالبنصر	بالخنصر
ط - ك	م	ن	ت	أ- ب	ي	س	ش

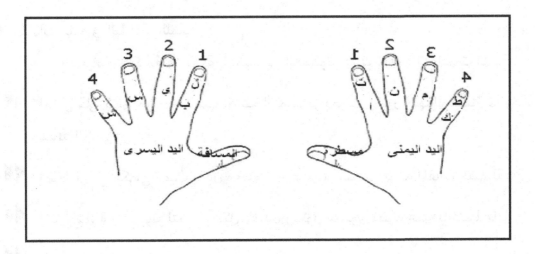

اليد اليسرى
اليد اليمنى

- كيفية الكتابة على الصف الثالث :

في الصف الثالث من لوحة المفاتيح يكون توزيع الأصابع على الأحرف كما هو موضح بالجدول التالي :

اليد اليمنى				اليد اليسرى			
اضغط				اضغط			
بالخنصر	بالبنصر	بالوسطى	بالسبابة	بالسبابة	بالوسطى	بالبنصر	بالخنصر
د-ج-ح	خ	هـ	ع-غ	ف-ق	ث	ص	ض

- كيفية الكتابة على الصف الأول :

في الصف الأول من لوحة المفاتيح يكون توزيع الأصابع على الأحرف كما هو موضح بالشكل التالي:

اليد اليسرى
اليد اليمنى

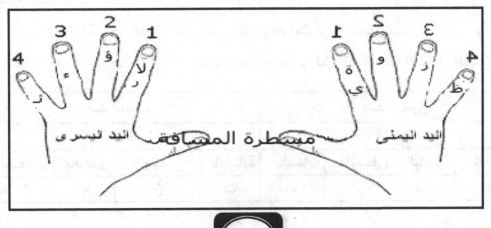

● كيفية كتابة الأرقام:

في الصف العلوى الخاص بالأرقام في لوحة المفاتيح يكون توزيع الأصابع على الأحرف كما هو موضح بالجدول التالي:

اليد اليمنى				اليد اليسرى			
اضغط				اضغط			
بالخنصر	بالبنصر	بالوسطى	بالسبابة	بالسبابة	بالوسطى	بالبنصر	بالخنصر
= ، 0	9	8	6-7	4-5	3	2	1-ذ

● المفاتيح المهمة في لوحة المفاتيح :

هناك بعض المفاتيح الموجودة على لوحة المفاتيح تساعدك على التنقل في الملف الذي تعمل عليه بسهولة وسرعة ، ويتم نقل المؤشر على حسب المفتاح الذي تقوم بضغطه ، وفي الجدول التالي بيان بتلك المفاتيح ووظيفة كل منها :

م	المفاتيح	وظيفة كل مفتاح
١-	HOME	الذهاب إلى بداية السطر
٢-	END	الذهاب إلى نهاية السطر
٣-	PAGE UP	شاشة (صفحة) واحدة لأعلى
٤-	PAGE DOWN	شاشة (صفحة) واحدة لأسفل
٥-	HOME+CTRL	الانتقال إلى بداية الملف (المستند)
٦-	CTRL+END	الانتقالإلى نهاية الملف (المستند)
٧-	BACKSPACE	مسافة للخلف (حذف الحرف على يسار نقطة الإدراج)
٨-	DEL	حذف (حذف الحرف على يمين نقطة الإدراج)
٩-	SPACE	مسافة (الضغط على المسطرة لترك مسافة بين الكلمات)
١٠-	السهم لأعلى	التحرك بمقدار سطر واحد لعلى
١١-	السهم لأسفل	التحرك بمقدار سطر واحد لأسفل
١٢-	السهم يمين	التحرك بمقدار حرف واحد لليمين
١٣-	السهم يسار	التحرك بمقدار حرف واحد لليسار
١٤-	السهم الأيمن + CTRL	التحرك بمقدار كلمة واحدة لليمين
١٥-	السهم الأيسر + CTRL	التحرك بمقدار كلمة واحدة لليسار
١٦-	مفتاح TAB	للانتقال من خلية لأخرى داخل الجدول
١٧-	مفتاح NUMLOCK	لتحويل مفاتيح مجموعة الأرقام إلى وظائف
١٨-	مفتاح ESC	الهروب أو إلغاء أي إجراء
١٩-	مفتاح CAPSLOCK	لتحويل الحروف من النمط الصغير للكبير في كتابة اللغة الانجليزية

● كيفية تشكيل الكلمات بالحركات :

يمكن تشكيل الكلمات المكتوبة بحركات الفتح والضم والكسر والشد والسكون عبر مفاتيح محددة عبر لوحة مفاتيح الكمبيوتر ، وذلك بضغط مفتاح SHIFT + الضغط على المفاتيح الموضحة بالجدول التالي :

م	حركة التشكيل	شكل الحركة	مفاتيح كتابتها
1-	الفتحة	بَ	ض
2-	الفتحتين	بً	ص
3-	الكسرة	بِ	ش
4-	الكسرتين	بٍ	س
5-	الضمة	بُ	ث
6-	الضمتين	بٌ	ق
7-	الشدة	بّ	ذ
8-	السكون	بْ	ء

2- الطباعة الإلكترونية :

تستخدم الطباعة الإلكترونية في عملية طباعة المستند وقبل إجراء عملية الطباعة يجب التأكد من أن الطابعة لديك جاهزة . ويجب أن تقوم بأمرين هامين أيضا قبل الطباعة وهما تنسيق الصفحة (إعداد الهوامش وتنسيق الفنطات والسطور والفقرات) ، ثم معاينة المستند على الشاشة قبل طباعته لرؤية كيف سيبدو على الورق لأن المعاينة قبل الطباعة تعطي الصورة الواضحة لمستندك كيف سيكون على الورق . وقد أتاحت التقنيات الحديثة إمكانيات الطباعة باستخدام طابعات أبيض وأسود وطابعات ملونة ومن الشركات التي تتيح هذه التقنيات (هاليوت باكارد- إبسون- جبنوكوم وغيرهم).

ونستطيع باستخدام تقنية الطباعة الإليكترونية طباعة المستندات على مختلف أنواع الورق حسب نوع الطباعة المستخدمة. ويوجد طابعات تستخدم تقنية الطباعة على ورق من المقاس (A4) وطابعات تستخدم تقنية الطباعة على ورق من المقاس (A3) , وطابعات تستخدم تقنية الطباعة على ورق هندسي من المقاس (A1&A0) والتي تستخدم تقنية الطباعة على البلوتر. وفي معظم الطابعات الكمبيوترية الحديثة هناك إمكانية للطباعة عبر مقاسات متعددة للصفحات . وتمتاز جميع تطبيقات وبرامج الحاسوب بإمكانية الطباعة لمستنداتها باتباع خطوات محددة للطباعة من خلال التطبيق أو البرنامج. وسوف نتعرض من خلال التطبيقات التي سيتم تناولها لاحقا لخطوات طباعة المستندات .

● طرق الطباعة :

◀◀ الطباعة المباشرة : في هذه التقنية يجب أن يكون الحاسوب متصل مباشرة بالطابعة المراد الطباعة عليها. ومن أهم عيوب هذه الطريقة هو ضرورة وجود طابعة لكل حاسوب مما يزيد التكلفة المادية في حالة وجود أجهزة حواسب كثيرة في نفس المكان.

◀◀ الطباعة بالمشاركة : أتاحت لنا التقنيات الحديثة حلا عمليا لمشكلة الطباعة المباشرة وهي عمل شبكة محلية داخل نفس المكان مع توصيل أحد الأجهزة بطابعة واحدة ، وعمل مشاركة بين الأجهزة لإمكانية إرسال ملفات مستخدمي الحواسب الأخرى للطباعة عن عبر الطابعة المستخدمة بينهم.

3- التطبيقات الرسومية :

أتاحت تقنيات الحاسوب الكثير من التطبيقات الرسومية والبرمجيات التي يمكن من خلالها عمل العديد من الرسومات التخطيطية والتوضيحية والبيانية والهندسية .. إلخ ، ومن أهم هذه البرمجيات ما يلي :

● برنامج الفوتوشوب :

يعد برنامج الفوتوشوب من أقوى برامج تحرير ومعالجة الصور من إصدار شركة ADOBE ، ويعد الفوتوشوب من البرامج القوية ذات الإمكانيات الكبيرة التي تلبي احتياجات المستخدمين سواء مصورين أو مصممين أو رسامين أو متعلمين ،حيث أصبح من خلاله تستطيع إنشاء

صفحات الويب الشخصية ، وكذالك عمل واجهات ولوحات المحلات ومعالجة الصور المسحوبة عن طريق الماسح الضوئي (الاسكانر) ، أو الملتقطه بواسطة الكاميرا . والفوتوشوب هو البرنامج الأول في العالم من حيث القوة وكثرة المستخدمين وكثرة الدارسين له عبر الإنترنت ، هذا البرنامج يمكنك من إنشاء الصور والتصاميم المختلفة . والفوتوشوب برنامج له من المميزت والقدرات الفائقة في معالجة الصور ووضع الإضافات والمؤثرات (الرتوش) عليها بدون أية صعوبات ، وبواقعية شديدة جداً ، فبمجرد إدخالك الصورة إلى الفوتوشوب فإنك تبدأ في بناء عمل فني تنعكس عليه لمستك وشخصيتك ، وذلك من خلال إضافة المزيد من الرسوم عليها أو بدمج الصورة مع صور أخرى ، أو من خلال قص أجزاء ووضعها مع أجزاء أخرى ،كما أنك تستطيع تصحيح الألوان ، وزيادة السطوع والحدة ، أو زيادة التعتيم فيها لتحصل في النهاية على لوحة فنية تجسد خيالك وإبداعك ومهارتك في التصميم ، لكي تعرضها على الإنترنت أو لعرضها بإستخدام البرامج الخاصة بعرض الشرائح أو بطباعتها.

ويقوم الفوتوشوب بتحويل الصورة إلى نقط مربعة صغيرة تسمى البكسلات ويسمى الرسم بالكامل أو الصورة صورة نقطية , والبكسل هو أصغر عنصر في الصورة ، وتقاس درجة وضوح الصورة بعدد البكسلات الموجودة في البوصة المربعة ومثال على ذلك (إذا كانت درجة وضوح الصورة هي 28 نقطة - بكسل - في البوصة فهذا يعني أن كل بوصة في الصورة تحتوي على 28 صفاً و 28 عموداً من البكسلات أي ما يساوي 784 بكسل) وبهذه الطريقة تستطيع معرفة درجة وضوح للصورة . ولهذا البرنامج تأثريات رائعه وفوائد رائعه في مجالات عدة : قد يشاهد البعض منا بعض الاعلانات المتواجدة في الصحف أو الاعلانات المعلقة في الشارع أو إذا كنت من رواد كرة القدم قد تجد تلك الاعلانات هناك وقد تتسآئل عن كيفية تصميم هذه الاعلانات وماهو البرنامج الذي تم تصميم هذه الاعلانات به , والاجابة أن هناك برامج عديدة ولكن أيضا الفوتوشوب يؤدي الغرض وبشكل احترافي ربما تمنيت تصميم شعار لمصنعك أو شركتك أو لنادي ثقافي أو رياضي داخل جامعتك ، أو حتى لموقع على الإنترنت ستجد الفوتوشوب يؤدي الغرض . قد تكون لك اهتمامات في

تصميم المواقع ولكن ببرامج التصميم العادية كالفرونت بيج وهذا البرنامج لايرضي غرورك من ناحية التلوين والاشكال والمظهر الخارجي للموقع ولكن الفوتوشوب يوفر لك بعض الأداوت المساعدة في تصميم المواقع ، أو ربما رغبت في إضافة بعض التأثيرات على صورك الخاصة كإعادة الشباب لكهل أو عجوز وذلك بإزالة التجاعيد من الوجه ما يمكن للفوتوشوب إعادة ترميم الصور القديمة والمتكسرة وتلوينها وجعلها تنبض بالحياة والألوان.

ولبرنامج الفوتوشوب عدة إصدارات أنجحها Adobe Photoshop 0.7 و أحدث اصداراته هو Adobe photoshop CS2 أو كما يطلق عليه Adobe Photoshop 9 .

والشكل التالي يوضح الواجهة الرئيسة لبرنامج الفوتوشوب الإصدار السابع Adobe Photoshop 0.7.

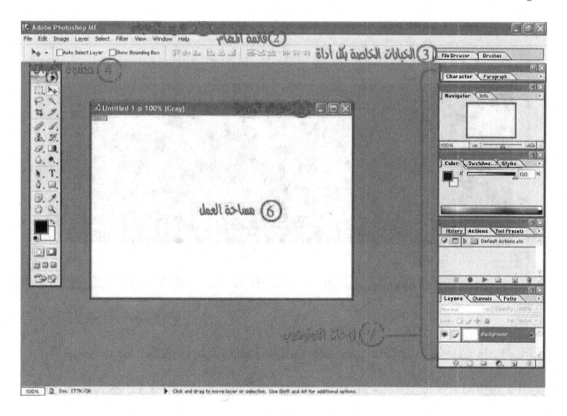

وهناك العديد من المواقع العربية على شبكة الإنترنت التي تقدم شرحا مصورا ، أو بالصوت والصورة لبرنامج الفوتوشوب بإصداراته المختلفة.

- برنامج الرسم الهندسي الأتوكاد :

يعتبر برنامج الأوتوكاد من البرامج السهلة التعامل إذ يوفر لك البرنامج أكثر من طريقة للحصول على الأوامر حيث يمكنك الحصول على الأوامر عن طريق القوائم المنسدلة ، أوعن طريق لوحة المفاتيح بكتابة اختصارات الأوامر ، أو كتابة الأمر أو عن طريق أشرطة الأدوات ، حيث يظهر لك في شريط الحالة الموجود في أسفل الصفحة والتعليمات التي يجب أن تتبعها لإنجاز الأمر بنجاح . ويمتاز برنامج الأتوكاد بالدقة العالية في الرسم والسرعة في أداء الأعمال مع تبسيط الأمور المعقدة في الرسم مثل وضع الأبعاد والكتابات مع توفر أكثر من طريقة لأداء الشئ نفسة.

وهناك العديد من الإصدارات للبرنامج ، وعند فتح البرنامج تكون الواجهة الرئيسية كما هو موضح بالشكل التالي :

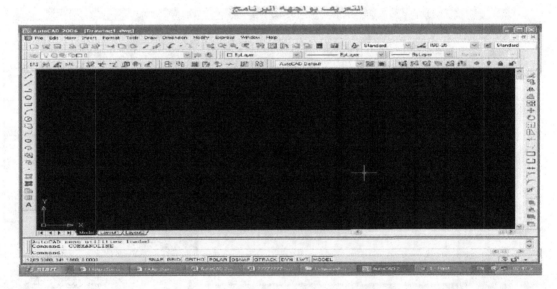

التعريف بواجهه البرنامج

- الجزء الأول شريط العنوان للبرنامج :

يوجد شريط العنوان في أعلى نافذة البرنامج وهو مميز دائما بلون مختلف غالبا ما يكون اللون الأزرق ، ويكتب فية اسم البرنامج الحالي كما يوجد في أقصى اليمين الأزرار الثلاثة الخاصة بالتحكم في النافذة (الغلق- التكبير - التصغير).

●الجزء الثاني القوائم المنسدلة للبرنامج :

◀◀ قائمة ملف File .. تحتوى على الأوامر الخاصة بالتعامل مع الملفات. مثل (إنشاء ملف جديد- فتح ملف موجود- حفظ ملف- طباعة ملف- نسخ ملف- أغلاق ملف – اغلاق البرنامج).

◀◀ قائمة التعديل Edit .. تحتوى على أوامر (القص- النسخ – اللصق- التراجع- المسح).

◀◀ قائمة العرض View.. تحنوى على الأوامر الخاصة بـ(الرؤية – التكبير – التصغير – الإزاحة – الأخفاء).

◀◀ قائمة الأدارج Insert.. وعـن طريقهـا يمكن إدراج (رسـومات- ملفـات) مـن بـرامج أخرى أو ملفات أخرى في نفس البرنامج.

◀◀ قائمة تنسيق Format.. وعن طريقها يمكن التحكم في تنسيقات (الطبقات- الألوان- الخطوط- الأحرف- الأبعاد).

◀◀ قائمة الأدوات Tools.. وتحتوي هذة القائمة على الأوامر في الرسم مثل خيارات المستخدم.

◀◀ قائمة الرسم Draw.. تحتوى هذة القائمة على الأوامر الخاصة بأدوات الرسم الأساسية للبرنامج مثل (خط- منحنى- دائرة...).

◀◀ قائمة الأبعاد Dimension.. تحتوى هذة القائمة على الأوامر الخاصة بالتعامل مع الأبعاد. مثل قياس بعد (خط-وتر-نصف قطر....).

◀◀ قائمة التعديل Modify.. تحتوى هذة القائمة على الأوامـر الخاصـة بالتعـديل . مثـل (النـسخ- النقل-التكرار- القص- التفجير).

◀◀ قائمة المساعدة Help.. تحتوى هذة القائمة على تعليمات المساعدة بتفصيلاتها المختلفـة. كـما تتيح لك الأتصال بشركة Autodesk عن طريق شبكة الإنترنت.

●الجزء الثالث أشرطة الأدوات :

توجد أشرطة الأدوات أسفل القوائم المنسدلة وهي تحتوي على الرموز الخاصة بالأوامر. حيث يتم تنفيذ الأوامر بمجرد الضغط على الرمز الموجود على شريط الأدوات. والميزة الرئيسية لـشريط الأدوات هـي (توفير الوقت- سرعة العمل). وعند الرغبة في (إظهار – إخفـاء) أي شريط أدوات وبالضغط عـلى زر الفـأرة الأيمن على أي شريط أدوات فتظهر لك قائمة بها كل أشرطـة الأدوات الموجودة في البرنـامج حيث بإمكانك

إظهار أي شريط بالنقر علية بالزر الأيسر للفأرة ، وإذا قمت بالنقر علية مرة ثانية فإنة يختفي ، وعند وقوفك بالمؤشر على أية أداة على شريط الأدوات تكتب لك وظيفة تلك الأداة.

● الجزء الرابع نافذة الرسم :

وهذا الجزء هو الجزء الرئيسي ، حيث تظهر تلك النافذة في الوضع الافتراضي باللون الأسود ، وفي هذا الجزء يتم (الرسم- التعديل).

● الجزء الخامس سطر الأوامر :

◄◄ سطر الأوامر هو السطر الموجود أسفل نافذة الرسم ، وفية يتم كتابة الأمر الـذي تـم اختيـاره عن طريق (القوائم المنسدلة- أشرطة الأدوات) ، وفية يمكن كتابة (الأمر نفسه- اختصار له).

◄◄ يمكن زيادة مساحة سطر الأوامر حسب الحاجة عن طريق سحبة بزر الفأرة الأيسر إلى أعلى. كما يمكنك استدعاء شاشة تسلسل الأوامر السابقة ، وذلك عن طريق الضغط علـى مفتاح F2 حيث يتم عرض كل الأوامر التي تم تنفيـذها منـذ أن قمـت بفتح الملـف في نافذة. ويمكنـك غلقها كما تغلق أي نافذة أخرى في Windows.

● الجزء السادس شريط الحالة :

وهو الشريط الموجود أسفل نافذة برنامج AutoCAD ، ويعرض إحداثيات حركة المـؤشر (x-y-z). وهذا الشريط يمكن التحكم فية حيث يمكن إبطال عمل بعض الأوامر مثل (Snap- Grip- Ortho).

4- ألعاب الحاسب :

وهي نوع شائع من برمجيات الكمبيوتر يقدم للمستخدم قمـة المتعـة والإثارة مـن خلال ممارسة العديد من الألعاب الإلكترونية التعليمية والترفيهية حيث يمكن للفرد أن ينافس فيهـا فرد آخر ، كما يمكن له أن ينافس جهاز الكمبيوتر نفسه في ممارسة اللعبة. وينتشر على المواقع الإلكترونية العديد من الألعاب التعليمية والترفيهية للأسرة والألعاب الكرتونيـة وغيرهـا مـن الألعاب تتمثل في التدريب والتعليم لاختبارات الذكاء لدي الأفراد من خلال مستويات متعددة للعبـة يمـر بها اللاعب خلال اللعبة كالعاب لأختبار القدرة على تمييز الأشكال والأعداد ولا ينتقل من مستوى لمستوى إلا بعد إجتياز المستوى.

((لعبة كرة القدم الشهيرة Eturo2004))

((لعبة كوماندوز الشهيرة الجزء الثالث))

((لعبة هاف لايف 2 الشهيرة))

((لعبة السيارات الشهيرة Test Drivr 6))

((لعبة الذكاء بورتال))

((لعبة باب الحارة الشهيرة))

مزيد من اللعب في موقع بوابة العباقرة على الرابط :

http://www.geniusgate.com/vb/f103.html

5- برنامج معالجة النصوص (وورد Word) :

معالجات النصوص هي منسقات كلمات كفء ومتكاملة الخصائص توفر لك كل الأدوات التي تحتاجها لإنشاء أعداد كبيرة من المستندات المكتوبة ، وأصبحت معالجات النصوص من الأساسيات التي يجب على كل مستخدم للحاسب معرفتها ، ومن أشهر معالجات النصوص برنامج مايكروسوفت وورد Microsoft Word وهو أحد تطبيقات أوفيس Office الشهيرة ، والذي يستخدم مع الأجهزة المتوافقة مع أنظمة تشغيل ويندوز وقد ظهرت منة إصدارات متعددة منها : إصدار وورد 97 ، وورد 2000 وورد 2003 ، وحاليا وورد 2007 الذي يأتي مع مايكروسوفت أوفيس 2007 . وتختلف الإصدارات عن بعضها في إضافه مزايا جديدة على الإصدار الجديد ، ومن بين أهم التعديلات التي تمت على إصدارات وورد 2007 هو إمكانية استخدامه كمعالج ويب ، وقدرته على نشر صفحات ويب مباشرة عكس الإصدارات القديمة مثل وورد 97 وورد 2000 . وسوف نتناول في هذا الجزء بعض الأساسيات التي يجب على كل مستخدم لمعالجات النصوص معرفتها وإجادتها.

● مميزات وورد :

بإمكانك استخدام وورد لإنشاء أي مستند بدءا من المستندات البسيطة مثل المذكرات والمخططات. وحتى المستندات المعقدة مثل الخطابات الإخبارية والرسائل العلمية وصفحات الويب. ويمكنك برنامج معالج النصوص من كتابة مستند وتنسيقه وإعادة التعديل علية مرة أخرى وحفظة على أحدى وسائط التخزين المختلفة وإرساله للطباعة الإليكترونية.

● بيئة وورد :

عندما يبدأ تشغيل برنامج الوورد ، تظهر نافذته التي تمثل الواجهة الرئيسية للبرنامج كما في الشكل التالي ، حيث تحتوي هذه النافذة على :

◄◄ شريط العنوان : ويعرض اسم المستند الذي تعمل فيه حاليا فإن كان المستند جديد فإنك ستجد الاسم Document1 حتى تقوم بحفظه .

◄◄ شريط القوائم : ويحتوي على قائمة كاملة بأوامر وورد المختلفة .

- أشرطة الأدوات : ومن خلالها تستطيع التحكم بالنص والمستند بشكل كامل وبشكل سريع ، وترى أمامك شريطي الأدوات القياسي وشريط التنسيق ، ويمكنك أن تخفي أشرطة الأدوات ، وأن تظهرها بحسب رغبتك وبحسب حاجتك للعمل معها . وكما أن هناك أشرطة أدوات تظهر وتختفي تلقائيا أثناء عملك في وورد .

شريط العنوان
شريط الأدوات
شريط التمرير العمودي
شريط التمرير الأفقي
شريط المعلومات
نافذة المستند
جزء المهام

- المسطرة : تساعدك في إعداد الهوامش وعلامات الجدولة . ويمكنك التحكم في إظهارها وإخفائها من قائمة عرض وذلك باختيار المسطرة إذا كانت المسطرة ظاهرة فستظهر علامة صح بجوار الأمر الخاص بها في قائمة عرض .

- أزرار العرض : توجد في الجانب الأيسر من شريط التمرير الأفقي وتتحكم في طريقة عرض المستند على الشاشة .

- شريط المعلومات : ويعطيك العديد من المعلومات عن المستند الذي تعمل فيه حاليا .

- المساحة المخصصة للكتابة : بعد أن يبدأ الوورد في العمل ستظهر إمامك صفحة خالية بيضاء ومن النقاط الناجحة للكتابة في الورد هي أن تبحث عن نقطة الإدراج والتي تشبه الشرطة الوامضة بحيث تكون

في المكان المناسب قبل أن تبدأ في كتابة النص لأن النص الذي تكتبه سيظهر عند هذه النقطة تماما .

●بدأ مستند جديد :

عندما تبدأ بالعمل مع الوورد فإنه يقدم لك مستندا خاليا جاهزا لكي تبدأ في عملية الكتابة والخطوة التالية هي إدخال النص . أما إذا أردت أن تنشئ مستندا جديدا أثناء العمل في الوورد فأمامك أحد أمرين:

- أن تختار من القائمة ملف الأمر جديد والذي يؤدي إلى ظهور النافذة التالية أمامك فاختر منها مستند فارغ ومن ثم موافق وسوف يظهر المستند الجديد على الشاشة داخل النافذة الرئيسية للوورد وسيظهر المستند خاليا وجاهزا للكتابة .

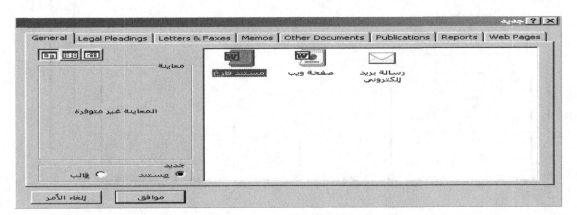

- أو أن تختار من شريط الأدوات القياسي زر جديد كما هو موضح بالشكل ، وكذلك سوف يظهر المستند الجديد على الشاشة داخل النافذة الرئيسية للوورد وسيظهر المستند خاليا وجاهزا للكتابة .

●إضافة نص جديد :

هناك احتمالان لإضافة النص الجديد للمستند :

- الأول : أن تضع النص الجديد داخل النص الموجود ، ولعمل ذلك اضغط زر الماوس الأيسر في المكان الذي تريد ثم قم بإضافة النص.

◀◀ الثاني : أن تكتب النص الجديد فوق النص الموجود ، ولعمل ذلك ضع نقطة الإدراج في المكان الذي تريد الكتابة فيه ثم اضغط مفتاح Insert من لوحة المفاتيح ثم أبدأ بالكتابة ستجد أن النص الجديد يحل محل النص الموجود ويحذفه . لو أردت أن تبدأ بإدخال نص ما مباشرة فإن أي شيء تكتبه يتم إدراجه في يمين نقطة الإدراج مباشرة.

● حذف النصوص :

إن عملية حذف النص من الأمور الهامة كعملية كتابته ومن أجل حذف النص هناك مفتاحان على لوحة المفاتيح لتأدية المهمة وهما:

◀◀ مفتاح التراجع للخلف (المسح الخلفي) Backspace .

◀◀ مفتاح الحذف Delete .

● حفظ المستند :

لكي تحفظ المستند على القرص أختر قائمة ملف ثم اختر الأمر حفظ أو اضغط مفتاحي Ctrl+S ويمكنك أيضا أن تنقر زر الحفظ الموجود على شريط الأدوات القياسي .

وإذا كنت تحفظ المستند لأول مرة فإن وورد سيعرض عليك مربع حوار حفظ باسم كما في الشكل التالي :

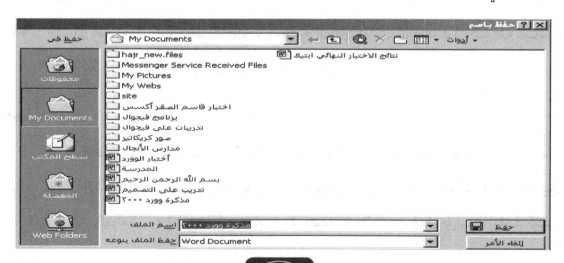

أكتب اسم للمستند في منطقة اسم الملف ، ثم انقر زر حفظ الموجود في الركن الأيمن السفلي لمربع الحوار لكي تحفظ المستند بالفعل .

● إعادة فتح المستند :

لفتح أحد المستندات الموجودة على القرص مسبقا قم بالتالي :

◀◀ اختر أمر فتح (من خلال القائمة ملف والأمر فتح أو من شريط الأدوات زر فتح أو من خلال لوحة المفاتيح (Ctrl+O).

◀◀ يظهر أمامك مربع حوار (فتح) قائمة بأسماء المستندات المحفوظة سابقا على القرص كما في الشكل التالي وعليك الآن اختيار اسم الملف الذي تريد فتحه .

◀◀ انقر زر فتح بعد اختيار الملف المطلوب . سيفتح الوورد الملف أمامك على الشاشة مباشرة حيث يمكنك أن تقوم بتعديله أو طباعته أو .... الخ.....

● طباعة المستند (إرسال المستند إلى الطابعة) :

إن عملية طباعة المستند هي المرحلة الأخيرة من عملك . فقبل إجراء عملية الطباعة يجب التأكد من أن الطابعة لديك جاهزة . ويجب أن تقوم بأمرين هامين أيضا قبل الطباعة وهما تنسيق الصفحة (إعداد الهوامش وما شابه) ثم معاينة المستند على الشاشة قبل طباعته لرؤية كيف

سيبدو على الورق لأن المعاينة قبل الطباعة تعطي الصورة الواضحة لمستندك كيف سيكون على الورق . ما عليك الآن إلا أن تقوم بعملية المعاينة قبل الطباعة للتأكد من أن المستند جاهز لإجراء عملية الطباعة .

● معاينة المستند قبل الطباعة :

لمعاينة المستند على الشاشة قبل طباعته انقر زر معاينة قبل الطباعة من شريط الأدوات أو أختر قائمة ملف واختر منها معاينة قبل الطباعة.

وعند ذلك سينتقل الوورد إلى عرض شاشة المعاينة قبل الطباعة كما في الشكل .

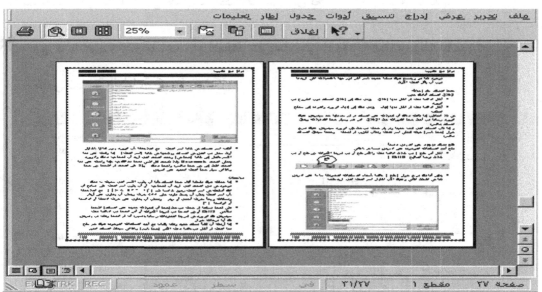

والفكرة الأساسية من المعاينة قبل الطباعة هي التأكد من أن المستند خالي من أي عيب قبل الطباعة .ولكي ترى جزءا من المستند بشكل جيد أمامك في وضع المعاينة انقر بزر الماوس فوق المستند الظاهر أمامك في شاشة المعاينة فيتحول شكل المؤشر إلى مكبر بالضغط مرة

واحدة يؤدي إلى تكبير المستند أمامك والضغط مرة أخرى يقوم بتصغيره وهكذا . وعندما تنتهي من مراجعة المستند انقر زر إغلاق من شريط الأدوات لإغلاق نافذة المعاينة والعودة إلى المستند .

وبالتالي فما عليك الآن إلا أن تنقر زر الطباعة لتقوم بعملية طباعة المستند على الورق .

●طباعة المستند بأكمله :

أن أسرع طريقة لطباعة المستند بأكمله الضغط على زر الطباعة في شريط الأدوات .

وهنا سيقوم الوورد بإرسال المستند بأكمله للطابعة لطباعته دون ظهور أي مربعات حوار .

●طباعة أجزاء معينة من المستند :

لطباعة أجزاء معينة من المستند مثلا صفحة واحدة من النص أو عدة صفحات من المستند فلايجب اختيار زر الطباعة من خلال شريط الأدوات ، بل يجب عليك القيام بما يلي:

◀◀ من قائمة ملف أختر طباعة ، أو اضغط على مفتاحي Ctrl+P فيؤدي ذلك لظهور مربع حوار خاص بعملية الطباعة كما في الشكل .

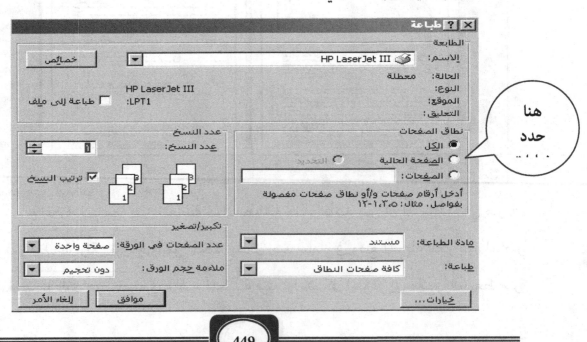

◀◀ من خلال نطاق الصفحات قم بتعين الخيار الذي تريده لإجراء عملية الطباعة .

◀◀ اختر الكل من أجل طباعة كل المستند .

◀◀ اختر الصفحة الحالية لطباعة الصفحة التي توجد فيها نقطة الأدراج عند الطباعة.

◀◀ تحديد الصفحات لطباعة جزء من النص ولا ينشط هذا الخيار إلا في حال تحديد جزء من النص قبل اختيار أمر الطباعة.

◀◀ حدد نطاق الصفحات : وهنا يتم تحديد نطاق من الصفحات مثلا الصفحات 1-5 حيث تكون الطباعة للصفحات من 1 إلى 5 فقط ، أي سيتم طباعة خمس صفحات . أما إذا قمت بكتابة 5,1 فإن الطباعة سوف تكون فقط للصفحتين رقم 1 ورقم 5 .

◀◀ وبإمكانك أيضا تحديد عدد نسخ الطباعة أي كم نسخة تريد من المستند وذلك من خلال خيار عدد النسخ.

◀◀ بعد التحديد انقر زر موافق .

● تنسيق النصوص :

التنسيق هو تغيير مظهر النص حيث يتيح الوورد التحكم في النص من حيث إعطاء خاصية الأسود العريض bold , والمائل italic , والمسطر underline . وبإمكانك أيضا تغيير نوع الخط وتصغيره أو تكبيره .

ولتنسيق النص طريقتان :

◀◀ أما أن تختار التنسيق ثم تكتب النص .

◀◀ أو أن تكتب النص ثم تقوم بإجراء عملية التنسيق ، بعد تحديد النص الذي تريد تنسيقه.

ويمكنك القيام بتنسيق النص من خلال شريط أدوات التنسيق الذي يظهر في الشكل التالي :

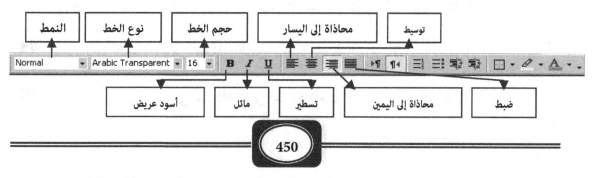

ويمكنك تنسيق النصوص أيضا من خلال قائمة تنسيق واختيار الأمر خط ، حيث يظهر مربع

الحوار التالي :

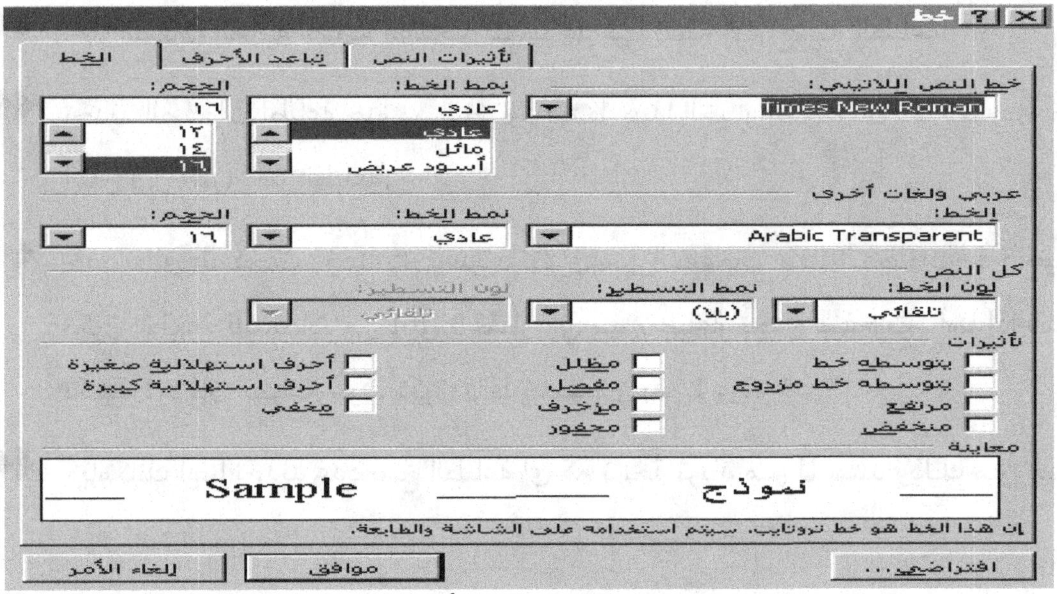

ومن خلال مربع الحوار السابق يمكنك تطبيق أكثر من تنسيق على الحروف دفعة واحدة

بحيث يمكنك تغيير الخط وحجمه وسماته ولون النص وكل شيء يتعلق بالحروف .

والتغيرات التي تجريها باستخدام هذا المربع ستطبق على النص المحدد في المستند ، وإذا لم

يكن هناك نص محدد فإنها ستؤثر في النص الجديد الذي ستكتبه .

● تنسيق الفقرات :

إن عملية تنسيق الفقرات كعملية تنسيق الحروف . وعملية تنسيق الفقرات تتيح لك

التحكم بمكان وضع الفقرة فبإمكانك محاذاة الفقرات أي وضعها في وسط السطر أو في يمين السطر أو

في اليسار وأيضا يمكنك أن تباعد الفقرات عن بعضها البعض وكذلك الأسطر .

ومن خلال شريط التنسيق الذي شاهدناه سابقا يحتوي على الأزرار التالية :

محاذاة إلى اليسار : وهي محاذاة النص المحدد ناحية اليسار . (يسار السطر)

محاذاة إلى اليمين : وهي محاذاة النص المحدد ناحية اليمين . (يمين السطر).

◄◄ توسيط : وهي توسيط الفقرة أفقيا على السطر .

6- إعداد الشرائح والعروض بالحاسوب:

يمكنك بواسطة برنامج (بـاور بوينت Microsoft PowerPoint) تخطـيط وتنظيـم وتصميم العروض التقديمية والشرائح بشكل شيق ، وعمل التنسيقات اللازمة ثم عرضها على الشاشة . ويوفر لك برنامج العروض التقديمية (باور بوينت)العديد من الطرق لإجراء العرض التقديمي ، وهي تشمل العرض على الشاشة ، والعروض عبر الإنترنت ، والأوراق الشفافة ، والإخراج المطبوع على الورق ، وشرائح 25 مم .

ويوجد برنامج العروض باوربوينت ضمن رزمة برامج أوفيس وهو من أهم وأبسط وأيسر برامج إعداد عروض الوسائط المتعددة ، وهناك إصدارات عديدة آخرها باوربوينت 2007م .

وقد تناول الفصل الثالث من هذا الكتاب الحديث تفصيلا عن البرنامج وكيفيـة اسـتخدامه في إنتاج عروض الوسائط المتعددة في المجال التعليمي وغيره .

7- الجداول الإلكترونية :

من أهم التطبيقات المرتبطة بالحاسوب تطبيق الجداول الإلكترونيـة ، والتي يـتم التعامـل معهـا مـن خـلال برنـامج Microsoft Excel الـذي يمكنـك أن تـستعمله الإدارة البيانـات وتحليلها وتخطيطها . والتي ظهرت في بداية الأمر كبرامج مالية ثم تطورت إلى بـرامج ماليـة ومحاسبية خاصـة بأجراء الحسابات المالية كإعداد الرواتب والموازنات وغيرها .

وبرنامج إكسل من رزمة برامج ميكروسوفت أوفيس ، حيث تم إصدار عدة إصدارات مـن هذا البرنامج آخرها الإصدار 2007م.

ويتيح برنامج الجداول الإلكترونية إكسل أربع مزايا رئيسية هي :

◄◄ كتاب العمل (ملفات الإدخال ، أو صفحات العمل).

◄◄ إجراء المهام الحسابية.

◄◄ توفير ميزة قواعد البيانات.

◄◄ إنشاء الرسوم البيانية.

●واجهة تطبيق البرنامج :

يتألف ملف Microsoft Excel بعد تشغيله من ورقة عمل واحدة أو أكثر وكل ورقة عمل تتكون من 65536 صفاً مرقماً من (65536-1) و 256 عمود معنونة من (A-Z) تليها (AA-AZ) حتى (IV) .

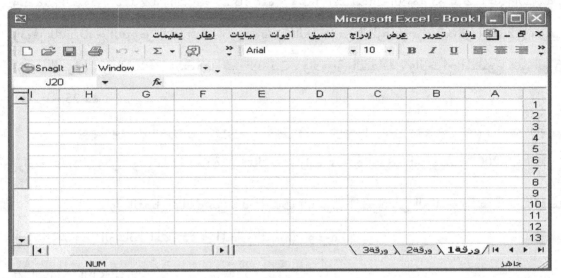

وتسمى منطقة التقاطع بين الصف والعمود بالخلية ويعرف وصف كل خلية (أسمها) استناداً إلى موقعها بالنسبة للصف والعمود . مثلاً يطلق على الخلية الأولى في ورقة العمل A1 والتي تليها B1 وهكذا .. حيث A هو اسم العمود والرقم 1 هو رقم الصف.

وتتكون شاشة برنامج إكسل Ms-Excel من :

◄◄ شريط العنوان.

◄◄ شريط القوائم.

◄◄ أشرطة الأدوات.

◄◄ شريط الصيغة.

◄◄ عناوين الأعمدة.

◄◄ عناوين الصفوف.

◄◄ أشرطة التمرير.

◄◄ الخلايا.

◀◀ شريط الحالة.

ويمكنك إدخال البيانات وتحريرها في ورقة العمل لبرنامج إكسل وفقا لما يلي :

● كتابة الأرقام أو النص :

◀◀ أنقر نقراً مزدوجاً فوق الخلية التي تريد إدخال البيانات بها.

◀◀ إذا تضمنت الخلية بيانات من قبل انقر حيث تريد الكتابة .

◀◀ اكتب الرقم أو النص واضغط مفتاح الإدخال Enter .

● التنقل في نطاق خلايا ورقة العمل:

◀◀ اكتب الرقم أو النص في الخلية المحددة الأولى.

◀◀ أضغط مفتاح الإدخال Enter للتنقل ضمن نطاق محدد من الأعلى إلى الأسفل أو Shift + Enter للانتقال من الأسفل إلى الأعلى. أو Tab للانتقال من اليمين إلى اليسار أو Shift + Tab اليسار إلى اليمين.

◀◀ للوصول إلى أول السطر أضغط Home وأضغط Ctrl + Home للوصول إلى بداية المستند وإلى نهاية المستند أضغط Ctrl + End وEnd End تنقلك إلى نهاية سطر الكتابة.

◀◀ يمكنك أيضاً استخدام مؤشر الماوس في التنقل و النقر فوق الخلية الذي تريد إدخال البيانات فيها .

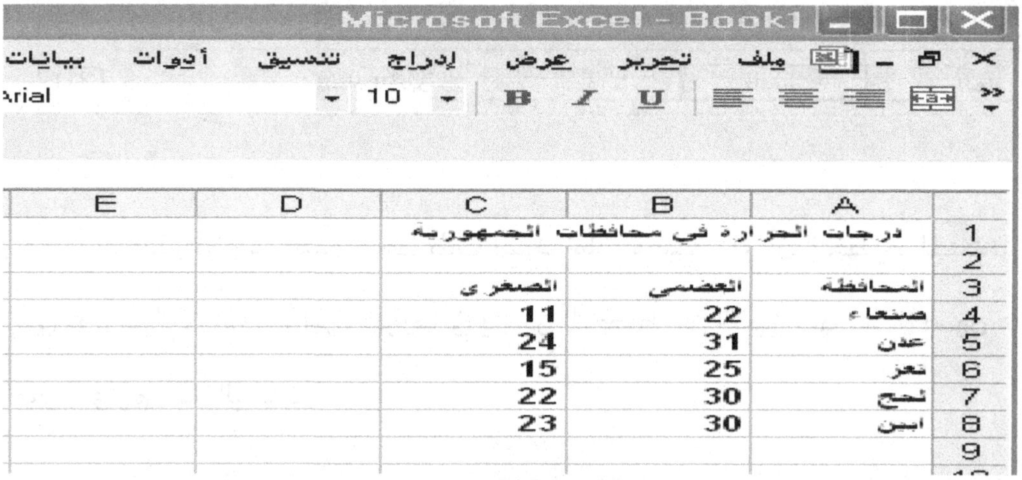

E	D	C	B	A	
		درجات الحرارة في محافظات الجمهورية			1
					2
		الصغرى	العظمى	المحافظة	3
		11	22	صنعاء	4
		24	31	عدن	5
		15	25	تعز	6
		22	30	لحج	7
		23	30	أبين	8
					9

● التخطيطات البيانية :

يتيح برنامج إكسل تحويل البيانات المتاحة إلى رسوم وتخطيطات بيانية بأكثر من شكل .

وهناك طريقتان لإنشاء التخطيطات بواسطة معالج التخطيطات Chart Wizard :

◀◀ إنشاء تخطيط على نفس ورقة العمل .

◀◀ إنشاء التخطيط على ورقة عمل أخرى .

وهناك عدة أنواع من التخطيطات منها الشريطي (Bar chart) والدائري (Pie chart) والمساحي (Area chart) والخطي وغيرها ، وعليك أن تختار النوع المناسب .

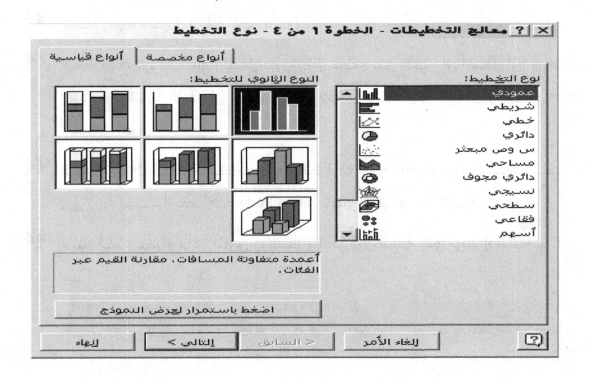

ولكل نوع من هذه التخطيطات استخدامات معينة ، أي أن التخطيط المستخدم يعتمد على نوع البيانات الرقمية المراد إبرازها كي يتمكن التخطيط من التعبير عنها بشكل يسهل على القارئ معرفة وفهم هذه البيانات .

7- الشبكة العالمية (الإنترنت) :

من أهم تطبيقات الحاسوب الدخول إلى الشبكة العالمية المعروفة باسم الإنترنت ، تلك الشبكة التي أتاحت عالما بأسره من المعلومات والبيانات ، والاتصالات ، فمن خلال تلك الشبكة يمكنك إرسال واستقبال مئات وألاف الرسائل لجميع أنحاء العالم في ثوان معدودة عبر البريد الإلكتروني ، سواء كانت تلك الرسائل مكتوبة أو مسموعة أو مرئية. كما يمكنك الاتصال بالصوت والصورة بأي شخص أو مجموعة أشخاص في أية بقعة من بقاع الأرض عبر برامج الشات (المحادثة) مثل برنامج ويندوز ماسنجر ، وبرنامج ياهو ماسنجر ، وبرنامج سكاي بي وغيرها.

ولايمكنك الدخول إلى الإنترنت من جهاز الكمبيوتر لديكم ما لم يكن جهازك مزود بمتطلبات الاتصال بالأنترنت سواء عبر الفاكس مودم الذي يتيح لك الدخول عبر خط الهاتف ، أو مزود بجهاز مودم خارجي يتيح لك الاتصال فائق السرعة DSL على أن يكون لديك اشتراك في مثل هذه الخدمة .

ومن متطلبات الإنترنت أيضا ضرورة وجود برنامج يمكنك من تصفح صفحات الويب أو صفحات الشبكة ، وييسر لك التنقل بين تلك الصفحات عبر الروابط الفائقة ، ومن أشهر هذه البرامج

وأيسرها وأكثرها انتشارا برنامج متصفح النت " إكسبلورر Internet Explorer " حيث صدر من هذا البرنامج عدة إصدارات أشهرها الإصدار السادس والسابع ، والثامن . ولكل من هذه الإصدارات نسخ عربية ونسخ بلغات أخرى . وهناك مواقع كثيرة عبر الإنترنت تقدم شروحات ميسرة ومصورة للبرنامج ، وكيفية تنزيله وتثبيته على الجهاز ، وكيفية العمل وفقا له.

● الواجهه العربيه:

عندما تقوم بتشغيل البرنامج لأول مرة تظهر لك الشاشة التالية :

◀◀ للدخول إلى الإعدادات من واجهة البرنامج اضغط على أدوات وتابع كما هو موجود بمربعات الحوار التالية .

خيارات إنترنت
عام
الأمان
الخصوصية
المحتوى
الاتصالات
البرامج
خيارات متقدمة
الصفحة الرئيسية
لإنشاء علامات تبويب للصفحات الرئيسية، اكتب كل عنوان على السطر الخاص به.
http://www.absba.org/vb/usercp.php
استخدام الحالية
استخدام الافتراضي
استخدام الفارغة
محفوظات الاستعراض
حذف الملفات المؤقتة والمحفوظات وملفات تعريف الارتباط وكلمات المرور المحفوظة ومعلومات نماذج ويب.
حذف...
إعدادات
بحث
تغيير افتراضيات البحث.
إعدادات
علامات التبويب
تغيير كيفية عرض صفحات ويب في علامات التبويب.
إعدادات
المظهر
الألوان
اللغات
الخطوط
الوصول
OK
Cancel
Apply

الوصول
التنسيق
تجاهل الألوان المحددة على صفحات ويب
تجاهل أنماط الخط المحددة على صفحات ويب
تجاهل أحجام الخط المحددة على صفحات ويب
ورقة أنماط المستخدم
تنسيق المستندات باستخدام ورقة الأنماط الخاصة بي
ورقة النمط:
استعراض...
موافق
إلغاء الأمر

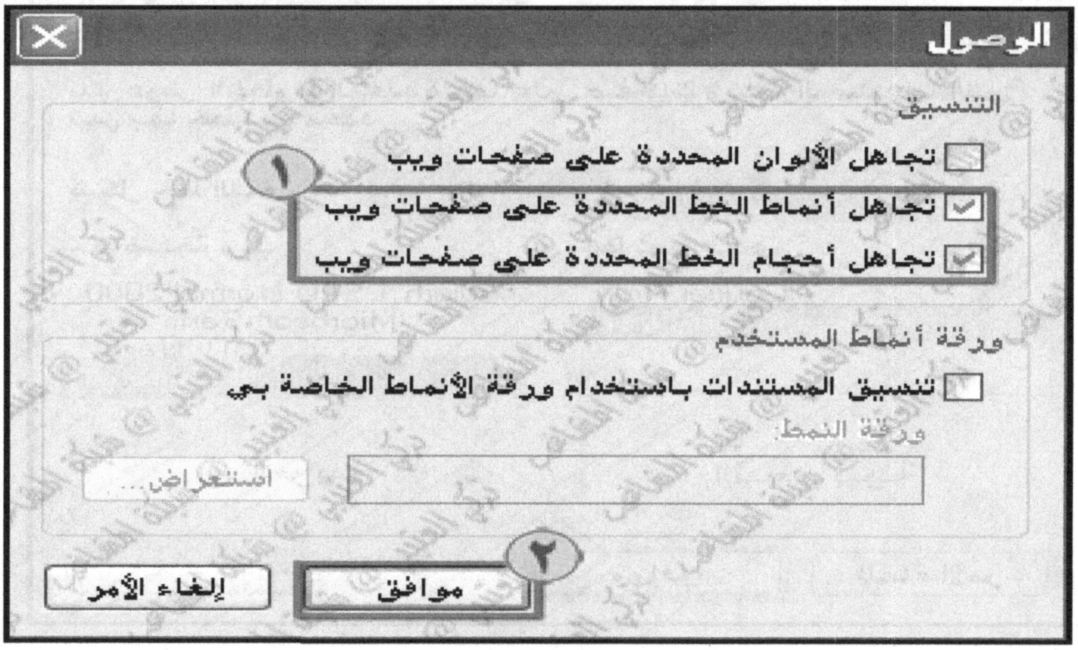

من الوسائل التعليمية إلى تكنولوجيا التعليم .. الجزء الثاني

خيارات إنترنت
عام
الأمان
الخصوصية
المحتوى
الاتصالات
البرامج
خيارات متقدمة
منطقة لعرض إعدادات الأمان أو تغييرها.
إنترنت
إنترانت محلية
مواقع موثوق بها
مواقع مقيدة
إنترنت
هذه المنطقة مخصصة لمواقع إنترنت، عدا المواقع الموجودة في قوائم المنطقتين الموثوق بها والمقيدة.
مواقع
مستوى الأمان لهذه المنطقة
مخصص
إعدادات مخصصة.
- لتغيير الإعدادات، انقر فوق "مستوى مخصص".
- لاستخدام الإعدادات المستحسنة، انقر فوق "مستوى افتراضي".
مستوى مخصص...
مستوى افتراضي
إعادة تعيين كافة المناطق إلى المستوى الافتراضي
OK
Cancel
Apply

إعدادات الأمان - منطقة إنترنت
إعدادات
مطالبة
السماح بتحديث شريط المعلومات باستخدام برنامج نصي
تعطيل
تمكين
السماح لمواقع ويب المطالبة بالحصول على معلومات باستخدام الإطارات المفتوحة بالبرامج النصية
تعطيل
تمكين
برمجة تطبيقات Java
تعطيل
تمكين
مطالبة
برمجة نصية نشطة
تعطيل
تمكين
مطالبة
*تصبح نافذة المفعول بعد إعادة تشغيل Internet Explorer
إعادة تعيين الإعدادات المخصصة
إعادة التعيين إلى:
متوسط-عالي (افتراضي)
إعادة تعيين...
موافق
إلغاء الأمر

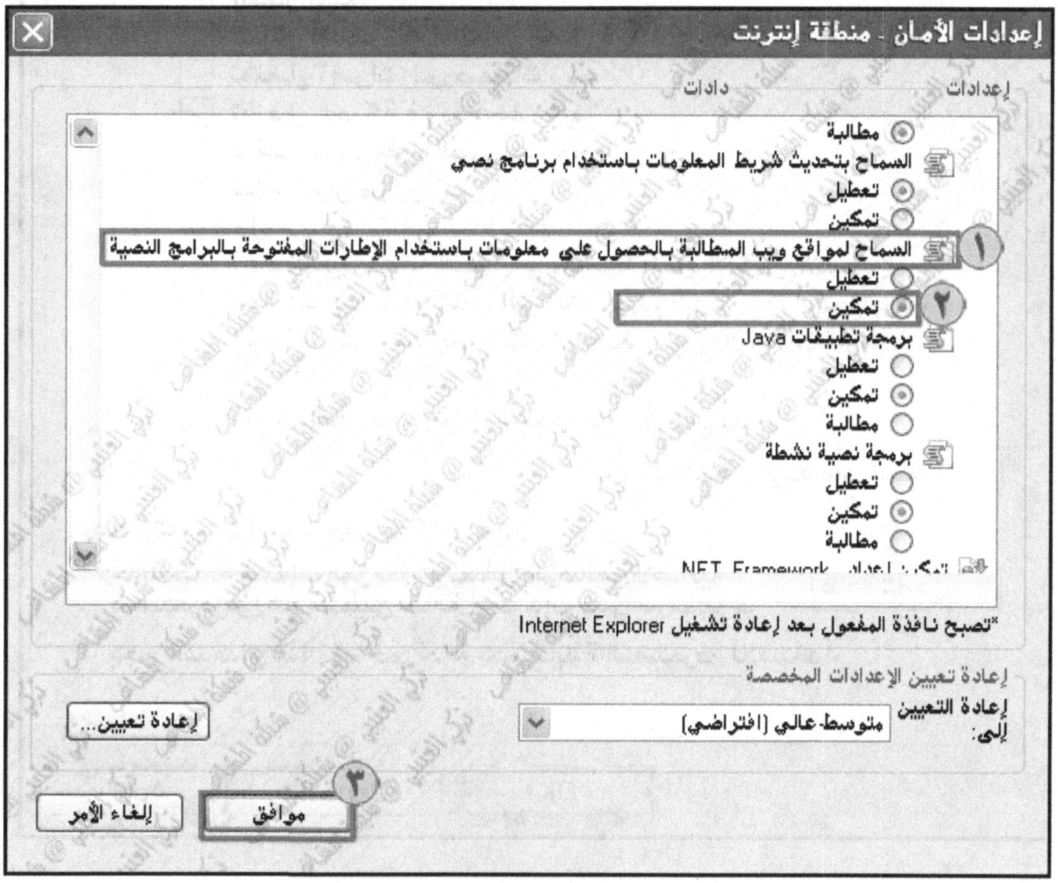

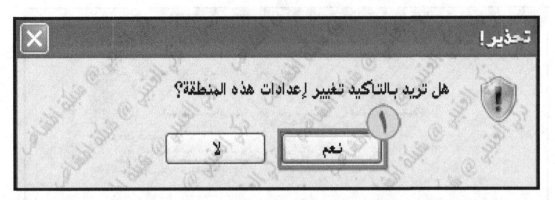

تحذير!
هل تريد بالتأكيد تغيير إعدادات هذه المنطقة؟
١
نعم
لا

خيارات إنترنت
١
خيارات متقدمة
البرامج
الاتصالات
المحتوى
الخصوصية
الأمان
عام
إعدادات
عدم البحث من شريط العناوين
فقط عرض النتائج في الإطار الرئيسي
٢
الوسائط المتعددة
استخدام ClearType دوماً لـ HTML*
إظهار الصور
إظهار عناصر نائبة لتنزيل الصورة
تشغيل أصوات في صفحات ويب
تشغيل الحركة في صفحات ويب*
تمكين تغيير حجم الصور تلقائياً
ثبات ألوان متميز للصور
الوصول
إعادة تعيين حجم النص إلى متوسط أثناء التكبير/التصغير*
إعادة تعيين حجم النص إلى متوسط للإطارات وعلامات التبويب ا
إعادة تعيين مستوى التكبير/التصغير إلى 100% للإطارات وعلا
*تصبح نافذة المفعول بعد إعادة تشغيل Internet Explorer
استعادة الإعدادات المتقدمة
إعادة تعيين إعدادات Internet Explorer
حذف كافة الملفات المؤقتة، وتعطيل الوظائف الإضافية للمستعرض وإعادة تعيين كافة الإعدادات التي تم تغييرها.
إعادة تعيين...
يجب استخدام هذا فقط في حالة عدم قابلية المستعرض للاستخدام.
٣
٤
OK
Cancel
Apply

ثانيا : مجال مصادر المعلومات:

من أهم المجالات التطبيقية لتقنية المعلومات أيضا مجال مصادر المعلومات ، حيث أتاحت تقنية الحاسوب وتقنية الإنترنت وتقنيات الاتصالات كثير من مصادر المعلومات ، وزخم كبير جدا من المعلومات في شتى الميادين والمجالات .

ويمكن أن نجمل حديثنا عن مجال مصادر المعلومات في منحيين أساسيين هما :

● المنحى الأول : البرمجيات التعليمية :

سبقت الإشارة على صفحات هذا الكتاب في أكثر من موضوع إلى أن البرمجيات عموما تمثل المحور الثاني إلى جانب الأجهزة في منظومة تقنية المعلومات.

وقد قامت تقنية المعلومات عموما على العديد من البرمجيات الخدمية وبرامج نظم التشغيل ، كبرنامج الويندوز (النوافذ) الأكثر شهرة والأكثر كفاءة ، وما ارتبط بهذا البرنامج أو توافق معه من برمجيات أخرى عديدة.

وقد نتج عن ذلك الكثير من البرامج التعليمية بنظام الوسائط المتعددة والوسائط الفائقة في شتى الميادين والمجالات التعليمية ، كما ظهرت برمجيات لأنماط التعليم والتعلم الإلكتروني ، وبرمجيات الفصول الافتراضية ، والتعليم عن بعد ، وبرمجيات إعداد الاختبارات الإلكترونية وغيرها من البرمجيات التعليمية الأخرى.

وتعرف موسوعة الحرة الإلكترونية (ويكيبيديا) البرمجيات التعليمية بأنها برامج تطبيقية للحاسب الآلي تستخدم لتدريب مستخدم الحاسب على أحد العلوم ، أو توضيح فكرة معينة بالرسوم والصور والبيانات والنصوص والصوت والفيديو ومن أمثلتها :

1- برنامج الرخصة الدولية لقيادة الحاسوب : ICDL

و يشمل برنامج الرخصة الدولية لقيادة الحاسوب من سبعة اختبارات إلكترونية تقيس المهارات الأساسية لاستخدام الحاسب الآلي في سبعة مجالات هي :

◀◀ المفاهيم الأساسية لتكنولوجيا المعلومات Basic Concepts of IT

◀◀ إدارة الملفات ونظم التشغيل Computer and Managing Files

◀◀ معالجة النصوص   Word Processing

◀◀ الجداول الإلكترونية Spread Sheets

◀◀ قواعد البيانات   Data Base

◀◀ تصميم العروض   Presentation

◀◀ أسس تكنولوجيا المعلومات و الاتصالات   Information and Communication.

2- برنامج حل المثلث :

وهو برنامج تعليمي مجاني فيمجال تليم الرياضيات أعده أحد منتديات مصادر التعلم ، ويمكنكم الحصول على نسخة من البرنامج وشرح طريقة تشغيله واستخدامه من الرابط : http://www.mhafiz.net/tr_solve.html وواجهة البرنامج كما هو موضح بالشكل :

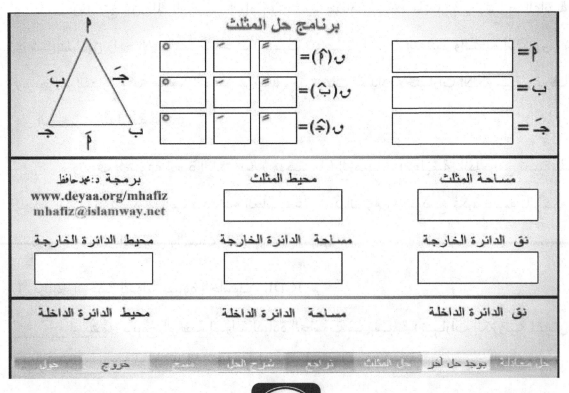

من الوسائل التعليمية إلى تكنولوجيا التعليم .. الجزء الثاني

3- برمجيات تعليم اللغات :

وهي كثيرة جدا ومتنوعة منها ما يختص بتعليم اللغة العربية ، ومنها ما يختص بتعليم اللغات الأجنبية ، وعند بحثك عن تلك البرامج في الإنترنت سوف ترى عددا هائلا من الشركات العاملة في هذا المجال.

4- برمجيات الدراسات الإسلامية:

وهي كثيرة جدا منها مايتعلق بتعليم القرآن الكريم كتابة وصوتا وصورة ومنها مايتعلق بالبحث في القرآن الكريم ، والبحث في المعاني وأسباب النزول ، ومنها ما يتعلق بالعبادات ، وكيفية أدائها ، ومنها ما يتعلق بالقصص الإسلامي ، ومنها مايتعلق بالمسابقات الدينية الإسلامية .. إلخ.

5- برمجيات المناهج الدراسية :

وهي برمجيات تعد خصيصا لكل مادة دراسية كالعلوم والرياضيات والدراسات الاجتماعية واللغات والدراسات أُسلامية .. إلخ ، بحيث تقدم للمتعلم شرحا إلكترونيا تفاعليا متعدد الوسائط يساعده على التعلم بمتعة وتشويق.

مزيد من البرامج التعليمية على الروابط التالية :

http://mhafiz.deyaa.org/wag.html

http://www.aghandoura.com/alaab.htm

http://gcompris.net/-ar

/http://www.alwgf.com

http://www.skoool.com.sa/news2.aspx

/http://www.abegs-elearn.net

- المنحى الثاني : البحث في شبكة الإنترنت :

لقد أتاحت الإنترنت سيلا كبيرا متجددا من المعلومات في كل المجالات ، لكن البحث عن المعلومات عبر شبكة الإنترنت يتم من خلال ما يعرف بمحركات البحث عبر الشبكة .

وتعرف محركات البحث Search Engines بأنها قواعد بيانات ضخمة تشمل عناوين ، ومواقع ، مع وصف مصغر لصفحات الإنترنت

المختلفة ، ويمكن عن طريقها البحث عن موضوع ما في حقل من الحقول المختلفة عبر الشبكة بشكل دائم من أجل إيجاد دليل معين لمثل هذه الصفحات .

وتعمل تلك المحركات بشكل آلي ، حيث تقوم بفرز وفهرسة كم هائل من الصفحات ، ومن ثم تستخدم هذه المحركات لأنها تحتوي على كثير من المعلومات غير المتوفرة في أدلة البحث directories وقد يمثل ذلك جانبا إيجابيا يجعل من محركات البحث هذه أداة فعالة أكثر من الأدلة.

أما أدلة البحث Directories فلا تعمل بشكل آلي ، بل تتم إدارتها من قبل أشخاص متخصصين ، وما يحدث هو أن العديد من المواقع يتم تسليمها إلى دليل ما ، ومن ثم يتم فرزها وتبويبها تحت تصنيف معين ولأن هذه الآله يتم إدارتها بشكل بشري فإنها قادرة دوما على توفير معلومات أكثر دقة وموقع yahoo الشهير ما هو إلا مثال لهذه الأدلة.

وتقدم الأدلة للمستخدم طريقة سريعة للبدء بعمليات البحث عن المعلومات بواسطة تفحص الموضوعات المصنفة التي يعرضها ، إذ يندرج تحت كل موضوع قائمة من الموضوعات الفرعية فيمكن للمستخدم أن يتفحصها تباعا إلى أن يصل إلى المعلومات المطلوبة ، وفي حال عدم وجود المعلومات تحت الموضوع الذي اختاره المستخدم ، يمكنه التراجع ليختار موضوعا رئيسا آخر فيقوم بالبحث في تفرعاته من جديد وهكذا. وهناك العديد من أدلة البحث التي تعمل أيضا كمحركات بحث منها : yahoo – altavista – excite .

ويتألف محرك البحث من ثلاثة أجزاء رئيسية هي : (فاطمة الزهراء محمد عبده ، 2004)

1. برنامج العنكبوت :

تستخدم محركات البحث برنامج العنكبوت Spider Program لإيجاد صفحات جديدة على الويب إضافتها ، ويسمى هذا البرنامج أيضا الزائر لأنه يبحر في الإنترنت بهدوء ، لزيارة صفحات الويب والإطلاع على محتويتها ، ويأخذ هذا البرنامج مؤشرات المواقع من عنوان الصفحة Page Title والكلمات المفتاحية Keywords التي تحتويها.

ولا تقتصر زيارة برنامج العنكبوت على صفحات الموقع ، بل يتابع البرنامج تعقب الروابط (links) الموجودة فيها لزيارة صفحات أخرى . أما الغاية من هذه الزيارات فهي وضع النصوص المتاحة على تلك المواقع على فهارس محرك البحث ليتمكن المحرك من العودة إليها فيما بعد ، ولم تغب فكرة تغيير المحتوى في الموقع عن بال مصممي محرك البحث ، إذ يقوم هذا المحرك بزيارات دورية للمواقع الموجودة في الفهارس للتأكد من التعديلات التي تتم لتلك المواقع المفهرسة.

2. برنامج المفهرس :

يمثل برنامج المفهرس program index الذي يطلق عليه أحيانا الكتالوج catalogue ، قاعدة بيانات ضخمة لتوصيف صفحات الويب ويركز التوصيف على المعلومات التي حصلت عليها من برنامج العنكبوت spider كما تعتمد على بعض المعايير مثل الكلمات الأكثر تكرارا من غيرها وتختلف محركات البحث عن بعضها في هذه المعايير ، إضافة إلى اختلافها في خوارزميات البحث searching algorithms .

3. برنامج محرك البحث :

يبدأ دور برنامج محرك البحث program search engine عند كتابة كلمة مفتاحية في مربع البحث box search إذ يأخذ هذا البرنامج الكلمة المفتاحية ويبحث عن صفحات الويب التي تحقق الاستعلام والذي قام بتكوينه برنامج المفهرس في قاعدة بيانات الفهرس ، ثم يعرض نتيجة البحث المتمثلة بصفحات الويب التي طلبها المستخدم في نافذة المستعرض browser window ، ويقوم أيضا بعملية الترتيب لهذه الصفحات .

وتختلف محركات البحث عن بعضها في أسلوب العمل ، فمثلا: تحتفظ قاعدة بيانات محرك البحث altavista بكل تفاصيل صفحة الويب المخزنة عليها ، أما محركات البحث الأخرى فقد تحتفظ بالعناوين الرئيسية للصفحة فقط ، مما يؤدي إلى اختلاف شكل ودقة نتائج البحث الظاهر للمستخدم . وهناك محركات بحث تدعم البحث باللغة العربية مثل : جوجل ، وألتافستا ، وإكسيت ، وغيرها ، كما أن هناك محركات بحث لاتتيح البحث باللغة العربية مثل : سناب ، وهوت بوت ، وياهو ، ولايكوس ، وغيرها.

والجدول التالي يعرض أكثر محركات البحث استخداما وشيوعا على شبكة الإنترنت:

عنوان محرك البحث	دعم اللغة العربية	أسم محرك البحث
WWW.NORTHERNLIGHT.COM	لا	NORTHERN LIGHT
WWW.SNAP.COM	لا	SNAP
WWW.ALTAVISTA.COM	نعم	ALTAVISTA
WWW.HOTBOT.COM	لا	HOT BOT
WWW.MSN.COM	لا	MICROSOFT
WWW.INFOSEEK.COM	نعم	INFOSEEK
WWW.GOOGLE.COM	نعم	GOOGLE
WWW.YAHOO.COM	لا	YAHOO
WWW.LYCOS.COM	لا	LYCOS
WWW.EUROSEEK.COM	نعم	EUROSEEK
WWW.EXCIT.COM	نعم	EXICIT
WWW.ALLTHEWEB.COM	نعم	ALL THE WEB

وإلى جانب هذه المحركات هناك محركات بحث أخرى مثل :

● محرك بحث عن الصور :

موقع www.ditto.com هو محرك بحث عن الصور ، يتيح البحث عـن الصـور مـن خـلال إدخال كلمة ، أو مقطع عن موضوع ما ، وبدلا من إعـادة نتـائج البحـث بشكل نصي يعيد الموقع النتائج بشكل عدد من الصور المصغرة ، وعند النقر على أي صورة مصغرة تعرض صفحة الويب التي تتضمنها ، ويضم الفهرس في هـذا الموقع ملايين الصـور ، وهنـاك محركـات بحـث عـن الصـور منهـا www.snap.com .

● محرك بحث عن الملفات :

قامت شركة c2v بتصميم برنامج جديد أطلق عليه اسم textomattom وهو من محركات البحث متعددة اللغات وليس من بينها العربية ، ويعمل على إيجاد الملفات عن طريق محتوياتها أيـا كان نوعها أو مواقعها على الويب ، كـما يعمـل عـلى تنفيـذ عملية البحث بإدخال كلـمات مفاتيح المفردات المتخصصة ، و يستطيع البرنامج البحث من خلال المحتوى دون اللجوء إلى عناوين الملفـات ودون الحاجة إلى فتحها ، ويسمح باستخدام كلمات البحث المتقدم and , or , not .

● محركات بحث متخصصة :

كما أن هناك محركات بحث عامة ، فهناك محركات بحث متخصصة في موضوعات معينـة مثل :

- محركات بحث طبية: www.nlm.nih.gov و www.healthfinder.org

- محركات بحث في مناطق أو دول معينة : مثل افريقيا www.rubani.com

و www.ananzi.com

ويتم البحث في محركات البحث على شبكة الإنترنت بإحدى طريقتين هما :

1- طريقة البحث البسيط : SIMPLE SEARCH

ويقوم به معظم مستخدمي الإنترنت خصوصا المبتدئين الـذين يجهلـون تقنيـات البحـث المتقدم . ويتم البحث البسيط عن طريق وضع كلمة بدون أية علامات أو شارات ثم البحـث عنها ، ولكننا سنجد النتيجة العديد من النتائج والروابط الفرعية.

2- طريقة البحث المتقدم : ADVANCED SEARCH

تزيد خصائص البحث المتقدمة التي يوفرها الكثير من محركات البحث إمكان العثـور علـى المعلومات ، كما إنها طريقة فعالة للبحث عن معلومات محددة إذ تتيح للمستخدمين إمكان البحـث عـن عـدة كلـمات مفتاحيـة معـاً ، كاسـتخدام كلـمات وإشـارات (و and ، أو or ، لا أو لـيس not وعلامات التنصيص " " ، وعلامة + ، وعلامة - ، وغيرها).

ثالثا : مجال المجتمع المعلوماتي:

ظهر مصطلح المجتمع المعلوماتي أو مجتمع المعلومات منذ عـدة عقـود ، لكـن التطـورات الهائلـة التي حـدثت خـلال تلـك الفتـرة عظمـت مـن اسـتخدام هـذا المـصطلح ، فـضلا عـن ظهـور مصطلحات أخرى كالعولمة والرقمنة ، والحكومات الإلكترونية ، وعلى الرغم من تداول هذا المـصطلح فإنه يحمل مفاهيم غير واضحة أحيانا ، وغير متفق عليها .

ويرتبط مجتمع المعلومات بتكنولوجيا المعلومات ، تلـك التي رسـمت الملامـح الأولى لهـذا المجتمع الذي اهتم بالتركيز على عمليات معالجة المعلومات ، اعتمادا على المعلومة كمادة خـام يتم استثمارها لتوليد معرفة جديدة . ومن ثم فإن المعلومات في مجتمع المعلومات لاتنضب ، فالمعلومات تولد معلومات ، مما يجعل مصادر المجتمع المعلومـاتي متجـددة دائمـا ، ويمتـاز المجتمـع المعلومـاتي بوجـود خـدمات معلوماتيـة لم تكـن موجـودة مـن قبـل ، إلى جانـب اعتمـاده بـصفة أساسـية علـى التكنولوجيا الفكرية و تعظيم شأن الفكر والعقل الإنساني بالحواسيب والاتصال ، والذكاء الاصطناعي ، والنظم الخبرة .. وغيرها.

وتشير الموسوعة الحرة (ويكيبيديا) إلى المجتمع المعلوماتي على أنه : جميع الأنشطة ، والتدابير ، والممارسات المرتبطة بالمعلومات إنتاجا ونشرا، وتنظيما ، واستثمارا . ويشمل هذا المجتمع : إنتاج المعلومات وأنشطة البحث ، والجهود الإبداعية ، والتأليف الموجه لخدمة الأهداف التعليمية والتثقيفية .

ويري البعض أن مجتمع المعلومات مجرد مجتمع رأسمالي تعتبر المعلومات فيه سلعة أكثر منها موردا عاما ، أي أن المعلومات التي كانت أساسا متاحة بالمجان في المكتبات العامة والوثائق الحكومية أصبحت أكثر تكلفة عند الحصول عليها خصوصا بعد اختزالها في النظم المعتمدة على الحواسيب ، وهذه النظم مملوكة في معظمها للقطاع الخاص ، ويتم التعامل معها على أساس تجاري من أجل الربح.

كما يمكن تعريف مجتمع المعلومات بأنه : دائرة متحدة تهتم بالأوضاع العامة من حشود ، وروابط ، ومصادر متنوعة تتشكل ما بين المؤسسات والأفراد لرعاية اهتمامات المجتمع حول توفير وتبادل المعلومات ، وسرعة الحصول على المعلومات ، وزيادة المعرفة .

وفي مجتمع المعلومات يشكل قطاع المعلومات المصدر الأساسي للدخل القومي ، والعمل ، والتحول البنائي ، ففي الولايات المتحدة ينتج قطاع المعلومات حوالي نصف الدخل القومي ، وفرص العمل ، وتظهر اقتصاديات الدول المتقدمة في أوروبا أن حوالي40% من دخلها القومي يأتي من أنشطة المعلومات وذلك وفقا لإحصائيات منتصف السبعينات من القرن العشرين.

ومع تعدد الرؤى حول مفهوم مجتمع المعلومات فإن هناك إجماع على أن هذا المجتمع يركز أساسا على إنتاج المعلومة ، والحصول عليها واستغلالها في خدمة أهداف التنمية والتطوير، من خلال وضع آليات وإدارة انسيابها بواسطة بنية تحتية للمعلومات ، وشبكات الاتصال.

ومن أهم متطلبات قيام مجتمع معلوماتي : تقدير قيمة المعرفة وإتاحة عادلة للوصول إلى المعلومات ، وتنمية الإدراك البشري لقيمة المعرفة وأهميتها ، وتنمية مهارات استخدام تكنولوجيا المعلومات لدى أفراد المجتمع.

كذلك لابد من وضع التخطيط الشامل ووضع آلية التنفيذ ، وهي مسؤولية مشتركة تقع على عاتق النظام المؤسسي وتلك النظم التي تمثل مهن المعلومات ، وصناعة المعلومات ، والمستفيدين من المعلومات . والبدء من وضع آلية مشتركة تحت رعاية وإشراف مؤسسة عليا رسمية بالدولة مع مراعاة التنسيق في المهام والواجبات وفقا لتشريع قانوني يحدد هذه المهام وتلك المسؤوليات بشكل يحد من الازدواجية ، ويعمل على تحقيق التكامل والتوازن من أجل تهيئة طريق المعلومات ، وربطه بالاقتصاد والتنمية وتحقيق التقدم والرفاهية .

من هذا المنطلق اهتمت وزارات الاتصالات والمعلومات بكثير من الدول بإدماج البنية الأساسية للمعلومات ضمن الاستراتيجيات التنموية بصورة تتضمن معها ضرورة وصول خدمات المعلومات لكافة المناطق الريفية والنائية ، واستخدام الحواسيب في المدارس والجامعات على جميع المستويات ، وانتشار مراكز الإنترنت العامة ، ووجود اتصالات ذات سمة تنافسية تنظيمية ، وتحقيق التقدم بالإصلاح الإداري المؤسسي مع تحديث الأنظمة الإدارية والإنتاجية، وإعادة هيكلة قطاع الاتصالات وربطه بالمعلومات ، وتنمية الموارد البشرية.

وفي الدول النامية يتطلب الدخول إلى مجتمع المعلومات ضرورة نقل وتوطين التقنيات المعلوماتية ، وبالتالي توفير بنى أساسية (تحتية وفوقية) من أجل الاستثمار لتنمية صناعة الاتصالات والمعلومات وتخطى الحاجز اللغوي في تقنيات المعلومات والاتصالات ، مع إعداد خطة وطنية للمعلومات ، وتحديد أهدافها ، وحصر المؤسسات ذات العلاقة وتحديد المهام والواجبات والأدوار المؤدية لتحقيق الأهداف ، وذلك في إطار وضع جدول زمني للالتزام بالتنفيذ ، والبدء في التنفيذ ، والتطبيق والمتابعة ، والتقييم ، والتعديل حسب المعطيات وتطورات عصر المعلومات وكل ذلك يكون بإشراف ورعاية جهة رسمية بالدولة .

وقد واكب رغبة كثير من المجتمعات العربية في أن تكون مجتمعات معلوماتية ظهور الكثير من القضايا الاجتماعية والأخلاقية المرتبطة باستخدام التقنية المعلوماتية وإنتاجها ، وتوجهاتها ، الأمر الذي يستلزم وجود ضوابط اجتماعية وأخلاقية تحكم مجتمع المعلومات ، وتوجه مساره لخدمة البشرية ، لا لشقائها ، ودمار أخلاقياتها.

****

Printed in the United States
By Bookmasters